U0933504

珍藏本
纪念版

汉译世界学术名著丛书

商业循环问题及其调整

〔美〕韦斯利·C.米契尔 著

陈福生 陈振骅 译

2017年·北京

Wesley C. Mitchell

BUSINESS CYCLES

THE PROBLEM AND ITS SETTING

National Bureau of Economic Research, Inc. 1927

本书根据美国国家经济研究局 1927 年版译出

汉译世界学术名著丛书
（120 年纪念版·珍藏本）
出 版 说 明

2017 年 2 月 11 日，商务印书馆迎来 120 岁的生日。120 年前，商务印书馆前贤怀揣文化救国的理想，抱持“昌明教育，开启民智”的使命，立足本土，放眼寰宇，以出版为津梁，沟通中西，为中国、为世界提供最富智慧的思想文化成果。无论世事白云苍狗，潮流左右激荡，甚至战火硝烟弥漫，始终践行学术报国之志，无改初心。

逐译世界各国学术名著，即其一端。早在 20 世纪初年便出版《原富》《天演论》等影响至今的代表性著作，1950 年代后更致力于外国哲学和社会科学经典的译介，及至 1980 年代，辑为“汉译世界学术名著丛书”，汇涓为流，蔚为大观。丛书自 1981 年开始出版，历时三十余年，迄今已推出七百种，是我国现代出版史上规模最大、最为重要的学术翻译工程。

丛书所选之书，立场观点不囿于一派，学科领域不限于一门，皆为文明开启以来，各时代、各国家、各民族的思想与文化精粹，代表着人类已经到达过的精神境界。丛书系统译介世界学术经典，引领时代思想，为本土原创学术的发展提供丰富的文化滋养，为推动中国现代学术和现代化进程做出了突出的贡献。

为纪念商务印书馆成立120周年，我们整体推出"汉译世界学术名著丛书"120年纪念版的珍藏本，寄望既利于文化积累，又便于研读查考，同时向长期支持丛书出版的译者、编者和读者致以敬意。

两甲子后的今天，商务印书馆又站在了一个新的历史时间节点上。我们不仅要铭记先辈的身影和足迹，更须让我们的步伐充满新的时代精神。这是商务人代代相传的事业，更是与国家和民族的命运始终紧密相连的事业。我们责无旁贷，必须做好我们这代人的传承与创造，让我们的努力和成果不仅凝聚成民族文化的记忆，还能成为后来人可以接续的事业。唯此，才能不负前贤，无愧来者。

商务印书馆编辑部

2017年10月

中译本序言

米契尔是美国资产阶级庸俗经济学家和统计学家。他于1874年生于伊利诺伊州的鲁次维利，1892—1899年在芝加哥大学学习，其间曾一度赴德国研究。1909—1912年，他先后在加利福尼亚大学和哥伦比亚大学担任教授，在第一次世界大战期间，兼在美国战时工业委员会主管物价部门工作。战后，他除了继续教书之外，还在国家经济研究局担任研究指导。1948年病死于纽约。

米契尔的主要经济著作除《商业循环问题及其调整》(1927年)之外还有:《绿背纸币史》(1903年)、《绿背纸币本位下的黄金、价格与工资》(1908年)、《商业循环》(1913年)、《经济学与人类行为》(1914年)、《货币在经济理论中的地位》(1916年)、《经济学的展望》(1924年)、《经济理论的定量分析》(1925年)及与本兹合著的《经济循环的测量》(1946年)。

米契尔是制度学派首脑凡勃伦的门徒，他的一般经济观点，包括对经济学的性质、方法和“制度”的起源的看法，都是师承凡勃伦的见解。和制度学派的其他代表不同的地方，是米契尔注重所谓数量分析，提倡用统计方法改造经济学，所以他和他的信徒又被称为“统计学派”。由于米契尔的经济理论所“研究”的主要是“商业循环”问题，因此，在一些经济学著作中又把他列入“商业循环学派”。

《商业循环问题及其调整》这本书乃是米契尔的《商业循环》一书的增订本第一卷。在这部著作中，他企图应用他所宣扬的统计方法来分析“商业循环”问题，实际上也就是资本主义生产过剩的经济危机问题，不过米契尔极力规避经济危机的概念，而利用“商业循环”来顶替而已。他在这本书中写道：“从统计学上来研究商业循环的大本营是美国。当欧洲和加拿大的危机已经转变成缓和和衰退以后，美国还继续受着三十年的严重危机的损害。因此，危机这个问题特别引起美国人的兴趣。”由此可见，米契尔的经济理论之所以出现在美国并不是偶然的。他写这本书的目的，就是为了在资本主义国家人民的面前掩盖经济危机的真相，并为垄断资本策划防止危机的办法。

米契尔对于经济危机问题的研究是以反动的实用主义哲学为出发点的。他否认经济现象中因果联系的客观性质，否认经济危机的客观规律，只是在经济危机的表面现象上大做文章，罗列反映表面现象的各种统计资料，企图诱使人们陷入他所说的“复杂性质”的迷宫中，丧失认识经济危机的客观规律的可能。

我们知道，研究经济危机问题，最重要的是揭示危机产生的原因，科学地说明经济危机的特点及其后果。对这些问题，米契尔尽情曲解或避而不谈。例如，在本书第一章中，他在罗列了资产阶级经济学家关于经济危机的形形色色的理论之后，得出结论说：“这些理论指明商业循环是各种不同过程（自然的过程、心理的过程、经济的过程）中各式各样的变动集合在一起的东西。细想起来，与其说这些理论是对一个现象各持一见的解释，毋宁说它们是对于紧密地相关联的现象彼此互相补充的解释。它们所述的各种过程，都是一个总体的各个特征。”这就是说，这个折中主义者把经济危机看作不过是自然的、心理的、经济的以及他在另一个地方所说的社会的、政治的各种因素互相结合的产物。显然，这种说法完全掩盖了经济危机产生的客观原因和它的真正特点。

在本书的“经济组织与商业循环”一章中，作者说要研究发生商业循环的经济组织的发展情况和作用。经济危机是由怎样一种经济组织或经济制度产生的呢？米契尔的答案是货币经济。按照他的说法，在货币经济发展到大部分居民开始依靠赚取和使用货币收入来生活的时候，商业循环就成为人们经济生活的一个显著特点。他写道：“商业循环的产生，是由于全体人民的赚钱和花钱的习惯，而不单单由于商人的赚钱和花钱的习惯。”由于人们是靠赚钱和花钱来生活，社会就产生了营利的企业组织、物价系统等，随着货币经济的发展而产生的这些因素的交错过程，也就有了所谓“商业循环”的“侵扰”。在这里，米契尔不仅把资本主义经济危机说成是生活习惯造成的，而且把资本主义制度描绘成一种货币经济。在他看来，这种货币经济具有“很大优点”，它能够“融合鼓励个人效能的刺激力和广泛合作机会于一堂”。资本主义制度的内在对抗性矛盾消失不见了。这就是这个资产阶级辩护士挖空心思要使人相信的东西。至于资本主义经济危机所导致的严重后果，这本书根本不敢涉及。

在米契尔与本兹合著的《经济循环的测量》一书中，还进一步对所谓循环下了一个定义。依据他们的说法，经济循环是各国经济活动总和中所发生的一种波动。循环是指在同一时间在许多经济活动范围内发生的扩张，以及在扩张之后到来的引退、收缩和振兴，这些引退、收缩和振兴又转入下一次循环的扩张阶段；这种变化次序具有复发性质，但不是周期性的。这里，他们应用所谓引退、收缩这些字眼来曲解资本主义再生产的周期所经历的各个阶段的特点，把危机说成只是一种波动，一种暂时的引退，并在不得不承认“循环的复发性”的同时，力图证明资本主义经济危机不是周期性的。

在《商业循环问题及其调整》的后面两章中，米契尔谈到统计分析方法，并且罗列了各种有关商业循环的统计图表与数字。我们知道，统计学在经济研究中具有重要的作用，但是统计学本身并不能揭示出社会经济现象的本质及其客观规律性，它只是经济研究的一种辅助工具，离开了对社会经济现象的科学理论的分析，统计在经济研究中也就不能够正确地发挥作用。米契尔提倡统计方法，只不过是想利用它来代替对资本主义社会的经济现象，特别是对经济危机问题的本质分析，从而掩盖资本主义制度的剥削关系及其内在矛盾。统计方法在他手中完全成为替资本主义辩护的工具。在这种情况之下，利用统计方法，自然不可能提供什么积极的科学的东西。

马克思在1868年5月23日给恩格斯的一封信中写道：“他们满口都是经济学上的老生常谈，——而且他们也知道他们的读者确实看厌了这一套，——所以力图给自己的捏造加上一些伪哲学或伪科学的行话。尽管有这种伪科学的特性，但内容（本来就等于零）绝不会变得更加好懂些。恰巧相反，全套把戏就在于迷惑读者，迫使他们绞尽脑汁，直到他最后得出一个自安自慰的结论，这些骇人的话里包含的不过是一些平庸之谈。”马克思的这一段话在米契尔的身上完全适用。

虽然《商业循环问题及其调整》是一部庸俗透顶的著作，但是在资产阶级庸俗经济学家中，米契尔算是独树一帜，他所提倡的统计方法和商业循环理论对现代资产阶级经济学具有一定的影响，因此商务印书馆把该书译成中文出版，有助于我们研究和批判资产阶级庸俗经济理论。

李宗正

1962年6月

目　　次

前　　言

本书附有关于美国国家经济研究局理事处理研究局经济工作的决议。自从研究局成立以来，所内研究人员进行新的研究工作的一切建议，事先照例都须经过理事会或其执行委员会批准，研究人员并须定期向执行委员会和理事会年会报告工作进行情况。一个研究工作完成之后，初稿先分发给研究人员批评修正，然后由研究理事转送理事会全体成员审查。研究结果非经过理事会半数以上成员的书面批准，不得出版；理事如果仍有不同的意见（而研究人员不接受这种意见时）在出版时也可以一起发表。新的决议对于这个手续的步骤规定得更明白，要求提出准备工作原则与方法的书面计划，在交来最后定稿时必须附一提纲。它明确地说明理事会的责任，并且限定理事会投票的期限。

理事会的决议表示它承认研究局打算从抱有各种不同意见的人们那里，取得使所发表的结论不至于发生偏差的保证的办法是成功的。起初，这方面的朋友们根据以下两个彼此矛盾的理由，害怕这种办法不能实行。他们说：一方面，意见分歧会使研究人员左右为难，影响到研究结果的发表，另一方面，会发现难以聘到那些事务纷繁的人，让他们抽出必要的时间从事此项科学的陪审工作。但是，我们已经聘到这些人了。他们的分歧意见不但没有起到妨碍作用，且已成为力量的源泉。实际上，的确有一些理事有时对提请他们审查的稿件，没有细心阅看，便草率地同意了。为了补救这类缺陷，决议才规定最后的定稿须附有较简短的提纲，并且在决议的第六段加上最后一个条款。但理事会深深地体会到它对公众的重大责任，决不容许成立已久的惯例有所忽略。大多数理事将同过去一样，继续审阅经济研究局研究人员提出的稿件，并发表意见，尽管这些稿件常常是很长的。代表美国经济生活中各派思想的陪同审查稿件的人，充分表示了他们企图对公认事实求得共同的根据，决不轻易随声附和。由于研究局人员也抱着同一的目的，他们欣然欢迎理事会的批评意见和合作，期望和理事会继续维持这种在科学研究上可以说是最好的关系，这个关系还会由于上述新的、更明白的规定而变得更密切、更有作用。

适用新条例的第一部书，正巧是米契尔教授所著的《商业循环问题及其调整》。由于该书最先附载理事会的决议，因此在这里声明一下缘由，似乎是适宜的。同时，这恰好给我机会，能够很幸运地代表国家经济研究局，对于把米契尔教授的著作的第一部分介绍给读者这件事表示欣幸。这部著作全部完成之后，它就是米契尔根据新的、比较完全的统计资料而重写的《商业循环》(1913 年出版)的新版本了。1921 年，胡佛先生要求国家经济研究局协助总统研究失业问题委员会进行工作时，研究局已经商请米契尔教授利用研究局资料，对商业循环问题进行了详尽的分析。当时研究局的研究人员在米契尔教授的指导之下，写成一篇报告——《商业循环与失业》，作为研究局出版物第四册由总统研究失业问题委员会印行。对于这种知识的传播，研究局很愿意这样地做出在当时是极为适时的贡献；如果要使反复发生的商业循环的严重性能够得到减轻，这种知识的传播是非常必要的。这一创举，尽管是受到了1921年经济状况的激励，但主要还是出于科学上的动机。所以，从1923年起，研究局转向收集资料和分析资料的繁巨工作；去年出版了索普博士所编《商业年鉴》。这是研究商业循环丛书的第一部。本书出版之后，研究局还要陆续刊行极其完整的大量统计资料。米契尔教授现正使用这些资料，从事本著作最后部分的编写。

估计国民收入（这是国家经济研究局的最初任务，而现在还继续是它的任务）引起了调查这种收入变动原因的必要以及与此息息相关的商业循环问题的研究。同样，米契尔教授对于商业循环问题的兴趣是与他以前对于物价及货币不稳定问题的研究密切地联系在一起的。因此，他在1908年出版的《绿背纸币本位下的黄金、价格与工资》，可以说是他在1913年出版的《商业循环》的先声，同时也是他答应国家经济研究局重写的同种著作的先声。一个人一生中的二十年时间，首尾一致地致力于一个目标，用统计术语来说，可以说是一个“长期趋向”。现在许多人正以无限的热忱注视这个趋向的发展，不单是统计工作者而已。

爱德温·盖

关于美国国家经济研究局理事处理研究局经济研究工作的决议

1. 经济研究局的目的，在于调查重要的经济事实并向公众提出关于这些事实的说明，所做的说明必须是科学的、不偏不倚的，不含有成见和宣传的因素。理事会负有确保研究局所工作完全符合这个目的的责任。

2. 理事会须指定理事中一位或更多的人担任研究理事，遴选研究理事时所应考虑的条件，是正直、才能、声望和公正无偏。研究理事必须遵照研究局的原则进行研究工作。

3. 研究理事必须向理事会成员或由它所指定和授权的执行委员会提出关于研究的建议。任何研究，非经理事会或执行委员会批准，不得着手进行。

4. 研究建议经理事会或执行委员会批准以后，研究理事必须尽快地做出研究计划，说明研究问题所遵循的原则和使用的方法，用书面向理事会各个成员提出。这个计划未经理事会或执行委员会批准，研究理事不得着手进行调查、研究和详细报道工作。

5. 在调查研究结果发表以前，研究理事必须先向理事会提出调查研究结果提要，指出研究局获得的主要结论、所遇到的重大问题和所采用的解决办法、基本事实来源的性质以及研究理事认为对于结论的正确性和根据研究局原则其结论是否宜于发表都有重大关系的其他参考资料。

6. 研究理事建议刊印的原稿，必须送给理事会各个成员，每人一份。理事会批准刊印时，如果理事会个别成员对于原稿有什么不同意见或保留，这些成员有权提出并要求刊印备忘录和简要的原因说明书。如果他们要求这样做的话，这些备忘录和说明书就应该刊印出来。但是，书的刊行，并不表示理事会各成员看了原稿以后对于每一细节的正确性都同意。

7. 调查研究结果，非经理事会 2/3 的成员参加投票和过半数成员的投票赞同，不得付印。理事会成员在指定期限内投票，这种期限是 45 天，从研究理事呈送调查研究结果提要和原稿之日起算。理事会得任意延长期限，亦得根据个别成员的请求延长期限，但不得超过 30 天。

8. 除理事会另有规定外，本决议应刊载在研究局出版的各种著作内。

序

自从 1913 年，我的第一本论商业循环问题的书刊行以来，这方面的知识大大地增加了。经济理论家越来越起劲地、越来越透彻地研究商业循环现象，例如，法国的阿夫达利安和勒斯居尔，俄罗斯的鲍尼兴和派伏兴，瑞典的卡塞尔，美国的约翰·克拉克、威廉·福斯特、卡钦斯、汉森和亨利·穆尔，英国的霍特里、霍布森、庇古和罗伯逊，德国的莱德勒、舒彼得和斯彼特荷夫。以上不过略举数家名姓，并非是一一胪列的。经济统计学家在分析时间数列方面也获得了很快的进展，例如，美国的珀森斯和他在国内外的合作者就取得了巨大的成就。就这一方面将来的发展来说，最重要的是：主要商业国家都在努力，把它们的经济活动更翔实地记录下来。关于世界最近发生的商业大变动，我们知道得就比早些时期发生的任何循环详细得多。

我那本四开版的大书已经绝版了十年左右。就时间性说，此书至少落后于时代十年。仅仅修改一下，自不能把它提高到现有研究的水平。显然，只有重写一本才能对这一方面的工作做出有价值的贡献。可是，我如果独立地进行，又的确无法处理那么丰富的新颖材料，而改良了的统计分析方法也不能很好地加以利用。幸而美国国家经济研究局帮助我解决了这个困难，研究局愿意给我搜集和分析我所需要的材料,来弥补我的缺陷。

不过,虽然研究局给了我有力的帮助,但我此次全盘考虑商业循环问题所费的时间,较诸以前更多。自 1923 年以来,我主要是致力于这一工作,可是,现在仅能出版第一卷。这一卷所讨论的正如它的标题所示,是"商业循环问题及其调整"。至于第二卷则阐述"商业活动的节奏",一俟稿成,就可刊印出来。

在编制计划上,本书和它的前身大体是相似的。但由于统计资料是那么多,必须把它们单独刊印,不能够像从前那样,把统计资料包括在理论论述里面。这种变更计划,还有一个原因,即经济研究局编制的各种表,对于许多不是专门研究商业循环问题的人,是非常有价值的史料。此外,从前的商业年鉴只涉及四个国家和 23 年时间,现在的商业年鉴却包括 17 个国家,而且就英国和美国来说,年鉴还追溯到 1790 年。由索普博士主编的这种年鉴已经刊印出来了。

我直到现在还未能想出一种比我 1913 年所使用的更好的处理循环问题的研究方法来。我从前认为,商业循环是由许多经济过程中非常复杂的相互作用所组成的;要明白这种相互的作用,就得把历史研究和量的分析、质的分析结合起来;商业循环是一定经济组织所特有的现象;要了解循环变动,就必须了解这种经济制度。我愈想较简单地论述商业循环问题,就愈感到上述想法是正确的。以此之故,本书不比前书简短,也不比前书容易。我感到遗憾的是,读者阅读本书时要付出更多的时间和精力。

我得到了经济研究局研究人员和理事们大力的帮助。在研究人员中,特别得到米尔斯博士、金博士、索普博士和库兹纳兹博士等的帮助,他们不吝用他们的专门技能来帮助我。在理事中,我特别得到杨格教授和罗蒂上校的帮助;他们对于我的初稿提出了中肯的批评。研究局研究理事盖博士,从我一开始工作,就同我商榷,我主要是靠他提供各种意见的。此外,我的朋友,如斯奈德、卡斯登、威耳科克斯、珀森斯、辛科维奇和安吉尔等,都看过我的部分原稿并提出改进的意见。并承哈佛经济研究委员会主席布洛克教授、美国电话电报公司统计员安德鲁先生、贝弗里季爵士、斯奈德先生和托马斯博士等的乐助,同意我自由引用他们在这一方面所做的贡献。研究局的汉德勒女士,把本书中大多数的图绘制出来。我的私人秘书洛克希德女士为我分担了校对和索引编制工作。

对上述先生、女士以及许多跟我共同工作并提出批评与建设性意见的人,我表示衷心的感谢。

韦斯利·米契尔

1927年6月1日于纽约城

第一章　商业循环所牵涉的各种过程

一、研究的计划

由于人们对于商业循环的知识日增，要掌握这种知识就需要做更大的努力。从前研究商业循环这个问题，并不需要有特殊的准备。早期作家谈到“商业危机”时，可以假定他们自己和他们的读者对于所说明的现象和所使用的方法都是很熟悉的。他们认为，搜集统计资料，编写商业年鉴，比较不同活动中循环变动的幅度和时间，揭示技术概念并且明确这些概念的意义，等等，都是不必要的。在做了极简单的论述以后，他们就转入危机原因的讨论，而且在论述中引证实例。因此，他们的讨论进行得相当坦率，这种做法我们只能羡慕，却无法聪明地仿效。

充分准备所以必要，不在于直接研究商业循环这一问题已证明没有什么效果，而在于这种研究会引出这么多如此歧异的结果。每一个探讨商业危机原因的人，似乎都为自己所提出的假设做出有力的论证。理论家们在试图证实他们不同的解释时，的确都相继地证明了商业循环是比他们中间谁的推测都复杂的现象。这些商业循环被判明是由许多过程中的各种变动所组成的复合体。因此，熟悉所要说明的现象就意味着熟悉以下各种周期性波动的相互关系：原料、工业设备和消费品生产的波动；储蓄和投资数量的波动；新企业的创办数量，银行事务，对个人收益的支付及收益的使用价格、成本、利润以及对商业判断的情绪失常方面的波动。有能力的研究者尽管对于实际事物和经济理论都很熟悉，现在却没有人敢说，他能根据他的一般知识说明上述相互有关的各种因素的变动。

这个从制定商业循环学说的经验中得来的教训，近年来，已经在统计工作上得到证明。密集的数字表和根据它们制作的图，已使我们对于周期性波动具有更明确的知识。统计数字编制的范围一年比一年广大，报道的准确性一年比一年进步，而分析的方法也越来越精密有力。可是，我们还没有说明整个商业循环的统计数字。现有统计数字所告诉我们的，只是个别经济过程如生铁生产、货物运费、银行票据交换、货物邮递销售、通告分红等的变动，而且这些变动彼此之间有很大的差别。有的时候，我们把各种过程的数字汇集起来或者平均起来，并说，对于批发价格、按实物单位计算的产量、贸易量，甚至“一般商业情况”的周期性波动，我们都有“指数”。但是，甚至我们所能做到的最包罗万象的指数也远不够说明我们所谓的商业循环。我们越钻研下去，就越感到商业循环这一个名词是想象的产物（这一产物的发展过程是我们的学习方法的特征）。我们的前辈遇到了一系列从前没有遇到过的经历，就抓住一个广泛的概念，给它一个名称，并且开始想出各种说明，好像说得头头是道。但在说明的过程中，却表现出来他们的知识是多么不够。从他们所做的，我们可以吸取很多的教训，第一个教训

是，在对旧的说明能加以选择或有所改进以前，我们必须找出更多的事实。

因此，要研究商业循环，我们不应该先对总的概念下定义，然后才对整体的各个部分依次分别加以研究。我们应该从个别过程入手，客观地研究这些过程，设法断定这些过程究竟是什么过程，它们相互的影响究竟是怎样，以及它们所组成的整体究竟是哪一种的整体。

要知道商业循环所涉及的是哪些过程，最好的方法乃是利用早期研究者的发现。这些研究者中，大多数是从某一个经济过程的循环变动找到研究商业循环的线索的。他们的发现，合在一起，也许还不能算是全豹。但是，要对商业循环做广泛的观察，或是要对商业循环的复杂性有明确的认识，除令人信服地证明各个不同的过程都启示着这个极其重要的因素以外，是没有别的方法的。

在没有对各种学说进行通盘研究以前，就着手研究统计资料，是不恰当的。因为虽然随着我们需求的增加，统计资料将显得稀少起来，可是实际上它们是十分丰富而品种繁多的，且又极易加以改变或合并，这使我们简直无法进行纯粹的试验性的研究。在每一件研究工作上，我们都需要能够帮助我们工作的假设来指导我们选择统计资料，来启发我们分析和综合它们的方法。我们对各种学说加以概括的考察之后就能向我们提供对我们的研究工作可能最有帮助的假设——各个学者所创作的假设。我们用这些假设武装起来，才能着手来对商业循环问题做建设性的工作；只有这样，我们才不会忽视那些已经被证明很重要的因素。

二、问题的发现

人们认真地说明商业危机和不景气现象,开始于拿破仑战争以后继续发生的商业大变动中。一百多年以来,西欧时常出现投机狂、市场停滞和倒风。1720 年在法国和英国宣告失败的密西西比计划与南海计划以及 1763、1772、1783、1793 等年份中出现的商业危机都引起了许许多多的议论,至于那些不大显著的危机,这里就不提了。① 但是,18 世纪的作家们,大抵只提及引人注目的事件,而对于这种事件的根本原因,却没有做出深刻的说明。到了 1815 年,由于经济组织发生了进步的变革,人们不得不注意商业危机问题,而且人们也有了更好的准备去研究这个问题。重农主义者和亚当·斯密已将政治经济学列为哲学(即使不是科学)的一个分支,而在拿破仑战争结束的时候,李嘉图又把上述理论改造成现今还占显要地位的学说。

可是,使危机和不景气问题在经济学中占到其应有的地位的并不是正统派经济学家,而是那些怀疑论者,他们先利用正统派的学说,而后背叛了这些学说。古典经济学大家,从亚当·斯密到穆勒(甚至到艾尔弗雷德·马歇尔),在他们系统的论著里,对于商业的周期性变动不大注意,只是顺便提到罢了。他们关心的,主要是阐明那些“归根结底”可以适用的原则,或是可以适用于“正常状

① 参阅门特·鲍尼兴:《经济危机学说和经济危机史的研究》;《英国 1640—1840 年商业危机史》,1908 年慕尼黑版。

态"的原则。在他们看来，危机和不景气是次要的问题——这些问题是专门研究的题目，或是偶尔说到的问题，而不应该列为经济理论的中心问题。[①] 把经济活动容易发生循环性的收缩和扩张现象这个事实放在突出地位的，主要是批评家们，这些批评家，不但批评正统派经济学，而且批评现代社会——这些批评家就是像西斯蒙第和洛贝尔图一类的人。

西斯蒙第是一个意大利籍的瑞士人，他很早就热爱亚当·斯密的学说，而且写了《论商业财富》一篇论文，向大陆读者们阐明了亚当·斯密的学说。这篇论文在 1803 年发表以后，西斯蒙第转移方向去研究中世纪历史，而且在欧洲成为有名的研究意大利共和国的历史学家。后来，苏格兰物理学家戴维·布鲁斯特爵士请他给《爱丁堡百科全书》写一篇有关"政治经济学"的论文，这使他在 1818 年又转回到他先前所研究的题目。

这时欧洲各处普遍是穷困的。在拿破仑的崩溃就要到来的时候，英国工厂主和商人料想停闭很久的、渴望货物的大陆市场即将重开，预先积累了大量的出口商品。滑铁卢战役是发生在 1815 年 6 月的。接着，在数个月时间内，生意很兴旺，而投机买卖显得很

① 亚当·斯密就是这样提到南海公司"股票买卖计划"的不正行为和放肆行为的(《国民财富的性质和原因的研究》，坎南版，第 2 卷，第 236 页)。而李嘉图则说到那些随着大战争爆发或结束而发生的"商业大变动"(《政治经济学及赋税原理》，冈讷版，第 250、251 页)。而穆勒在"利息率"和"利润趋向于减少到最小限度"二章里说到"商业危机"；此外，在几个其他章节里，他也顺便提到商业危机(《政治经济学原理》，艾希利版，第 561、641、644、651、709、734—735、845 等页)。另外，马歇尔不把他的"工商业和信用的变动"一篇文章放在《经济学原理》里，而把它放在《货币、信用和商业》里。见《货币、信用和商业》(1928 年伦敦版)，第 234—263 页。

乐观。但是，在 1815 年还没过去以前，情况就已经很清楚，欧洲消费者缺少了豪爽地购买商品的资力。市场充斥着英国商人寄销的货品，而且许多寄销商人破了产。滑铁卢战役后的一年，从头到底，是贫困的一年。到 1817 年春天，经济开始恢复，而且恢复得很快，以至于 1818 年产业界呈现出巨大的活跃。可是，到 1819 年，新的困难产生了，不景气现象又来了，一直到 1820 年。到 1821 年，比较持久的经济复兴才开始，跟着这复兴而来的普遍的景气又以 1825 年 12 月发生的经济恐慌而告终。①

西斯蒙第毫不犹豫地接受布鲁斯特的邀请，他想他的任务只是写一篇简单说明“大家公认的原则”的文章。但是，当他研究当时经济发展的时候，他对于以前从亚当·斯密那里接受过来的学说突然怀疑起来。他写道：“欧洲近来遭受商业危机；在意大利、瑞士和法国，我亲眼看见了产业工人所过的悲惨生活；按照各方面的报道，英国、德国和比利时所发生的情况，至少是同样严重的。我深深地被这些情况所感动。”英国的情况，对他来说，意味是特别深长的。按照他的话，“那个不可思议的国家正在经受一个大的试验来教育世界的其他部分”。如果经济学者的国家、经济自由学说得到最自由发挥的国家、新的机器生产方法博得最大胜利的国家，在和平恢复的时候，竟陷入穷困的深渊，那么放任主义学说必定有不对头的地方。一方面，一个人能生产多少，就可以生产多少；另一方面，似乎没有一个人能够购买他所需要消费的东西。为什么会

① 参阅本书第四章关于《英国商业年鉴》的提要。最好是参阅威拉德·索普编：《商业年鉴》，关于英国的一章，美国国家经济研究局 1926 年版。

这样？西斯蒙第决意解决这个问题。结果，他在 1819 年发表了《新政治经济学原理》这一著作。①

像商业循环这样复杂的现象，我们不应该希望这种初步的说明能够做得很细致。西斯蒙第自己也不完全具有解决他所提出来的问题的条件。他虽然是个卓越的观察家，却缺少了分析的技巧。可是，他提出了几点意见。尽管这些意见不能互相协调，后来受到其他学者的反对和发挥，但在现今流行的学说里，这些意见还占据着重要的位置。

这些意见之一是认为商业组织已迷失了方向。按照西斯蒙第的话，商人是在向“抽象的公众”即顾客进行供应，因为对于他们的人数、爱好、消费量和购买力是一无所知的，而它们也是变化无常的。在计划要生产多少的时候，他的唯一规准就是价格。他把现时价格和成本加以比较，来决定在最近的将来究竟是增加产量还是减少产量。西斯蒙第写道：“不幸得很，所有的生产者都是在同一的时间内做这种比较……他们不知道他们的竞争者要生产多少，因此几乎都超过了他们原来计划的限度。”②

第二个意见是，在产业活跃的时期，可用以购买消费品的收入，在数目上总未达到送入市场的货物的价值。这种概念听来很像现代的思想，但是西斯蒙第用以证明他的思想的分析，为其反对者提供了很大的目标。他坚决地主张，能够吸收任何一年生产量的购买力是前一年的总收入——这种想法也许是由于他在意大利

① 参阅本书第 1 版和第 2 版的序言。第 2 版是在 1827 年刊行的。

② 《新政治经济学原理》，第 2 版，第 1 卷，第 325—330 页。

跟农民生活在一起而得来的。根据他的说法，通过机器的采用，生产力增加很快，这个时候，市场必定常常发生停滞，因为生产增加越快，去年收入和今年产量这两者的差额就越大。①

至于第三个意见，以离奇的形式体现了危机的“节约过多”学说。按照他的意思，在富裕的国家里，生产往往走入迷途，因为生产量是由寻求投资的资本的多少来决定的，而不是由消费者的需求来决定的。当然，消费者的需求是唯一可靠的规准。商人和工厂主有资金投入新的企业，这并不保证他们的货品会得到销路。②

然而，西斯蒙第在他的书里强调指出一个概念。这个概念他不止一次地提到，但总是说得不够清楚，那即是，危机的根本原因是收入不均衡的分配。他说：“大多数近代经济学者陷于严重的错误，他们把消费看作是无限度的力量，能够吞噬无限量的产品……劳动者的需求必然是很有限的。”工农大众所想要的，与其说是奢侈品，毋宁说是休息。可是，在生产方法改善的时候，我们的经济机构，不让工人有闲暇的时间，而却使他们在尽可能长的时间内忙于工作，来增加产品数量。谁要来买这样增加的产品呢？市场除对工资劳动者小量地供应衣食住日用品外，主要是供应奢侈品。不错，这种货品的需求是没有限度的。但是，奢侈品买卖的增加会使一个国家的工业处于不安定的局面。国内的奢侈品消费者喜欢使用国外产品，而国内奢侈品制造者必须寻找国外市场。近来英国人的托售物品在全世界范围内没有销路的经验已经证明了出口

① 《新政治经济学原理》，第 2 版，第 1 卷，第 106、121—124 等页。

② 《新政治经济学原理》，第 2 版，第 1 卷，第 367—368 页。

生意是多么地靠不住。如果工人有足够的收入使国内需求得到一个广泛的基础，那么每一个人就会更加富有。①

三、越来越多的解答

在一个爱好谈论经济的年代里，那些影响很多人命运的类似商业变动那样的事情，一定会有各种各样的解释。在许许多多著作家之中(这些学者大多数提出了自己的解释和补救方法)，西斯蒙第所说的算是最有启发性的。意见的差异并没有因为时代的过去而减少了，相反，由于后来发生的危机带来新的人、新的材料，作为谈论的题材，危机的说明越来越多了。不久，各种表面上言之成理的意见统一起来成为几个类型的学说；在越来越多的著作里，每一个类型又以若干不同形式出现。在19世纪末还没过去以前，已经蓄积了大量的意见和理论，足够编写危机学说史。②

一种简单形式的"生产过剩"学说或"消费不足"学说，是很多人主张的学说。按照这个学说，由于采用现代机器，社会生产能力

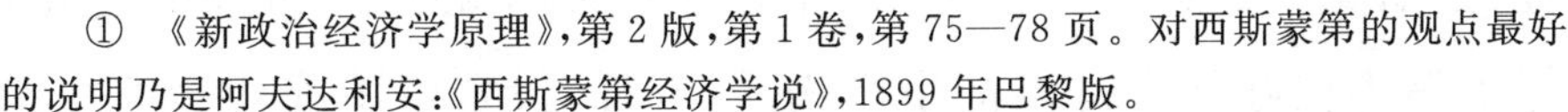

① 《新政治经济学原理》，第2版，第1卷，第75—78页。对西斯蒙第的观点最好的说明乃是阿夫达利安:《西斯蒙第经济学说》，1899年巴黎版。

② 这种历史中，最详尽的是尤金·伯格曼用德文写的《经济危机、国民经济危机学说史》，1895年司徒嘉德版。用英文和法文写的最好的记载是:爱德华·琼斯《经济危机》(1900年纽约版)和约翰·勒斯居尔:《由于生产过剩而产生的普遍的、周期的危机》(第3版，1923年巴黎版，第313—412页)。

读者也要参阅哈里·米勒:"关于美国危机和循环的早期学说"一篇论文，《经济学季刊》，1924年2月，第38卷，第294—329页；阿道夫·吕维对近来德国这一方面的贡献所做的评论，见《德国经济调查的近况》(献给路约·布伦坦诺的著作)，1925年慕尼黑和莱比锡版，第2卷，第329—377页。

增长得大过消费能力。因此，周期地产生了“普遍的供给过剩”——由于物品过多而产生的物品不足的矛盾现象。工厂主们不能够按有利的价格把日益增多的产品卖出去，因此不得不关闭工厂，解雇工人——这是个加重病症的疗法，因为它进一步削弱了社会购买消费品的能力。

在大多数古典经济学者看来，全面生产过剩学说是一种异端，他们想用一种货物的供应必定成为对另一种货物的需求这样的论证，来消灭全面生产过剩学说。[①] 但是他们认为生产的失调是可能产生的。他们简单地提到危机，目的通常在于说明生产是怎样由于资本投于无利可获的事业而失调的。他们常常认为，这样不正当地使用资本是“利润趋向于减少到最小限度”所产生的一个结果。在利润率降到非常低的水平的时候，不大聪明的资本家就感到不满，而且开始实行未经仔细考虑的计划。这样就产生了以下的结果：所生产的货物得不到销路，生意失败，信用丧失——简单地说，贯穿各行业的危机便产生了。

另一些作家（在这些作家中雪弗莱是杰出的一个）认为生产失调是危机的原因，但又认为生产失调起因于近代商业组织的复杂性（西斯蒙第的第一点意见）。工厂主们不能够预测市场的变化，但不得不在好几个月以前生产物品；同样，投资者不确切知道新企

① 在这一点上，正像在许多其他各点上，马尔萨斯不同意正统的说法。参阅马尔萨斯：《政治经济学原理》，第 1 版，1820 年伦敦，第 351—375 页；第 2 版，1836 年伦敦，第 314—330 页。穆勒认为：“所谓货品过剩或货币缺少确会产生一般价格压得很低的现象，不过这种现象只在危机期间内存在。但是（他又说），要像西斯蒙第那样，假定危机是全面生产过剩的结果，那是大错特错的。危机只是由于过多的投机性购买而产生的。”参阅他所著的《政治经济学原理》，艾希利版，第 561 页。

业是否需要，但不得不在好几年以前把资金投在新的企业上。要对供应和需求做精密的调整，那是无法做到的。错误总是要产生的，而且错误产生的原因，与其说是错误的判断，毋宁说是资本主义生产没有计划。

但是，力图证明危机是资本主义的痼疾的是洛贝尔图，而把这种学说加以精确阐述的是马克思。在西斯蒙第和欧文的著作里，也可找到这个学说的胚芽。工资仅仅是产品价值的一个部分，而且工资增长得不像生产力增长那样迅速。既然人口的大部分是靠工资过活的工农大众，所以在工厂全部开工的季节，消费者的需求跟不上工厂的供应。同时，资本家雇主们把他们的储蓄款项投在新的生产企业上。滞销货物中不久又增加了他们所生产的部分。这种市场存货过剩的过程不断地发展，一直到货物无法按获利的价格——甚至按成本——出售的时候，商业危机便到来了。[①]

至于"膨胀"学说，那是更多人承认的学说。这个学说以为，黄金、不兑现纸币、银行钞票或是货币存款的增加会促使物价升高，而物价的升高，也会促成商业的大活跃。在走到极端的时候，商业活动就成为轻率的投资和愚蠢的投机，其结果是信用破产，到处发生倒风。

这种属于"心理"类型的说明，在1867年刊行的穆勒"论信用循环和商业恐慌的由来"一文里讲得很详尽。[②] 按照他的意见，危

① 关于马克思的危机学说，一个赞同马克思这个学说的人近来曾做了说明。读者可参阅奥托·莱特："世界经济危机分析"，见《充满活力的马克思主义》，1924年耶拿版，第45—100页。

② 《曼彻斯特统计协会会报》，1867—1868年，第5—40页。

机的根本原因，与其说是在于经济制度的性质或弊病，不如说是在于对商业判断的情绪失常。繁荣的贸易引起乐观，乐观引起轻率，而轻率引起灾难。危机的灾难产生了悲观，而悲观便导致了萧条。只在人们发现事情并没有像他们所害怕的那么坏而恢复精神的时候，商业才会好转过来。

正像穆勒从心理上寻找商业变动的根本原因那样，斯坦莱·杰文斯从物理上寻找商业变动的根本原因。杰文斯的"太阳放射活动支配着气候、气候支配着收成而收成支配着商业情况"的学说，是在1875年初次宣布的。

最后，一些经济学者，例如威廉·罗彻，放弃了寻找任何可以用这种方法说明一切危机的学说的希望。在这些经济学者看来，危机是由某些干扰因素如使用革新的发明、发展新的运输线、战争、和平恢复、关税修订、货币变革、收成不好、习尚改变等等所产生的"反常"的事。这种意见认为各种经济过程的均衡是很难保持的，在性质极不相同的事件不幸同时发生的时候，这个均衡就被打破了。这种意见倾向于这样的结论：每一个危机都有它的特殊原因，而这个原因必须在前一两年的事件中去寻找。

当上面提到和没有提到的关于危机和不景气原因的推论正在进行的时候，现象的观察和叙述有了一定的进步，即观察得比较精密、叙述得比较完整。这一方面最有名的先驱者是克莱门特·犹克拉尔，他所写的"商业危机和商业危机的定期出现"是一篇很详尽的论文，先在1860年刊行，后来又在1889年刊印；马克斯·维尔思在他的《商业危机史》一书里（第一版，1858年在法兰克福刊行；第四版，1890年刊行）强调指出主要危机的国际性质；图干-巴拉诺夫斯基对于英国在19世纪所发生的危机做了充分的研究；①很多评论家写了关于个别危机的书或小册子。

这种叙述性的论著一般会比理论性文章更自由地使用统计资料。当19世纪快要过去的时候，可用的有关价格、货币、银行业务、利率、对外贸易、生产量、雇用人数等统计资料，在范围上越来越广，而在可靠性和正确性上越来越高。同时，统计学家如杰文斯、埃季沃思等发现了从大量表面上看来很混乱的资料中引出重要结论的更好方法。但在理论研究上，使用这种方法的过程，进展得很慢。

因使用统计资料而发生的最重要的变革是对所要解决的问题在概念上的变革。早期作家只寻找危机或危机和不景气的原因。不错，早期作家中，有的也偶然提出必须扩大研究范围的主张。例如，在1833年，一个英国新闻记者约翰·韦德说："商业循环通常要经过5年或7年的时间才完成，在这个期间内，如果参考以往70年的商业历史，就可以发现，景气时期和不景气时期是交替着的。"②不久，这个循环变动的概念，由更有影响力的作家如奥弗顿、海德·克拉克、韦廉·兰顿·约翰·穆勒、康迪·拉古厄和艾马萨·沃克等加以发挥。③ 其

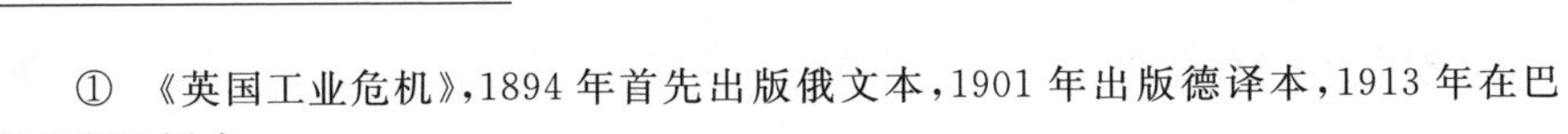

① 《英国工业危机》，1894年首先出版俄文本，1901年出版德译本，1913年在巴黎出版法译本。

② 约翰·韦德：《中产阶级和工人阶级的历史》，第2版，1834年伦敦，第211页。

③ 我们可引用下列奥弗顿的话："我们通常叫做'商业情况'的历史，对于我们是个有益的教训。我们发现，商业总要发生各种定期出现的情况，而且这种情况明显是周而复始的。首先是静止不动，接着是有所进展、信心逐渐增强、繁荣、兴奋、过度进货、骚动、紧张、不景气、灾难，最后又回到静止不动的状态。"参阅1837年在伦敦出版的塞缪尔·洛埃德写的《阅读霍斯利·帕麦尔关于金融市场紧张的前因后果的小册子后的感想》。

至于美国作家的意见，可参阅哈里·米勒："关于美国危机和循环的早期学说"，《经济季刊》，1924年2月，第38卷，第300页。

实，许多关于“危机的周期性”的谈论也含有这种概念。一个人在谈论信用循环和“周期性”危机的时候，可以不太注意不景气以后的商业恢复，或商业恢复进入繁荣的过程。但一个人在使用一系列表示着各年经济活动的变动的统计资料时，却几乎不能不知道，危机不存在时期的经济发展情况，也像危机一样，是需要研究的问题。因此，统计资料的使用，使得经济学家能很快地从危机理论进到商业循环理论。尤格拉尔“列举事实”的鸿篇巨作使人们明白了使用统计资料的必要。[①]

上面对于19世纪作家的理论叙述得过于简单，远远不能把他们理论的价值说出来，但已足以说明这一时代的作家是在什么基础上建立他们比较详尽的理论的。这些详尽的理论把前一代经济学家理论中有永久价值的部分全部保存下来，而且把一些新的贡献增加上去。因此，比较详尽地叙述近来提出的主要说明，将使得我们得到那些在进一步的研究中可能最有用的概念。

四、现今流行的学说

现代研究商业循环问题的作家们意见各不相同，不同之处主要并不在于原则方面，而是在于重点方面。每一个仔细研究这个问题的人，必定会感到景气和不景气的交替牵涉到许许多多的过程。但是，每一个研究者要自己判断这个问题：在这些过程中，哪些是产生循环变动的原动力，而哪些只是尽可能使自己

① 参阅《商业危机》，第2版，1889年巴黎版，第1章以及其他有关的章节。

适应于别的地方所发生的变革？每一个研究者都把他的注意力集中在一两个他认为是产生危机的主要因素上，但是许多作家也说明了他们选择的原因所产生的变革会怎样影响到其他过程。在做这种说明的时候，他们可能使用了和他们的研究重点不相同的其他作家的论著。

在过去十年时间内有能力的研究者所提出的商业循环的主要因素中，比较突出的如下：气候；对一切将来计划能否实现的毫无把握；做商业决策时所容易犯的情绪失常；表现现代社会特征的革新；我们时代"进步的"性质；储蓄量的大小；工业设备的建造；"普遍的生产过剩"；银行业务；货币收入的流通；谋求利润的商业行为。各个研究者对于商业循环所做的说明，都值得想了解商业循环的人的注意，因为各个说明都能帮助阐明这些复杂现象的某一个特点或是某一个方面。

但是，我们并不需要把上述作家的全部分析认真叙述一遍，尽管我们要想从他们的思想中得到教益，因为那是叙述各种商业循环学说的著作的任务。本书要处理商业循环问题本身，就这种建设性工作来说，以往的学说，可作为工具加以使用。因此，以下的篇幅只着重于从近代有关商业循环的著作里引用那些能够帮助我们更加了解整个商业循环问题的意见。

1. 气候

当前对商业循环问题所做的说明中，最引人注目的，要算各种气象论了。

在1801年，威廉·赫歇耳提出了这样的意见：太阳黑点的变动可能影响到气候，因而影响到农作物，影响到价格。① 这个意见以及施瓦伯关于太阳黑点是有周期性的发现（皇家天文学会在1857年承认了他的发现），引起了喜欢思考的杰文斯的兴趣和研究，使他得出商业循环是起因于太阳循环期的假设。为了证明这种想法，他研究了英国从1721年到1878年的商业记录来观察上述两个循环期符合到什么程度。他断定在这157年中发生了16次危机。他得到了商业危机的平均期间是10.466年，这个期间和当时算定的太阳循环期（10.45年）几乎是完全吻合的。杰文斯说："我完全相信这种每10年发生一次的危机是由于同一期间内气象的变化所产生的，而气象的变化多半是由于宇宙的变化所引致的。这些宇宙的变化从屡次发生的太阳黑点、极光和磁性摄动可以看得出来。"②

自从1878年以来，天文学家迭次改变了对于太阳黑点循环期的估计时间（现在大家公认的平均时间是11年多），③而且商业循环越来越大地离开了10年的标准。这些对于杰文斯的学说来说，是很不利的。以此之故，杰文斯的儿子赫伯特·杰文斯教授提出了对于太阳假设的修正。他相信，气象学家们已经证明了太阳放

---

① 《有助于研究太阳的性质以便找出太阳变化放光、放热的原因或征兆的观测》，附有关于可能从太阳观察中得到的利用太阳的方法的意见。《伦敦皇家学会哲学会报》，1801年，第91卷，第265—318页。

② 杰文斯在1875—1882年间所写的关于这个题目的主要论文，1884年在伦敦重印出来，其标题是"关于通货和财政的研究"（由福克斯韦尔校订）。参阅第194—243页，上面所引的一节摘自第235、236页。杰文斯用另一种方法进行的初期研究，将在本书第四章第2节里加以引用。

③ 参阅威廉·贝弗里季："西欧小麦价格和雨量"，载《皇家统计学会杂志》，1922年5月，第85卷，第434—437页。

热和气压的 3.5 年周期是存在的。从对农业资料的分析中，他找到了证明农作物产量的周期也是 3.5 年的事实。他认为，商业循环的期间要么是 7 年要么是 10.5 年。他把这两个结果联系在一起，陈述他的意见说，仅仅一个好的收成期间还不够产生不健全的商业景气，但是有了两个或最多三个好的收成期间，就够产生这种景气。提出了这个修改，他认为他父亲的商业循环的气象学说还是正确的。①

因为杰文斯教授的 3.5 年气候循环期学说主要是建立在美国资料的基础上的，所以当亨利·穆尔在 1914 年宣布俄亥俄和伊利诺伊两个产谷地区雨量资料的调和分析表明 33 年和 8 年的循环期是存在的时候，大家都感到惊奇。穆尔的补充计算表明，每亩农作物产量和商情指数（如批发价格、生铁产量指数等）这两者的相关系数是很高的。穆尔把他的结论表述为以下的“规律”：“美国中部（或其他大陆地区）雨量所代表的气候情形其循环期约为 33 年和 8 年，这种情形产生了农作物每亩产量的相似的循环期。这种农作物循环期构成了自然的、具体的、水流一般的运动。在运动慢慢地进行时，经济学者所直接关心的价值和价格跟着慢慢地但是有规则地变动起来。”②

后来，穆尔扩大了他的研究范围，研究了美国其他部分、英国和法国的情况。他的 8 年循环期，从研究中得到证实，但是他的

① 参阅《失业的原因》的第三部分：“商业波动和太阳活动”，《现代评论》，1909 年 8 月第 96 卷，第 165 页和以下各页。1910 年伦敦重印，其标题是“太阳热和商业活动”，附有序文和提要。

② 《经济循环的规律和原因》，1914 年纽约版，第 149 页。

33 年循环期似乎得不到证实。关于上述主要的气候循环期，他还提出了天文学上的原因。他的学说比太阳黑点学来说得更大胆。按照他的学说，每隔 8 年，金星直接走到太阳对地球的放射线上。穆尔认为它的磁场也许会影响到太阳射出的电子流，因而对地磁和气候产生影响。①

如果要把使用气象资料的经济学家的不同意见全部叙述出来，那么贝弗里季的研究结果必须增加上去。他把调和分析应用到欧洲从 1545—1844 年 300 年间的麦价上，而且发现气象循环期不是只有一个或两个而是有许多个。在这些许许多多的循环期中，被人们认为最有根据的几个，具有以下的期间：①5.1 年和 35.5 年(调和分析表明了期间是这样长，那些不受其他影响的气象资料也证明期间是这样长)；②5.671 年、9.750 年、12.840 年、19.900 年、54.000 年和(可能是)68.000 年(调和分析表明了期间是这么长，但气象观察结果还不能证明是这么长)。至于 8 年期间的循环期，贝弗里季找不到强有力的事实根据。可是，在他的第三类中，有 8.050 年的期间。关于这种循环期，“从麦价和气象上能够找到一些事实根据但找不到顶好的事实根据”。

贝弗里季的结论如下：“太阳系的某些地方存在着能影响我们的气候和农作物的周期性运动。这些运动，可能有 10 个、20 个或更多个。它们比人们所想象的有规则得多，在一些情况下，可能接近于自由的轨道运动的规则性和持久性，而在另一些情况下，它们

① 穆尔教授后来的研究结果，在他的《原始的经济循环》(1923 年纽约版)一书里有了概括的叙述。

是骤生骤灭的。这些运动可能只有一个类型，可能有几个类型。这些运动可能发生在太阳里、行星里或是月球里，也可能发生在地球里、空气里或是地球表面的水面里。"①

在1919年，埃耳斯沃思·杭廷顿教授提出了一种新的气候学说。他从搜集商业情况对健康的影响的统计资料入手，查明了"健康是经济情况的原因而不是它的结果"。他说："从1870年到世界大战的统计资料表明，在不景气之前一定先有个高的死亡率，而在景气之前一定先有个低的死亡率。"他还发现，把他的死亡率曲线颠倒过来，就与一年后学生人数、三年后纽约银行票据交换额、四年后的批发价格和美国国家银行存款量，以及五年后的移民人数的变动相符。他下结论说：商业循环看来主要要依社会的心理状态而定，社会的心理状态要依健康而定，而健康主要是依气候而定的。②

维尔纳·桑巴特教授的有机货物和无机货物生产不协调的学说，可以说是介于上面所说的从物理上探索商业循环原因的学说和以下要提到的从经济因素探索商业循环原因的学说这两者之间的一种看法。他指出，以钢铁为代表的无机工业，在短时间内，可以大大扩展，而不会严重地受到原料缺乏的阻碍。相反，以棉纺业为代表的有机工业的生产则通常要依作物收成而定。我们可以说，在有机工业里，商业情况主要是由原料的产量决定的，而在无机工业里，商业情况本身却决定了要生产多少原料。在景气期间，

① 贝弗里季："西欧的麦价和雨量"，载《皇家统计学会杂志》，1922年5月，第85卷，第412—459页。上面的引文摘自第452页。

② 埃尔斯沃思·杭廷顿：《世界强国和进化》，1919年在新港出版。上面所引用的各节摘自第29、42页。

那些要看不确定的收获量来决定货物产量的有机工业，不能够跟着无机工业齐头并进，因为无机工业会由于大量投资而很快地扩展起来。这样，有机和无机二种货物要找到有利可图的市场所必须维持的生产比例就被打乱了。以此之故，现代危机实质上是物理过程和经济过程作用抵触的结果。①

2. 情况难于确定

从经济上而不从物理上探究商业循环原因的各种学说中，最简单的是把西斯蒙第价格不可作为生产指针的意见加以发挥的那种学说。经济研究局的查尔斯·哈迪博士，在他的《危险和冒险》一书里，把这个大家所熟悉的概念做了新的说明。

哈迪指出："企业家主要是根据价格和预先订货来筹划恰当的产量的。"可是，价格和预先订货都不是靠得住的指针。哈迪说："关于未来的需求状况，价格和订货所告诉人们的只是根据已知的现在和未来的供应情况所可能有的需求，但对它们本身所可能引起的供应上的变化，却不能提供任何线索。"

这种情况会产生"生产过剩和生产不足不断交替的倾向"。当价格和订货呈现了需求扩增的时候，"就会有越来越多的人想趁机增加生产，而各个生产者都不太清楚别人的计划。这种趋势继续下去，而且没有什么力量能够阻止这种不断增加的生产，一直到生产过剩从订货减少和价格低落上反映出来为止。可是，那时资金

① 参阅维尔纳·桑巴特："德国经济生活在1900年及以后几年所遭到的破坏"，见《社会政治协会著作文集》，1903年9月，第113卷，第130—133页。

已经投下来了，契约也订立了，而那些会进一步扩大供应量的商业活动也都开始了。这种生产量的增加，需要有若干时间才能停止下来。而在这个时期内，消费量如果不受到低的、亏本的价格的刺激，总是赶不上生产量的。不但如此，各自为政的生产者，一看到生产过剩的迹象，大家都会减低生产。正像盲目地增加生产那样，他们盲目地减产，不知道彼此的意图。这种趋势继续下去，一直到生产量减到经济上不应该有的低程度为止”。

投机买卖是商业循环变动的一个完全不受其他影响的独立的原因。它增强着第一个原因。因为，投机者在判断商情时所依据的资料，和生产者所依据的大体上是一样的。因此投机买卖在景气时期增加得快，在不景气时期减少得也快。哈迪说：“这种大量买卖的倾向，其结果会扩大各个生产者不确定知道彼此的计划对产量的影响的情况……因为，经纪人买进的货物一经增加，这便引起生产者对产量的两种错觉。当购买增加时，订货量跟着增大，并且造成市场扩展的错觉。当过剩的存货加以利用时，这又造成一种错觉，这一错觉是市场紧缩的错觉。所以，商业循环实质上是由于：难于确定情况，主要是生产者和经纪人难于确定他们要出卖货物时，市场情况会怎样。”①

3. 商情判断上的情感因素

大家承认，商人在制订经营计划时一定会遇到不确定知道情

---

①　查尔斯·哈迪：《危险和冒险》，1923年芝加哥版，第5章，第72—75页。

哈迪的说明，可以说是对贝弗里季的“竞争学说”做了详尽的解释。参阅贝弗里季：《失业是工业的一个问题》，1908年伦敦初版，1910年再版，第4章。

况的困难，但是大多数作家却主张，这种不确定性只对他们认为更重要的其他因素提供了发生作用的机会。这些因素之一是“心理”因素，或是(说得更确切些)使商情判断错的情感因素。在这方面，剑桥大学庇古教授说得最透彻。按照他的意见，“商业信用的动摇是产业界中发生循环变动的主要原因”，“乐观和悲观的错误，是互为因果，不断发生的”。

在叙述了生产者制订计划时使他很难避免错误的各种情况之后，庇古着手解答为什么这种错误大多数总是方向一致的，而不互相抵消的问题。于此，庇古走出了哈迪认为满意的路线。哈迪依靠着生产者和投机者使用同一的价格和订货资料这一事实来说明他们错误的相同，而庇古却用那些风靡商业社会的此起彼伏的得意和失意心情来做说明。他说：“让我们假定商业社会处于中间状态，既没有犯乐观的错误，也没有犯悲观的错误。在这种状态下接着就会产生增加商业活动需求的真正原因。”后来，由于商人不能预见他们自己和别人对于上述刺激所做的反应将有什么后果，他们就开始犯乐观的错误。但是，这种错误为什么会增长得那么快、增长到那么大呢？庇古解答说：“乐观的错误产生以后，会由于商业社会各部分的反应而蔓延起来、增加起来。它所以发生是由于以下两个主要原因：第一，经验告诉我们，各个商人之间，除有紧密的金融联系以外，还有一定程度的心理上的互相依赖。在商业社会里，一部分情况发生变化，这种变化了的情况就会毫无理由地蔓延到别的完全没有联系的部分去……第二，……一部分商人犯了乐观的错误，其他的商人就认为可以乐观了。”因此，乐观的错误一经产生，就会在范围上和程度上加大、加深。

既然景气主要是建立在错误的基础上，一个清算的日子一定会到来的。不过，这个日子要在一段相当长的时间过去以后，要在新的工业设备大规模地建造起来，且新工业设备的产品投入市场后被发现不能按有利价格迅速出售以后才会到来。这时候，过去的错误估计，变得很明显——债权人和债务人对于错误的估计都看得很清楚；于是债权人施加压力，要求清偿。这样，景气终于成为危机。乐观的错误，在危机中归于消灭，但在消灭的过程中，又"产生悲观的错误。此种新的错误，一经产生，就是巨大的而不是细小的。因为，产业景气时期，必然是一个情绪强烈兴奋的时期，而一个激动的人，从一种激动情绪转变到另一种激动情绪，要比他从活跃转变到静止来得更快"。在新的错误的影响下，商业是非常萧条的。在一个时期内，生产设备扩展得比较缓慢。因此，"许多重要商品的普遍缺乏，逐渐地被感觉到。人们看出那些有这种货品售卖的人可以赢得很大的利润。于是，产业界中一些胆子较大的人，就认为这是一个机会并且要抓住这个机会"。商业又开始慢慢地、逐渐地恢复起来。庞古说："头一两年的扩展是完全正当的，但是，一两年后进一步的扩展，就不是纠正过去的错误，而是创造新的错误。"而且，这个新的错误逐渐累积，一直到商人不自觉地走上了以新的危机为终点的路线为止。①

① 庞古：《福利经济学》，1920年伦敦第1版，第6篇，第6章。上面引文摘自第833、839、840、843、844等页。在有关的章节里，庞古说明了"主要原因"所产生的结果是怎样受到其他因素如收获量的变动、金融制度的作用等的限制。在该书的第2版里，庞古删去了叙述这个问题的部分，他希望把这种叙述归并到一两年后要出版的《关于工业变动的研究》一书里。参阅第2版（1924年）的序言。

庇古认为高兴和抑郁之间的波动是由于商业情况的变化而产生的(商业情况的变化,由于它激起了各种情绪,会扩大成为商业循环)。波士顿犹太人慈善事业联合会董事莫里斯·贝克·黑克斯特却认为,这种情感波动的来源和商业情况没有关系。

通过对人口和经济统计资料的详细分析,黑克斯特下结论说:“概念的变动,要比批发价格的变动先发生 8 个月左右;人口出生率的变动,要比失业的变动先发生 17 个月左右……而人口死亡率的变动,要比批发价格的变动先发生 17 个月左右;……人口死亡率的变动,比失业的变动先发生 10 个月左右。”

黑克斯特从人们在朋友死亡和预料自己将有子女时所起的强烈情感反应中得到启发,就上述的因果关系做了说明。他提出了以下的主张:人们经营企业,就是把精力用于物质环境的改变。任何影响到人们情绪的东西,必定会影响到他们下决定、预先做决定或延期做决定的能力。如果延缓做决定、提前下判断、激发起来的努力的时间不是没有联系的,而是采取波浪式的运动,那么我想变动的人口出生率和死亡率不但会影响到而且一定会影响到商业循环的说法是有一定的道理的。乐观的错误和悲观的错误同人们情绪的变动可能有密切的联系。这种时常蔓延到整个社会的情绪波,很可能同出生率和死亡率的变动有密切的关系。①

应当注意,黑克斯特的假设和杭廷顿的假设有密切的关系,正像他和庇古的假设有密切的关系一样。但是,黑克斯特的假设和

① 黑克斯特:《商业循环对于社会的影响》,1925 年波士顿和纽约版,第 2 编。引自第 169、174、175 等页。

杭廷顿的假设有个不相同的地方，黑克斯特不想把人口的变动跟气候的变动联系起来。

4. 革新、创办事业和进步

波恩大学的约瑟夫·熊彼特教授认为，通过因不确定知道情况而产生的错误和由于群众心理而产生的错误来说明商业循环，是肤浅的说法。他说，的确，企业家犯了错误，这种错误随着景气增大起来，而且这种错误对于商业循环起着巨大的作用，但他又说，即使没有错误的估计，危机和不景气还是要周期性地发生的。

他认为，商业变动的根本原因是，为数比较少的、精力非常旺盛的企业家时时进行的革新——这些革新包括：科学发现和机械发明的实际应用，新型工商业组织的发展，新产品的推广，新市场的获得，新资源的开拓，商业路线的改变，等等。这种变革如果是大规模地实施的话，就会改变一般商人所据以制订计划的资料。这种计划无疑含有一些错误因素，但是商业革新却能产生一种更为严重的局面。

所有企业总得适应它们面对的新情况，否则就要碰壁。很多企业的确失败了。更多的企业设法根据价格、成本、方法和市场方面的新资料，制订新的计划。可是，摸清新情况和适应新情况需要一段时间。当新情况的适应正在进行的时候，革新的进展就缓慢下来，连最好动的企业家也得不到所需要的资本和合作来执行他们的计划。这就是不景气时期。这个时期会持续存在，一直到各方面调整工作都有很大的进展，足够产生一个使人们恢复信心的相当稳定的局面为止。

但是,这种准稳定局面的恢复本身就使产业界和平的扰乱者有可能大规模地恢复他们的活动。由于革新者借款来实行他们的新计划,利率被提高了。由于他们的投资,工业设备的价格提高了,而工资也提高了。接着,对消费品的需求和消费品的价格也提高了。这样产生的一般活跃现象,给许多企业带来了景气,而且促进了进一步的革新。景气持续存在,一直到商业变动所带来的扰乱因素,如大量供应品涌到市场去、原料成本和劳工工资增高、市场需求转到新产品中、产品新的来源替代旧的来源等开始出现为止。然后,新的危机和新的调整时期又到来了。

要把这个学说弄得完全,就必须说明革新为什么是此起彼伏地接踵而来的。熊彼特说,在企业家中,既能想出新计划又能突破各种障碍来完成计划的人是很少的,但是,当几个能力非常充沛的人获得成功的时候,他们的榜样就能为许多模仿者铺平道路。日益提高的价格、日益增长的需求和普遍化的乐观,使借款人更想借款,使出借人更不注意借款的对象。那些没有能力做出新计划的人,可能有利用先进者的经验甚至把先进者的工作加以改善的才智。因此,革新运动一开始,就越来越有力量——直到运动产生了不良的后果,才会停止下来。①

内布拉斯加大学米妮·英格兰教授提出来的“商业循环是因

---

① 熊彼特的这个学说最初是在1910年5月发表的,见“关于经济危机情况”一篇论文,载《国民经济、社会政治和行政管理杂志》,第19卷,第271页。后来,他陆续修改了他的学说,见《经济发展学说》(1912年莱比锡版)一书第6章;“经济生活中的变动”,《社会学和社会政治文献》,1914年7月第39卷,第1—32页;《经济发展学说》第2版(1926年慕尼黑和莱比锡版),第6章。在做最后的修改时,他曾对几个批评他的学说的人所提出的问题做了解答,而且以非常肯定的语气来阐明他的修正的学说。

创办新事业而发生的学说”，是和熊彼特的革新学说建立在同一的基础上的。尽管英格兰夫人所写的，在形式逻辑上不像熊彼特那么完整，但是她使用了更切实际的语句来做说明，而且引用了更多的例证。那些认为熊彼特的论文缺乏内容的人，应该研究英格兰夫人的著作。①

英格兰夫人把新事业创办者说成是商业循环产生的原因，熊彼特教授把不像创办者那么有专门技能的革新者说成是商业危机产生的原因，而前维也纳大学教授伊曼纽尔·沃格尔博士却认为一般的“进步”是商业危机产生的原因。

在他看来，危机是日益增长的以私营企业为基础的社会不可避免地要时常发生的事故。因为当这种社会年复一年地扩展的时候，要保持景气，就必须保持经济的均衡，而经济均衡本身并不是静止的。各重要产业的增长速度相互之间必须保持协调，社会各阶级所得收入额和货物消费量的增长速度也必须保持协调。

沃格尔说，只有在一个各种变动的方向总是相同而且变动的速度也是相同的社会里，上述协调的完成才是可以想象的。可是，在一个要锯齿状的递升曲线来说明情况的社会里，这种协调的完成是不可想象的。我们知道，社会的发展不可能长久保持固定的速度而没有改变，每一个社会在它的经济发展过程中都会遇到阻碍。逆转的政治事变，将来情况的错误预测，工艺方法改良所引起

① 参阅费希尔：“危机学说”，《经济学季刊》，1912 年 12 月，第 27 卷，第 95—106 页；“创办事业是危机的原因”，《经济学季刊》，1915 年 8 月，第 29 卷，第 631—641 页；“经济危机”，《政治经济学杂志》，1913 年 4 月，第 21 卷，第 345—354 页；“危机循环的分析”，《政治经济学杂志》，1913 年 10 月，第 21 卷，第 712—734 页。

的干扰，新的供应来源的发现，消费者爱好的变更，这些都说明改变增长速度而且有时会造成紧缩的因素是多种多样的。

因此，在近代经济组织里，变动的不规则性是根深蒂固的。要使各种增长速度都能迅速地和不规则的变动相适应并且在彼此之间保持一种活动的均衡，那是完全不可能的。均衡一遇到严重的破坏，便产生经济危机，跟随着经济危机就有一个经济活动低落的时期。过了相当一段时间，由于人们逐渐想出一系列新的调整，均衡会重建起来，而社会又开始进展，但新的事件一发生，各个增长速度——如果要跟新情况相适应——就不能自相适应。①

5. 储蓄和投资过程

在商人中间流行最广的一种关于危机的说法是：危机起因于“资金的不足”。在景气期间，投资是那样地多，以致用于出借的资金逐渐借光了。这个时期一到来，借款人就无法得到资金来完成他们的计划，其结果是，景气变成危机。对于这种想法，密歇尔·图干-巴拉诺夫斯基教授做了很透彻的说明，他在1894年用俄文写的一本书，以后一再修改，并且译成法文和德文。

图干-巴拉诺夫斯基说，必须把出借的资金和投在生产上的资金区别开来。出借的资金是各阶级个别的人和各商业团体储蓄的总和。在不景气时期，商业团体、商人、股东和工资劳动者的积蓄减少了。可是，有一种占重要地位的储蓄者，他们的收入并不受到不景气的影响，他们是地主、股票所有者、拿薪金的官员。其实，他

① 沃格尔：《国民经济发展过程学说和危机问题》，1917年维也纳与莱比锡版。

们的储蓄由于生活费用的降低反而增大了。因此，在不景气时期，储蓄仍以巨大的规模继续着。即使储蓄总额低于景气时期，它也一定没有像投资额降得那么多(这是很重要的一点)。因此，在不景气时期，却累积了巨大的可以出借的还没投入企业的资金。这种巨大的积累，可以从增大了的银行准备、低利息率和银行贴现率看得出来。

当然，这些储蓄存款之所以没有投入企业是由于商业组织陷入混乱状态的缘故。在不景气时期，大多数商人都不愿借用大额款项。但是，假定储蓄者急于把存款放在有利的用途，假定他们愿意接受的利率降得很低，那么，堵住此前累积起来的款项不让它出借的堤坝便坍塌了，而存款就会像水一般开始流到企业里去。

这个时期到来以后，人们便用借到的资金大量买进货物，这就带来景气。投资受到投资结果的刺激而继续增加，投资额不久就超过了现有的储蓄额。因此，此前还没投入企业的出借资金，现在却逐渐用尽了。当出借资金快要用尽的时候，可加利用的资金变得很少，以致那些要进一步扩展事业的人便无法得到资金来执行计划。利率涨至令人不敢过问的高度，银行准备降低到岌岌可危的程度，工业设备制造者得不到新的订货，景气由于危机的出现而结束了。①

在给危机周期性地出现的过程做上述说明的时候，图干-巴

① 就我所知，这方面最新的著述是，法文版的图干-巴拉诺夫斯基:《英国工业危机》(约瑟夫·沙比罗译，《各国政治经济学丛书》之一，1913 年巴黎版)。特别可以参阅第 2 篇。

拉诺夫斯基认为，如果人们所得的收益分配得比较均匀，那么，出借资金的累积和消耗就不会交替地发生。他说："社会资本迅速地累积起来的根本原因是劳动得不到正当的报酬，而社会资本的累积又成为危机的原因。"[①]英国政论家约翰·霍布森把图干-巴拉诺夫斯基的上述意见发展成为商业循环是由于"储蓄过多"而产生的学说（霍布森的学说和图干-巴拉诺夫斯基的学说大不相同）。

霍布森认为，在任何一定的时期"所有的经常收入中，总有一个适当的部分，根据现存的生产技术和预见是为创立新资本所需要的，以便为整个不久的将来的最大限度的消费做准备"。如果在景气时期，消费率和生产率的增加是一致的，那么，景气不能够无限期地持续下去的内在原因便不存在。可是，近代社会所创造出来的大部分财富是属于一个人数很小的阶级。在经济活跃时期，这个阶级的人所得的收入，比他们的消费增加得快，因此，他们的过剩收入一定会储蓄起来。其结果，就整个社会来说，便产生了消费不足、储蓄过多的现象。富裕阶级总想把新的积蓄投在生产企业上，从而增加货物的供给和自己的收入，来进一步增加储蓄。在景气时期，这种过程是累积性的过程，到最后，市场货品充斥，不能够按有利可获的价格售卖出去。因此，价格下降，破产跟着发生，资本额降低，富裕阶级的收入锐减，以致储蓄降低到和消费不能相称的地步。

在不景气时期内，过剩存货逐渐脱售，而投资有利可获的形势

① 图干-巴拉诺夫斯基：《英国工业危机》，第 279 页。

慢慢地恢复过来。储蓄又增加到和消费相称的程度，短暂的景气又到来了。但是，过了一些时间，那痼疾似的储蓄过多的趋向又充分发作起来。迟早，这种趋向会引起另一次的存货过剩，而这种存货过剩又会引起另一个不景气时期。

所以，景气和不景气交替地发生，其近因是储蓄过多的趋向，而其远因是过剩的收入——过剩的收入导致过多的储蓄。①

① 霍布森在几本书里阐明他的学说，但在《工业制度》(1909 年伦敦版，第 3 章和第 18 章)和《失业经济》(1922 年伦敦版)两本书里说得最详尽。上面引文摘自《工业制度》第 53 页。

约翰森提出了另一种的储蓄学说。按照他的说法，储蓄本身意味着从市场抽回购买力，因而总是倾向于产生商业不景气。但是，如果储蓄存款是迅速地用来“创造新的生产资金”，购买力的不足就得到抵消，而社会的财富便增加起来。可是，当储蓄存款是用以购买经济困难的人的房产或是借给穷困的人时，上述抵消作用便不发生。因为获得这种款项的人，都把钱款花掉，而他们的支出，只对他们自己的损失起着抵消的作用，而对收回购买力并不起抵消的作用。以此之故，储蓄究竟是对维持景气有所帮助还是对制造不景气起着推波助澜的作用，“决定于投资的方式”。“损害性的储蓄(约翰森把不用来创造新资本的储蓄叫做损害性的储蓄)，对于商业总有损害。如果损害是很大的，这种损害便造成普遍的不景气。”参阅约翰森:《危机问题上被忽视的一点》(1908 年纽约版)和《商业不景气的原因》(副题是“经济学上的一个发现”，1925 年纽约版)。

基尔大学鲁道夫·斯塔肯博士提出了和约翰森有点相同的意见。他说，如果商业扩展活动因为任何原因受到阻抑，储蓄存款就不会投在生产企业上，而会被用来偿还银行借款。直接的结果就是:使为商品提供的购买力降低到不能容纳现有求售的供应量的程度，因而对于膨胀的阻抑就变成了收缩。但是，银行借款减少，活期存款也跟着减少。这样，银行在经济开始恢复时，就能够大量增加对商人的信用贷款，从而使经济复苏变成经济繁荣。参阅斯塔肯:《循环变动学说》，1926 年耶拿版。

罗伯逊的学说，不是属于储蓄学说的范畴，因为罗伯逊认为，其他因素对于商业循环变动的产生也起着重要的作用。但是，他新近所写的《银行政策和物价水平》(1926 年伦敦版)一书最突出之处，是对储蓄在“商业循环”中所起的作用所做的分析。

为了分析它，他提出了新奇的术语。“供给资本这个活动其本质就是‘资金不足’。如果一个人在一定时期内的消费量，少于他在这个时期所创造的经济产品的价值，他就感到不足。……在一定时期内，‘不足’究竟是多少，这可以从消费品缺少的程度衡量出来。……缺乏资金时所要提供的东西，我想把它叫做‘资本’。长期缺乏资金往往

6. 建设工程

许多受到图干-巴拉诺夫斯基影响的作家中，有的想说明，他的储蓄分析对于生产究竟有什么意义。在做这种说明时，他们把重点从过多的储蓄转移到另一方面，即一种货物的生产和另一种货物的生产比起来是过多了。这种商业循环学说，在德国是以柏

(接上页)会被导向供给社会以固定的、持久性的生产工具，而短期缺乏资金往往会被导向供给社会以流通资本。流通资本，像固定资本那样，是由货物构成的"(第40—42页)。

根据这些定义，罗伯逊提出以下主张：在我们看来，商业循环向上移动的主要特征是：对于短期缺乏资金的需求，大大地但不连续地增加起来。这种需求的增加是生产量扩增的先决条件。……可是，对自发的短期缺乏资金的供给，并没有足够大的伸缩性，来应付这样显著地但不连续地增加起来的需求……因此，要应付这种需求几乎要完全靠着银行体系(第71、72页)。……当然，银行体系只能通过增发纸币，从广大公众那里索要这种短期缺乏资金(第88、89页)。

罗伯逊的意思似乎是这样，除非构成流通资本的货物能够增加，否则景气时期的流动产量便不能随便增加，除非广大公众的消费量不发生像生产量增加那样迅速增加的情况，否则构成流动资金的货物就不能有足够的供应；除非银行通过增发纸币提高货物价格来限制消费，否则构成流动资金的货物就不能有足够的供应。

罗伯逊认为大多数的景气时期都带来了固定资本需求的急剧增加，因而对于长期缺乏资金的需求也增加了。这种需求，一部分是由投资者来满足，而另一部分则由银行来满足。银行只能使用筹措短期资金的办法来筹措长期资金，也就是说，银行必须通过增发纸币、提高物价，从广大公众那里索要这种长期资金(第84—89页)。

但是，银行通过提高物价，从广大公众那里要来长期和短期缺乏资金，这样就会增加商业组织所需要的流通资本和固定资本的货币价值，因而使得物价必须大大上涨。很明显，这种自身膨胀的过程，不能够无限期地持续下去。为了控制这个过程的发展，银行提高利率，出卖政府债券，而且在必要时限制新的货币贷款。尽管现代银行体系都能够巧妙地运用手腕，使资金的需求和供应趋于平衡，但是，许多危机还具有通俗叫做"资金非常缺乏"这样的特征。说得确切些，应该叫做"缺乏资金这种活动不够"(第79、90页)。

在对罗伯逊的分析做以上的说明时，我感到有点没有把握，我想看过罗伯逊著作的读者们都会了解这一点。的确，我的说明很不完全，我希望我没有搞错。

林大学斯彼特荷夫教授为代表的。[①] 但在这里引用一个美国商人乔治·赫尔所写的关于这个学说比较通俗的说明就够了。

赫尔说，建筑费用很高，这是近代工业国家所遇到的“不可思议的不景气至今未发觉的原因”。大部分商业都是在比较狭小的范围内变动着。农业供应生活必需品，商业分配生活必需品，金融业调节各种票据。这一切的经营呈现着相当稳定的局面，因为必需品的需求绝不会突然膨胀，或突然收缩。工业特别是建筑业却不是这样，它会无限地膨胀或收缩。因此，要找出景气和不景气的来源，我们就得到建筑业中去寻找。建筑业包括建造和装修房屋、商店、工厂、铁道、船坞等的各种企业。

赫尔认为，建筑物“在全国所有的工业产品（在扣除土地和生活必需品以后）中大约占了77%”。即在最繁荣的年头里，在庞大的建造总额中，大约2/3是修缮、改建和由于人口增多而必须添建的房屋。这一部分的建造是必需的，而且是每年必须搞的。可是，另一部分的建造是“可有可无的”，建造与否，要看投资者在建造新房屋和配置新设备时获利厚薄而定。

当建造费用降低得足以唤起人们的“赚钱本能”的时候，许多“有先见之明的、拥有资金的人”就向承包商订立大量的承包合同。

---

① 斯彼特荷夫教授曾写了几篇论文来分析他的学说，这几篇论文载于施莫勒：《立法年鉴》，1902年，第721—759页；1903年，第670—708页；1909年，第445—467、927—951、1417—1437等页。读者除参阅这几篇论文外，也要参阅他在《政治科学词典》中关于“危机”的一条（《政治科学词典》，第4版，1925年耶拿，第6卷，第8—91页）。罗伯逊“建筑忽盛忽衰”的学说，和斯彼特荷夫学说是相似的。读者可参阅罗伯逊：《工业变动的研究》，1915年伦敦版，第170—198页。

本书较早版本曾对斯彼特荷夫学说做过描述（第10、11等页）。

不久，没有他们那么精明的人也学了他们的榜样。除原来不可缺少的建造外，又增加了上述新的建造。同时还须供应消费品，这样大景气就造成了。但是，过了一两年以后，承包商发现，他们得不到所需要的工人和原料，在合同约定的时间内来完成他们承包的工程。当承包业承包过多的情况被发现以后，工价和原料价格涨得很快。新合同对于建造费用就会估得非常高。因此，精明的投资者便开始延缓执行他们扩展永久性设备的计划，而新合同的签订就相应地减少下来。当承包商渐次地完成他们以往所承包的工程的时候，钢铁、木材、水泥、砖石等企业开始感到新的业务严重地萎缩。正像在价格低的时期，大量地承包"可有可无的建造"会带来景气那样，在价格高的时期，承包量的减少会带来不景气。接着，建筑工程费用降低，直到再度唤起投资者的赚钱本能为止，于是商业循环又开始了。①

马尔科姆·罗蒂上校提出意见说，建筑过多学说必须扩充成为"商业义务担负过多"的学说，并且从分析金融过程来加强这个学说。他指出，在许多景气时间的初期，大多数（如果不是一切）产业部门对于扩大商业经营和从事新的投机，都同时犯了担负过多的毛病。每承担一个新的义务，就通过扩充信用而创造出新的购买力。这种新增加的购买力既然不能迅速地得到相应增加的生产来加以抵消，物价便增高了。这种增加负担、扩大信用和提高物价的过程会持续下去，一直到信用机构供不应求，或物价上涨到有经验的商人认为再增加进货是很危险的时候为止。接着，货物购买

① 乔治·赫尔：《工业不景气》，1911 年纽约版。上面引文摘自第 103、107 页。

量缩小，而危机到来了。

上面所述是由于商业组织的内在原因而产生的一种典型的景气和危机的主要特点。但是，罗蒂上校说，除此之外，还有两种循环。一种是由于生产、分配和消费的调整而引起的比较缓和的景气和衰退，另一种主要是由于非商业的原因如战争等而产生的商业循环。罗蒂承认，有时候，很难决定一个循环是属于上面所说的三个类型中的哪一个，但他认为，这样的分类让循环问题变得很明白，而且说明了一个学说为什么不能令人满意地解释各种循环。①

7. 普遍的生产过剩

斯彼特荷夫和赫尔强调工业设备和消费品对商业循环所起的不同作用，他们所强调的在后期的著作里成为老生常谈。有两个作家发展了斯彼特荷夫和赫尔的学说。他们在这样做的时候，得到了跟图干-巴拉诺夫斯基和赫尔大不相同的结论。他们反对图干-巴拉诺夫斯基的说法，他们认为，还没投在企业上的出借资金的累积，是不存在的，而且也是不可能存在的。他们也反对赫尔的说法，他们认为，危机起因于一般的生产过剩，而不起因于局部的生产过剩；困难发生在制造消费品的产业，而不是发生在制造工业设备的产业。提弗利斯工学院教授鲍尼兴，也许先发表了这种理

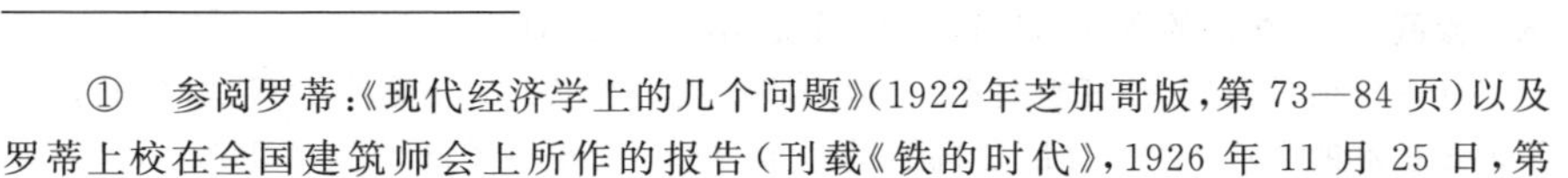

① 参阅罗蒂：《现代经济学上的几个问题》(1922年芝加哥版，第73—84页)以及罗蒂上校在全国建筑师会上所作的报告(刊载《铁的时代》，1926年11月25日，第1478—1482页)。

论，但是巴黎大学教授阿夫达利安却阐述得比较明确。①

当物价在不景气以后开始高涨的时候(高涨的原因以后再做说明)，商人就看到，在原有的价格下，消费品的经常需求大于消费品的经常供应。为了获得他们所预期的优厚利润，工厂主们增加了工业设备的订货量。这种订货增加了就业的人数，从而刺激了消费者的需求，因此就鼓励了更多的对于工业设备的订货。

可是，建造近代工业的设备，需要几个月甚至几年的时间。因此，要显著增加现有的消费品供应量，必须经过相当长的时间。当这种增加正在"妊娠的时间"②，消费品不充分的供应持续存在，物价持续上涨，就业人数增多，报酬丰厚，到处充满景气。

可是，当景气以递增的速度增长了一些时间以后，大量新的工业设备已经造好，可以使用，这样，消费品的供应量就增加起来。于是，困难开始出现，因为按照"价值规律"，上述增加的消

① 关于这两个作家思想的关系，读者可参阅鲍尼兴：《经济危机》。这本书是用俄文写的，1915年莫斯科版，后来由伯纳德(J. Bernard)译成法文，为《各国政治经济学丛书》之一，1922年巴黎版。鲍尼兴关于这方面所写的第一本书是《经济危机和过度的资本化》，1908年慕尼黑版。阿夫达利安先写了一系列关于"普遍的生产过剩实况"的论文，刊载于《政治经济评论》，(1908—1909年，第22卷，第696—706页；第23卷，第81—117、201—229、241—251等页)；接着他写了一篇论文，题目是"普遍的、周期的危机的一个学说"，1909年巴黎版；最后，他写一本书，叫做《生产过剩所产生的周期性危机》，2卷，1913年巴黎版。

② 这个短句采自罗伯逊的著作。关于这一点，他说得比阿夫达利安和鲍尼兴更为详尽。罗伯逊的意见中，最突出的是：商业循环的周期出现，大抵是起因于景气时期前一阶段内大量工业设备的折旧和再订购，这种大量的折旧和再订购几乎是同时发生的。参阅《工业波动的研究》，1915年伦敦版，第13—25页。

庇古也很重视这个"妊娠时期"。他大胆地提出了以下的意见："10年的时间，似乎不但是机器的平均寿命，而且是机器的一般寿命。"《福利经济学》，第1版，第827—830、841—848页。

费品不能够按最近普遍存在的价格出售。任何货品的供应量一增加，新增加的货品所满足的欲望，就没有像货品在早些时候所满足的边际欲望那么强烈。所以，景气时间后一阶段具有这样的特征：消费品的边际效用降低了。消费品边际效用一降低，消费者愿意支付的价钱也就跟着降低。由于伴随着价格降低而来的货币边际效用的提高，货价降得更低，而货币边际效用的提高则起因于活跃的生意越来越多地需要流动资金。不久，大家看得很清楚，生产过剩是普遍的。各行业相继降低价格，而景气由于危机的出现而结束了。

普遍的生产过剩和跟着而来的递减的物价水平，在危机发生以后还会继续存在一两年，因为新的工业设备代价很高，在可能的范围内总要加以利用。诚然，过剩的生产在一段时间内还在增加着，因为在大景气时间后一阶段所订造的工业设备的一部分，要到危机发生以后才能建造完毕，而且这种新造的设备，在交给厂家后，一定要设法使投在设备上的资本能赚得一些利润。这时，价格的降低从货币边际效用的减少得到抵消（在不景气时期，货币的需要减少了），但是消费品边际效用减少的程度，大于货币边际效用减少的程度。

不景气要在三四年后才恢复过来，因为，当物价正在走低的时候，几乎没有人想订购新的工业设备。不错，即使在最不景气的时期也有新的订货，但是这个时期的订货量和景气时期的订货量比较起来，是大大地缩小了。一方面，消费品的需求持续增加，虽然增加的速度比景气时期内增加的速度慢了一些。假定这种情况在几年时间内持续存在，那么，由于不景气而价格降低的消费品的经常需求就会逐渐超过经常供应。这种情况发生以后，价格又会上涨。接着，企业主企图增加他们的生产量，而且开始大量订造新的设备。当这种新的设备正在建造的时候，消费品的经常供应，和增长的需求比较起来，比以前更感不敷，因而货价进一步上涨，第二次的景气又出现了。

8. 银行业活动

上面各节所概括叙述的各种学说，都认为它们所研究的各项过程，一定会在具备近代金融和银行制度的社会里进行。但是，从这些学说的观点看来，货币和银行信贷只是一种媒介，产生商业循环的经济力量通过它发生作用。这些学说至多认为，金融机构只加剧了由于更重要的因素而产生的波浪式变动。[①] 因此，把商业循环看作是银行业活动的直接结果的说法，是一种和其他学说不同的循环学说。

谁都没有像明尼苏达大学汉森教授那样，在采用这种学说时，只简略地叙述一下原因，且对这样的叙述还感到很满意。他说："需求是建立在购买力上的。购买力的来源是收入，而收入的来源是物质货物和劳务的生产。简单地说，人们都是以货物和劳务来交换货物和劳务。在这个基础上，人们可以指望生产的过程是平稳的而不是周期性地发生变动的。的确，在物物交换经济中，商业循环并不存在。"

① 参阅庇古：《福利经济学》(第 1 版)"金融制度的作用和波浪式变动的加剧"一章(第 849—864 页)以及罗伯逊：《工业变动的研究》中"工资和金融制度"一章(第 206—238 页)。

但是,货币经济的出现怎样产生循环变动呢?汉森解答说,在现代的情况下,"任何社会在任何时间所达到的虚假购买力,大体上可以从互相密接的流通的货币额和具有存款通货形式的银行信贷的数量来衡量"。银行所制造出来的购买力和需求的大小,受到"以下两个因素的限制:第一,准备额;第二,把个人信用转变为银行信用的愿望,而这是根据贴现率和资本使用在产业时的获利程度而决定的"。很明显,这些限度本身以及接近于这些限度的程度,都不是固定的;因此,银行所提供的购买力,可以在很大范围内变动。

银行在借出更多的贷款来增加虚假购买力的时候,就增加了流通媒介。"其结果是,货价上涨,因而实际购买力没有增加。一般地说,人们的名义收入和从前是一样的,但由于物价的上涨,货币的实际购买力降低了。银行信用的发行,只是重新分配了购买力,即降低了一般收入所得者的实际购买力,而提高了那些能够获得银行贷款的企业家的收入。这种通过银行的帮助实现的购买力的重新分配,改变了需求,打乱了物价,影响了利润边际,因而影响到生产。简单地说,从这里可以找出商业循环的根本原因。"

要把这个学说弄成齐全,那就需要研究事态的发展:当存货出脱,成本降低,工人容易雇到,出借的资本很多而且利息率降低的时候,获得利润的机会很好,企业家们就会向银行申请贷款。银行的贷款一发出,企业家的购买力就增加了。其结果,原料的订购、工业设备和建筑工程的订造等就增加了,价格因此也上涨了。

从增加了的需求得到利益的企业家,又向银行申请贷款。因此,上述的增加,在一个时间内越来越大。

“这样上升的运动，只在银行信贷达到了安全的限度不能够进一步扩大的时候，才会停止下来。”不过，这个限度总会被超过一些，因为商业活跃使市面互相密接的流通所吸收的货币增多，而银行的准备减少了。“因此，不但需要把信贷的扩大停止下来，而且需要收回一部分未偿还的借款。”这样紧缩的结果是物价下降，商业额缩小，而对于银行贷款的需求也减少了（这个过程又是一个自发的过程）。但是，汉森说：“上升的运动是由于过度扩大银行信贷而招致的准备金的过度使用才停止下来。同样，下落的运动是由于未清银行信贷的减少以及物价降落后货币由流通过程回笼所产生的准备金的大量累积才停止下来。准备金这样不断地累积的结果，使银行家又逐渐降低贴现率，一直到贴现率降得很低，使用银行贷款又有利可图。新的证券大量地发出来，银行贷款很容易地借到，商业企业的购买力增加。上升的运动因此恢复过来，而循环又反复重演。”①

英国财政部的霍特里和汉森一样，认为他“已经证明了近代社会的金融组织有一个内在的趋向，即倾向于波动”。不过，他跟汉森有一点不相同，他比较看重贴现率变动的重要性。

霍特里说：“当银行家考虑到现有准备金，认为所发行的信用货币还没达到妨碍安全的数量时，便降低利率来鼓励借款，商业因此就扩大起来。”这样降低借款的成本会产生一系列的后果：售货者向生产者增加订货量，生产者增加生产量而且提高价格；就业人

① 汉森：《美国、英国和德国景气与不景气的循环》（《威斯康星大学社会科学和历史研究杂志》，第5期），1921年马迪逊版。上文引自第104—108页。

数增多，工资跟着增高；收入一增加，对于零售商品的需求也随着增加；生意兴隆的商人向银行借贷更多数量的款项。这些情况逐步地发展下去，一直到银行认为在安全限度内的贷款都借出了，“不再需要降低利率。不久，利率提高到和‘利润率’相等的程度，商人增加进货的动机便不存在了”。

跟着商业扩展而来的是商业不景气，因为利率一提高，银行总想尽量出借款项。在一个时间内，银行能够增加贷款而不会失去大量的现款；可是，当增加得比较慢的工资也上升的时候，银行的准备金就减少了。而且，价格上涨很可能鼓励进口货的输入，阻碍出口货的输出，这样就使处在景气状态的国家黄金外流。当银行的准备金显著降低的时候，银行不得不催收一部分未偿还的借款。为了达到这个目的，银行会进一步提高利率并且收回在投资市场借出的款项。接着，有价证券价格下落，商人设法减少存货，因为这种存货的各种费用现在已经成为很大的负担。商人向生产者降低订货量，生产者则降低生产量并且裁减工人；零售商品的需求减少了；由于销售减少，现有存货变得过多。以前所说的过程又重新开始了。在不景气时期，商人不需要像以前那么多的贷款，而且由于工资支付额的降低，现金又在银行里累积起来。所以，银行的头寸又松动了，“无须继续保持高的利率”。利率的降低就给新的商业扩展准备了条件。[1]

---

①　霍特里：《商业的景气和不景气》（副标题是“商业变动原因的研究”），1913 年伦敦版。上文引自第 3、199、268、269 等页。

在霍特里后期的著作里，他的主要论点似乎有点改变。在《通货和信用》（第 2 版，1928 年伦敦版）一书第 425 页，他说：“金融制度绝不是循环变动的原因，相反，金融

9. 生产和货币收入的流出量

到目前为止所提到的各种学说，在某种意义上，都可以说明为什么一国的人民有时不能或不愿意按有利可获的价格购买他们所

(接上页)制度降低了变动的强度而且使变动易于控制。”“信用不稳定的原因，与其说是银行家，毋宁说是商人和企业创办人。”(第428页)但是，霍特里又说：“信用机构本身虽然不是这种现象的原因，可是金融机构一经存在，变动总是通过它来实现的。”(第425页)就我们目前的工作来说，对我们有帮助的，是霍特里对于近代社会所产生的循环变动过程的分析，而不是他对变动原因的简短说明。他在《商业的景气和不景气》一书里所做的这种分析，在《通货和信用》中仍旧保持着，不过做了一些小的修改(参阅第130页和第9、12章)。我曾经把他分析的要点编入我对《商业的景气和不景气》所做的提要里。

霍特里的学说和费希尔从前的见解有很多相同的地方。不过，有一个重大的差别。费希尔的学说建立在一个他认为已经从统计资料得到证明的事实上，这个事实是：利率的变动，总是落在价格变动的后面。在物价高涨时期，这种落后使借款者得到更多的利润，并且促成商业的活跃。在物价降落时期，这种落后就使利润降低并促使不景气加剧。相反，霍特里却认为银行贴现率的变更是产生商业变动的有力因素，随着商业变动而来的是价格变动。

关于费希尔的学说，可参阅《货币购买力》(1911年纽约版)第4章和第11章，第15—17节以及“黄金贬值和利率”(这篇论文的摘要，刊载于《穆德义杂志》，1909年，第110—111页)。直到1923年12月为止，费希尔还认为，“促使循环产生的主要力量是实际利率、货币利率，以及金元购买力的(正的或反的)增长率”。(参阅“商业循环主要是由于‘金元的跳跃’”一文，《美国统计协会杂志》，第18卷，第1024页)。但费希尔近来却认为“商业循环”是个神话。“商业”的变动(他认为商业变动确曾发生过)主要是起因于“价格的变动”，但商业变动的第二个重要原因“可能是利率”。参阅“我们的不稳定的金元和所谓商业循环”，《美国统计协会杂志》，1925年6月，第20卷，第191、193页。

耶拿大学威廉·勒卡教授提出了一个有趣的意见，把关于商业循环的储蓄学说和银行业活动学说合并起来。他从累积和消费这两者之比的周期变动中找到了“循环病的真正杆菌”。累积和消费的比例，一有变动，就会对交换的过程产生严重的干扰作用。可是，累积和消费之比的周期变动，多半是由于信贷额的周期变动。这种变动表现于实际利率和名义利率这两者之间的差异、表现于贷款银行的周转能力和银行的经营政策上。参阅勒卡“信用和循环”一文，载《国民经济和统计年鉴》，1926年3月—4月，第124卷，第243—285页。

生产的东西，即为什么他们所生产的比所能够售出的更多。但是，对于这样提出的问题，还没有做出最直接的解答。最直接的解答在于为西斯蒙第"在经济活跃时期货币收入总是落在货物的货币价值的后面"这一论点提供新的论据。

马伊的学说采纳了近代关于这个方面各种很有识见的言论。马伊的言论建立在以下两个基础上：①在近代工业社会里，工资是收入最大的来源；②在景气时期，工资并不像货物的总值增加那么快。因此，最重要的消费者的购买力跟不上求售的货物的数量。假定这种超过需求的供应持续一二年，那么市场一定是充溢着消费品，而危机和不景气就到来了。危机和不景气把物价压低到靠工资过活的消费者能够购买的程度，因而把经济的健康恢复过来。按照这个逻辑，马伊提出了合法地限制利润的建议，强迫生产者在增加生产量时降低卖价。①

海德堡大学埃米尔·莱德勒教授把这个理论发挥得更为充分。

他一开始便指出，不景气具有货物生产降低和价格降低的特征。价格的降低，虽然是普遍的，但不是齐一的。构成有产阶级和薪金阶级收入的东西的价格降得很少。连工资的削减和失业，也没有把工人大众的货币收入降得很多，因为生活费用更多地下降了。至于农民，从价格下降所受的影响，一般也是得过于失。因此各种价格下降程度的不同，使消费者们也许能够购买比从前为数更多的货物，至于他们能够购买现有产量中比较大的部分，那是毫

① 马伊：《垄断时期经济危机的基本规律及其隐藏方式》。

无疑问的。另一方面，由于工资、地租和利息的下降落在货物售价下降的后面，因此商业的利润会大大地降低。商业利润的降低和随着商业利润降低而发生的储蓄的减少，妨碍着工业设备的扩张。可是，大多数收入所得者日益增高的购买力，逐渐地吸收了景气时期所遗留下来的消费品以及不景气时期所生产的为数比较少的消费品，这就给商业活跃的恢复创造了有利的条件。

商业一开始恢复，价格变动的趋向就倒转过来。日益增高的价格和日益增多的贸易量，使得货币支付额越来越大。在一定程度上，支付额的增加可以从加速货币和信用的流通来实现（在不景气时期，货币和信用的流通很缓慢）。要进一步增大支付额，就得增加黄金的供应量。可是，黄金这种资源通常是供不应求。因此，总的来说，只有“增加信用”，景气时期才会到来。也就是说，主要要由银行来提供那不以从前的生产为根据的购买力。

在商业活跃时期，价格受到“信用增加”的鼓舞，扶摇直上。不过，价格的上涨和价格的下降是同样不平衡的。构成了有产阶级、薪金阶级和工资劳动者收入的东西的价格的上涨，跟不上货物价格的上涨。以此之故，这些阶级的购买力下降了，至少是跟不上货物产量的增加。同时，构成商业成本的价格落在构成进款的价格的后面，这样，利润就增大了。更大的利润导致了更多的储蓄和更多的工业设备上的投资；在工业设备业已制好可加以使用时，这又导致了更多的消费品的供应量。这个时候，对于这些消费品的需求，如果实际上没有比从前减少，那么也不可能增长得像供应那么快。在这种情况下，危机必然会发生，而危机又把价格变动的趋向倒转过来，这个分析起始时所提到的各种过程又开始了。

所以，按照莱德勒的学说，商业循环最重要的原因是价格变动所特有的不平衡性——这种不平衡性使各种收入所得者之间购买力的分配、各种产品的需求、产业设备的增长率和价格变动的趋向有所改变。“生产的不平衡”和“收入的不平衡”一样，都是商业变动的特征，但是，这两种发展所产生的作用是很不相同的。某种货物比起其他货物来生产得太多了便导致价格的变动，而这就会影响到利润，并且促使生产计划改变，因而把固有的平衡恢复过来。“收入的不平衡”是不能够自己调整的。它的影响逐渐累积起来，直到达到不景气变成景气或是景气变成不景气的临界点为止。[①]

和莱德勒教授一样，波拉克基金经济研究所的三位先生卡钦斯、福斯特和黑斯廷斯也认为，景气是由于消费者的收入的增长跟不上消费品的产量而停止下来。但是，波拉克学派对于消费者购买力不足所做的说明，跟莱德勒各种价格上涨率的不平衡性的学说是不相同的。

波拉克派学说一开头便说，要保持活跃的商业，消费者所得到和所消费的收入必须等于市场中消费品按零售市价计算的总值。如果工业只限于供应消费品，上面所说的必要条件就意味着：①所有产品的总售价必须迅速地由商业企业作为成本（即工资、薪金、地租、利息、租税等等）或作为股利支付出去；②个人所得到的货币收入必须通过购买产品迅速地还给商业企业。

① 莱德勒：《社会经济大纲》，1925 年杜平根版，第 4 编，第 1 节，《循环和危机》，见该书第 354—413 页。

当然，在实际社会里，许多企业制造那些不是售给消费者的货物，而且在制造这些货物时把收益付给个别有关的人作为他们的收入。这些支付加上消费品制造业付出的收益，似乎一定会超过送入市场的消费品的价值。但是，就制造消费品的原料或供应品这种生产资料来说，它的全部卖价一定要计算在消费品价格内，而为制造这种原料或供应品而付出的作为个人收入的款项，只能等于消费品价格中的这一个因素。除上面所提到的那种货物外，还有一些不要求消费者购买的物品，例如土木工程和工业设备。制造这些物品所给付的收入，增加了消费者的购买力，但却没有增加消费品的供应量。在建设活跃时期，这一方面所付出的款项，加上建设还没完成以前所付出的工资，使消费者所得的收入暂时超过了市场上消费品的供应量。不过，这种情况很快便产生了使它终止的后果。消费品的价格上涨起来，价格的上涨立刻刺激了生产，这样，以下的困难情况又产生了，即很难使消费者的购买力能够容纳价格增高、数量增多的消费品。而当人们使用着的新工业设备开始直接或间接地使市场上的消费品有所增加时，上述的困难情况便加剧起来。

所以，"生产过剩（供过于求）只是一种金融现象"。既然是金融现象，那么采取金融性调整措施，就可能防止它的产生。按照波拉克学派的观点，"如果公司不断地增加它们的产量，在增产过程中，以足够快的速度增加货币的流通量，如果产品在市场的流通量是充分地落在作为消费者工资的新货币流通量的后面，那么，消费者就能够继续购买市场实际出售的全部消费品。但是，货币不能够在长时间内持续膨胀。商人总是害怕货品滞销。当他们对于消费者能否容纳现有的产量有所怀疑的时候,他们就不想增加产量,那即是说,他们使用银行借款来增加产量的动机便不存在了”。

但是,企业为什么不把全部货价收入支付出去,借以防止消费者购买力不足现象的产生呢？这是因为,在现代情况下,一个兴旺的企业必须考虑到它的扩展,而筹措资金来供给扩展的最安全办法乃是“把利润的一部分用在企业上”。福斯特和卡钦斯认为,一般地说,美国公司只把利润的一半作为股利支付出去。即使公司把全部利润作为股利支付出去,并靠售卖股份给他们的股东来筹措扩展的资金,情况也未必稍强。因为,在这种情况下,消费者也会把用以购买消费品的收入移来购买新设备,使消费品将来产得更多。为了保持消费品需求,消费者必须把上述收入用以购买消费品。而实际情况则是,消费者把他们的经常收入不断地储蓄起来。他们这样做的原因和公司采用保守的财政政策的原因一样,都是正当的。他们的储蓄和企业的股利政策都是造成消费品求不应供的原因。

总括地说,“向着更大的总生产和跟着发生的更高的生活水平的进展,它的速度会由于消费者的购买跟不上生产而放缓。消费者购买之所以落后,有两个原因:第一,由于储蓄的缘故,各个产业团体没有把足够的款项付给消费者,使他们能够按现有的价格来购买各个产业团体所生产的货物;第二,由于必须储蓄,消费者不能够把所得到的货币收入全部花掉。货币从生产者流到消费者,又从消费者流到生产者,这种货币的流通(在一定程度上是由于储蓄的原因)是不平衡的。况且,团体和个人的储蓄都不用来购买市场上的货物,而是用来增加货物的生产。货币的膨胀并不能充分地弥补不足，因为货币的膨胀主要在于促进生产，而产品售给消费者所换回的货币一定多于膨胀所提供的货币。因此，只有货架上商品或是亏本出售的货物充斥时，只有我们建造着比我们能使用的更多的工业设备时，才有进步可言。消费者收入的不足乃是我们为什么不能够长期地不断创造财富的主要原因（虽然它不是唯一的原因）。要不是这样，凭着天然资源、固定设备、改良的技术以及雇主们和雇工们的利己主义，我们是能够不断创造财富的。资本家和工人都来限制产量，主要是由于缺少了消费者的需求；也由于这个原因，各个国家都致力于国外市场和商业势力范围的争夺。这种争夺是产生战争的主要原因”。①

当波拉克学派在美国致力于建立他们的商业循环学说的时候，国际劳工局的马丁先生在瑞士也从事着同样的工作。马丁认为，使景气结束的因素以及使生产即使在景气年头也远未达到其可能达到的水平的因素，就是我们所生产的货物不能卖出。销路的缺乏则是由于“购买力”的不足。但是，马丁跟福斯特和卡钦斯有所不同：福斯特和卡钦斯强调消费资料和生产资料的区别，而马丁对于这个区别不大加以注意。按照马丁的见解，要保持景气就

① 1923年，福斯特和卡钦斯在他们的《货币》一书（波拉克基金经济研究所丛书之二）的第20章里，对于这个学说做了简短的叙述。1923年，黑斯廷斯在他的《成本和利润》（丛书之三）一书里，做了比较详尽的叙述。1925年，福斯特和卡钦斯在他们的《利润》一书里（丛书之八）做了和《货币》那本书有点不同的叙述。上文引自《利润》，第320页和《节约的两难》，第16、17、28、29页（这是福斯特和卡钦斯对于他们学说的概述，这个概述原载《大西洋月刊》1926年4月，后又重印）。在本书第一章已经排版以后，福斯特和卡钦斯又刊行了《没有购买者的商业》一书（丛书之十）。

波拉克学说所阐明的，与其说是商业循环，毋宁说是危机，因为它没有说明在不景气以后，商业活跃怎样恢复过来，也没有说明，商业复兴怎样演变成为景气。

必须使工业设备和衣着同样保有足够的市场。马丁认为，购买力的不足，不是起因于团体和个人的储蓄，而是起因于景气需要有更大的“流动资本”。他对自己的学说所做的概述如下：“只要社会的购买力全部用来购买货物，那么物价制度就能发生作用。但是，工业必须时常增加它的流动资本。这就是说，部分的社会购买力，本来是购买货物以保持购买力和价格之间的均衡所必需的，却用来促进货物的生产了。其结果是，购买力并没有存在的货物却生产出来了。”

“物价制度的这个缺点”，可以通过供应货物购买者以足够的货币来矫正。马丁说：“政府和银行所要采取的第一个步骤是增加购买力，一直到失业减少到最小的限度，至于要怎样增加购买力，在什么时候和什么地方来增加，以及增加到什么程度才适当，那就要根据最有采纳价值的商情报道。政府和银行采取了这个步骤以后，就要设法调整这种购买力的增加，使社会的购买力总是恰恰足以容纳市场中出售的货物。政府和银行做这个调整时要用物价水平做指导。如果物价下降（这是货物滞销的自然指标），政府和银行就要迅速地增加购买力，一直到滞销现象完全消失为止（这表现在物价恢复到原有的水平）。如果物价上升（这是膨胀的信号），政府和银行就要比较缓慢地增加购买力（假如必要的话，甚至要把购买力全部抽尽）一直到物价恢复到‘正常的’水平，也就是说，要等到膨胀的征象完全消失为止。以上措施是要由特殊机构来执行的，这种机构在执行措施时要尽量利用现有的最好的知识和最科学的工具。这种特殊机构的每一个行动都会得到工业中心理因素自动作用的帮助。这个心理因素，不像现在那样，在景气时期起着

帮助膨胀的作用，在不景气时期起着促使萧条的作用，而是作为价格和市场的自动稳定者出现的。”①

关于收入的学说，还有一种类型，那即是俄克拉荷马大学亚当斯教务长的学说。按照他的见解，消费品购买力的增加，可以使商业从萧条中复苏，但不能产生景气时期。因为，消费资料商业是不能产生超过现有产品的销售价值的货币收入的，而景气的产生却是以消费者能够购买价格日益增高、产量日益增多的货物为条件的。所以，“商业复兴会产生景气时期”的想法，和“商业总会通过商业循环的某一阶段”的想法，都是错误的。一个循环的结束和另一个循环的开始，有的时候中间隔着一个很长的“波动的均衡”时期。一个新的循环，要到一些情况发生使消费者的收入超过市场消费品的价值时才开始。起这种作用的因素，往往是由于银行信贷的扩增而带来的“固定设备的迅速扩增”。由于这些情况而产生的景气在一段时间内往往会越来越强烈，但是这种景气会由于以下的“力量”单独地或是一同地起作用而停止下来：①消费资料的产量终于赶上并且超过了消费者的收入额；②每一个单位货物的生产成本终于增长得比卖价快；③银行终于达到了增加借款的能力的极限。②

---

① 参阅马丁：《价格制度的缺点》（1924年伦敦版）和《有限的市场》（1926年伦敦版）。上文引自《有限的市场》，第53、54、69、70页。

英国皇家空军道格拉斯少校在他的一系列的书里所阐明的学说，似乎是波拉克学派和马丁先生思想的轮廓描绘。读者可参阅道格拉斯：《信用效能和民主政治》（1921年伦敦版）以及《社会信用》（1924年伦敦版）。

② 参阅亚当斯：《商业循环经济学》（1925年伦敦版）。

10. 赢利所起的作用

最后，还有一种学说，这种学说用下面的事实来说明商业循环：货物的生产、运输和分配主要是以赢利为目的的企业进行的。当然，上面所提过的各种学说，也都认为利润的追求是当然的事，但这些学说把商业企业看作较基本的力量借以发生作用的组织。现在所要提到的学说的特征是：它认为，景气和不景气的交替，是由于赢利本身的某种技术上的困境而出现的。属于社会研究新学派的凡勃伦博士和波尔多大学勒斯居尔教授，分别在1904年和1906年，把这种观点加以发挥。①

凡勃伦在探讨“近代福利学说”时，一开头就指出，景气、危机和不景气“主要是价格变动的现象。……这种现象会影响到工业，因为工业是按照商业来经营的，也就是说，是按照价格和为了赢利而经营的”。

物价的上涨带来了景气时期，而物价的上涨有时是由于黄金供应量的增加，有时是由于政府的大量购买。这样的上涨，首先影响到一个产业或一个行业。这个产业或行业立即活跃起来，而那些急于利用有利可图的机会的人，就会向这一产业增加投资。一半由于需求的实际增加，一半由于热烈地期待将来的增加，一些有积极性的企业就扩展了它们的事业，这样就使和它们关系比较疏远的产业部门的产品价格也提高了。

① 《企业学说》，1904年纽约版，第7章；《生产过剩所产生的普遍的、周期性的危机》，第1版（1906年巴黎版），第3版（1923年版）。关于勒斯居尔的学说，本书第1版曾做了概括的叙述，见第13页。

需求越来越多,价格越来越高,这就使遇到这种情况的每一行业的企业预期得到的利润增大。预期利润的增大使企业资本有更高的估价,这当然就意味着作为附属担保品的财产价值的增加。这样,就使活跃行业所主要依靠的信贷扩展容易到来。

日益增多的需求、日益增高的价格、日益增加的获得利润的可能性、企业资本的估价和日益扩大的信贷,这些接连发生的事情的过程,只要它的基础存在,便以日益增长的规模重演着——它的基础是,所预期的需求或售价的上升大于所预期的成本的上升。但是,这个过程最终会破坏它的基础。因为,企业的费用会由于人工成本日益增加以及企业所购买的各种货物价格逐渐提高而增大起来。其结果是,企业的成本越来越接近所预料的售价,使得所预期的利润边际越来越少。接着,市场开始觉得它此前对企业资本所做的估价似乎过高。因此,在产业社团的估价中,业经借出的款项的担保品价值缩减,并且担保品不再被认为是偿清债务的适当保证。景气时期所特具的有把握的期待变成惴惴不安的情绪。只要有一个大的债权人认为,他的债务人现今的赢利能力使他必须低估他们担保品的价值,这种低估担保品价值就会引起普遍的危机。此种情况一经产生,清算就开始了。清算从一个产业蔓延到另一个产业,于是景气便转变为不景气。

凡勃伦和大多数其他作家有个不相同的地方,他认为,不景气一经开始,就倾向于持续存在,而不倾向于使商业活跃恢复过来。财政困难的企业,在改弦更张的时候会降低它们的固定费用,这样就把最弱的竞争者转变成为最危险的竞争者。但是,比这一点更为重要的是:现代机器工业所特有的技术不断发展,使随时都在建立的新工厂，在开头时，和机器已经部分陈旧的旧工厂比起来，处于大大有利的地位。[①] 由于这些情况，不降低对于资本的估价而要得到相当的利润，是很困难的，而且这种困难是个长期性的困难。所以，景气时期具有插曲的性质，它是由于货物需求意外的增加而产生的，而且由于上面所提到的接连发生的事件，不久就转变成为正常的不景气的状态。

所以，在凡勃伦看来，决定一个商业时期的性质的重要因素乃是现有的资本估价和预期的赢利能力这两者的关系。当预期的利润增高时，商业有段景气时间，在这段时间内，资本的估值会迅速地上升。但是，日益增高的成本总会使厚利的期望失去它的根据，这样一来，此前对于资本所估的价值，就会高于资本按照将来的利润所应有的价值。这就是不景气时期的特征。

自从凡勃伦和勒斯居尔的著作刊行以来，几个作家或是接受商业循环的"利润学说"，或是独立创作这种学说。不过，这些近代作家的说法跟早期作家的说法是不相同的，而且彼此之间也不相同，因为他们把着重点放在影响利润的不同要素上面。例如，斯德哥尔摩大学卡塞尔教授强调利率和建筑工程这二者变动的重要性。[②] 剑桥大学拉文顿先生继庇古教授之后，强调商业信心的动摇。[③] 国际劳工局贝勒比少校强调指出，货币的膨胀是景气产生

① 李甫曼博士提出观点说，采用改良了的生产技术，因而废弃那些还没让给债权人作为还债基金的设备，这乃是危机产生的基本原因。参阅他的《国民经济学原则》，第 2 版，1922 年司徒嘉德和柏林版，第 2 卷，第 840、841 页。

② 《社会经济学说》，1924 年纽约版，第 4 卷。德文本，1918 年莱比锡版。

③ 《商业循环和商业产生循环变动的原因》，1922 年伦敦版。

的因素，而剩货的减少和人为的消费需求乃是商业恢复活跃的因素。[①] 哥伦比亚大学约翰·克拉克教授透彻地分析了新工业设备的订造和制成品需求增减速度这两者的关系。[②] 劳伦斯·弗兰克则从"行动"上说明了商业循环跟现今的统计工作很有关系，因此必须加以概述。弗兰克说："商业循环的'原因'（如果我们要用'原因'这个字眼的话）……要从那些组成货币经济的习惯和制度上去寻找。因为，货币经济及其货币、信用、价格、私有财产等可以说都汇集在企业过程里面。"

由于上述的习惯和制度，商人的"购买过剩"和"购买不足"便交替地产生如下：在不景气时期，消费资料的零售购买，并没有大大减少，不像消费品的生产减少得那么多。因此，在不景气时期，制成品的经常存量逐渐减少，而生产者的原料存量也逐渐减少。假定有了这样的情况，只要经过相当的时间，零售商人就会感到各种货品的缺乏，他们不得不增加订货的数量，尽管他们的经常销售不变或者逐渐减少。这个时间一到来，消费资料的生产就会稍稍增加起来。因为不久，零售商人或批发商人所向以购买货物的生产者就会耗尽他们所使用的原料，必须向其他生产者添购。于是，由零售商人发动的增加订货，便从一个团体蔓延到另一个团体，而且在蔓延的过程中增长起来。

① "商业循环的主要因素"。先刊载于《经济季刊》，1923 年 9 月，第 83 卷，第 305—331 页；后来另加补充，重印出来。

② 参阅《间接费用经济学论》，1923 年芝加哥版，第 19 章。参阅克拉克的"商业的加速和需求的规律——经济循环所特有的因素"一文，刊载于《政治经济学杂志》，1917 年 3 月，第 25 卷，第 217—235 页。

每一个商人，在他看到销售量增加的时候，都想多进些所销售或使用的货物。“不但如此，投机商人订购期货，并且开始屯积存货。”其结果是，生产率便增加起来。统计资料似乎证明了这一点：半成品的加速生产比消费资料更迅速，原料比半制成品更迅速，而工业设备比原料更迅速。可是，正像零售贸易在不景气时期没有大大减少那样，零售贸易在景气时期也没有大大增加。生产率很快超过了消费率。因此，只要上述的过程持续存在，存货的累积就越来越大。

但是，这类累积会受到以下的限制：仓库容量的限制，而银行也不愿意让资金冻结在流动性成问题的放款上。接近这种限度以后，货物的购买便减少了。这时，人们发现，存货量和减少了的销货量比起来，是太大了。为了减少存货量，人们只从现有的存货中添进货物，而且减少货物的生产或是减少向生产者的订购。所以，经常生产便降落到经常消费的下面。那些积累有最大数量的存货的商业团体（这些团体和零售商的关系是最间接的）几将停止购买货物。弗兰克说：“在生产的几个阶段里，即在制成品、半成品和原料的生产阶段里，生产率的降低是累进的，而原料的生产率降得最快，一直到不景气结束而商业恢复过来为止。”①

联邦贸易委员会的密歇尔博士对于弗兰克的学说做了一个重要的补充：他阐明了，需求的变动，通过商业途径，从消费者蔓延到

① 弗兰克：“商业循环学说”，载《经济学季刊》，1923年8月，第37卷，第625—642页。

在弗兰克还没有把他的学说写出以前，丹尼逊就发表了类似的学说。参阅“管理和商业循环”，载《美国统计协会季刊》，1922年3月，第18卷，第20—31页。库兹纳兹把丹尼逊的分析做了补充并引用了统计资料来证明。参阅他的《美国1919—1925年零售和批发贸易的循环变动》一书，1926年纽约版。

原料的制造者，是怎样增大起来。他的说明如下：①因为从开发天然资源到最终制成消费资料的整个生产过程需要很长的时间，而建立生产组织的人员的选择和培训也需要很长的时间，因此落在需求率后面的生产率不能够很快地增加到和需求率相等的水平，而需要很多的时间，才能等于需求率。②由于顾客们过多地订购货物，对于实际的需求程度，总会发生错觉。③在我们的个体竞争制度下，这种错觉便加剧了，因为同一的需求在企业组织的不同成员面前呈现出来的时候，这个同一的需求就被计算了好几次。上述三个因素，合在一起，便产生了对大景气时期中的需求的过高的估计。自发地跟着来的是危机和对危机和不景气时期需求的过低的估计；跟随着不景气而自发地产生的，又是一个大景气时期。消费者的心理，在抵抗日益增高的生活费用和在大景气时期快结束时降低需求上表现出来，这种心理加剧了存货过剩（后来商人的订货是由这种过剩的存货来供应的）所产生的影响，并且大大促成了危机的产生。循环变动一经开始，便自发地、永久地反复重演。[①]

五、进一步研究的计划

1. 各种学说所引起的问题

我们一开头就把现时各种学说加以概述，其目的在于弄明白

① “竞争的错觉是商业循环的原因”，载《经济学季刊》，1924年8月，第38卷，第631—652页。

商业循环所牵涉的是什么经济活动，以及获得一些能够指导我们从新的角度研究商业循环问题的假设。可是，我们这样做似乎不是很成功的，因为我们发现商业循环牵涉到那么多的问题而且搜集了那么多关于商业循环的说明，以致所得到的材料不但不能说明问题，反而把问题弄得更复杂。我们想找一个帮助我们解决问题的方法，但我们发现了一个新的难题，那即是怎样确定各种学说的关系。在各种学说中，哪些是矛盾的，哪些是互相补充的呢？每一个学说，就它本身来说，似乎都是讲得通的，但是有了这么多的假设，我们怎能着手去研究呢？我们有没有逐一检查每种学说的必要呢？我们要不要从许多不同的学说中选择有用的因素，建立一个折中的学说呢？我们能不能找出某种方法，把我们所熟悉的、表面上似乎矛盾的各种商业循环学说，都归并为一个统一的商业循环学说呢？①

① 读者请注意，我们在这里尽量设法减轻读者的负担。我们只列举 10 种学说（内含有 20 个变式），实则读者需要加以注意的，可能有 20 种或是 50 种。读者只要看一看伯格曼《国民经济危机学说史》一书（1895 年司徒嘉德版）的目录，或是去任何大图书馆看一看经济书籍目录，就会发现我们省略了很多种学说。我们在上面所列举的，是最扼要的目录，只把最可靠的学说（仅有一个例外）列举出来。

由于一些原因，我们把新近出版的一些书也略去了，其中有：

波利：《人口的流动、资本的创造和周期的经济危机》，1902 年格丁根版。

维尔：《消费和经济危机》，1903 年巴黎版。

比格拉姆和勒维：《商业不景气的原因》，1914 年费城版。

贝列特：《经济危机》，1918 年巴黎版。

勒卡：《循环》，1922 年耶拿版。

山福：《生活的问题》，1924 年纽约版，第 1 卷，第 1—222 页。

芒巴特：《循环研究绪论》，1925 年莱比锡版。

此外，关于商业循环问题的几个重要贡献，我们只顺便提到，其原因是，这些学说强调两个或两个以上的经济过程所共有的重要性，而在其他著作中它们常被分别研商业循环问题各种各样的说明,似乎在这一阶段会引起困难。尽管这样,我们必须设法克服这个困难,因为这个困难是由于商业循环问题本身的复杂性而产生的。每一个对于商业有实际经验的人都知道商业受到数不尽的因素的影响。这些因素,按来源来说,有的是物质的,有的是心理的,有的是政治的,有的是经济的,有的是社会的;按范围来说,有的是地方性的,有的是全国性的,有的是世界性的;按性质和作用来说,有的是明显的,有的是不明显的;按效果来说,有的是临时性的,有的是持久性的。每一个研究过经济学的人,都认为商业的活跃取决于许多过程的顺利协调地起作用:原料的生长或提取,货物的制造、分配、运输和消费,货币收入的支付和耗用,资金的节约和投资,信贷的借出和收回。如果一个研究者能够证明,任何这种因素或任何这种过程是商业活动中周期性变动的独立的原因,那么就可以凭着这一个因素或过程来建立一个表面上说得过去的商业循环学说。这就是每一个理论家认为自己对于所选择的因素可以做的事。我们在做深入的研究以前,也

(接上页)究。意见包罗万象、非常庞杂当然不是缺点,但是,我们只有把许许多多集中注意力在一个过程上并认为其他过程是次要的或是对于所选择的过程只起协助作用的首要作家的学说加以论述,才能够把商业循环的复杂性最明显地表现出来。如果这一章的目的是在评价近代关于商业循环的各种学说,那么以下这些著作都是有显著的地位的:

罗伯逊:《工业变动的研究》,1915 年伦敦版;《银行政策和物价水平》,1926 年伦敦版。

卡斯尔:《社会经济学说》(1918 年以德文在莱比锡出版;英译本,1924 年纽约版,约瑟夫・麦卡比译)。

克拉克:《间接费用经济学》,1923 年芝加哥版。

斯皮特荷夫在《政治科学词典》中关于"危机"的一条,第 4 版,1925 年耶拿版,第 6 卷,第 8—91 页。

库兹纳兹:《循环变动》,1926 年纽约版。

不能够确定哪一种理论是不正确的。

若轻易地下断言说，商业循环是非常复杂的现象，这不是对建设性的工作做好准备。要对这种工作做适当的计划，我们就需要知道那些复杂现象是什么。我们往往用最令人信服的方法从前人所得出的结论中获取这种知识。正由于这个原因，现阶段的商业循环问题研究最好从研究各种学说入手。我们既然已经知道我们现在做的工作，就应该严防这方面的理论家所易犯的错误，那即是，忽视那种与预定计划不能确切地适合的现象。

既然我们认识到，有很多种的分析，我们必须加以考察，有很多种的分析，我们也许要接受过来，我们就不能够把我们工作的规划看做是容易的或是简单的事。我们对于每一个可能是重要的分析，必须给它一个应有的地位，但是在各种相互作用所形成的迷宫中，我们绝对不可以迷失方向。

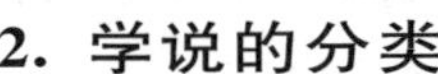

2. 学说的分类

我们必须把那些指导我们工作的假设整理一下，把这种整理作为系统地计划我们工作的第一个步骤。在上一节中，我们尽可能从较简单的学说说到较复杂的学说。现在我们可以按逻辑把这些学说重新排列一下，即按照它们所强调的过程重新排列出来。

首先，各个学说可以分为三种：从自然现象上说明，从情绪上说明，从制度上说明。[①] 第三种又可以分为：①以制度的变更作为

① 参看派特逊："经济危机的各种学说"，载《美国政治和社会科学学会年鉴》，1915年5月，第59卷，第133—147页。

变动原因的学说；②以现有制度作用的变更作为变动原因的学说。最后，以现有制度作用的变更作为变动原因的学说，可以按照被认为首先发生变动的经济过程，再分为四种或五种：①追求利润的学说；②收益从企业流到个人、又从个人流到企业的学说；③生产率和消费率平衡的学说；④个人消费和工业设备生产平衡的学说（储蓄不足、储蓄过多和建筑工程的学说）；⑤银行对社会的作用的学说。

为使读者随时可以参考，我们把这种分类另加些补充材料，排列成表，我们这样做，对于读者是很便利的。

现有的商业循环学说的分类

I. 认为商业循环因自然过程而产生的学说

1. 太阳放射热 3.5 年的周期产生了同样的收获量的周期，因而也产生了商业活动的 7 年或 10 年的周期。杰文斯。

2. 金星每 8 年和太阳会合的周期产生了气候、收获量和商业同样的周

（接上页）这一章已经写好以后，珀森斯发表了“商业变动学说的分类”一文，他的分类，和本书的商业循环学说的分类很相似。载《经济学季刊》，1926 年 11 月，第 41 卷，第 94—128 页。

珀森斯的分类，是批判地研究“商业变动”学说的第一个步骤，而我的分类却是建设性地研究商业循环问题的第一个步骤。珀森斯所关心的主要是各个作家所强调的商业变动的原因，而我所关心的主要是一个学说中对我的工作能提供有用的假设的部分。由于我们两个人目的不同，有的时候，我们把同一的作家列在不同的类别。例如，珀森斯教授把凡勃伦博士列在那些强调经济制度以外的因素的理论家之中，其原因是，凡勃伦认为商业复兴几乎都可以说是由于和商业过程本身没有关系的某种特殊原因而产生的。可是，珀森斯另加附注说，凡勃伦依据经济活动进行景气、危机和不景气的分析。在我看来，他的这个分析是他学说中最重要的部分。因此我把凡勃伦列在那些把制度看作是商业循环的因素的作家之中，而对于他所提出的“商业在不景气后恢复活跃是以商业交易制度以外的干扰因素为必要条件”的意见，我只顺便一提。

期。穆尔。

3. 气候的周期影响到健康，健康影响到心情，心情影响到商业。杭廷顿。

介于强调自然的过程和强调制度上的过程这两者中间的学说。

依靠有机材料来生产的工业和依靠无机材料来生产的工业，它们的周期变动是不相同的。由于变动而引起的干扰作用和均衡的恢复，产生了商业循环。桑巴特。

Ⅱ. 认为商业循环因情绪上的过程而产生的学说

1.“乐观的错误和悲观的错误，一经发现，便不断地产生一连串的这种错误。”庇古。

2. 生产率和死亡率的变动是乐观和悲观交替发生的直接原因，因此是景气和不景气交替发生的间接原因。黑克斯特。

Ⅲ. 认为商业循环由于制度上的过程而产生的学说

1. 由于制度的变更而产生的商业循环。

(1)社会的进步在本质上是不平衡的。社会进步在速度上和方向上的变动，对经济过程的活动的均衡起干扰作用。沃格尔。

(2)技术的革新是波浪式地到来的，而且产生了商业活跃的时期，接着发生的是危机和不景气。熊彼特、英格兰。

2. 由于现有制度的作用而产生的商业循环。

(1)由于赢利所造成的技术紧急事故而产生的：

预期利润的变动会引起商业资本估定价值的变动以及商业信用的动摇；商业资本估定价值的变动和商业信用的动摇，又会引起预期利润的新变动。凡勃伦、勒斯居尔。

货币经济引起了商业订购、物品制造和原料生产的变动。这种变动是递增的，日益大于一切买卖所直接、间接依靠的消费者购买力的变动。丹尼逊、弗兰克、库兹纳兹。

上述的变动，在从消费者的需求推移到原料生产的过程中所以扩大起来的原因，在于我们的商业制度所产生的竞争幻想。托马斯·密契尔。

(2)由于支付和耗用收益以及创造价值等过程的不平衡而产生的：

工资劳动者所得到的收入，跟不上所生产货物货币价值的变动，这样就使消费者的需求，有时大于货物的经常供应量，有时则小于货物的经常供应量。马伊。

物价上涨率和下降率的不平衡，使得消费者的收入额，在景气时期，落后于消费资料的产量，而在不景气时期却超过了消费资料的产量。莱德勒。

企业对个人所给付的收益，有的时候小于供销产品的总值，有的时候大于供销产品的总值。这样所产生的变动，由于个人的储蓄而加剧起来。卡钦斯、福斯特、黑斯廷斯。

景气要求流动资本的增加，而流动资本来自那些必须用以购买消费资料才能保持景气的款项。商业复兴的到来是由于不景气阻抑了流动资本的增加。马丁。

只有通过扩大银行信贷来增加固定设备，才能使消费者的收入额超过消费资料产量的价值。可是，景气时期所特有的这个条件，又自掘坟墓。亚当斯。

(3)由于一般的生产过程和消费过程不相平衡而产生的：

一般生产过剩是“一切产业几乎普遍存在着竞争”的结果。贝弗里季。

一切企业计划的不确定性，造成了生产过剩和生产不足交替发生的现象。哈迪。

繁荣的贸易导致工业设备的急速增加，接着导致货物产量的急速增加，最后导致消费资料边际需求价格的下降。不景气时期跟着发生，而工业设备和产量的增长便受到阻抑。消费资料边际需求价格最后又上涨了，新的活跃时期便又开始。阿夫达利安、鲍尼兴。

(4)由于消费、储蓄和对新建筑物投资等过程不相平衡而产生的：

在景气时期，资金的需求超过了经常的储蓄；由于这种情况而产生的资本缺乏导致了危机。在不景气时期,投资落在经常储蓄以下,闲置资本累积起来,一直到投资又活跃起来,而又开始了一个新的景气时期。图干-巴拉诺夫斯基。

在景气时期增加得很快的巨大收益导致储蓄过多和对新工厂投资过多,以致货物供应超过经常需求。不景气跟着发生,巨大收益降低,过多的储蓄停止,于是消费追上产量,而商业的复兴又开始了。霍布森。

危机是由于工业设备生产过剩和伴随着发生的使用这些设备所需要的货物的不足而产生的。斯彼特荷夫。

消费资料需求和建筑成本相对微小的变动,使得建筑物的建造量发生极为剧烈的变动。后者的变动,对消费资料需求的变动起着加剧和普及的作用。赫耳。

过多地致力于企业的各种扩展,就会使购买力的增加和增加了的生产不能平衡。物价因此便上涨起来,一直到它达到人们认为增加进货是很危险的水平为止。于是,购买力降低,危机到来。罗蒂。

(5)由于银行业务过程而产生的:

在光景好的时候,银行出借信贷以增加商人购买力。商业活动受到这个刺激便越来越活跃起来,一直到银行不得不限制贷款为止。接着,危机和不景气就到来了。在不景气时期,闲置资金便在银行里累积起来,而使银行开始新的扩展活动。汉森。

银行有了大量准备金便会降低贴现率,因而促进了借贷和商业的扩展。借贷和商业的扩展累进地增加起来,一直到银行发现现款的需求再增加下去就会危害到它们的准备金。接着,银行提高贴现率,限制借贷,因而缩小了商业活动。由于现金需求的减少,款项又在银行里累积起来,而循环又重新开始了。霍特里。

这个表里所做的非常简短的提要,只是把本书所提到的各作家的主要论点约略一提罢了。没有看过各作家的书的人,会感到这里所说的几乎是无法理解的,也许会怀疑自己对这个提要的意义所做的估计。当然,这个分类表没有把同时提出几个不同原因来说明变动的作家(如罗伯逊、拉文顿、卡斯尔、克拉克教授和贝勒比少校等)单独地列为一类,也没有列入许多作家在主要论点以外使用的有价值的补充论点。

3. 计量的必要性

关于研究时所应该使用的技术方法,一个广泛的结论已经十分清楚:把许多过程中同时发生的或相继发生的各种变动的综合看作是商业循环的这一概念(把现有各学说考察一下就能把这个概念弄明白),显示了量的知识的必要性。那些可以说是变动原因的因素,它们的相对重要性究竟怎样?足以说明这些因素及其所产生的影响的特色的那些变动的相对幅度究竟怎样?这种变动是按什么次序出现,要隔多长时间才出现一次?这些只是量的问题的几个例子。在我们要想考察一个理论,或是要想做建设性工作的时候,这种量的问题就成为决定性的问题。只有通过统计资料的帮助,这种问题才能得到解决。

的确,我们改进前人工作最大的可能性,就在于这一方面。由于可加以研究的资料一年比一年多,由于统计工作的范围一年比一年大,而且统计技术逐渐有所改进,现今的研究者,在工具方面,比他们的前辈处于更有利的地位。此外,他们还可以利用前人所发表过的言论。上面所说的比较精确的资料,并不仅限于迄今所发生过的商业循环。关于拿破仑战争以后的商业变动，我们现在拥有比西斯蒙第、杰文斯或图干-巴拉诺夫斯基所掌握的更好的资料。显然，我们必须充分利用我们的优越条件，但我们同时不要忘记，除非有理论来加以说明，否则数字本身是没有什么用处的。

4. 因果学说和分析性说明

系统地计划我们工作的第二个步骤，是把大多数作家所要解决的复杂的因果问题拿出来考究一番。

商业循环问题的作家的通常目的在于说明波浪式的变动是从什么地方开始以及怎样开始的，也就是说，在于发现商业循环的“原因”。在详尽讨论商业循环问题时，他们的第二个目的在于说明原始的波浪式变动是怎样从它发生的地方蔓延到所有工业、商业和金融的过程。他们也是根据因果说明变动的蔓延的，但是，因果关系变得越来越复杂了。最初的结果变为产生新的结果的原因，而这些新的结果又成为新的原因，等等。这种分析，往往是有意识地循着循环路线或螺旋线进行的；最后的结果加强最初的原因，或者过了一些时间使最初的原因再活跃起来，甚或使最初的原因重新产生出来。①

商业循环学说，从原因的探讨扩大到一系列事件详尽的说明，这符合科学的和实际的需要。但是，当我们的知识越来越广博、越来越精密的时候，我们对于讨论原因的态度便会发生一个微妙的

① 当然，这种循环论法，并不是似是而非的论法。我们说，这种论法是循环的，我们的意思不是说，这种论法只依据论证本身说来说去，而是说，它是遵循着一个可以说是反复的论法。

变化。当我们已用因果来说明一长列作用和反作用中每一个阶段时，我们发觉，我们的分析牵涉到很多原因，其中的每一个都是我们详细讨论过的学说在逻辑上所必不可少的。经过熟虑之后，我们认为，"因果观念与其说有科学根据不如说有实际根据"这个旧的说法，倒可以应用到我们的工作上。从科学的观点看来，产生某一结果所不可少的一切条件，是同样重要的。但是，我们从产生某种结果的许多条件中选出一两个，加以特别的注意，并把这一个条件或这几个条件叫做"原因"，我们这样做也许是有实际的原因的。不过，如果我们对于整个的过程已有正确的认识，我们就能够更好地选出加以特别注意的因素。

在知识向前发展的过程中，因果说明通常是进入分析性说明的初步。任何一个问题的理论，在内容上越来越完整，在形式上越来越数学化，那么它就会越少求助于因果关系。就商业循环学说来说，从因果关系的说明到分析性说明的转变，是由于大量地使用统计资料和统计方法而促成的。时间数列所说明的是作用的关系。我们说，一个数列所说明的过程对于另一个数列所说明的过程会产生因果关系的影响。当我们这样说的时候，我们往往把新的意义增加到统计表去。可是，在叙述我们研究的结果时，完全不使用因果关系的字眼，这也许会阻碍我们的工作。就我们现阶段的知识来说，我们如果使用通俗的表达思想的形式，而不使用那些最终会流行的表达思想的形式，我们对于商业循环问题的理解也许会有更快的进展。

5. 历史和理论

有几个商业循环理论家，不但从波浪式变动的"原因"说到它的结果，而且从“这个原因”追溯到它的原因。我们已经说过，图干-巴拉诺夫斯基教授在详细说明了他的还没投在企业上的出贷资金交替地累积和消耗的学说以后，另加一句说：“工人得到不充分的报酬，因而工人阶级处于悲惨的境遇，这乃是社会资本急速累积起来的原因，而社会资本的累积又成为危机的原因。”①同样，阿夫达利安教授，在他的两卷书里，在探索了普遍的生产过剩的由来和叙述了它的发展以后说：“我们必须把避免错误的巨大困难归因于资本主义的生产技术所创造出来的条件。这个技术毕竟是生产过剩产生的主要原因。”②弗兰克在说明了消费和生产的不同的周期性变动以后，下结论说：“商业循环的‘原因’（如果我们要用原因这个名词的话），……可以从人们的构成货币经济的习惯和制度中去寻找……”③

大多数理论家大抵都赞同以下的说法：商业循环是从过去两个世纪中在英国，更晚的时期里则在世界大部分地区流行的特种经济组织形式中产生出来的。按照这个意见，商业循环的原因当然是和产生现代货币经济或资本主义的那些原因混在一起的。

不用说，我们这里所提到的理论家对于这个历史观点，没有探索它的逻辑含义。谁都没有把人类的经济史写作商业循环学说的绪论。各个理论家都认为现有的制度是理所当然的，并说明在现有制度下循环变动是怎样产生的。

我们所提到的理论家，也没有把商业循环看作偶然性事件而认

① 《英国的工业危机》，第 279 页。

② 《生产过剩所产生的周期性危机》，第 2 卷，第 359—360 页。

③ “商业循环学说”，《经济学季刊》，1923 年 8 月，第 37 卷，第 639 页。

为每一个这种事件都应根据历史上的原因加以详尽的说明。相反，他们是有意识地企图把个别商业循环的特性抽出来，使得他们对于一般特点能有更明确的认识。统计工作者都尽可能把他们的时间数列中的循环变动和一切会把研究复杂化的特点隔开。他们在这一方面研究出了精巧的技术。[①] 富有思考能力的人更大胆地进行了这种概括的工作。在通盘考虑了具体现象以后，他们就设法抓住主要的因素，并且在思想上把主要因素和其他因素隔开。经过了一系列想象上的试验，他们作出了关于循环变动的综合说明，其中包含充分的现实性，能够使问题变得清楚而不会混乱。

当然，理论观点和历史观点在逻辑上并没有矛盾，正像因果关系和分析性说明没有矛盾一样。相反，历史和理论是互相补充的。要分析现有经济制度的作用的理论家必须对于经济制度的特点具有明确、客观的看法。通过研究这些特点的发展，这个理论家就能得到这种看法。现今的历史和过去的历史，对他来说，都是一样重要的。只有从历史上来观察，他才能确定，在各个商业循环的特点中，哪些是普通的，哪些是不常有的。在他企图做想象上的试验以前，他必须把这个事情确实弄得明白。同样，统计工作者，在执行他最困难的技术任务，即把“不规则”变动和循环变动分开时，也要求助于历史。一个理论家在工作时无论使用什么方法，都可以了解一下（而且必须了解一下），他的解释究竟能够将历史的循环说明到什么程度，以便检验其解释是否正确。

① 参阅本书第三章。

几个著名的理论家已准备通过精细的历史调查来说明循环现象。例如,图干-巴拉诺夫斯基写了关于英国 1825 年到 1910 年的危机的历史;鲍尼兴把英国的危机从 1825 年追溯到 1640 年;勒斯居尔的著作一开头就讲法国、德国、英国和美国从 1810 年到 1922 年的危机的历史。① 毫无疑问,许多理论家,即使没有从事第一手的历史研究,也都研究了这些历史记载。我们遵循前人的先例,这显然是一种合乎情理的做法。的确,我们必须努力把历史所供给的资料和启示跟经济理论所提供的假设更密切地结合起来,我们在这方面所要做的必须超过前人所获得的成就。我们所要分析的统计资料是片段的历史记载。在下一章里对于商业年鉴所做的提要,是对许多国家在不同经济发展阶段的循环变动做扼要的说明。我们可以使用这些历史材料以及比较详尽的经济历史来说明近代经济组织一般的特点,从而帮助我们确定什么是一般商业循环所共有的特点,并提供假设,以检验我们的结论。

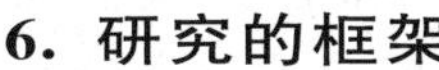

6. 研究的框架

在计划我们的工作方面,另一个步骤是决定一下,我们要不要使用我们评论过的各种学说或是这些学说的内容所提供的框架。

我们可以一个个地研究各种学说,精密地分析那些提出来证明每一种学说的资料(在必要时来一个新的检查),并且把我们关

---

①　参阅图干-巴拉诺夫斯基:《英国的工业危机》,1913 年巴黎版,第 1 卷;鲍尼兴《英国 1640—1840 商业危机史》,1908 年慕尼黑版;勒斯居尔:《生产过剩所产生的普遍的、周期的危机》,第 3 版,1923 年巴黎版,第 3—312 页。

于每一种学说的正确性结论作为我们的主要目标。我们也可以一个个地研究商业循环的各个阶段,搜集各国的、不同时间的关于景气、危机、不景气和商业复兴等时期的事实,使用各种学说来提示我们所要搜集的事实和所要寻找的关系,把我们对于变动所下的结论作为我们的主要目标,并且把我们对于各种学说的意见,作为副产物,在适当的时间提出来。

在这两个步骤中选择一个,是很容易的。我们所需要的,是对于事实有透彻的了解。我们研究各种学说,这种研究只是作为透彻了解事实的帮助。不错,考察各种学说的计划,会把我们引导到对事实的研究,但是这种研究要按照人为的次序,并且一定有很多的重复。这种研究充其量不过是这样的研究:在商业循环的各个阶段中,我们在一个时间内,只能研究一两个过程。可是,我们所要研究的,主要是商业循环的各个阶段。我们要发现那些使每一个阶段具有它的特性并把一个阶段转变为另一个阶段的各个过程之间的关系。①

但是,我们如果把商业循环的各个阶段用来作为我们研究的框框,就会冒陷入错综复杂的各种过程所形成的迷宫而不能走出来的危险。这种危险性,在我们评述现有的学说时,已经很明显地呈现出来。制造和消费无数种货物的具体过程、买卖的商业过程、货币收益在个人和个人间的流入与流出、货币和信用的流通、借和贷、储蓄和投资这些过程的相互关系,都必须加以注意。这种过程

① 我们可不必对于几种学说做批判性的研究,因为珀森斯教授已经决定做这个艰巨的工作了。参阅他所写的关于"商业变动"一系列论文中的第1篇,《经济学季刊》,1926年11月,第41卷,第94—128页。

中的每一个，就它本身来说，都是许多变数的复合体。

要避免在上述的迷宫中迷失方向，我们必须在研究商业循环各个阶段的波动以前，对各个过程的有机关系，尽可能地做透彻的观察，即我们必须观察已在一切“进步的”社会里流行的那种经济组织形式，好像它是一个新奇的东西，而不是我们所熟悉的环境。尤其是，我们必须利用说明现有统计资料的理论来探讨我们在叙述现有学说时所指出的那些在商业循环中起重大作用的因素的相对重要性。①

① 吕维在他新近刊行的关于德国商业循环学说的评论里，曾对我在早些时期所写的商业循环的书里处理事实和理论的方法做了以下批评：“正像在一切社会经济学著作里，事实的分析是这种说明性著作的第 2 章，在我们研究范围比较窄的著作里，也是这样。在第 1 章里，应该先把商业循环学说提出来。老实说，这是这类著作应有的次序，尽管作者还没有把第 1 章写出来，或是（更坏的）作者自己没有意识到他的脑子里已经含有一个学说。因为，只有理论，才能提供有条理地、详细地列举经济事实所依据的原则，只有理论，才能把事实所必须解答的问题有系统地提出来。”（参阅《战后经济学》一书中的“德国经济调查近况”一章。《战后经济学》，1925 年慕尼黑和莱比锡版，第 2 卷，第 367 页。为了保存原作的气势，我对于上面一段只做了自由的意译）。

在本书里，除非我对于那些必须探讨的现象所提出的笼统的意见，可以说构成一个学说，否则，不能说，我已经接受吕维博士的意见来编写本书。当然，本书的第一章提到各种商业循环学说，不过我是使用这些学说来揭露一些事实，也就是说，我使用这些学说来说明，在循环变动中，有多少过程同时进行着。由于这样，在第二章里，我就转到近代经济组织的讨论，在第三章里，我说到统计上的问题，在第四章里，我就商业年鉴所得到的材料做了一些结论，然后，在第五章里，我把商业循环的明确概念提出来。至于这个问题的理论，到我写第二册时再把它提出。在我看来，本书的编写次序，和先写“学说”而后叙述“事实”的次序比起来，似乎更能导致新的真理的发现。

吕维博士关于科学著作里事实和理论关系的意见，是一个普通的意见。但是，我认为这种写法似乎是过分遵循了三段论法的格式。对于“没有理论就不能把经济事实有系统地列举出来”的说法（我情愿使用“假设”来代替“理论”），也可以提出以下的说法：“不知道一些事实就不能把理论建立起来。”这两种说法都忽略了这一事实：这两种说法不是相互排斥的。科学所要建立的理论，不可以看作是脱离人类所体验到的事实这一观察工作，是准备我们所希望完成的建设性工作的最重要的步骤。本书的下一章就完全致力于叙述这种观察工作。

（接上页）而独立存在的；人们只在他们的头脑具有概念的条件下才能了解事实。我们对于知识的这两个方面的关系越周密地加以考虑，我们越会感到这两者是分不开的。在生硬地把事实和理论对立起来的通常做法的基础上来辩论，在人类历史上、在个人历史上、在科学发展上或在研究进展上，这两者中究竟是哪一个先来，这种辩论是不会得到什么结果的。很明显，在科学工作里，事实的认识和理论的概念这两个混合物，是不断地互相启发、互相扩展和互相充实的。一个目的在于说明理论的研究者，事实上也使用了那些概念据以形成的事实，一个目的在于阐明事实的人实际上也使用了那些借以了解事实的理论概念，尽管他没有明白地这样说。在做某一问题的研究时，究竟是先全力说明理论概念，少提事实好呢，还是先全力阐明事实，少说理论好呢，这要看所研究的问题的性质和研究者对于解答问题所要做的贡献而定。在研究重大问题时，在进行研究的各个阶段，理论和事实都必须加以详尽的阐述；在说明事实时，要靠着理论的帮助，在说明理论时，也要靠着事实的帮助。这样后来的研究者就能使用我们对于事实、理论混合物所做的新贡献来开始工作。

第二章　经济组织与商业循环

一、商业循环和货币使用在历史上的关系

1. 绪言

商业循环只发生在具有显著的现代形式的经济组织的社会里，第一章所提到的若干作家都明白地承认这一论点，此外，把商业循环归源于现代制度方面的各种因素的作家们，也默认这个论点是正确的。我们甚至不必把那些使用自然界的因素来说明商业循环的理论看作对立的意见。只要是经济活动是在商业基础上组织起来的地方，气候中有任何一种循环便会在经济活动中产生循环。

商业循环以一定的制度为依据，这个事实在理论上是非常重要的。但我们能够从这个事实学得什么知识呢？这要依我们对这里所讨论的社会经济制度理解到什么程度而定。现代经济组织是十分复杂而难于理解的组织，它不能说明什么东西。我们如果要想使用历史的关系说明问题，就必须找到一种方法，把这个组织分解成若干可以理解的要素，这些要素是用可以理解的方式互相联系起来的。在经济循环无可避免的社会里，它的经济组织，有没有什么特点可以帮助我们来研讨第一章所指为必须研讨的各种过程呢？

第一章提出了两个观点。许多经济学者认为，经济危机和不景气是“资本主义”的必然结果。也有人说，经济危机和不景气是“资本主义的一种病态”。一些新的作家不愿附和这些说法，他们宁愿说商业循环是“货币经济”造成的。[①] 这些说法都没有自称为商业循环学说，但却给我们提供了一个可行的工作计划。如果我们把那些和商业循环有关系的过程同资本主义或“货币经济”联系起来，那么我们是否能够更好地安排这些过程的研究呢？

我们将要进一步阐明的观点是，现代经济组织的特征，其中对说明商业循环最有帮助的是这一特征：现在经济活动主要是通过赚钱和花钱的方法进行的。赚钱和花钱是资本主义的特征，但资本主义这个名词所着重的特征，却是现代制度的其他特征如生产资料所有制之类，在研究其他问题时，这些特征是非常重要的，我们在这里也不容完全忽视这些特征。但就理解为什么繁荣和不景气总是交替出现这一点来说，这些特征的用处，却比不上货币经济这一个名词所强调的特征的用处那么大。因此，我们必须寻找一个更明显的名词来表达这个概念，加以分析，利用它来研究和商业循环有关系的许多错杂过程。

商业循环与财政组织的关系所以长期被人忽视的一个原因，在于不受商业循环搅扰的社会与常遭商业循环搅扰的社会使用货币方法的不同，只是速度上的不同，而不是本质上的不同。惯于使用马歇尔所谓的“质量分析”方法的经济学者，往往不注意程度上的不同，而专注于质量的不同，或他们所认为的质量的不同。许多

① 参阅本书第一章第五节之4“因果学说和分析性说明”，就可明白上述的话。

不通晓经济史的19世纪人士，把资本主义看作经济生活中的奇怪新现象。许多他们心目中认为同样新奇的现象（商业危机即属其一），他们一概用“资本主义”这个名词来说明。

商业循环不是突然发生的。我们将在下面把这一点弄清楚。我们只能使用某种逐渐进行的变化解释商业循环。当社会的大部分人开始使用赚钱和花钱的方法进行大部分的活动后，社会便越来越容易受到商业循环的侵扰。我们没有资料使我们能够指定货币经济进展过程中的哪一点是产生商业循环的临界点，但我们能够指明各国是在什么时期达到这临界点的。①

正因为货币经济是逐渐发展的，所以货币经济这个名词含有很多的意义。这个名词会令人回忆起在过去数千年中的各个不同时代盛行的社会经济组织的特点。一个可以拿来说明长期的、变化多端的发展过程的一切阶段的名词，一定不是能够表征这个过程最后阶段的特色的切合名词。要表征产生商业循环的高度发展的货币经济的特色，最好选用一个可以使人联想到近代形势的名词。也许“利润经济”或“商业经济”是最富启发性或最不至于引起误会的名词。本书将选用后一个名词。同时本书还将不断提醒人们注意：商业循环的产生，是由于全体人民赚钱和花钱的习惯，而不单单由于商人赚钱和花钱的习惯。

---

① 资本主义也是逐渐发展的。单就这一点来说，我们也可以利用资本主义来说明商业循环的起源，像说明财政组织的逐渐发展一样。我们所以围绕货币的使用安排本问题的研究，而不围绕生产资料所有制安排本问题的研究，是因为采取前一个方法，可以使我们所面临的问题比较便于处理。当然，不能事先断定这个论点是正确的。它是不是站得住，要待以后结果的证明。

2. 商业经济的意义

重申一遍,任何社会,除非其经济活动的大部分都已采取赚钱花钱的形式,否则就不能说是已经踏上了商业经济的道路。重要的问题是生产、分配以及消费的如何组织,而不是货币作为交易媒介的使用。①

人们忙着赚钱,然后把赚到的钱购买别人制造的东西来用,这就是代替家庭自产自用的老办法的方式。还有例外的,如家庭主妇的家庭工作,农民消耗自己所产的农产品,人们在家中空地栽种青菜,出租农田农具分享农产品等,这些乃是早期老制度的残余。在这个老制度下,大多数家庭主要靠自己所生产的东西过活,并且自己消费这些东西的大部分。

关于家庭自产的"实际"收入的残余部分,国家几乎收集不到什么资料。这说明了货币在经济设计上起着主要的作用。在职业团体中,管家妇女是最大的团体。其人数与农民人数相比等于3∶1。主妇的工作与人类幸福的关系最大。可是,职业人口调查却没有把管家妇女的人数计算在内。他们仅仅调查"有酬的职业"即人们赚到货币收入的职业。国家经济研究局最初研究国民收入时,只能估计一下管家妇女的人数,然后把主要由从事有酬的各种

---

① 反对"货币经济"这个名词的一个理由,在于它常被拿来和"信用经济"这个名词对比。例如,布鲁诺·希尔德布兰德把经济发展分为三阶段:自然经济、货币经济和信用经济(《农业统计年鉴》,第2卷,第1—24页)。但希尔德布兰德区分的阶段,在经济历史和经济理论上都没大好处。现在,"货币经济"这一名词在德国的用法,和"商业经济"这一名词在美国的用法无异。当然,在这种意义上,广泛使用信用证券为支付手段不过是高度发达的货币经济的一种特征而已。

各式的家庭工作的妇女组成的团体的平均工资，应用于管家妇女方面，而得出1919年的略多于180亿元这一个粗略的结果。这个数目，大约等于那年的全部货币收入的1/4强。全部计算手续，是纯凭臆测的，使得国家经济研究局不敢把管家妇女这一项目加在其他数字上。①

家庭自产的收入的其他部分的价值，可以毫不犹豫地进行估计，因为它们是由市场上常见的物品组成的。可是，我们也不清楚这些收入的大小是怎样的。农业部丰克先生曾于1914年对483个农户的收入进行了仔细的分析，估计出这些农户所生产的农产品中留给自己消费的部分的价值。② 后来金博士又根据他的资料算得1913年美国农民的非货币收入约达20亿元，1920年约达45亿元，即相当这一年国民收入的6%左右。居住在城市和乡村的人民所生产的由他们自己消费的东西的价值，比农民所生产的由自己消费的东西的价值小得多。它的价值还不到5亿元。他们主要是种植蔬菜、养猪、养牛、养鸡鸭。③

---

① 参阅《美国的收入》，第1卷，第57—60页，国家经济研究局，1921年，纽约。

② 参阅美国农业部：《农民公报》，1914年12月第635期。比恩和斯太因近期曾估算过美国农民家庭所消费的收入，年有增减。它的数目在1919—1920年约占“从事工作的人们”来自农业生产方面的总收益的21.6%，1921—1922年增至占上述收入的27.6%，见“农业生产的收入”，《美国政治科学和社会科学学会年刊》，1925年1月，第11卷，第33页。

③ 参阅《美国的收入》，第2卷，第231页。除上述之外，还有其他收入项目。这些收入项目，不计入家庭每年收支账目之内，特别是自住房屋的租金价值和家具等消费资料的利用价值等。这种物品的大部分，都是过去用钱买来的，因此从它们那里获得的实际收入，不能看作是由收入者生产出来的收入。本书中所举的农民的非货币收入，不包括他们住房的价值。

在美国的 645 万个农场中，1920 年还有 1/4 以上是由以农产品交租的佃户耕种的。这是物物交换制度遗留下的最重要的残余。①

尽管上述旧制度遗留下来的现象，还占相当重要的地位，但一个家庭经济状况的好坏，主要是看它赚钱和节省用钱的能力，而不是看它生产有用物品和节省消耗物资的能力。即在歉收和工厂停闭的年代，一个家庭如果有钱在手，生活就不一定困苦。反之，一个家庭如果没钱，即使年丰货足，也得过困苦的生活。②

因此，从一个家庭的角度来说，繁荣和不景气的关键，与其说是在于它所生产的货物和整个社会所生产的货物的数量是不是丰富，毋宁说是在于它的货币收入是不是充裕。从一个国家的角度来说，赚钱所以重要，原因却不在此。一个国家的贫富，不是以人民的货币收入的多少为转移，而是以有用物的多寡为转移。生产能力对个人所以重要，主要因为它决定他的赚钱本领。赚钱对国家所以重要，主要由于赚钱关系到生产能力。在任何社会，天然资源、机械化设备、精巧的技能、科学技术，这些全是重要的因素。但在商业经济占主导地位的地方，如果指导生产者觉得无利可图，天然资源便会货弃于地，机械化设备便会束之高阁，精巧的技能便没有机会施展，科学技术便不能拿来应用。

① 《美国第 14 次普查》，农业部分 1922 年华盛顿，第 5 卷，第 124 页。

② 参阅黑耳博士下面的话："一切收入，不论是自财产的拥有得来的或自个人的劳作得来的，都不是享有收入者自己创造出来的产物。一切收入都是通过使用压力从社会的其他部分取得的报酬。这样说并不等于谴责施加压力。在现时的社会情况下，也许在任何行得通的制度下，施加这样的压力是维持生活的唯一手段。"见"经济理论与政治家"，载特格维尔编：《经济趋向》，1924 年纽约版，第 216 页。

因此，一国人民互相合作供应彼此的需要这一复杂过程，归根到底取决于那些和物质幸福仅仅有间接关系的因素，即取决于那些决定赚钱的前景的因素。

3. 商业经济的发展

要想理解商业经济在我们的生活中所起的作用不是件容易的事，因为我们自幼生长于商业经济之中，思想上一直受到这种经济的影响。在研讨当前制度的时候，我们实际上就等于对自己的心理过程进行一番检查。如果要对当前状况得到一个客观的看法，莫若对使用货币的发展过程，一阶段一阶段地加以研讨。表面上看来好像是这般熟悉的、这般有组织的统一体，使我们几乎认为没有必要加以分析的东西，可是，当我们看到人类是怎样逐渐地把这统一体的各个部分逐一发展起来的时候，这些就成为许多使人们动脑筋来思量的东西了。

很早以前，人类就已开始采取使用货币的初步措施。那时候，人们开始互换礼物，用货物换取货物从而解决他们的需要。他们也开始拥有所有权的观念，使用一种普通单位表示价值，使用某种物品作为通货，发展专门职业，把偷牛、拐卖人口、抢劫和做生意合在一起当作职业。关于这些发展得很慢的过程的少许资料，主要是来自人类学家和考古学家，然后根据臆测把这些资料不紧密地联在一起。

到了巴比伦、埃及、中国、印度、欧洲、墨西哥、秘鲁等地已经有了史传可稽的时代，货币的使用便已经发展到比较发达的阶段。人们已经使用铜、银和金作为通货，习惯于订立合同规定将来的事件，进行大规模的交易，从事大规模的借贷。他们也已经有了粗简的账。这些情形慢慢地由文化中心蔓延到其他地方，而时刻变化的文化中心，也慢慢地愈见进步。划时代的铸币措施，大约是在公元前700年左右初创于小亚细亚西部，后由腓尼基人引入到地中海一带地方。

经过这些较早阶段后，在腓尼基、迦太基和希腊，货币的使用很迅速地发展起来，而在罗马发展得更快。货币的兑换和汇划，简单银行业务，商品的大规模生产以供应广大市场的需要，投机事业、商业、矿业和制造业——这些都成为司空见惯的东西了。很多私人发了大财，把财富投资生利；尽管奴隶制到处盛行，但工资劳动者为数也不少。在罗马的和平统治下蓬勃发展的确是一个有条不紊的社会。

但是，随着罗马文明的崩溃，财政组织像文化的其他方面一样，也倒退了。在经济和政治生活中，东西方之间呈现出很鲜明的对照。在罗马帝国中的那些后来处于文化的领导地位的个别地方，中央的权力土崩瓦解，而被若干时时变更的地方权力所代替。小规模的战争无时或已。辉煌一时的罗马公路，荒圮失修。商业一落千丈，成为对少数有财势的人供应奢侈品和为应付老百姓的需要进行铁、盐、沥青等类必需品的地方性交换。为广大市场而进行的工业制造，几乎绝迹不见。硬币非常缺乏，并且供应不经常，情形极端混乱。以个人服役或实物交付封建税捐和采邑税捐的办法，排斥了大部分的货币使用。人民多住在村社里。各乡村各自生产自己简陋生活所要求的东西的绝大部分，并且自己消耗掉自己所生产的东西的绝大部分。就连国王和其他权贵也需时时迁徙，由这个采邑迁到那个采邑，食光当地的粮食。财政组织中一切比较大的成就，都毁灭了，一切要从头做起。

君士坦丁统治地区的情形，与上述截然不同。在那里，货币经济没有像西欧和北欧那样受到惨重的破坏。金币、银行制度、大规模生产、东方国家和地中海西部地区的贸易，这些都依然保持旧观，并且在某些方面还有进展。西欧和北欧的货币经济，后来很快复兴，仅仅历时 1,000 年左右，比原来建设货币经济所经历的时间短得多；揆考它的原因，就是因为君士坦丁统治区域的货币经济屹立不动的缘故。拜占庭人所保持的东西，由他们和撒拉逊人传给其他地方。1204 年君士坦丁遭受十字军和威尼斯人的蹂躏之后，尤其是 1453 年君士坦丁被土耳其人占领之后，商业领导权落至意大利城市之手。商人纷纷迁往威尼斯、亚马菲和热那亚等处落户。他们带去所有的资金以及经商和理财的技能。于是西地中海一带地方货币经济突飞猛进，逐渐蔓延到欧洲北部。

虽然货币经济的复兴是不久以前的事情，可是我们对它的情况知道得很不完全。经济史是比较新的专门学问。专做这门学问的人，又未充分认识到财政组织问题的重要。此外，他们的著作所根据的不全材料，也没有注意到农民、技工和商人的平凡生活的琐细方面，他们只对这些人和贵族发生关系的地方感兴趣。可是，尽管这样，我们所知道的，已经足够我们利用它来讲述这段历史的大概情形，特别是关于英国的情形。

领导经济发展的国家或地区，先后为意大利、西班牙、德国南部、法国和尼德兰。18 世纪以前，英国的货币经济还是远远落在人后的。18 世纪起，伦敦一跃成为世界最大的金融中心，代替了阿姆斯特丹的地位。英国人开始像荷兰人一样，一般靠赢利和耗用货币收入为生了。在货币经济史中，英国的发展不过是整篇故事的片段，而不足代表全体。但英国货币经济发展的迟缓，正合我们的用途。因为我们的目的，不在于叙述财政组织的全部历史，而在于把我们通常认为是理所当然的制度的复杂性弄个明白。此外，对我们来说，英国的历史还有一个特别令人感到兴趣的地方，那就是，当英国人夺过领导权时，财政组织正跨入一个新的阶段。史传所记载的商业循环，就是从这时候开始的。

早在盎格鲁—撒克逊时代，英国国王已经感觉到使用货币比征课实物和派遣杂役在管理上方便得多。他们很早就已经把进出口税所征的实物（如每船酒征税若干桶酒，每船羊毛征收若干包羊毛等）折成货币征收。内地税、罚金、手续费等也很早就由收税人员尽力之所及征收货币了。例如，对丹麦金币征课实物（银子）税，并在兑取时付给银子。盎格鲁—撒克逊诸王根据卡罗林王朝的镑铸造了一种银便士。（英国在 1343 年才开始发行金币，大约此后 400 年才实行金本位制。）抽税之外，英王还屡向宗教团体和犹太人（到 1290 年犹太人被驱逐为止）后来还向在伦敦经商的意大利商人和银行家借贷巨款。

当英王把靠不住的封建征召制度取消，而代以支付月薪的佣兵时，财政组织的安排又向前跨进了一大步。这个变革使皇家借地人带着家臣亲服兵役的制度，由此一变。这种义务，现可由皇家借地人和他们的侍卫缴款抵代了。在皇室私产经营方面，类似的改革也逐渐付诸实施。皇家采邑的农奴，现在可以缴款抵代派役和上缴实物的义务。这种货币收入，英王可随时动用。

在同一时期内，城市居民的生活，也根据买卖活动自发地进行了改组。在城市里，手工业的分工只能随着产品交换的增加而逐渐发展。手工业老板在把越来越多的时间放在他们的专门职业上面时，也必须购入原料以及供其家属、徒弟和工匠生活的大部分粮食。城市还是那时候国际和区际贸易的中心点，这种贸易的数额，逐代都有增加，有时增加多些，有时增加少些。这样，城市就成为矗立在传统的义务和权利的大海中的“货币经济岛屿”。以货币为基础的组织就从这些中心点散布到全国。

在乡村，划时代的变革，就是农奴、佃农所应缴的实物和所应做的定期劳役和杂役也都折算为钱租。这个变革慢慢地自皇室采邑和大教会采邑不平衡地推广到次要权贵的庄园去。推广的进程是逐渐的，停滞一下，跳跃一下，但却是累积的。和这个变革同时发生的变革是大地产的管理方针由给养的目标逐渐转向于收入的目标。还有一个进程比较慢些的变革，那就是农民生活的改变。农民渐渐接受新的生活方式，或者也可以说被迫采取新的生活方式。散布在公田内的小块出租地被合并了起来。荒地、公共牧场和公田被圈作私有地了。许多庄园废弃了原来的三田制：他们改去养羊，输出羊毛赚取优厚的利润，以后又采取大量施肥和农场轮种法。[①] 畜牧业和农业愈来愈趋于专门化。不能学会赚钱的新技能和靠钱为生的旧农户，没落成为雇农，或被迫离乡流入城市。善于钻营的便一跃成为农场主，以现款缴付租金，雇用工人，把大部

---

① 在《英国的圈地》一书里，哈里埃特·布莱德雷博士引例证明，只在由于长期不断种植以致土质变得硗瘠的土地上，养羊才比种小麦为有利。当15世纪、16世纪英国实行圈地时，羊毛价格还比小麦为低。参阅该书第2章第97—100页。

分农产品运到市场出卖。上述转变是很慢的，很不平衡的，在18世纪和19世纪初叶，英国大部分地方还进行着这种转变。大概英国的田地，4/5左右是在1760年以后圈作私有的。

可是，即使在16世纪，货币的使用已经在英国发展到这样的程度，使来自西班牙的墨西哥、秘鲁银元的输入，在社会上产生了严重的后果。16世纪和17世纪的物价革命，使折抵实物租税而缴付的货币的价值降低。于是许多不甘心的地主，不得不改变产业的管理方针。另一方面，物价革命使银货充足的地方与银货缺乏的地方相互间的贸易，更有利润可图。这样，贵金属的新供应（不久黄金便由巴西的采金场滚滚流入英国）给了英国商业很大的推动力。本来英国基本上是一个自给自足的农业国家。从这时候起，它开始殖民和开展海运事业。到18世纪，它一跃成为世界第一强盛的商业大国。

随着商业的扩大，金融组织越来越完备。本来贷款生息的行为，是要严格地依照教会所规定的章程办理的。但这时投资的好处已日益显著，于是贷款生息便被认为合法了。不久，英国便出现了银钱业。17世纪时，商人和一般有钱的人，日益频繁地把钱寄存在伦敦金匠处（金匠因与贵金属打交道，必须置备牢固的保险箱）。接受存款的金匠，后来发觉在任何一天或任何一星期中，付出的存款，总不过等于存款总额中的一个零头。他们觉得可以把手中的资金出借一部分，从中获利。为使他们能够出借的存款增加起见，他们不久便开始对存款付息。他们不久又发现，出贷本票和出贷现款一样容易。于是金匠的期票便成为富有人家习见的通货。在1694年，即在英格兰银行成立前数十年，伦敦已经设立了若干营业旺盛的银行，经营存款、借款和发行业务。

商业的规模越来越大，商业的性质越来越复杂，更精密的簿记制度自然就越来越需要。在大地产的管理方面，管理人员必须备有简单账册，记载工账以及从佃户收到的实物。商人和许多小工业者也必须备有更详细的记录，登载所有交易事项。但复式簿记的诀窍（意大利人发明，1494 年问世）不但是簿记技术上一大进步，并且是推动会计制度更进一步改良的力量。英国商人在 16 世纪就掌握了复式簿记的诀窍。

当商业向全世界各个角落扩张时，英国民众深深感觉到商业的重要。那使中古社会生活饶具生趣的定期市场和市集，到了社会比较不能自给自足的时代，便不能满足人民的需要了。起初，一周一次的市集，开始到处风行，接着，一日一次的市集，最后，一天开到晚的零售商店，也普遍起来。到 1700 年，不仅伦敦而且有几个城市都设立了各种各式的商铺，整天跟广大顾客做生意。

新的经济习惯成立不久，就取得了法律的承认和支持，英国商人由于经常与国内外商人打交道，很早即熟识了商法——这是中世纪时在欧洲大陆大市集中一步一步发展起来的很完善的商业法规。约翰·康芒斯教授曾在他所著的《资本主义的法律基础》里，叙述了英国法官怎样设法改造宗主权的封建概念，使这个概念和萌芽中的土地私有权的概念相适应；怎样制定习惯法，和特权法并行，来调节个人间的关系；怎样把支付承诺、商誉、营业中的商铺等定为合法的财产。到 18 世纪中叶，通过大法官曼斯菲尔德的努力，商法便大大地发展起来。

在 16 世纪和 17 世纪，最走红运的行业为商业，其次为采矿业和殖民事业。到 17 世纪和 18 世纪，制造业、银行业和保险业也兴旺了。跟着市场的扩大以及应运而生的大规模生产和产品的标准化，上述企业的资本主义形式的组织逐日发展，和昔日手工业组织情形迥然不同。所以，资本主义形式组织的出现比大发明还早数十年。但是，机器的采用以及工厂的设立，更加速和扩大了资本主义形式组织的开展。难怪亚当·斯密把资本家雇主看作工业的典型人物，正如他把以货币交租的资本家农场主看作农业的典型人物。为本人自己利益而工作的人数，在一切企业部门都减少了。消费本人自制东西的人数也减少了。反之，工资劳动者的人数，却不断增加着。

由于商业规模的不断扩大，独资甚至合伙组织已经不适应需要了。在 15 世纪和 16 世纪，大规模冒险性对外贸易一般都是由那些享有某些特权而受政府管制的公司来经营的，但组成这些公司的股东，都各自为自己的利益而经营业务。16 世纪后期，作为股份公司形式的组织，在英国开始替代其他形式的组织，这种公司，以俄罗斯公司和非洲探险公司为滥觞。以后英格兰银行也采取这种组织(一些大陆银行已先采取这种组织)。由此，股份公司的组织逐渐蔓延，及于各业。但亚当·斯密在 1776 年说：在大多数企业中，股份公司的经营效率，一定比不上由密切注意其个人利益的一个人或少数合伙人所构成的较简单的组织。可是，由于工厂资金需要的扩大，铁路的建筑和交易数额的迅速增长，距《国民财富的性质和原因的研究》出版不到一年，情势已大大改变，股份公司已成为商业组织的主要形式，例外的只有农业、零售业和自由职业。1862 年英国国会承认股东有限责任的原则，自那时起，股份公司这种组织形式的推广便愈益迅速。

投资市场也随资本的增长而产生。1720 年南海公司股票投机狂热未爆发前，伦敦早就存在着证券经纪人。证券经纪人的业务很发达，这主要是由于安全可靠的证券发行的增多，特别是各种公债券。1773 年证券经纪人联合组织成立伦敦证券交易所，这样就产生了金融机构来处理大量增加的投资和随着拿破仑战争、股份公司的推广和铁路的建设而出现的证券投机买卖。这种设施，使英国人已经熟悉的下面两个过程有了更大的推动力和更大的机会。在每个世代里都有一个新的有闲阶级，由一些新发户中产生出来。而原由地主组成的旧的有闲阶级，则通过暗中参加商业企业，或和新发户通婚而增强其社会地位。

欧洲移民迁到美国时，都把本国在 17 世纪流行的货币习惯带到新大陆去。但由于新开辟地区环境的困难，他们暂时又回复到比较简单的组织形式。他们缺乏硬币，有时需要把各种实物如烟草、贝壳、獭皮等当做通货流通。他们多依靠本人的努力维持生活，有点像中世纪住在乡下的人那样，职业的分工比较简单。金融机构几乎没有必要，也几乎不存在。生活的主要任务，在于取得足够的衣食，建造房屋，开辟垦区和躲避印第安人。

在大西洋沿海地方，这种倒退情形持续时间不长。但在逐渐西移的边区，只要边区存在，倒退现象仍然成为生活上的特点。在边区地带，皮革商、猎户这些早期迁来的移民往往要自己设法去获取所需的大部分东西，要自己去制造所消费的大部分东西，虽然他们可以从贸易站获得火器、工具和酒，用自己所生产的容易运输的那一部分东西来换取其他货物。即使是人口比较稠密的东部地区，尽管他们的经济发展很快，但在贯彻货币习惯上，在发展金融组织的技巧上，他们还落在英国人后面。到了19世纪末，美国在这些方面才赶上英国。至于农业，除农产品大规模运销合作事业外，我们即便在今日也不如英国人办得那样井井有条。我们的投资家还没有设立或模仿英国所具有的各种制度维护自己的利益。我们的国外金融关系还不及英国那样完全和广泛。我们对外贸易的经营手段也比较拙劣。但另一方面，我们的零售贸易事业大概比英国更有组织，我们的工业机构大概在活动规模和组织系统上都超过英国。

以上的概括叙述，过于简短了。它不能够使人们对于日益发达的货币的使用怎样改变人类生活的情况获得充分的印象，也不能够使人们对于这种发展怎样限制或鼓励其他制度的发展获得充分的印象。它更不能够说明英国金融习惯的发展与欧洲大陆金融习惯的更大发展之间的关系。但尽管有这些缺陷，这个叙述表明了，表面上好像是那么自然的金融习惯的综合，是怎样惨淡经营出来的。封建义务改以货币缴纳，劳役地租和实物地租改以现款抵付，手工业随产品交换而发达，作为贸易中心的城市的建立，银行业的发明，零售店的发展，商法的订立，股份公司的组织以及这种组织形式在大多数企业部门中跃居支配的地位，采用会计作为统制经济事业的手段，为投资和投机提供资金的组织的创设，全部人口分为依靠工资者、依靠利润者、依靠投资收入者和依靠各种混合收入者等阶级，权力由有势力的或出身高贵的人移转到大富豪或有经商能力的人之手，没有本领在逐利社会中博得大收入的人们的没落——这一连串的发展结合在一起，便产生了现代形式的商

业经济。目前的阶段还不能说是最后的形式。金融组织大概还在迅速地演变，正像它在其他时期一样。①

4. 商业循环开始出现的时候

一个国家的经济，除非等到货币的使用已经发展到很高的程度，否则不会呈现循环性变化。

这种说法，并不意味着组织简单的社会便没有经济危机，便没有好坏日子轮流出现这一回事。相反，中古城市的生活，似乎比现代城市的生活更不安定；中古城市的经济境遇，似乎比现代城市的经济境遇更易变化。可是，除非等到大部分人口已经以取得货币收入和花费货币收入为生活，已经大量地生产商品供应广大市场，已经使用信用证券，已经组织在雇主少职工多的商业企业里，否则所有经济波动都不会有上章所述的商业循环的特点。

如果商业循环的来临，决定于某种特殊形式的经济组织的逐渐发展的话，那么，要正确地指出一个国家头一个商业循环是在何

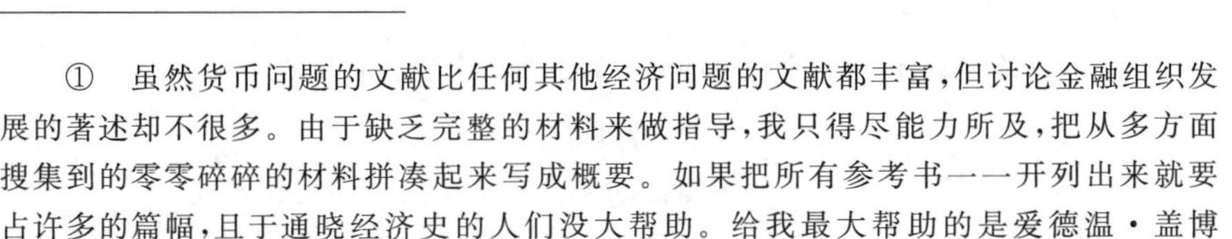

① 虽然货币问题的文献比任何其他经济问题的文献都丰富，但讨论金融组织发展的著述却不很多。由于缺乏完整的材料来做指导，我只得尽能力所及，把从多方面搜集到的零零碎碎的材料拼凑起来写成概要。如果把所有参考书一一开列出来就要占许多的篇幅，且于通晓经济史的人们没大帮助。给我最大帮助的是爱德温·盖博士，他对我的初稿提出了许多的批评和建设性意见。

我希望在不久的将来，具备比我更好条件的研究者将负担起研究这个问题的任务。这个问题是很有趣的、很重要的，会给胜任的研究者丰富的收获。对于想做这种研究的人们，在考究历史材料以前，乔治·辛麦尔的《行会的原理》一书是最有启发性的。还有一篇将由哥伦比亚大学社会、经济、公法研究室发表的论文，可作为货币经济在欧洲的发展的侧面说明。这篇论文是松屋泷泽所写的，题目是“货币经济的侵入及其对日本社会的政治组织的影响”。

时发生，一定很不容易。事实上也的确如此。现在我们来看一看这方面最详尽的研究。圣·安得鲁学院威廉·罗伯特·斯科特博士非常仔细地研究了英国的商业循环。他从16世纪中叶到1720年这一时期的各种论文、报告、书籍、小册子和报纸中寻找材料；根据这些材料，他编写了一个摘要来说明这163年中英国贸易的繁盛时期、萧条时期和危机时期。下面，我转载了斯科特的英国经济危机表以及他对各个危机的说明。有些说明过于简单，我添上我的说明，加以括弧；但我的说明，也是摘自斯科特的原文。我另外还插入一行，指明了两个危机的时距。

我们可以把斯科特博士关于1558—1720年的英国经济危机的说明和韦勒德·索普博士关于1793—1925年的英国经济危机的简述比较一下。索普博士的简述，刊登在美国国家经济研究局的《商业年鉴》上。这两个文件有好几个不同地方。

英国经济危机表(1558—1720年)

根据斯科特:《1720年前英格兰、苏格兰、爱尔兰的股份有限公司的组织和财政》，第1卷，剑桥版，1912年，第465—467页。

*号表示严重的危机。

两个危机的时距，由第一个危机的开端算至第二个危机的开端。

危机的年月	两个危机相隔的年数	说　明
1558—1559		饥荒(1556—1558)
1560	2	外国拒收英国汇票(因为英国政府财政困难)
1563(8月)至1564(8月)*	3	瘟疫(据说死亡人数达20,000人)使对法兰德斯的贸易中断，饥荒。

续表

1569(1月)至1574*	6	1569年1月,贮存法兰德斯的货物被没收,接着商店纷纷破产。1569年12月,诺福克州发生叛乱,接着商店又纷纷倒闭。1571—1574年连年收成不佳。1570—1574年这一时期究竟是属于这个危机时期的范围或属于其后的不景气阶段,有些难于断定。
1586—1587*	17	柏宾顿计划,商店倒风,1587年歉收。
1596—1597*	10	饥荒(1595—1598年)
1603*	7	瘟疫,伦敦死亡30,561人。
1616—1617	13	布业恐慌(由于英王的操纵行为)。
1620—1625*	4	布业恐慌的影响,荷兰人在对外贸易方面的竞争,东印度公司和俄罗斯公司不履行债务,收成恶劣,瘟疫,伦敦死亡35,403人。
1630*	10	饥荒,港税纠纷,瘟疫,伦敦死亡1,317人。
1636—1637	6	由于英王查理一世的垄断事业而造成的不景气,瘟疫,伦敦死亡人数达10,400人。
1640*	4	查理一世强夺商人的现金(7月),查理一世强占商人的胡椒(8月),瘟疫,死亡人数达1,450人。
1646—1649*	6	国力因内战而耗竭,物资奇缺,捐税繁重。
1652—1654	6	在对荷兰作战中航运业的损失,海运法可能也与这次危机有关系。
1659—1660	7	西班牙战争造成的损失,特别是布业所受的损失;捐税不断加重所造成的紧张。

续表

1664(冬季)—1667(7月)*	5	和荷兰开战,瘟疫(死亡人数达68,596人),大火灾,1667年荷兰海军驶入泰晤士河,银行发生挤兑。
1672*	8	国库停付债券,银行倒风。
1678	6	对法贸易的禁令,对荷兰关系的紧张,银行挤兑风潮。
1682	4	国内政潮引起的银行挤兑,对外贸易照常。
1686	4	布业的萧条,地方银行倒风(1685年,由蒙默思叛变消息所致),对外贸易还相当繁荣。
1688	2	革命,银行挤兑。
1696—1697*	8	战时财政困难,对于信贷性质的不正确想法,收成不佳,英格兰银行停止兑现,土地银行计划失败。
1701(2月)*	5	东印度各公司之间关系紧张,政局不稳,银行挤兑和接着而来的倒闭。
1704(10月)—1708(2月)*	3	战争中的损失,财政的困难,英格兰和苏格兰之间关系紧张,法人可能入寇的戒心,英格兰银行的挤兑。
1710—1711(冬季)	6	战时财政的困难,内阁的更换。
1714(1—4月)	4	对于王储问题的忧虑,女王死耗的谣传,英格兰银行挤兑。
1715(10月)	1	叛乱。
1717(1月至3月)	2	沃颇耳更换南海公司股票计划。
1718(10月)	1	对外敌入寇的忧虑。
1720(9月)*		大恐慌,由于投机的失败(南海公司骗局)。

①斯科特博士几乎把一切较早的危机同瘟疫、饥荒、战争、内

战、财政困难或政府的压迫手段联系起来。索普博士也注意到1790—1925年这一时期中发生的歉收、时疫、战争、政局动荡和国家政策的随时变更等。他曾经不止一次地指出这些事件和危机之间的关系。但是，在索普博士的说明里，非由商业起源的灾祸，仅仅处于不重要的地位，而在斯科特博士的说明中，情形恰恰相反。这些灾祸至今还影响经济活动，但索普博士精简的材料，把商业社会内部的发展，放在导致危机的因素的前列。

斯科特博士所以偏重"扰乱的原因"，也许是由于他缺乏充分的材料作参考。他曾经把实际商情记录与他所能找得的统计数字和当代的观点进行比较。但是，他所研究的时代的材料，没有后来所有的材料那么多。他必须部分地依赖评论家的观点，这些评论家往往容易把一切归咎于政府或大自然。为使我们对英国早些时期和晚些时期的危机的性质所做的结论不受到1558—1720和1790—1920这两个时期的观察家的不同意见的影响，我们可进一步研究斯科特和索普的陈述的不同之处。

②斯科特博士告诉我们，他所列危机中有1/5持续三年或三年以上——1569—1574年、1620—1625年、1646—1649年、1652—1654年、1664—1667年、1704—1708年。斯科特把商业不景气时期在摘要上另列一栏，这必定意味着在他所引的各个时期中，商业不但是不振的，并且是多变动的。只要看一下斯科特在他著作的头几章中所做的详细说明，即可以证实我们这种推测是对的。在索普博士的表里，几乎找不到与这些长久危机相同的危机。

③在现代的商业循环中，危机或衰退阶段一般总是在繁荣阶段后面的。但一个极度紧张的时期，即斯科特大概要列为危机的

时期，有时在不景气阶段中出现。最显著的近例是1914年大战爆发所造成的经济纷乱——索普不把这个纷乱列作危机，正是因为它是发生于那个在1913年结束的一个循环的最低潮阶段。① 斯科特的摘要所列的30个危机，却有20个是在不景气阶段的后面，而不是在繁荣阶段的后面。

当然，头几个危机与后几个危机的这一区别，和上面所述的头一个区别有连带关系。它证实了斯科特的这一理论，即非商业因素对英国16世纪和17世纪的商业循环起主要作用。主要由第一章所述的经济因素产生的危机，一般只在商业体系中的繁荣已经造成了一些紧张情况后才会出现。至于导源于非商业因素的危机，则在循环的任何阶段都可以爆发。战争、饥荒、瘟疫等原因所致的危机，究竟更多发生于商业繁荣的时候还是更多发生于商业委靡的时候，这要看生意好的年头和生意不好的年头哪一个居多而定。斯科特表中所列那跟着不景气年头而发生的危机的数目，多过了根据生意好的年头和生意不好的年头的比例所应有的危机的数目。②

① 关于那些在不景气阶段中发生的金融紧张的其他例子，读者可参阅本书第四章第三节之4。

② 我尽我所能做到的精密程度，从斯科特的表中计算出下列数字：1558—1720年之间，商业繁荣的年份前后共占64年，商业衰落的年份前后共占38年。依照这些数字，发生于商业繁荣年份的危机与发生于商业衰落年份的危机的次数，应该为1.8∶1，但实际上却是1.5∶1。

不可能把这一计算做得很精密。斯科特没有说明当1558—1559年危机发生前商业是什么状况。他有时也对商业起变动的月份或季度略而不提。他的表中日月不衔接的地方有好几处。这种脱节的时间，前后共7.5年。斯科特对这7.5年的时间，没有做出任何交代。

斯科特表中所列的30个危机，一共占时间49年——超过了他表中所列的全部不景气阶段所占的时间。

④斯科特认为应注意下述事实：

"商业一经转入繁荣，这个繁荣状态在两个危机的中间便有持续很久的趋势。在相反情况下，两个危机的时距便缩短。例如，根据我们所知道的，在1575—1585年这11年时期中，没有一次危机。此外，在17年的繁荣时期中(1603—1620年)，只有一次危机，相反，在17年的商业萧条时期中(1586—1603年)，危机发生了三次，并且，从1696年至1708年，只有4年商业得免于大混乱。"[①]

在现代商业史里，没有一个像这样长的不发生危机(剧烈的或慢性的危机)的繁荣时期。根据索普的表，最长的繁荣时期，不过持续4年。以现时说，"有持续的倾向的"——如果这样的说法是可以的话——倒是不景气时期而不是繁荣时期。可是，根据我们的记录，英国最长的不景气时期，还没有持续6年以上的。[②]

⑤斯科特表中两个危机开始日期之间的距离，和索普表上两个衰退(包括猛烈的危机和轻微的危机在内)开始日期之间的距离大致相同：在1558—1720年这一时期中平均5.6年，在1793—1920年这一时期中平均5.8年。但在前一时期中，各次的相隔时间的长短显然有更大的差异。根据斯科特的表，各次的相隔时间，自1年至17年不等。根据索普的表，各次的相隔时间，自2年至10年不等。变差系数(就这种比较说，变差系数也许是最好的测

① 参阅斯科特：《1720年以前英格兰、苏格兰、爱尔兰股份公司的组织和财政》，第1卷，第470页。

② 参阅本书第四章第四节，"商业循环的期间"。

量标准)，在前一期为 63%，在后一期为 39%。①

⑥商业循环各阶段的先后次序如次：危机、不景气、复兴、繁荣、另一次危机(或衰退)。斯科特的表没有把复兴阶段另列出来，与其他阶段分开。这关系不大，因为一般对这个很平凡的阶段，都不大注意。可是，另一方面，据他的报告，他的 29 个循环之中，只有 5 个循环是：危机之后继以不景气，不景气之后继以繁荣，繁荣之后又继以另一个危机，像现代商业循环各阶段接续的状态那样。此外，他的危机之间的间隔时期中，不包含“商业良好”的阶段在内的有 11 个，不包含不景气阶段在内的有 12 个。还有 1 个有以下的过程：危机、“商业良好阶段”、“商业不振阶段”、危机。即使估计到商业循环概念对现代年表编制者的影响和商业循环概念过去对研究者的影响在一定程度上有所不同，也不致使 1790 年后的英国商情记录变得像斯科特的记录那样不规则。

这样来说，1558—1720 年中的英国危机，显然不属于近代类型的危机。此外，在这些危机间隔时期中，没有循环的过程。②

如果斯科特博士把调查的年代推到 1558 年以前，他一定会发现，在有商情记录可稽的年代，都有危机发生。英国商业的发达，

---

① 在统计数列中，变差系数是表现为算术平均数的百分数的标准差。关于标准差，参阅第三章第五节“各个过程中循环、不规则变动的幅度和时间”。

② 由于上面所指出来的分歧，斯科特博士认为现代危机理论对他的时代不适用。依照他的观点，“意外事件”乃是最合于事实的说明。他说：“恰当商人预测错误时，危机就应运而生。预测错误的原因，有时在于做判断的人，有时在于所判断的事物……到后来，在危机发生前投机盛行的时期内，人们所做的预测和判断关系非常重大。但在银行业未发达前，疯狂的投机是罕有的事……分析 1790 年前的危机……可以看出新闻报道的不实或政治的腐败，客观的形势起着支配的作用。”

参阅《股份有限公司》，第 1 卷，第 469—471 页。

既是较迟于其他国家，因此，在荷兰、法国、德国南部和意大利等国，一定很早就有了斯科特所述的类型的危机。① 在君士坦丁、罗马和雅典的历史中，也有同类的事件。的确，如果把危机看作是严重的商业骚乱，那么我们可说危机历史和商业历史是一样长久的，在古代巴比伦和埃及即已司空见惯了。但是，如果英国 17 世纪甚至 18 世纪时的危机不同于 19 世纪和 20 世纪时的危机有如斯科特所述的那种程度，那么，随便哪一个国家的早期的危机，都绝不可能同现代的危机相似。我所读关于早期危机的文献，使我增强了这一个由推测而来的怀疑。虽然我们所熟知的商业困难和我们从书本上读到的近代、中世纪甚至上古时代所遭遇的商业困难在若干方面是相同的，但不同地方极其显著——其中最明显的就是非商业事件所起的作用的不同。

由于我们知识方面的缺陷，要决定那些起因于歉收、瘟疫、战争、政变和财政困难的危机，从什么时候起在英国转变为起因于商业过程的循环变动，就更加困难了。斯科特终止他的调查于 1720 年，索普开始他的调查于 1790 年，其中一段时间，没有充足材料可供参考。杰文斯的英国 18 世纪经济危机表过于简单含糊，用处不大。② 更晚的一部重要著作即鲍尼兴的《英国 1640—1840 年商业

① 例如，理查·埃伦贝格所著的《法葛时代》第 2 卷，对安特卫普和里昂在 16 世纪时因西班牙、法国、奥地利等国君主否认债务而发生的危机，写了一篇非常有趣的叙述。多伦的关于佛罗伦萨在 13 世纪、14 世纪繁荣极点时的时时变迁的商情的叙述，也一样生动。《关于佛罗伦萨经济历史的研究》，司徒加德版，1910 年；《13 世纪、14 世纪佛罗伦萨同业公会的发展和组织》，1896 年。

② “商业危机的周期性及其实际的解释”，1878 年。参阅杰文斯：《关于通货和财政的研究》，1884 年伦敦版，第 207—215 页。

危机史》。但它不是像斯科特的书那样根据详细的原始材料编成的,它仅仅包括最重要的经济危机。[①] 发展过程的一年接着一年的记录,可能会比单就几个不平凡事件叙述一番更可以给人切合现时形势的印象。但到底是不是这样,要待精密地调查了斯科特和索普之间所留下的那段时间之后才能断定。另一方面,鲍尼兴认为真正现代类型的危机,是在 18 世纪以后才出现的。

在鲍尼兴看来,1720 年之后,英国第一次发生的重大危机是在 1745 年。这一年也就是查理·爱德华率领苏格兰高地的人迫临距伦敦仅 120 英里的地方那一年。七年战争结束后,英国在 1763 年发生了疯狂的投机,而危机接着发生。1772 年又一度的猛烈投机狂热出现于英格兰和苏格兰。过了一段时期,这个投机狂热酿成了银行的倒风,次年这倒风蔓延及于荷兰、汉堡和欧洲大陆的其他商业中心。距此六年之后,美洲殖民地战争爆发,使英国陷入严重经济困难之中。战争在 1783 年结束后,和平给英国带来商业的突飞猛进,终又造成另一个危机。最后,1793 年发生鲍尼兴所称为英国第一个最大工业危机。英国一般商业,于这个危机后全部陷入瘫痪状态。[②]

我可以援引美国国家经济研究局所收集的《商业年鉴》,证明商业循环和财政组织发展之间的历史关系。这个年鉴表示,在财政组织最落后的国家(中国、印度、巴西、南部非洲、俄罗斯等),经济生活的变动只有极少的商业变动的色彩,这些国家的经济困难,

① 鲍尼兴的书 1908 年慕尼黑版。在鲍尼兴和斯科特所讨论的时期中(1640—1720 年),鲍尼兴说到 5 个危机,而斯科特却说到 19 个危机。

② 鲍尼兴:《英国 1640—1840 商业危机史》,第 171 页。

大部分乃是由水旱、瘟疫、牛瘟或内乱造成的。的确，索普博士所收集的中国1890—1925年的记录，和斯科特博士所收集的英国1558—1660年的记录十分相似。水旱、瘟疫等在商业比较落后的社会所造成的灾难，比在西欧或北美洲严重得多。但和这种自然经济现象混合在一起，我们发现甚至在中国也有这种迹象：人们的初期经济活动往往会发生基于其他因素的波动。至少中国沿海一带城市的商人，也感觉到了物价和汇价变动的麻烦。一些生产者发现了，他们的出口贸易，随着国外情形的变化而增减。银行家也时时感觉到了伦巴第街和华尔街发展的反应。这样，在落后国家开始出现的商业循环，似乎大都是比较先进国家商业循环的反映，而外国观察家也许对它过分地强调了。但是，当落后地区的经济生活在赚钱和花钱的基础上组织起来的部分越来越大时，这种开始出现的循环的意义就越来越重大了。

二、现代的营利组织

1. 孜孜求利的人

表1是根据用估计数字弥补其不足的第14次人口调查编成的，它概括地说明了美国人消磨时间的情况。

十岁以下的儿童，构成1/5的人口。儿童的主要任务是准备做将来的公民，眼前他们或在家中或在学校受着照料，受着教育。如果他们对于社会有所贡献，这些贡献完全是偶然的。

表 1　1920 年美国人口梗概

	总　数	在　学	治　家 （估计数字）	有酬劳动者	不知其详，10 岁和 10 岁以上
总计	105,700,000	21,800,000	22,500,000	41,600,000	4,610,000
10 岁以下					
5 岁以下	11,600,000				
5—9 岁	11,400,000	7,800,000			
10—19 岁					
10—14 岁	10,600,000	9,800,000		600,000	200,000
15—19 岁	9,400,000	3,700,000	1,100,000	4,400,000	200,000
20 岁—64 岁					
男性	29,800,000	280,000		28,300,000	1,220,000
女性	28,000,000	210,000	20,100,000	6,600,000	1,090,000
64 岁以上					
男性	2,500,000			1,500,000	1,000,000
女性	2,400,000		1,300,000	200,000	900,000
总人口的百分数					
总计	100.0%	20.6%	21.3%	39.4%	4.4%
10 岁以下					
5 岁以下	11.0				
5—9 岁	10.8	7.4			
10—19 岁					
10—14 岁	10.0	9.3		0.6	0.2
15—19 岁	8.9	3.5	1.0	4.2	0.2
20—64 岁					
男性	28.2	0.3		26.8	1.2
女性	26.5	0.2	19.0	6.2	1.0
64 岁以上					
男性	2.4			1.4	0.9
女性	2.3		1.2	0.2	0.9
年龄和性别的百分数					
10 岁以下					
5 岁以下	100.0				
5—9 岁	100.0	68.4			

续表

10—19 岁					
10—14 岁	100.0	92.4		5.7	1.9
15—19 岁	100.0	39.4	11.7	46.8	2.1
20—64 岁					
男性	100.0	0.9		95.0	4.1
女性	100.0	0.7	71.8	23.6	3.9
64 岁以上					
男性	100.0			60.0	40.0
女性	100.0		54.2	8.3	37.5
职业阶级的百分数					
总计	100.0%	100.0%	100.0%	100.0%	100.0%
10 岁以下					
5 岁以下	11.0				
5—9 岁	10.8	35.8			
10—19 岁					
10—14 岁	10.0	45.0		1.4	4.3
15—19 岁	8.9	17.0	4.9	10.6	4.3
20—64 岁					
男性	28.2	1.3		68.0	26.5
女性	26.5	1.0	89.3	15.9	23.6
64 岁以上					
男性	2.4			3.6	21.7
女性	2.3		5.8	0.5	19.5

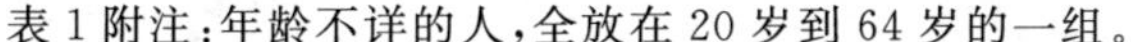

表 1 附注：年龄不详的人，全放在 20 岁到 64 岁的一组。

表中不给酬的管家妇女的人数，是根据人口调查局亚巴·爱德华博士和鲁塞尔·塞纪基金的腊耳夫·赫林博士应我的请求而做出的估计列入的。爱德华博士所采用的方法分两种。第一种方法是利用各种人口报表的数字，得到 2,300 万管家妇女的人数。他的第二种方法是把人口调查列作"家"的数目作为基数，从这个基数减去所有当作"家"计算的机构的数目和由单身汉、支报酬女管家或其他有报酬职业的妇女所管理的家庭的数目，然后加上由两个妇女共同管理的家庭的数目。这个方法计算得的管家妇女是 2,230 万人。赫林博士也使用两种方法。第一种是先估算从事其他职业的妇女的人数，然后通过淘汰的方法得到了 2,190 万个家庭主妇。他比较中意他所使用的第二种方法。这种方法把美国 1900 年真正家庭对人口调查中列为家庭的家庭的比例以及英国 1911 年真正家庭对"所有居住者"的比例应用到 1920 年家庭的计算上，在扣除了那些非由有报酬的妇女管理的家庭后，得到了 2,250 万管家妇女。上表所列的整数，比这四个估计数的平均数稍微大些。

有些人既报在学校读书，又报在从事有报酬的职业。这些人就在上表中计算了两次。他们的人数究竟有多少，我们不知道其详细，但大概不多，不会由于计算两次而影响到我们的结果。管家妇女同时从事有报酬职业的,不列作管家妇女。

有报酬劳动者一项,包括暂时失业的劳动者和有专门工作做的机关工作者。有独立收入但没有经常职业的人,不包括在这一项之内。

撇开儿童不谈,上述人口调查揭示了,每100人中,有95人不是在受教育,就是在对国家提供实际收入。在这一组中,赚钱的人占50%,治理家务的人占27%,学生占17%,不知其详的人占5%。

在不知其详的461万人中,40万个是既无工作又不就学的9岁以上的儿童,比这个数目大得多的是残疾人和精神病病人。①此外,富人中有闲阶级和穷人中有闲阶级,从事不名誉职业的人和户籍调查员只知其姓名住址而不知其他的人,也属于这一组。

1,400万个10岁和10岁以上的学生,主要是15岁以下的儿童。这些儿童到了15岁左右,一半就离开学校,开始做活赚钱或帮助家庭工作。据报告在学校读书的19岁以上的人,不到50万人,其中很多半工半读。

中年妇女,占2,250万个管家妇女的大多数。但似乎也有100万左右的少女和比这个数目大一些的年长妇女,专替她们的家庭治理家务。

表中所列的4,160万个赚钱的人包括大约一半的15岁到19

① "商业部宣布,在1923年1月1日左右,共有893,679人被幽禁在下列机构:给有缺点的人、依靠'赈济'的人、犯人、犯过失的青年等设立的国立、州立、市立和私立机构;精神病医院,意志薄弱的人和癫痫病的疗养院;成年人和依人维持或没人照管的儿童收容所;拘留年轻犯过失的人的机构;监牢和救济院。"在这个总数中,229,780人是儿童。不用说,还有很多身心不健全的人,不列在机构调查之内,而是由家庭自行照顾的。他们的确切人数,不得而详。上面引自1924年7月14日的官方新闻报道。

岁的儿童，将近1/4的20岁到64岁的妇女，差不多全部20岁到64岁的男人，一半以上的64岁以上的男人，和小部分64岁以上的妇女。如果把这些材料按照另一种方法排列，便可看出，在有报酬的劳动者中，12％是20岁以下的人，16％是成年妇女，72％是成年男人。

作为研究商业循环的人，我们所注意的主要是这批赚钱的人。但不能认为赚钱的人赡养了全部人口。家庭主妇对实际收入的贡献也很大。讲到这一点，儿童在学校中所做的工作，到头来对经济福利是极为重要的。作为消费者来看，全部人口都应该包括在我们考虑的范围之内。

2. 企业

就花钱上说，家庭依然是主要的组织单位，但作为赚钱的主要组织单位，企业肯定已经代替了家庭的地位；成为例外的，也许只有农业、小买卖营业和自由职业。企业通常会吸收若干个或许多个家庭的成员，把他们紧密地联合在一起，组成一个新的营利单位，付给每个人一定的货币报酬。

企业是一个组织。它企图靠一笔投资，通过以货币为手段的买卖货物的行为赚取利润，①它所买卖的，或为任何有销路的商品自煤炭乃至报纸不等，或为服务如运输、保管、技术指导等，或为权利如银行信用、有价证券、各种保险等。企业有的经营生产事业，

① 参阅瓦纳·桑巴特：《现代资本主义》，第1版，1902年莱比锡版，第1卷，第195页。

有的经营制造事业，有的经营仓储事业，有的经营运输事业，有的经营分销事业，有的仅仅保有对经营的物品的所有权。

3. 企业的规模与商业循环

组织严密的企业，差不多已经掌握了全部铁路事业和海运事业。它们控制着矿业、木材业、建筑业、仓库业、制造业的大部分，不由政府经营的公用事业、批发业、保险业、银行业以及一般金融事业。它们对零售业、新闻业、果菜业、渔业、旅馆业和各种娱乐事业即使不起支配的作用，也起着重要的作用。它们正侵入乳酪业、水果业、一般农作业以及知识性行业，如工程、建筑设计、法律、教育和医药等。

自然，所有为自己利益而工作的人——小贩、皮匠、农民、医生、律师、经营寄宿舍生意者、报童——都可以作为经营企业来看待。这些人通过买卖商品或替广大的主顾服务而赚得货币收入。但在小规模企业组织占优势的实业和大规模企业组织占优势的实业之间，存在着巨大的区别。在经营的技巧和经营的方法上，在组织的复杂程度上，在依赖金融市场的程度上，典型的农场、修理店、邻街杂货店和寄宿舍等是绝不能与典型的采矿业、制造业、贸易业和金融业等的企业同日而语的。它们各成一类。很多私人自由职业者认为自由职业的目标和商业的目标也大不相同，但某些商人不同意这个意见。

就研究商业循环来说，各种企业上述不平衡的发展，是非常重要的。只是对于极发达的企业方面，繁荣和不景气交替出现的现象才特别显著；也只在极发达的企业方面，繁荣和不景气交替出现的影响才特别分明。第一章所述的理论家似乎都默认这一点，纵使他们没有明确说出。他们所考虑的大都限于商业、工业、建筑业、运输业和金融业方面的循环变动的过程，至于农业、自由职业、个人服务事业、修理业和小买卖等，他们都不过问。甚至把农业收成的变化看作商业变动的原因的理论家也不例外，因为虽然他们认为农业常常发生循环变动，但他们承认循环变动主要是表现于商业交易、制造活动、运输业务和金融业务方面。

国家经济研究局在1923年替总统召集的失业会议做的某一次调查无意中给商业循环主要是大企业的现象这一观点提供了统计上的证据。所有有关材料都集中在表2里。虽然表中的数字都是根据较小的例子估计的，虽然这些数字仅仅涉及一个国家的一个循环的范围，并且又仅仅涉及商业上的一种情况——在不景气时工人工时减少的情况——它们却对企业组织的规模与循环变动的幅度之间的关系提供了到现在为止最渊博的统计上的看法。

该表指出两个结论：①以1920年的危机后各主要企业雇用员工的减少情况为标准，各主要企业可分为三类。第一类包括制造业、铁路、矿业和建筑业。它们遭受不景气的打击最深。第二类包括金融业、批发业和铁路运输以外的运输业。它们解雇的人员，远少于第一类企业，但数目也很可观。这两类企业，构成企业界中最主要的企业。其余企业，包括农业和零售业在内，有的规模很小，有的目标不在商业，有的兼具上述两个特点。它们裁减人员很少。②不但在各种企业之间，表现着变动的幅度与组织的规模相适应的现象，即使在同一种企业各个店号之间，也存在着这种现象。一般来说，大商店所受的不景气的影响比中等商店大，中等商店所受的不景气的影响又比小商店大。

这两个结论，要经得起进一步调查的考验，才能说是确切的。但它们不但与理论家的意见相吻合，并且与我们所知道的关于各企业的生产、物价和存货的变动情形也相吻合。我们以后将详细研究这些变动。现在要先来研究，哪一部分的经济活动所受的商业循环威胁最大，哪一部分所受的威胁最小。

表 2　1920 年极度繁荣时期到 1921—1922 年极端不景气时期各企业和各行号员工人数减少情形

	一切行号员工减少百分率	雇用 0—20 人的行号减少百分率	雇用 21—100 人的行号减少百分率	雇用 100 人以上的行号减少百分率
一切企业	16.50	3.08	13.84	28.23
一切工厂	29.97	8.21	19.21	38.56
铁路	29.68	*a*	*a*	29.68
矿业	29.66	*a*	*a*	30.18
建筑业	18.92	14.66	*a*	*a*
金融业	7.14	0.00	0.00	25.58
铁路以外的运输业	6.77	3.72	9.80	8.17
批发业	5.64	0.00	12.31	7.77
公共和专门服务事业	4.57	*a*	*a*	*a*
家庭和个人服务事业	4.11	5.40	4.48	3.92
农业	3.18	2.15	*a*	*a*
零售业	2.75	1.31	4.66	10.84
手工业（不包括建筑业）	0.00	2.11	4.67	*a*

a 表示送报告的企业不到 20 家。

这些比较数字是根据 9,289 家企业的每季报告表算出的。包括的时期是 1920 年和 1921 年的全年,1922 年的头三个月。

摘自金博士:《美国 1920—1922 年繁荣和不景气时期中的雇用情况、工时和收入》,国家经济研究局出版,1923 年,第 55—58 页,第 60 页。

美国国内的职工,似乎有一半以上是靠在制造业、矿业、铁路和建筑业中工作维持生活的。而循环变动,在这些企业里似乎最为猛烈。① 这些企业的职工大约 3/4 以上是在职工人数在 100 人以上的机构里工作,这部分机构所受商业循环的威胁是最大的。② 表 2 所列中型企业的职工的人数,比这少得多,可能只占全体职工

① 参阅金博士估计的 1920 年在各企业工作的人数。载《雇用情况、工时和收入》,第 20 页。

② 第 14 次人口调查对于制造业、矿业和采石业提供了确切资料,现摘要如下:

1919 年美国的工厂、矿山和石坑(按照职工人数分类)。

每家的职工人数	工厂		矿山和石坑	
	在全部工厂中所占的百分数	在全体职工中所占的百分数	在全部矿山和石坑中所占的百分数	在全体职工中所占的百分数
20 或 20 以下	81	10	73	6
21—100	13	19	17	18
100 以上	6	71	10	76
	100	100	100	100
实际数目	290,000	9,096,000	21,300	982,000

根据《美国第 14 次人口调查》,第 8 卷,《制造业》,第 90 页,又第 11 卷,《矿山和石坑》,第 31 页资料编列。

开业的铁路公司,当然每家的职工都在 100 人以上。建筑业的材料不很完全,但据金博士的估计,在 1920 那一年,不到 1/3 的建筑业职工,是在有 100 名以上职工的公司行号中工作。参阅《雇用情况、工时和收入》,第 20 页。

人数 1/10，甚至仅仅 1/20 左右，至于那些在商业循环危险性最小的各企业中工作的职工，约占全部工资劳动者 1/3 或 2/5。他们一大半都是在规模最小的、受循环变动影响最小的企业中工作。[①]

为自己利益打算而工作的人们的分布情况，与上述大不相同。根据 1920 年职业调查的估计，这种人的人数略多于 1,000 万。[②]他们所从事的企业[③]，属于商业循环威吓最大的性质的不到 1/10，这一点可以肯定。也许其所占比重比这还少，不到 1/20。另一方面，它们中 9/10 属于不易卷入商业循环旋涡的事业的性质——农业、零售业、专门服务事业、家庭服务事业、个人服务事业。[④]

4. 经济资源与国民分配金

在我们的 4,160 万以赚钱为目的的人和 2,250 万家庭主妇（仍用表 1 中 1920 年的人口数字）所使用的许多天然资源和人为工具中，得到商业循环作家重视的仅有一种，其余他们都认为无须加以考虑。霍布森的储蓄过多和投在工业设备上资金过多的理

① 再参阅金博士的估计，《雇用情况、工时和收入》，第 20 页。

② 参阅里奥·沃尔曼博士：《1880—1923 年美国工会的发展》中比较的三个估计，国家经济研究局出版，第 78—81 页。该书所引的胡克斯塔德的数字，由于把 1,850,119个"家庭农场的工人"包括在雇主人数之内，结果把人数提高到 1,000 万人以上。《劳工月报》，1923 年 7 月，第 17 卷，第 2 页脚注。

③ 在现代经济文献中用以称呼为自己利益打算而工作的人的别名（企业家、营业者、资本家雇主、商人）中，企业家这个名称似乎最不惹人讨厌。它是英国古字，斐特教授（《经济学原理》，1904 年纽约版）和杰文斯（《经济学论文》，1905 年伦敦版）差不多在同时把它拿来使用。

④ 参阅：勒文博士所著的《各州之间收入的分配》，1925 年国家经济研究局纽约版，第 1 章中金博士的估计和上述沃尔曼博士的论文中的估计。

论，巴拉诺夫斯基的贷款资金交替出现着堆积无出路和穷竭不足应付需求的现象的理论，赫尔的建筑成本变更的理论，许多强调增加工厂生产力的理论，福斯德与卡钦斯的消费者没有购买力来吸收供给他们消耗的物品的理论——这一系列理论都是建立在供给目前的收入和增多将来的生产设备这两个过程之间的矛盾的基础上的。①

要提出事实来考验这些观点是不是正确，首先就应该设法查明以下三项中，哪一项是比较大的：(1)人们所用以进行工作的设备的价值；(2)产生的收益；(3)每年由收益项下补充的生产设备的价值。本节先讨论前二项，以后再讨论储蓄。

要略举人们工作上所使用的资源，必须依赖国民财富目录。户口调查局和联邦贸易委员会最近估计出 1922 年 12 月 31 日美国的财富。它们不约而同地承认所得的结果至多不过是约略的数字。“国民财富”这个概念本身就很模糊。它应该包括什么项目，什么是确定价值的正当方法，统计人员在这些方面的意见都有很大分歧。此外，统计人员估计国民财富时所必须根据的资料，既不很丰富，又不很精确。因此，要期望各个估计的结果能十分一致或可以完全信任，这是不可能的。联邦贸易委员会所得的 1922 年的总数，比户口调查局所得的约大 1/10。主要原因在于：(1)联邦贸易委员会把街道和公路的地皮及改良物计算进去，而户口调查局没有这样做；(2)联邦贸易委员会把“公共服务事业”的价值估作

① 参阅第一章第四节所引证的各个作家的议论。凡伯伦、斯皮特荷夫、鲍尼兴、阿夫达利安、克拉克、罗伯逊、卡塞尔、亚当斯等都认为生产设备的建造是很重要的因素。

460 亿元,而户口调查局仅估 350 亿元。① 但这两个总数之间的10%的差额,还不足以说明两个结论的不确定性程度,因此,我仅仅非常概括地使用这些数字来表示人们所使用的各种资源,这些种类资源的大小的次序以及人为设备与每年收入的相对价值。

我们的国民财富目录既然是 1922 年年底的目录,似乎应该把它和 1922 年及 1923 年两年的平均收入比较一下。对这两年的国民收入,我们共有三个估计。一个是联邦贸易委员会的估计,一个是英格尔博士的估计,一个是金博士替国家经济研究局做出的初步估计。严格地说,这三个估计是不能互相比较的,因为联邦贸易委员会和英格尔博士的估计没有包括金博士的两个项目。这两个

① 参阅《国民财富的估计》(华盛顿户口调查局,1923 年)和《国民财富和收入,联邦贸易委员会报告书》(参议院文件,第 126 号,第 69 届国会,第 1 次会议)。与其说联邦贸易委员会的估计是对整个问题的独立调查,毋宁说它是改编和补充户口调查局的统计。

试把上述官方统计和英格尔博士所制的《1920 年美国有形财产的目录》比较一下,这个目录见于他所著的《美国国民的财富和收入》,第 2 版,宾夕法尼亚州约克城,1923 年,第 79 页。英格尔博士的 2,730 亿元这个总计,比户口调查局的总计低 18%,比联邦贸易委员会的总计低 29%。这些差异,比我们所意料的差异略小一些。原因是:第一,英格尔的估计,是关于 1920 年的估计,而户口调查局和联邦贸易委员会的估计是关于 1922 年年底的估计。第二,英格尔尽量使用 1913 年的价值,而户口调查局和联邦贸易委员会却企图尽量使用现在的价值。第三,英格尔比较多用估算的方法,少用点查的方法,户口调查局和联邦贸易委员会则恰恰与此相反(例如,计算制造业使用的机器价值时,英格尔估计 7,750,000 工人每人平均使用价值 2,000 元的机械,而户口调查局则总结各工厂造送的几千份机器价值报告表)。另一方面,也应该注意以下几点。第一,1920—1922 年包括一个严重危机时期和一个不景气时期,财富增长率在这时候减缓很多。第二,地产、建筑物、重机器等的货币价值所受的物价影响,没有像那时候的物价指数会令人设想的影响那么大。第三,有些项目,必须凭推测加以估计,至于推测所依据的是对于某个实例的精密的研究,还是某个有经验专家的估计,却没有大关系。不用说,上述三个估计在某些项目方面的百分数的不同,比这三个估计总数的不同大得多,但我们不能在这里详细叙述。

项目是房屋所有人自用房屋的租金价值和各个家庭自有的消费品价值的利息。我们所使用的目录既然包括住宅和个人所有物而把它们列作国民财富的重要项目，为获取一致起见，我们必须把这些东西所提供的服务包括在我们拿来和财富的估计数字相比较的收入的估计数字之内。就这一点来说，照理应使用金博士的数字。但是，金博士的1922—1923年的数字不过是初步估计数字，而联邦贸易委员会的数字乃是经过仔细研究的结果。因此，最妥当的办法，似乎是把联邦贸易委员会的数字作为基础，补进金博士的两个项目。这样做的结果，得到700亿元作为1922年和1923年两年的平均收入。①

我们研究经济资源，可以从研究一个难以评价的项目着手——就是使人们能够像现在那样利用其他经济资源的知识。这

① 关于上述三个估计，参阅英格尔：《1925年国民收入的估计》，年表编造者，1926年9月24日，第395页；国家经济研究局新闻公报，1927年2月。

1922—1923年的数字如下：

美国国民收入的估计(单位10亿元)

	英格尔	国家经济研究局	联邦贸易委员会
1922年	60.5	65.6*	61.7
1923年	71.9	76.8*	69.8

* 初步估计，必要时加以修正。

经济研究局和贸易委员会所没有包括的两项目(单位10亿元)如下：

	房屋所有人自住房屋的租金价值	消费者自有的货物的利息价值
1922年	1.8	2.6
1923年	1.8	2.8

把这两项加入联邦贸易委员会的估计数字以后，委员会所估计的1922年和1923年两年平均国民收入，便与金博士的平均数字仅仅相差1.25%(一个是703亿元，另一个是712亿元)。

一项知识，不但包括把现代科学应用于工程上面的学识，而且包括商人的组织能力，机匠的熟练技能，家庭主妇同时胜任治理家政和从事体力劳动的能力。的确，这个项目包括全部的常识和专门知识，使人能够有秩序地、和睦共处地彼此为对方工作，互相使用彼此所生产的东西。

在讨论过去或将来经济生活的长期趋向时，首先讨论的应该就是这个项目。在许多天然资源都不是能够取之不尽用之不竭的世界上，人类增殖的能力和提高生活水平的能力全依靠知识的增进。我们不必在讨论商业循环时详细讨论这一问题，但其他研究者所提出的几个假设，说明了我们不能把知识丢开一边，把知识看作和我们没有关系的问题。沃格尔、熊彼特、英格兰夫人和卡斯尔等都把商业循环看作生产技术的进步和商业组织的进步的副产品。①

虽然我们不能把不能评价的东西加以评价，但我们可以把获得知识时所付出的代价和我们的尺度即国民收入联系起来。知识是一个必须时时补充的资源。根据职业调查，每 50 个赚钱的人中，即有 1 个教员。根据教育经费调查，我们国民收入的 1/5 是用于学校事业上的。② 但这些数字还远不够给人们以充分的印象，

① 参阅第一章第四节。

② 参阅纽克默：《美国国民教育经费统计》(《教育经费调查》，第 6 卷)1924 年纽约版，第 11—29 页。

据纽克默博士的估计，美国政府用于学校上面的开支(1920 年计 12.2 亿元)，1910 年占国民收入的 1.6%，1915 年占国民收入的 2%，1920 年占国民收入的 1.7%。关于私立学校的经费以及各方面捐赠私立学校的款项的数目，多少不得而知。我不过把国民收入的 1/5 来表示用在这个项目上的货币支出和花费在其他项目上的货币支出大小的比较。

了解我们作为一个国家在教育自己的国民上所做的努力。表1的人口数字，表明有1/5以上的人民，在学校读书，每有2个人在赚钱，即有1个人在读书。不错，很多儿童在学的时间是不长的和不经常的。但这个事实，并没有削弱上述比较的意义，因为许多成人们的工作也不是经常的。各州法律有这个共同宗旨，即给每个儿童8年或9年的学校教育。有几百万美国人花了15年以上时间研究学问，这一点是毋庸置疑的。[①] 一个人一生有为的时间只有45年，9年占了它1/5，15年就占了它的1/3。除了正式受训练的时间以外，我们还花很多时间在家中或在工作场所自己学习或传授他人特殊技能。

除为传授前人传下来的知识而做的上述努力之外，还要再加一项。这一项比前项小得多，但每年必须支出数十亿元的经费，用以提高知识、推广知识。应该包括于这个项目之内的，是纯粹研究工作上所花的精力，以及进行世界工作的新方法、新器械的无穷的试验。[②]

现在来讲有形的资源。①在1922年国民财产目录中，有一个项目将近400亿元。它是“家具和个人所有物”这一个项目。如果我们把家庭使用的汽车的数字加在内，这个项目就要增至420亿元或430亿元之巨——等于一年国民收入的2/3。

这些物品的耐久程度怎样，以及平均来说多久必须加以更换，

---

① 表1表明，在1920年，报告在学校读书的人口中有49万年龄在19岁以上的人。

② “花在工业方面和各级政府方面以研究怎样应用科学知识的经费，大约每年有2亿元——参加这项工作的可能有3万人……可供我们利用以支援从事纯粹科学研究的钱，一年不到1,000万元，从事这项工作的人数，大概不及4,000人。他们一边从事这项工作，一边教书。”参阅赫伯特·胡佛：“国家与科学”，载《科学杂志》，1927年1月14日，第55卷，第26、27页。

这些问题，我们是不明了的，但家庭预算可以帮助说明这问题。联邦劳工统计局在1924年所刊行的表，概括地开列居住在92处工业中心的每年平均收入在1,500元左右的12,000家白种人家庭的开支。根据这个表，23%的总支出是花在衣着、家具、装修和可以列入“个人所有物”类的各种各式东西上的。① 这个数字的代表性很有问题。黑人家庭和农民家庭花在衣着和个人所有物上面的那部分收入，大概较小，但小康之家所花的大概比工资劳动者多一些，②此外，劳工统计局预算表所包括的时期(主要是1918年)，在若干方面是很特殊的。因此，家庭收入1/4以上是消耗在半耐久的消费品上的以及家庭现有的这些商品其价值相当于两三年的收入的结论，我们不能完全相信。但是，上述情况是我们现有资料所表示的情况。

②不论什么时候，都有大量的原料、半成品或制成品从工商业方面流向家庭消费者和企业消费者方面去。1922年的财富目录把这个数量的原料、半成品和制成品估价360亿元。这等于那年国民收入的一半左右，比家庭自有的家具和个人所有物这两者合计的价值略低。

亨利・丹尼孙、劳伦斯・弗兰克、密契尔和西门・库兹纳兹等

① 参阅《美国的生活费用》，美国劳动统计局新闻公报、第357期第5页和G表的最后部分。最大的杂项为汽车、摩托自行车和自行车。这些家庭预算，是1918—1919年在42州各个地方收集来的。

② 根据劳工统计局的表，消费在衣着、家具和杂项上面的支出的百分比，随家庭进款的增加而增加。请看国家经济研究局所制的1925年各州收入报告第26页的表。表上的数字是金博士所制。这些数字表示，消费在汽车(包括车胎)、书籍、衣服、钻石、皮货、家具和钢琴等商品上面的费用，占城市职工的支出的28%，占每年支出达5,000元的家庭的支出的26%，占每年支出达25,000元的家庭的支出的32%。

人对稳定的消费者购买过程和不稳定的生产过程所做的比较表明：现有的以及运输中和生产中的商品和原料的数量，时常呈现出很大的变化。我们根据国民财富目录把一定时期内的“产品与商品”的价值和一年的国民收入相比较所得的结果，也表示这一点：限制生产无须同时限制人们的消费。但我们所需要的是比临时编制的目录所提供的更连续的、更明确的、更靠得住的资料。幸而我们至少对一种企业产品的产量知道得很清楚。

美国金属统计局比较制炼铜工厂的进货数量和精炼铜工厂的交货数量制出一个连续的记录，记载了整个冶铜行业的生产量。甚至编制这一记录的人也自己表示对这记录有完全的信心——这在工业统计中是难能可贵的。金属统计局报告指出了每月头一日铜在走向消费者的过程的五个相继阶段中的数量——在制炼厂里的黑色铜的数量，在运输途中的黑色铜的数量，在精炼厂里的黑色铜的数量，在精炼过程中的铜的数量，在精炼厂中已经精炼了的铜的数量。这些铜的总吨数，逐月不同，相差很大。例如，在 1922 年年初，它的数目为 427,000 吨，到了年末只有 344,000 吨。整个冶铜系统的生产量的一般水平，约等于每年生铜产量的 1/2 乃至 1/3。

上述只限于冶铜行业的系统。这个系统的范围，以精炼厂的出口大门为终点。铜离开精炼厂大门，到了制造业系统以后，便分别投入各个工厂。它或以原质改制成铜板、铜棒、铜线、铜管等；或先改炼成黄铜、青铜、镍，然后再制为板、棒、线、管。这些基本制成品的一部分，直接从工厂流到消费者手里，但大部分却流到其他制造商那里去，这些制造商制造电动机、汽车等东西。很多铜制品，是从这些第二手制造商经过批发商之手到达零售商的货架上（例如器皿、家庭装修用品等)。如果有一个详尽的报告,就可以知道在运输中、在储存中、在加工过程中以及准备交货的铜究竟有多少可以交出作为各种各样的用途。不但如此,在制造过程中,不少已经加工过的铜成了碎片、镟屑、钻屑等。这些铜要重新处理,所以有大量的铜在工业系统之中,不断地转来转去。据估计,在1923年,这种碎铜的数量,占工业系统制造的铜的总量的1/3,这个事实意味着除冻结在冶铜事业系统里的相当于3个月乃至6个月的供应量的铜外,还有大约相当于4个月的供应量的铜冻结于碎铜状态中。此外还应该加上在运输中、在加工中和储存在制造系统与分配系统而未列入统计的铜。美国金属统计局局长英格尔博士认为美国铜的正常存量,等于6个月乃至12个月的产量,大概和12个月的产量更相近。①

炼铜工业在这方面究竟有多少代表性,要等其他企业也建立了相似的统计制度之后才能明白。但我们暂时可以把它做一个例子来说明经济活动中常常被忽视的一个方面,虽不能用来衡量这个方面。

③虽然在财富目录上第二个项目即流动设备项目的价值比不上家具和个人所有物这个项目的价值,只比"产品、商品等等"这个项目的价值大一些,但商业循环理论家却多把他们的注意力集中在这一方面。流动设备一项包括约值160亿元的制造业使用的机器、工具和器械;约值110亿元乃至140亿元的公用事业设备(地面改良物不包括在内);约值60亿元的牲畜;25亿元的农业工具

① 参阅英格尔:《美国人民的财富和收入》,第2版,1923年,第150页。我所有关于美国金属统计局工作的知识,都得自英格尔博士。

和机器以及10亿元或20亿元的专供给或主要供给营业用的卡车和其他车辆。据户口调查局的统计，这个项目总计达370亿元。据联邦贸易委员会的统计，这个项目总计达400亿元——约略超过一年的国民收入的一半。

④“地面改良物”这一项，除包括建筑物外，还包括很多其他东西。它的价值可以说大部分是凭推测。[①] 但我们可以接受以下这个结论，不致发生什么错误，这个结论就是这一项比前面任何一项都大得多，并且这一项以后每年的数额和现在国民收入比较将越来越大。关于这个项目，户口调查局的数字为890亿元，贸易委员会的数字为1,080亿元。

⑤1922年土地本身的价值，户口调查局估为1,120亿元，联邦贸易委员会估为1,220亿元。这个金额跟我们关系不大。土地价值无疑是常受商业活动的变化的影响，而地产投机狂又是“市面大景气”的一个常有的特征。但是，就研究商业循环来说，人们每年从土地得到多少东西以及人们在地面做什么改良，这比土地的货币价值重要得多。

不过，我们要注意一点：就收入来判断，农业的资本化价值，比制造业的资本化价值大得多。据金博士的数字，至1920年，依赖制造业为生的人，无疑比依赖农业为生的人更多了——前者1,150万人，后者890万人。[②] 1922年，工厂工人使用的机器和工

① 关于它的出处，读者可参阅联邦贸易委员会的报告，《国民财富和收入》，第31—34页。

② 参阅《各州的收入》一书的金博士的序言，国家经济研究局，1925年，第21页，第23页。

具的价值，比农场工人使用的机器和工具的价值大六倍——前者158亿元，后者26亿元。就是加上58亿元的牲畜价值，农场工人使用的流动设备的价值还是小很多。可是，农业地产的估定价值却比制造业地产的估定价值大一倍以上，前者530亿元，后者240亿元。当然，农场除作为营利事业外，又是农民的家。但是，即使我们把农场地产价值减去1/3作为农民的家的价值，农业地产价值和制造业地产价值还相差170亿元或180亿元——仍然大于制造业所使用的流动设备的超额价值。① 我们可以有把握地说，用于制造业使用的房地产上的改善费用，在比例上要大于用在农业所使用的房地产上的改善费用。所以，农业的资本化价值的偏高，完全是由于土地价值估得太高。如果我们能够把一切人为设备（包括牲畜在内）的价值和天然资源的价值分开，我们便可以看到一个普通工厂工人使用的人为设备比一个普通农场工人使用的人为设备多得多，但一个普通农场工人使用的全部设备的名义价值，比一个普通工人使用的全部设备的名义价值来得大。

⑥最后，我们的财富目录，包括一个很小的项目，仅仅值43亿元。

① 这里用的是联邦贸易委员会《国民财富和收入》报告里第29页脚注的估计。即使是户口调查局所估计的制造业的“资本”440亿元这个数字（户口调查局自称这估计不十分靠得住），也比农业财产价值减去农民住宅价值后所余的数字小得多。第三个数字，表示制造业在“公司业务上所使用的财富的估值”（337亿元），这个数字是联邦贸易委员会根据内地税稽征局所收的纳税申报表计算出来的（参阅《国民财富和收入》，第135页）。据1920年的制造业调查资料，87.7％的制造品总价值是由有限责任的企业生产出来的。如果我们把这个比例应用于上述制造业所使用的财富的价值的估计上，我们就得出380亿元作为全部制造业所使用的“财富的价值”。这个数字与本书所使用的估计数字很相近（流动设备158亿元，地产价值240亿元）。

1922年农业地产价值的估计数字（530亿元）是农业部的估计。

它代表金块银块和金币银币的价值。自国家观点上说，这项资源一定要看作是永久性的生产设备的一部分。但它是一种特殊类型设备。在更换主人时，它仍然发挥作用。在库中作为保证信用通货的准备金时，它也仍然发挥作用。它是最耐久的人为资本的一种，所以供给主要是由过去的积累构成的。如果某一年之中一个国家的金银存量有所增减，这通常是世界的金银存量进行重新分配的结果，很少是由于新产量减去消耗量的结果。贵金属的重新分配和贵金属的每年产量，都对物价有影响。由于这个事实，尽管这个项目和其他项目比较是渺乎其小的，它却在研究商业循环上占重要地位。

从上面对美国经济资源的评述，可得出以下重要结论：美国人民用以进行生产的天然资源和人为设备，其价值等于美国有金钱收入的人在三到四年内所产生的价值。除土地外，户口调查局估计我们 1922 年的有形人为资源约值 2,090 亿元。联邦贸易委员会把这数字估计为 2,310 亿元。① 要把头一个估计数字提至等于

① 把这些数字排列成表，重复叙述一遍，可能很有作用。为适应这里的用途，我把各个项目重新安排过，但不变更它们的数字。下表总计的数字和各项目的总数的不同，是由于把零头删掉所致。

1922 年美国国民财富的估计(单位 10 亿元)

	户口调查局	联邦贸易委员会
土地	112	122
地面改良物	89	108
流动设备		
牲畜	5.8	5.8
农业工具和机器	2.6	2.6
制造业工具和机器	15.8	15.8
公用事业设备	10.6	13.6
摩托车和卡车	2.0	2.0
生产品和商品	36	36

1922—1923 年国民收入的三倍，就必须加上 10 亿元。要把第二个估计数字提至等于 1922—1923 年国民收入的四倍，就必须加上 490 亿元。尽管我们的结论有了这些差额(其中一个是很小的)做根据，但我们应该把这一结论看做不过是根据不完全资料所做的粗略的估计。②

(接上页)家具和个人所有物(包括汽车)	42	42
金银币和金银块	4	4
全部人为设备	209	231
总计	321	353

要知道更详细的估计数字，读者可参阅联邦贸易委员会:《国民财富和收入报告书》,1926 年，第 28、34 页。

②我们也许会设想西欧各国历来积累的财富对于它们目前国民收入的比例应该比美国过去积累的财富对于目前国民收入的比例来得大。从约西亚·斯坦普爵士收集的材料计算出的结果，证实这个推测是对的。参阅斯坦普:“各主要国家的财富和收入”,载《皇家统计协会月刊》,1919 年 7 月，第 82 卷，第 441—493 页。我从他的简表(第 491 页)以及论文内所列举的土地价值(第 455 页，第 467 页，第 475 页)算出最可能精密数字如下：

		一年国民收入对于国民财富的比例	一年国民收入对于国民财富减去土地价值的比例
英国	1914	1∶6.4	1∶5∶9
德国	1914	1∶7.7	1∶6.1
法国	1914	1∶8.0	1∶5.9
澳大利亚	1914	1∶5.9	……
美国	1914	1∶5.8	……
美国	1922—1923	1∶5.0	1∶3.3

尽管所得结果和我们的期望相符，尽管我所包括的国家只限于有相当精确的国民财富和国民收入的估计资料的国家，上述比较还不是完全靠得住的，特别是因为估计土地价值所根据的原则，英、德、法、美必定不相同。从上述数字上看，土地价值在全部财富中所占的百分比，英国是 8%,德国是 21%,法国是 26%,美国是 35%,收入对于全部财富的百分比数字，大概没有收入对于财富减去土地价值的百分比数字那么可靠。

这些天然资源和人为设备的拥有，不但使现代社会的生产力大大增加，并且使现代社会在一定时期内的消费量，可以超过那时期内的生产量。即使是私人家庭也可以在紧急时候变卖“家具和个人所有物”来维持生计——据上面的估计，这项积累的价值估计约等于国民每年平均收入的 2/3。他们暂时可以停止更换这些物品和修理这些物品。必要时他们甚至可以把这些物品换成粮食——虽然往往会吃很大的亏。农民必要时可以卖掉一部分牲畜，或听任房屋倾圮暂不修理，或设法利用旧的农业工具——更不用说可以用尽地力，不去培育。企业家也可以采用同一的策略——它特别可以减少存料、现有商品的数量。当然，忽视财产的保养，有时会招致重大经济损失。但有时私人家庭和商人无法可想，只好暂时依靠过去的积贮以为生。

不但如此，虽然每年实际增加的人为设备的价值，大概比每年更换的人为设备的价值来得大，但我们可以于必要时几乎停止增添人为设备，而于情况有利时大量增添人为设备。实际上，扩充和改良变动的幅度，无疑比修理和更换设备变动的幅度大得多。两者合并，使生产方面的循环变动，远远超过消费方面的循环变动。

本节的讨论，使我们的普通知识增加了以下几项：在讨论商业循环时，①应该注意到建筑物、机器和公用事业设备以外的几种资源；②应该同时考虑保养现有设备的支出的变动和扩充现有设备的支出的变动；③美国一定时期内使用的一切有形人为资源的价值，似乎不到一般所估计的一年国民收入的价值的四倍。

5. 企业的互相依赖

凡有独立会计的企业，都可以看作独立的单位。的确，户口调查局调查矿山、工厂和农场的“家数”时，就是以是否有独立会计做标准的。可是，在工业、商业和财政方面，各企业都是息息相关，因此一个企业的盛衰必然影响到其他企业。

一个典型企业，就它作为经营商品的工厂来说，只是一架大机器的一个齿轮。我们的需要是由名义上独立的、按一定的次序传送货物的一系列工厂供应的。例如，包括种麦的农场、谷仓、铁路、面粉厂、粮食批发商、面包店、零售店的一个系列。这个系列中每一种成员，都依靠在它之前的另一种成员为主要货源，依靠在它之后的另一种成员为主要销路。小麦变成了麦粒、面粉和面包后，川流不息地流到以上各种企业，但它的流量常有变动。

不但如此，没有一个系列的企业是自给的。上例中的每一种企业，从农场到零售店，都要依靠其他企业系列供应建筑物、机器、燃料、办公用品、运输器具、保险、专门性服务和种种其他东西。铁路和其他企业之间，存在着特别紧密的关系；煤业、铜铁业差不多也对一切企业都有所贡献。的确，工业的分工协作，已经做到了这样的程度，与其把各工业动作的整个合奏，看作各自独立地执行自己的特殊工作的数不清的机械设备，毋宁把它看作由许多互相连锁着的细微过程构成的一个机械过程更妥些。①

自一般人看来，最要紧的问题是货物不断地在工厂之间流动

① 参阅凡勃伦：《企业论》，1904 年纽约版，第 7 页。

着，直到消费者手中为止。但货物在工业方面的流动，倒不是商人最关心的事体，商人更注意的是货物在商业方面的流动情形。货物在同一工业系统各行业之间的流动，以及在不同工业系统的各行业之间的流动，是依靠买卖行为维持的，因此便发生了商业上的结合，把各企业在不同紧密程度上联系起来。每个企业都不能避免它的顾客、竞争者和供应商光景变迁的影响。

财政上的互相依赖，也是工业上和商业上的结合的成分，但属于结合的第三方面。赊欠的交易使复杂的债权债务关系跟着发生，于是一家企业的不幸成为多数企业的威胁。关于金融方面，银行与其他企业的关系，很像铁路在工业方面与其他企业的关系一样。大多数企业都需要银行信贷，正像它们需要运输服务那样。铁路运输如果过于拥挤，会使交通工业陷于瘫痪状态。同样，银行业务如果出现问题，也会使商业陷于停滞。

还有一种与工业上、商业上的关系不同的财政上的关系。公司方式的组织，使名义上独立的各个企业的共同所有权易于取得。一个资本家或一群资本家往往在经营其他生意的别的公司里或经营同样生意但开在其他地方的别的公司里占有大量股权。他们甚至往往在这些别的公司里取得充分的股份使他们能够支配一切。这样，销售经理人可以在他负责管理其产品销售的工厂中拥有股份；制造商可以自设零售机构或买得竞争公司的股份或买得森林、矿山以解决原料的需要；大资本家可以同时投资于炼钢企业、房地产、铁路、银行、报馆、矿山和电影公司。与此相似，我们现在有联号商店、联号银行、联号报馆、联号戏院、联号木场，等等。往往一个公司持有从属公司甚至竞争公司的股票，这就使得财政关系变得更直接，虽然个人色彩没有从前那么浓厚。

户口调查指出公司形式的组织在某些方面已占到如何显要的地位。在1920年，股份公司占到美国制造工厂总数的32%，占制造业雇用职工总数的87%，占制造业生产总值的88%。在矿业方面，股份公司的地位，甚至比这还重要，它们占有51%的矿，雇用94%的全部矿工，生产94%的全部矿产。① 在铁路运输方面，股份公司当然独占全部活动领域。股份公司所经营的业务，大约占一切规模巨大的企业所经营的业务的数量的一半以上。1920年345,600家股份公司造送了税额申报表，它们的收入共计1,260亿元。② 即使在农业、家庭服务事业、个人服务事业和专门性服务事业各方面，股份公司也居于相当重要地位。③

由于公司组织的盛行，各企业之间的财政关系变得非常复杂，这种复杂情况，从来没有使用数字来做说明，并且也不可能这样做。许多公司部分地或全部地由母公司或控股公司所占有。本来独立的企业，常常通过股份的交换结成了财政上的同盟。也有两家以上公司的大部分股份掌握在同一团体手里。这些财政结合，有密切、永久的；也有松散、不永久的。有时结成财政同盟的原因是非常不明显的——商

① 《第14次户口调查》，第8卷制造业部分，第119页；第11卷矿山和采石坑部分，第29页。

② 《由1920年净收入申报表编成的收入统计》，美国内地税局出版，第61页。这个文件第8页指出，为补充铁路和其他公用事业公司申报的不完全，曾把一切公司的总收入加了一些。

③ 造送报告的公司：农业12,376家，零售业（不包括百货公司）50,604家，家庭服务业7,298家，娱乐业5,258家，专门服务业和其他服务业一共10,510家。第62—69页。

业也和政治一样，使气味不相投的人往往结成了伙伴。[①] 同盟可能是以维护全体成员的利益为目标的，也可能是从某个占优势的成员的势力和利润产生出来，而且是以促进这个成员的势力和利润为目标的。通过公司形式的组织，一个投资家可能把他的投资分散于许多企业和产业之间，从而减轻投资的风险。一个公司可能设法把股份向广大群众推销，从而使成千上万的顾客和职工关心公司的利益。一个信用卓著的资本家团体可能享有比本身自有的资本大得多的资本的支配权。不忠实的经理可能主要为自己利益打算经营受委托的企业，他们或可通过交易所买卖该企业的股份，或串通他们执有股份的其他公司来搞妨碍该企业的勾当。以上所述，只是几个参考的例子，说明股份公司给社会居民带来的机会，有的是有益的，有的是有害的。

这些复杂关系和机会中一个非常重要的事实是，共同所有制把许多名义上独立的企业结成了利害一致的团体。虽然这种结合没有像把一切企业几乎都包括进去的工业上和商业上的结合那么广泛，但由于它特别影响大公司以及提高那些紧密地相联合的团体在商业活动中制胜的力量，它的重要性是不容忽视的。

除基于商业交易、信用安排和所有权关系的密切结合外，还有其他比较松散的联系，使各企业的命运休戚与共。

①企业必须在公共市场购买它们需要的东西，必须从公共的货源争得差不多彼此都需要的许多货物。单单把铁路运输、煤、

① 参阅索普博士所列举的成立"总管理处"——若干家工业公司由单一管理机构管理——的各种原因。《工业经营的统合》，户口调查局论文，第 3 部分，1924 年华盛顿版，第 159—265 页。

钢、银行信用等列作这些货物是不够的。此外,这些货物还包括许多大家普遍使用的商品,投资资金、土地、普通工人以及若干需要熟练技能的服务如业务经理、推销员、工程师、律师、会计师所提供的服务等。在商业清淡季节,上述依赖共同货源的相互关系,不大明显。但到商业达到繁荣的最高潮中,这个关系的重要性便非常清楚了。

②企业也必须在公共市场售卖它们的商品,竞施手腕争取顾客的金钱。这种关系在商业萧条的时候最为紧张。例如,不但布匹商感到同业的竞争,而且布匹业感到汽车业的竞争,戏院担心电影和收音机侵占它们的市场,保险公司感到房东索取房租碍及它们收取保险费,工会同自动化机器制造者抢着承揽同一件工作,等等。

③如果可以说各企业在上述两方面是站在竞争者的地位,那么也可以同样确定地说在另一方面它们是站在互相援助者的地位。所有企业最终总是依靠个人消费者的需求——就是制造像开矿机器和银行使用的器具这些东西的企业,也不例外。消费者用来购买东西的收入的大部分是由企业所付出的工资、租金、利息或利润等构成的。如果自商业方面流到消费者方面的收入忽然大大减少,那么,供应消费品的企业便马上首当其冲,而通过这些企业,其余供应营业上需要的东西的行业,不久也要受到影响。

这里所说的企业与企业之间的关系,是人所共知的事情,但是在研究商业循环时,我们所注意的是,一定的变动是怎样由变动的起点蔓延到其他地方,因此,我们必须明确地指出把全国的企业联合变为松弛的体系的各种结合。商业经济任何一个部分的活动如果活跃起来或松弛下去，就会通过这些结合传播到其他部分。

6. 利润是商业变动的关键

和各企业的相互关系一样重要的是，每个企业内部制造货物和营求利润之间的关系。一个企业非在一个时期中获得利润，就不能制造货物替社会服务。①

把服务从属于营利，这并不是基于商人想发财的念头，这乃是财政组织的必然结果之一。一个商人可能像社会中任何人一样，热心公益或具有科学思想。他的个人乐趣，可能主要是在于使他的事业对社会有所贡献。可是，他必须善于经营，使他的企业获到利润，否则就不免垮台，失去尽力的机会。对待顾客公平，对待职工宽大，等等，也许比施行巧诈手段会赚到更多的钱。也许孜孜计较每笔生意的盈亏的商人，绝不能像关心别人的需要以及设法去满足这些需要的商人那样成功，但铁一般的事实是，一个企业或一种政策的成败，要看这个企业或政策能否经得起财政上的考验。只有政府机构或慈善机构才能不计盈亏为人们服务。在商业上，制造货物不是努力的目的，制造货物是营求利润的工具。商业经济毫不留情地强使服务从属于营利。

决定企业的经济状况的不但是过去的盈亏，将来的盈亏也大

① 当然。有许多对人类福利无所贡献的营利方法，也有与人类福利有抵触的营利方法。商人本身、社会改革家、立法者以及法院一直不断努力革除商业上的弊端，在弊端发生时或当发觉弊端时即修正经商规则，以图矫正。经济分析的结果，对这种改正商业经济的过程起着作用，但在企图了解商业循环怎样发生时，如果把福利问题和改正商业经济问题混为一谈，就会引起混乱。

有关系。的确，企业重视前途不过于重视过去。即使赔累多年的企业，只要企业主及后台老板感觉前途还有可为，就不愁不能获得必要的财政援助，而继续经营下去。预期利润对决定商业扩展的方针起着决定性作用。那些把自己的资金或借入的资金从事扩展的企业，就是对前途抱有信心的企业。在发起人源源提出的新的商业冒险计划之中，那些能够实现的，就是投资家相信最有前途的冒险事业。[①] 最后，旧企业的扩张和新企业的开办最形蓬勃的时候，就是人们预计到这样做可以赚到最大利润的商业循环阶级。

由此可见，说明商业经济中的经济变动，首先必须注意到商业情况，即经济活动有关财政的方面。这种结论与经济学说的一个传统理论有所抵触。多数经济学家公开地把人类动作有关于钱的方面贬于从属地位。他们认为货币不过是个记号，只要币制健全，货币除提供便利外，没有别的重要作用。[②] 古典学派的权威以及以效用分析问题的学派的权威把劳动和货物、牺牲和效用看作支配因素，他们不计虑到“事物有关货币的方面”。他们认为这样做才能深入地探究到人类行为的奥秘。可是，如果研究商业循环也仿效这种做法，就会把注意力由考察循环是怎样发生的移转到循环变动的所谓非商业原因上去。

当然，收成的变化、制造、保管、运输和分配货物方法的变化以

---

① 人们可以常常被说服把资金投入利润不大的有利公益的事业，例如建筑模范公寓、购买公债等。但除在国难的时期，这样把生意和慈善混在一起的举动，很不常见。

② 读者可参阅约翰·穆勒关于这一点的论断，《政治经济学原理》，第3卷，第7章(1909年阿什利版，第483—488页)。读者也可参阅韦斯利·米契尔：“在经济理论中货币的作用”，《美国经济评论》，增刊，1916年3月，第6卷，第140—161页。

及政治、时尚、教育、文娱和健康等方面的变化，不断影响着商业的前景。但这些变化都要先影响到利润，然后才影响到商业活动。把利润看做研究商业循环的主要关键不等于预先排除那些由非商业因素所产生的变动的原因。它不过使注意力集中于这样的一个过程，通过这一过程任何刺激或阻碍商业经济活动的因素才能发生作用。我们把注意力集中在上述过程，这样做是适当的。因为只有通过研究有关过程，我们才有希望发现循环性商业变动是怎样发生的。

7. 影响商业利润的因素

这样，在孜孜为利的社会中，经济活动是以影响现在利润和将来利润的各因素为转移的。利润的产生要通过一系列相关的买卖行为——在销售业中、制造业中、采矿业中、铁路运输业中或保险业中都是这样。因此，货物的买进价格与卖出价格之间的差额，构成了商业活动的基本条件之一。另一基本条件是现在和将来的交易数量，它与前一条件紧密地联系着。

正像循环不已的物价变动对商业活动，并通过后者对所生产和分配的货物的数量起作用一样，商业数量变动对价格也起着作用。扩张时期各种货物价格会产生一系列的调整。这些调整又使经营受影响的货物买卖企业的利润前途改变旧观，由是引起贸易数量上新的变动。贸易数量发生变动之后，整个上述过程就重演起来。物价又一次开始不平衡的调整，利润前途或变得光明或变得黯淡，交易数量或比以前增加或比以前减少，物价感受新的情况的反影响，这样下去，永无休止。

三、物价系统

在任何时候，各种货物、服务性劳动和权利的价格，都构成了一个系统，这就是说，无数种类的货物的价格，彼此息息相关，成为一个有规则的、有联系的整体。这个事体虽然是非常重要的，容易调查的，然而奇怪得很，我们关于这些关系的知识却非常浅薄。[①]以下不过是个概述，目的在于阐明物价系统中各部分的相互关系是有机性质的关系。

1. 消费资料的价格

零售商对消费资料所索取的价格，是研究物价系统的最适当的起点。

在一定时候和一定市场上，多数零售货物都不止卖一个价格，而有很多不同价格。要想维持划一的零售价格，就需要设计一个精密的制度。维持物价的计划一向屡受破坏，这可以证明造成物价参差不一的商业势力是多么强大。但是，各商店对于同种物品所索的价格的差别，是有一定限度的。关于廉贱的商品，相差的数额可能占平均价格的一个很大的百分数，但常常只是几分钱。关于高贵的商品，相差的数额可能达到几元，但很少构成平均价格的很大百分比。换句话说，一日之中，同一城市中各家店铺对同种商

① 美国国家经济研究局现正从事于这个被忽视的问题的研究。负责研究的米尔斯博士希望能在1927年年底提出研究成果，交董事会审查后付印。

品所索的零售价格，虽然多不相同，但彼此却有密切的联系。

不同物品的零售价格的关系虽是松弛的，但却是很重要的。某种物品的价格如果上涨，在一般情况下，这种物品的原来需求中，便有一部分移转到代替品上去，从而造成有利于这些代替品的涨价的商业情况。

一种货物的零售价格，也与零售商付给批发商的价格以及批发商付给制造商的价格联系着。在多数情形下，一种物品不是仅有一个批发价，而是有一系列的批发价。这一系列的批发价格，是在不同卖者手中的价格，它往往包含三个以上或三个以下价格，一个低于一个，这是因为介于制造商和消费者之间的，有时不止一个批发商，有时还有进口商参与其中，有时制造商直接把货物卖给零售商或消费者。

这些价格系列中前后价格的相差，极不一致。相差的数目，一般是零售贸易方面比批发贸易方面大；赊账送货的铺子比现金出货运输自理的铺子大；销额不大、周转疲缓、容易毁坏、零星出售、品色繁杂、式样多变、有季节性的货物比大宗交易的耐久的、标准化的主要货物大。[①] 直接售货给消费者的制造商，必须比普通中

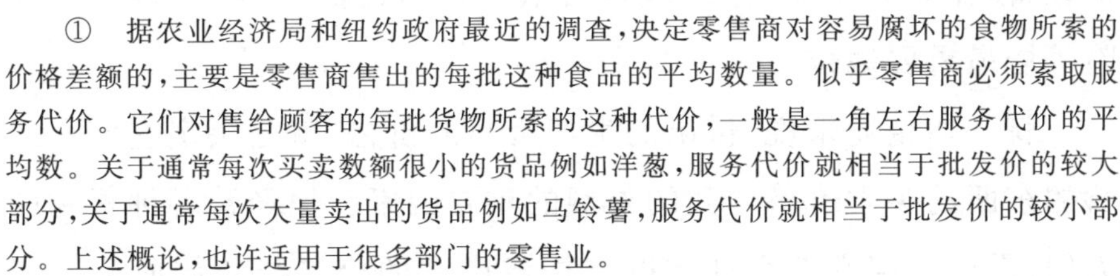

① 据农业经济局和纽约政府最近的调查，决定零售商对容易腐坏的食物所索的价格差额的，主要是零售商售出的每批这种食品的平均数量。似乎零售商必须索取服务代价。它们对售给顾客的每批货物所索的这种代价，一般是一角左右服务代价的平均数。关于通常每次买卖数额很小的货品例如洋葱，服务代价就相当于批发价的较大部分，关于通常每次大量卖出的货品例如马铃薯，服务代价就相当于批发价的较小部分。上述概论，也许适用于很多部门的零售业。

参阅查理·阿特曼博士：《粮食价格与城市消费者》(《哥伦比亚大学历史、经济学和公法研究文件》，第 280 种)，1925 年纽约版，第 3 章。

间商人索取较大的差额。当一种贸易受着大登广告的商家或拥有部分专利势力的商人的控制时，这些商人所索取的差额，也许比在竞争激烈的情况下所索取的差额大。但这是不一定的，因为竞争也许变得这样剧烈使得每家店铺只有一点点的生意或要付很大的销售费用，结果大家不得不于买价与卖价之间维持很大的差额。大的差额并不意味着优厚的利润，这是大家都晓得的。

上述价格差额，本身是由营利这个行为造成的。营利这个行为也使这些差别有相当的规则性。在这样的控制下，这种消费品价格序列中前后两价格之间的差额，提供了一个可以从供应社会以其使用的货物获得利润的基础。

2. 生产资料价格与消费品价格的关系

从价格差额取得利润的企业，很少能够保持买价与卖价之间的全部差额。从零售商到制造商，除非营业规模是非常小的，否则都必须购用各种货物，雇用服务性劳动和取得权利，以便有效地进行营业。他们在这些方面所付的代价，往往吸收了他们从所经营的消费品的价格差额上赚得的利润的大部分。在生产资料中，原料和经常使用的供应品如煤和文具，建筑物连同适当的机器或其他设备，体力劳动和脑力劳动，借款，租赁，运输工具，广告以及保险等居最重要地位。

就一切企业来说，付出的生产资料的价格，就是决定它们所经营的东西的买卖价格之间的差额的重要因素。但经营各种货物的人们，需要有精密的会计制度把构成成本的价格与他们所据以卖出货物的价格差额联系起来，只有运输和某种劳动的价格可以除外。因为对生产资料付出成本价格，是为整个企业着想的，而且这样得到的利益，往往在长时期内推及许多次交易。

3. 生产资料价格与制造生产资料所付出各种价格的关系

除劳动外，生产资料的供应，也像消费品的供应一样，是由那些以买卖价格之间的差额为基础而从事经营的大小企业来办理的。所以，任何生产资料的价格，不但与那些必须通过它的帮助才能进行生产或分配的消费品的价格联系着，并且与它自己的生产或分配所必须使用的其他生产资料的价格联系着。这样，生产资料的价格不是价格关系系列的终点，至多它不过是新的价格关系系列的起点，这些新的价格关系系列又有许多分支系列，没有终点。就算是在“最初生产者”手中的原料的价格，也与农民、矿工、采石工人、伐木工人和渔民等所使用的劳动、经常使用的供应品、机器、建筑物、土地、借款、租赁的东西等的价格有规则地联系着。

关于由有形货物构成的生产资料的价格，不必再多说了。关于多数比较没有形质的事务——借款、广告、运输、保险——也只需说一两句就够了。它们是有组织的商业贸易的经营对象，价格差额在这里和在具体货物的买卖上起同样的作用。因此，银行、广告公司、铁路公司、保险公司等所索的价格，既与这些企业所必须付出的生产资料的价格有规则地联系着，又与借用货款、刊登广告、托运货物和投保保险的企业所经营的货品的价格有规则地联系着。

劳动——工人、一般办事员、专门职业者、经理等的劳动——的价格，看来好像是价格关系序列的终点。至少从这一点看来是这样：人们对于培养自己的精力，不是采取商业的态度；对于获得自己的教育，不全是采取商业的态度。但薪资劳动者所能获得的劳动价格无疑地是与他们所属的社会阶层的生活水平所要求的消费品的价格有关系，同时也一定与他们协同生产的货物的价格有关系。这样来说，价格之间的相互关系的分析，不是把我们带到了终点，而是把我们带回到我们的起点，即消费品的价格。

4. 企业的价格

企业的价格，也与消费品、原料和其他生产资料或服务的价格联系着。

营业中的公司，有时整个出卖，一次收入卖价。企业发起人也不断以新的商业组织求售，或提出改组旧的企业的计划。但关于此类的交易，以买卖公司股份居绝大多数。

公司股份的价格，与公司期票、公司债、信用债券的价格密切地联系着。从理论上说，在拥有企业的普通股（除投票和分红外没有其他权利）与拥有企业的抵押债券之间可以划分很分明的界限。但现在已经出现了许多种介于这两者之间的性质的证券——各种“优先”股、有投票权股、可换债券、第二次或第三次抵押债券，等等。这些证券都享有一些权利，负担一些风险，并且带着遇意外事故时必须出来管理该企业的可能性。的确，有时某些公司的普通股，被视为比某些其他公司的第一次抵押债券更为安全。如果把这些证券一一按合逻辑的标准分门别类列示出来，需要很冗长的阐述。在扼要地讲述价格系统时，可以省略这样的细述，而把一切种类的公司证券，都放在一个标题下加以讨论。

很明显，整个企业单位的价格，企业股份的价格，以及企业债券的价格，与上面讨论的各项价格都有密切的联系。因为一个企业的价值，主要是由它的当前利润和预期利润的资本化决定的。利润主要是依靠价格差额乘交易数量来决定。预期利润资本化所采用的百分率的高低，以借用投资资金所要酬付的市场利率为转移，因此，它与所有对投资市场起作用的一切价格都有关系。

5. 对个人提供的服务性劳动的价格

价格系统中还有一个重要部分我们没有讨论过，这个部分一方面与消费资料的价格很相似，一方面又与个人对企业提供的服务性劳动的价格很相似。它包括对个人提供的种种服务性劳动的价格。它包括对家庭提供的服务的价格，医疗方面服务的价格，大多数人寿保险的价格，多种教育的价格，某些法律意见的价格，许多娱乐的价格，乘客运输的价格，旅馆膳宿的价格，等等。

一部分对个人服务的事业，经营者是大规模的企业组织，它们有条不紊地进行营业，从价格差额中博取利润。旅馆、娱乐场所、旅行社、保险公司也把它们的服务标准化起来了，它们关注营业费用，在价格基础上竞争生意，像百货公司的经营一样。但这项事业的另一部分，几乎没有商业交易可言。合同主要是在个人基础之上订立、履行的；对个人的服务无所谓标准化，也往往不能标准化；卖主往往不重视商业动机，他所索取的价格往往视买主的酬付能力而定。消费者从来没像买鞋那样到市场上去选购家庭法律顾问、医生，甚至厨子的服务。因此，对个人提供的非商业服务的价格，构成了价格系统中组织最不严密、最不规则的部分。

6. 各种价格之间的相互关系

下述价格的分类,不是以类分价格为目的,而是以着重地指出那些使一切物价结合成为一个系统的关系为目的。以下各种的紧密关系已经很明显了:

①在零售商手中、批发商手中以及制造商手中的三种消费品价格之间的关系。

②上述三种消费品价格与直接、间接用于制造消费品的生产资料的价格之间的关系。

③任何商业部门的买价和卖价与经营该部门的商业的企业所发行的有价证券的价格之间的关系。

④关于个人服务事业和一般商业交易之间比较不那么紧密的关系,也说了很多,但还有几方面的关系应该注意。

⑤在需求方面,几乎每种货物在某些用途或一切用途方面,都有其他货品可以替代。这样,人们可以改换对货物的需求,而由于这一可能性,某一种货物如果发生价格的变动,它的替代品的价格便要跟着发生变动,而后替代品的替代品的价格又跟着变动。最初的价格变动波及的范围越大,变动的幅度通常就越小,但并非总是这样。

⑥同样,在供应方面,从来源上说,几乎每一种货物和其他货物都有关系。它们或是制自同一种的原料,或是由同一企业团体供应的。同时,这些来源上的关系也是价格的变动所凭以推广范围的路线。特别重要的是由于多种商业部门共同使用某些生产资料而产生的货源上的关系,因为这种关系是特别广泛的。在这些

生产资料中，土地、借款和运输最为重要。煤、钢，某些种类的劳动、保险等也很普遍构成多数货物的成本的一部分，不过没有像土地借款和运输那样普遍成为成本的一部分。因此，这些几乎普遍使用的生产资料的价格，如果在任何一种用途上发生变动，这变动就会广泛地蔓延到其他用途，而且可能没有止境地引起进一步的价格变动。

⑦和那种由于使用同一生产资料而产生的货源上的关系有紧密联系的是由于实际的和潜在的商业竞争而产生的关系。使一种商业比同一地区中其他商业无疑地获利更厚或更薄的价格差额，在任何拥有资本的人都能够随意加入竞争的企业中不能长久存在。因为经过一段时间，资本的流入或流出就会改变有关货物的供应状况，使原来的价格差额变得与其他商业的价格差额相称。至于这段时间的长短，是随着那乱了步调的商业部门的技术情况和业务情况的不同而有所不同的。

这个人人知道的说法，并不意味着竞争倾向于使一切货物交易所根据的价格差额达到一个共同的水平。反之，竞争倾向于使这些差额彼此不同。这种不同的程度，使得资本和企业所可能得到的利润，各方面都大略相同，以致企业家在计划新的投资时，做了通盘考虑以后都看不出哪一个企业有特别大的吸引力。

这个说法也不意味着商业上的利润有成为均等的倾向，即使有这种倾向，也只限于新的投资所可能得到的利润。无论在哪一个有许多同业的商业部门，无论在哪一年，事实都证明了各家企业所获的收入，多寡是极不一致的，有的很大，有的甚至亏本。这种不一致没有趋于消灭的迹象，只在一种商业集中在少数公司的手中的情况下,或者才有可能。在许多公司共营一种生意的状况下,相同生产资料和相同产品的价格有成为均等的倾向——在一定的市场地区内,这种倾向是实际存在的——使得利润决定于管理的技巧和各个公司的特殊环境。由于技巧和环境都是不一致的,所以利润率的差异会无限制地一再出现。

⑧不久以前的价格以及最近的将来的预期价格,都对当前价格起作用。的确,当前价格主要是由过去交易决定的,许多过去交易订立的长期合同,现在还继续有效。在广大范围内,我们所认为的"公平的价格",都是根据过去的经验,这个公平价格的观念,影响着我们现在的和将来的行动。这样,就时间上说,价格系统是没有确定的终点的。关于决定今天价格的无穷系列的交易,没有什么分析能够追溯到最初的系列。也没有一个人能够说,预期的明天的价格对今天的价格有多大影响,或今天做生意时要计虑到几多个的明天。

⑨价格系统也没有逻辑上的起点或终点。在分析物价连锁时,无论我们从哪一个环节开始,终必又回到这一环节——如果我们做得相当透彻的话。例如,上面的分析是由消费品的零售价格开始的。偿付这些价格的钱,是来自个人的收入。但个人收入本身又是从劳动、放款、出租财产等方面收得的代价的总数,或者是造就利润的各种价格净差额的总和。

这样,商业经济中的一切价格,是不断地互相影响的。要说明价格系统中的任何一项价格,必须讲到全部。认识了这个事实之后,许多经济理论家对使用货物的成本或效用或供求来解释货物的价格的做法感觉不满意了。在 1874 年,累昂·瓦拉斯指出怎样在一定假设的情况下，可以想象任何数目的价格是能够在同时决定的。数理经济学家现在正想把瓦拉斯的方法（使用与未知数的数目相等的数目的几种联立方程式）应用到现实的生活上。① 这些努力可能给予研究商业循环的人们一种比他们现在所拥有的处理物价变动问题的技术更完善的技术。但是，即使在现状下，我们也可以按照上面分析所提示的方法，利用统计资料来探索物价变动所凭以蔓延的主要路径。

7. 物价在经济生活上所起的作用

这样，物价形成了一个系统——一种非常复杂的系统，其中各部分以各种形式互相联系着；一种在小的地方有无限的伸缩性但在各部分之间保持相当固定的均衡的系统；一种像生物那样具有纠正其所常害的严重失调毛病的能力的系统。

关于物价系统的结构，不必再往下说了，但关于它在经济生活中所起的作用，需要再说几句。物价系统是我们管理货物的生产和分配过程的工具。物价使复杂的交易成为可能，因此也使成为现代的特色的生产的分工和合作成为可能，所以物价是使现代社会享有比较舒适生活的一个因素。物价是一切消费者集合地表示社会需要什么货物以及需要多少这些货物的方法。物价也是一个

① 参阅瓦拉斯：《政治经济学原理》，第 4 版，1900 年洛桑和巴黎版；卡塞尔：《社会经济学理论》，1924 年纽约版；亨利 · 穆尔"经济变动的理论"，《经济学季刊》，1926 年 11 月，第 41 卷，第 1—29 页。

在没有使用数学符号的作家中，达文波特也许比任何其他作家更率直地对付一切价格的互相依赖的问题。参阅他所著的《企业经济学》，1913 年纽约版。

信号，这个信号使一切企业能够尽可能在生产力量所可能投入的许多方面完成这种力量的满意的配置。物价是家庭收入的来源，同时又是人们所用以获得货物供家庭消费的工具，因为收入和生活费用——这两者好像老虎钳的两个叉，把家庭紧压在其中——是各项物价的集合体。物价也使我们有可能利用会计来合理地监督经济活动，因为会计是根据这样一种方法进行的，一个企业所买卖的货物、服务、权利都用货币价格来表示。对我们这里来说最重要的是：物价系统内不同价格之间的差额，给人们提供了取得货币利润的希望，而这个希望就是促使商业世界努力经营的动力。

四、货币的作用

货币制度和银行制度是商业经济的显著的特点，我们无须在这里做详尽的说明。但是，把下面即将使用的一些术语的意义说出来，把重要变量的相对重要性提出来，并把一个著名的争论对于商业循环问题的关系简单地叙述一下，我们认为这样做是适当的。

1.“货币”和“通货”两个术语意义上的含混

商人，一般经济学家，特别是商业循环作家，往往以各色各样不同的含义来使用货币这个名词。在这里应该特别注意的是费希尔和福斯特与卡钦斯所下的不同定义。费希尔下定义说，货币是“一般认为可以用来交换货物的东西”；这样，他把货币和银行活期存款区别开来。至于“通货”，他认为通货是一般交换媒介的总称。相反，福斯特和卡钦斯所使用的货币一词的含义，是费希尔对通货一词所给予的广泛的意义，而他们使用的通货一词的含义，是费希尔对货币一词所给予的狭窄的意义。①

不用说，这两种用法，都可以从书籍里和实际生活里引用许多的先例来做辩护。但是，采用一个用法，就会引起习惯了另一个用法的人的误会。在一章里，细心地下定义，而在以后各章节里，一贯地坚持这些定义，这样就使那些忽略了或者忘记了这些定义的读者不致有所误解；但是，更好的办法是，尽可能不给读者有误解的可能性。简明的、意义上不含混的可以替代费希尔叫做货币而福斯特和卡钦斯叫做通货的名词，是“硬币和纸币”。我们必须在使用累赘的说法和使用容易引起误会的说法这两个不好的办法中，选择一个。在这两个不好的办法中，后者似乎是更不好的。

因此，在以下各章里，我们将使用“硬币和纸币”以及“存款通货”这些名词。至于所有常用的支付手段，我们将把这些手段叫做“流通媒介”。

2. 支票、硬币、纸币在支付上的相对重要性

我们在这一方面的知识，从1909年以来，并没有什么进展。在1909年，伊利诺伊大学戴维·金莱教授(现在是校长)，主持了通货管理官给国家货币委员会所做的调查。通货管理官从大约11,500家各类银行收到了关于1909年3月16日(星期二)零售商、批发商和其他存款户存款性质的报告。从这些报告，加上没有

① 参阅费希尔：《货币购买力》，1911年纽约版，第8—13页；福斯特和卡钦斯：《货币》，1923年波士顿和纽约版，第17—18页。

提出报告的银行的存款估计以及对于那些没有在银行开立来往户头的商人交易所做的比较笼统的估计，金莱下了以下的结论："我们说这个国家80%—85%的买卖是用支票来付款的，我们这样说准没错。"在批发业方面，用支票付款占了90%以上；在非商业存户方面，用支票付款的百分比接近于批发业的百分比；在零售业方面，用支票付款占了50%—60%；即在银行经手支付的薪水方面，30%也是用支票给付的。金莱在把1909年他所得到的报告和1896年也是由他主持的调查所得到的报告做了比较以后，下结论说："在一般支付中，使用支票的百分比，现在比过去有所增加。"①

当然，商业循环的研究者，对于只根据一天交易所做的估计，感到特别不满，因为他们所关心的主要是商业过程中季节的、循环的、长期的和不规则的变动。在支付巨额的租金、薪水、股票、债券利息和所得税的日期，使用支票的百分比，也许比在月中(像3月16日)大一些。如果我们有了详细的长期记录，便可能看到，使用支票的百分比呈现着相当有规则的季节变动，而且这些变动和银行票据交换的季节变动在时间上是相符的。在支票和硬币、纸币使用的比例上，可能有循环性变动；在支票的使用上，可能有上升的长期趋向，而在硬币或纸币的使用上，可能有下降的长期趋向。

① 戴维·金莱:《美国信用证券在支付上的作用》，国家货币委员会。第六十一届国会，第二次会议，参议院文件第399号，华盛顿，1910，第197—201页。(我们在这里要向读者们预先做这样的声明:第200页所提到的用支票给付薪水的百分比是错误的，而第103页所提到的数字是正确的)。金莱在198页所提到的支票的百分比，是稍稍高于上面引用的他的最后结论所提到的百分比。费希尔在他的《货币购买力》(修订本，第491页)一书里估计，各行业1909年的交易，91%是使用支票的。他用来证明他的这个估计的，正是上述比较高的数字。

不过，这一切都是臆测的。我们所确实知道的是：在美国，大量的支付是使用支票的。在“货币所执行的任务”中，硬币和纸币所执行的，也许只占1/10，最多是1/5。介于1/10和1/5之间的数字，即15%，对于以下各章节里所提到的估计，似乎是符合的。

3. 流通媒介的伸缩性

货币能够适应商业在循环的各个阶段上的不同需要到什么程度，货币能够引起商业变动、扩大商业变动、限制商业变动到什么程度，这是本书第一章所提到的各个问题中的两个问题。大抵这些问题都没有单一的解答，因为这些问题的解答，要看商业上不同的需要究竟是怎样一些需要而定，要看在货币方面采取什么措施以及管理货币的技术如何而定。这三个条件在不同的国家里是不同的，即使在一个国家里，在不同的时间，也是不同的。对于商业循环的这个因素，我们以后必须加以密切的注意。目前，我们只要说明这一点就够了：商业社会从银行得到的通货随着商业活动而增减时比政府机关所提供的硬币和纸币有规则得多。

在任何一个国家里，在一年时间内，作为货币使用的黄金在数量上的变动，主要是依以下三个因素而定的：①这个国家黄金矿现今的产量究竟是多少；②由于国际上黄金的输入和输出，这个国家的黄金量究竟是增加还是减少；③这个国家使用在工业方面的黄金，究竟是多少。要靠这些因素中的任何一个，在商业活跃时期来增加金币的供应量，或在商业萧条时期来减少金币的供应量，都是不可能的。

①黄金产量上的变动，主要受到以下三个因素的支配：新金矿

的发现和旧金矿存量的耗竭；采矿冶金技术的改善使开采比较低劣的矿成为有利可获的开采；促进和阻碍矿区活动的条件。这些因素中任何一个，跟商业变动都没有有机的联系。那些影响到筹措开采金矿资金的财政情况以及影响到开采成本的价格情况，却是次要的。景气使资金易于筹措，但也增加经营成本，不过，高的经营成本能够促使采矿工程师改良开采方法，因而会促使产量增加。总之，我们不可以认为商业循环和黄金产量是密切相关的。我们如果研究好几年的统计资料，就会感到否定的看法似乎是符合经验的。

可是，在比商业循环普遍发生的时期更长的各个期间内，黄金产量和经济扩展速度这两者之间似乎存在着有机的联系。跟随着世界黄金供应量大大增加的时期而来的，是商业循环中时间比较长的和程度比较强烈的景气阶段以及时间比较短的不景气阶段。相反的情况好像也是有的：跟随着黄金产量下降的时期而来的，是时间比较短的景气阶段和时间比较长的不景气阶段。这样来说，黄金产量的变动，对于商业循环的研究是很重要的；不过，我们说黄金产量的变动是重要的，意思是，作为商业循环所经历的经济环境的一部分，它是重要的，而不是说，作为商业循环的一部分，它是重要的。但是，在我们对于循环变动的性质有了透彻的了解以后，我们就能更好地研究黄金产量的变动和商业循环的关系。

②工业方面对黄金的需求，很容易受到商业情况的影响，在景气时期需求就增加，在不景气时期需求就减少。由于这项需求增减的比率，在一般情况下，大约等于每年产量的 1/4，而且有时候大大超过 1/4，或远不及 1/4，所以黄金的供应量，就货币需要上

说，具有“不适当的伸缩性”。这是一个不能忽视的重要因素。

③任何一个国家在一年内的黄金输入量和输出量，是许多因素联合造成的结果。在这些因素中，比较重要的，是商品买卖账、运费账、旅客费用账、移民费用账和银行来往账上收支两方大小的比较。尽管这些账目中每一个都可能直接受到这个国家商业情况的影响，但是在大多数情况下，很难确定商业情况对这个账目贷方的影响是否大于它对借方的影响。而且，这个问题绝不是限于一个国家商业情况所产生的影响，它牵涉到和这个国家有广大贸易关系的许多其他国家商业情况所产生的影响。就西方国家来说，特别重要的是，黄金流到东方（尤其是英属印度）去的数量变动很大——这种流出量主要决定于东方的商业情况，而不决定于西方的商业情况。官方统计资料所总结的关于这些复杂因素联合作用的结果表明，对于黄金国际移动和商业情况这两者的关系，除在严重的危机时期外，我们不能做出简单的结论。

上述除在严重危机时期外我们不能作出简单结论的话，是重要的。在和平时期，任何受到信用破产威胁的国家，往往能够在几个星期内，从伦敦或纽约（在最近数年内是纽约）的“自由黄金市场”输入大量的黄金。在国际贸易上，已经初步集中了一项黄金准备金，任何国家都可以从这一准备金里借到一部分来应付紧急状态，不过，通过磋商借到这项黄金需要一些时间。这个准备也许可以说是世界在对商业需求调整金币供应量方面所做出的最大成就。

至于纸币，大家知道，纸币发行额的巨大变动，一般是由于国家财政需要的影响。纸币本位制是货币历史中一个插曲。纸币停止兑现，往往是由于战争、政治革命或国家破产而不得不采取的一个步骤。而纸币本位制一般是由停止兑现所带来的。在紧急状态过去以后，恢复兑现又成为政府财政政策的目的，但政府追求这种目的的方式是摇摆而缓慢的。当然，那些引起停止兑现、货币单位的贬值（这种贬值通常是跟着停止兑现而产生的）和货币单位的增值（这种增值通常是在恢复兑现以前产生的）的各种发展，都会影响到商业活动。但是，这些影响，正像黄金生产速度的急剧变动所产生的影响一样，必须把它们列为“干扰因素”。理论家就用这些因素来说明各个商业循环所特有的不同之处。

作为金银本位货币制度的一个因素的纸币，很少是这样地加以管理，使得它的发行量能够随时适应不同的需要。但是，正像一个国家在有严重的危机时，往往通过大量输入黄金来增加黄金的供应量一样，政府有时候也通过增发纸币或者把纸币发行权从国库转移到银行来帮助紧急时期的商业。

从上面的分析，可以得到大略的结论如下：除在严重的危机时期，商业主要是依靠银行汇票、活期存款和汇票来调整流通媒介供应量，使得流通媒介供应量能够和变动的营业额相适应。

这种调整，由于以下事实，在一定限度内是可能的：钞票的发行和存款的增加，主要是由于银行出借贷款，而银行钞票的回笼和银行存款的减少，主要是由于银行借款的偿还。一个银行存户，凭着存款开发支票，他这样做并没有减少存款数量，正像一个人把银行钞票付给另一个人并没有减少钞票的流通量一样。在这两种情况下，只是流通媒介的一部分，从一个持有者转移到另一个持有者（除非上面所说的支票或钞票是用来偿还银行借款的，否则流通媒介并没有减少)。在景气时期,生产增加,物价增高,利润增大,这样就提高了银行贷款担保品的货币价值,并为商业所需要的银行通货的增加提供了基础。相反,在不景气时期,商业对于银行借款的需求减少了,并且由于银行借款的偿还,钞票发行量和存款数量也减少了,因为对支付手段的需求减少了。上述概括的说法,要受到以下各章所说的条件的限制。这些条件使银行发行的通货不能够迅速地、正确地适应商业的需要;但是,在银行通货同铸币和政府纸币之间,这种差别还是存在的:银行通货的数量能够迅速地适应商业活动中变动的情况,而铸币和政府纸币却不能这样。

当然,银行钞票、活期存款和汇票在什么限度内能和不同的贸易额相适应,要看一个国家的银行体系是怎样组织、怎样管理的。有时在这种限度内,可能调整失当,以致商业蒙受严重的损失。有时可能由于不注意这种限度而使商业受到严重的损失。因此,银行法制和银行业务的发展,对一个国家的商业循环起着非常重要的作用,这是可以预料得到的。

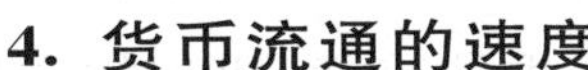

4. 货币流通的速度

商业活动的变动,不但会引起存款数量和银行钞票发行量的变更,而且也会引起从甲手到乙手的各种流通媒介平均流通速度的变更。要增加支付量,可以从扩大银行通货量或加速硬币、纸币和存款的周转来实现,实际上往往是同时使用这两个手段来实现的。货币流通速度的变更并不像流通媒介数量的变更那样,要受到一些人为因素的限制。概括地说,任何一个人收到款项,尽可以按照他的意思,迅速地或缓慢地使用这个款项。但是,正像大多数人为现象一样，货币的平均流通速度的变动是非常有规则的。

关于商业循环的这一因素，我们只在近来才有了粗略的估量。在1907年，凯默勒教授把几个前人的研究结果总结出来，并且在资料所允许的条件下，对于货币流通速度做了最好的估计。金莱给国家货币委员会所做的关于信用证券的研究，使得欧文·费希尔能够在1911年把凯默勒所得到的结果加以改进。纽约联邦准备银行最近所做的调查，使得伦道夫·伯吉斯博士能够废弃费希尔教授的数字。①

纽约联邦准备银行曾经搜集了关于八个城市的银行的个人活期存款和个人存款借方账按月的数字，这些城市包括大城市的纽约，小城市的叙拉古，东部的波士顿，西部的旧金山。伯吉斯博士所加以分析的资料，是从1919年1月一直到1923年2月的资料。这些资料所涵盖的时间，稍稍超过了一个商业循环的期间，因而不但提供了估计银行存款平均周转速度的根据，并且也提供了估计那些围绕这个平均数而变动的各个速度的根据。

伯吉斯博士发现，一个城市的银行存款额和银行存款的周转速度这两者有密切的关系。纽约的存款周转速度，比叙拉古的存款周转速度高出六到八倍。在这两个极端中间的其他城市(除阿尔巴尼外)，存款周转速度都是恰如其分地随着存款量的变动而变动，因此，使用这个关系作为估计美国银行存款的平均周转速度看来是适当的。按照伯吉斯建议的计算方法，美国每年存款周转次

① 参阅凯默勒:《货币和信用证券跟一般物价的关系》，1907年纽约版，第108—119页；欧文·费希尔:《货币购买力》，1911年纽约版，第441—47 7页；伯吉斯:“银行存款的周转速度”，《美国统计协会杂志》，1923年6月，第18卷，第727—740页。

数可以估定大约是在 25 次和 35 次之间(多半是在 30 次以下而不是在 30 次以上)。

对于我们来说,伯吉斯博士发现的存款周转速度所特具的季节和循环变动,其重要性不下于他所算得的平均周转次数。季节变动的范围从旧金山的每年平均速度的 12％和芝加哥的每年平均速度的 14％到波士顿的每年平均速度的 29％和阿尔巴尼的每年平均速度的 31％。在这些季节变动除去以后,所剩下的循环变动更大。在整个时期内,循环变动的范围各地方不同,从芝加哥的平均速度的 22％和旧金山的平均速度的 68％到叙拉古的 63％和阿尔巴尼的 68％。通常认为金融情况有非常大的季节变动和循环变动的纽约,在这种季节和循环变动的排列中,都是接近于中心的位置。[①]

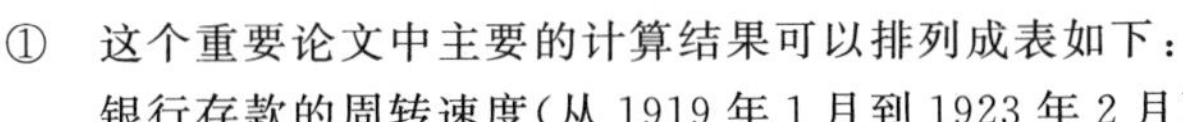

① 这个重要论文中主要的计算结果可以排列成表如下:
银行存款的周转速度(从 1919 年 1 月到 1923 年 2 月)

	纽约	阿尔巴尼	布法罗	罗彻斯特	叙拉古	波士顿	芝加哥	旧金山
原始数字								
平均数	73.7	29.9	19.7	20.2	9.9	34.1	46.1	39.9
最高	91.3	49.0	25.1	23.6	15.3	47.6	51.5	44.9
最低	62.1	21.6	16.1	16.7	7.0	24.7	33.4	34.0
极差	29.2	27.4	9.0	6.9	8.3	22.9	13.1	10.9
极差对于平均数的百分比	39.6	91.6	45.7	34.2	83.8	67.2	28.4	27.3
季节变动								
平均月	100	100	100	100	100	100	100	100
最高	112	117	112	109	113	113	106	106
最低	91	86	92	92	89	84	92	94

伯吉斯博士所得到的计算结果中，有的可以使用新近得到的其他数字进行核对。美国联邦准备委员会已经把许多城市的银行的“个人存款户头的借方账簿”全部编列出来。这些数字和此前数字比起来，更准确地表明美国用支票付款的数量。这些数字有很多优点，其中有以下一点：借方账含有向支付银行开发而存入该支付银行的支票，因此，这些支票并不经过票据交换所。斯奈德把1922年240个城市的这种数字做了细致的分析，他的分析表明了美国全国在1922年记入账簿借方的总数大约是5,340亿元。这个估计，可以说是一个精确的估计，因为所记录的数字，不但涉及那些拥有全部存款4/5的银行，而且也对那些没计算在内的银行的存款提供了一个很好的估计根据。② 如果我们有了和存款通货平均量同样可靠的数字来跟上述总数做比较，那么我们就能够很

（接上页）

极差	21	31	20	17	24	29	14	12
循环变动（季节变动业已消除）								
平均数	73.7	29.9	19.8	20.2	9.9	34.1	46.0	40.0
最高	84.8	43.0	26.1	22.8	13.5	42.1	52.0	45.9
最低	63.4	22.7	16.3	16.9	7.3	29.0	41.7	35.5
极差对于平均数的百分比	29.0	67.9	50.0	29.2	62.6	38.4	22.4	26.9

伯吉斯：“银行存款的周转速度”，《美国统计协会杂志》，1923年6月，第18卷，第727—740页。

该表所列的速度，都是按年计算的。

②参阅斯奈德：“1875年以来一般物价新指数”，《美国统计协会杂志》，1924年6月，第19卷，第189—190页。

有把握地把存款的流通速度计算出来。关于全国各种银行的存款，银行管理官一年一度地编制了几乎可以说是详尽的表，但在活期存款方面，这种表所列的，并不包括所有的银行，因此必须部分地做个估计。我们可以使用一个根据以下的比较——国家银行在6月30日那天的个人存款数目和银行给银行管理官五次（或四次）的报告中所列的这种存款的平均数的比较——所编制的指数，把对6月30日那一天所做的部分估计的数字制成一年的平均数字，也可以说，我们必须把这些部分估计的数字制成按年的平均数字。必须承认，这样约算出来的数字，在一定程度上是不准确的，但是10亿元的出入，还不及总数的5%。的确，这种对于存款周转速度的约计方法，并不像伯吉斯比较精密的方法那样需要那么多的估计——伯吉斯的方法是以比较精密的统计表作为根据的，但这些统计表只涉及八个城市。

表3表明，按照这个方法所得到的计算成果，和伯吉斯博士"全国存款每年的平均周转次数是在25次和35次之间（多半是30以下而不是30以上）"的结论正相吻合。这个估计，和这一方面的开路先锋的费希尔教授的数字比起来（费希尔把1896年银行存款的流通次数估定为37次左右，1909年估定为53次，1918年估定为96次[①]），更值得我们接受。表3也证实了"存款周转速度

① 参阅斯奈德：《货币购买力》（1911年纽约版，第304页）和《1918年的交换方程式》（《美国经济评论》，1919年6月，第9卷，第407页）。即在美国联邦准备银行搜集银行存款周转速度的资料以前，费希尔教授就对他自己所做的估定有所怀疑，至少对于和他的基年距离很远的1896和1909两年的估定有所怀疑。读者可参阅刚才所提到的论文。

随着商业活动情况而增加或减少”的结论，不过，这些按年计算的数字，并不像伯吉斯博士按月计算的数字有那么大的波动范围。

如果美国支付额的80%—85%是用支票来支付的，如果活期存款量是随着商业活动情况而增减的，如果活期存款的流通是在景气时期加快起来而在不景气时期迟缓下来，那么，货币经济似乎已有了这样的发展，能够适应商业循环的各个阶段中不同的要求。当然，这种想法是否正确，要看循环各阶段中不同的要求的大小程度而定。这种大小程度，在不同的商业循环和不同的国家中，是不同的。因此这里发生了另一个必须在量的基础上加以讨论的问题，我们预料所得到的结果在各个循环阶段将各不相同。

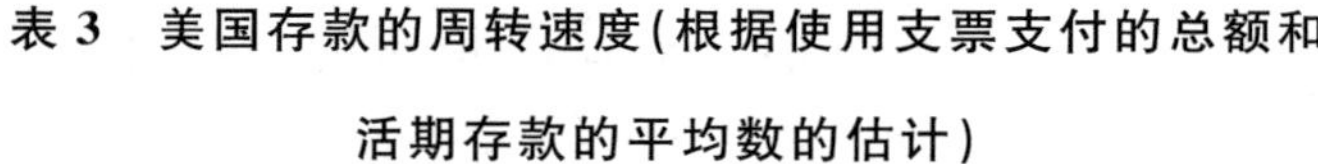

表 3　美国存款的周转速度（根据使用支票支付的总额和活期存款的平均数的估计）

1919—1926 年

	支票付款数额的估计 单位：10 亿元	活期存款平均数额的估计 单位：10 亿元（7 月 1 日）	存款平均周转 速度的估计
1919	546.8	18.99	28.8
1920	587.7	21.08	27.9
1921	484.0	19.63	24.7
1922	533.9	20.47	26.1
1923	570.3	22.11	25.8
1924	600.1	23.53	25.5
1925	653.4	25.98	25.1
1926	695.3	25.57	27.2

备注：该表所使用的数字，都是由纽约联邦准备银行的斯奈德先生所提供的；至于1922 年对支票付款额的估计，请看正文。纽约以外的其他地区在其他年度的数字，是使用根据 140 个城市的借方账所编制的指数来估计的。斯奈德认为，这种估计和实际

数额的出入程度可能是10%。

尽管使用硬币和纸币支付的数量似乎不超过支付总额的1/10或1/5,但这种支付是不能避免的;要把这种支付都改为支票,那么,货币上的习惯和安排,就得大大地加以改变。因此,硬币和纸币的周转速度,是一个极重要的常变的因素。关于周转的平均幅度和变动的限度,从1911年费希尔教授研究交换方程式以来,我们没有得到这一方面的新知识。费希尔对1909年所算得的最后结果是:硬币和纸币由于用来购买货物而易手的次数平均是21.1,而存款通货由于用来购买货物而易手的平均次数是52.8。[①]我们现在要研究的问题是:上面所说的两个数字中,第二个已经由后来的材料证明是错误的;第一个数字,是否和第二个数字一样也是错误的呢?

费希尔教授约计硬币、纸币周转速度的方法,需要有以下三种估计:(1)对于硬币、纸币在一年内出入银行的数量的估计,这种估计是从若干银行一天的存款计算出来的;(2)对于由银行支取出来而付给非银行存户的人的款项的估计;(3)对于银行存户和非存户所收到的现金在这种现金还没再存入银行前用来交换货物的次数的估计。费希尔对于1909年的这种流通所做的最后估计如下:

从银行支取出来的硬币和纸币	支取出来的款项的使用	支取出来的款项在没再存入银行以前的平均周转数	不是由银行付出的硬币和纸币的数额
80亿	付给存款户	一次	80亿

① 《货币购买力》,第304页。

120亿	付给非存款户	二次	240亿
10亿	付给非存款户	三次	80亿
210亿			350亿

为了得到1909年硬币和纸币的平均周转速度，他用16.3亿（他所估计的货币流通量）来除350亿，因而他得到21.5。在最后核算的时候，他把这个数字削减为21.1。①

这种依据许多臆测做出的估计，当然是不可以信赖的。可是，我们使用后来的资料所能做的最好的估计，也得不到很具体的结果，尽管所使用的材料并没有那么多的臆测。上面说过，斯奈德曾说，美国1922年用支票支付的总数是5,340亿元。如果我们接受金莱的估计，认为使用支票的支付占全部支付的80%—85%，那么我们就必须把1922年使用硬币和纸币的支付估计为940亿—1,330亿元。如果我们按照费希尔所认为适当的估计，把90%拿来作为支票付款在全部支付额中所占的比例，那么，用硬币和纸币支付的款额就得减少到590亿。那一年货币在国库和银行以外的地方的平均流通数是36.7亿。② 所计算出来的1922年的硬币和纸币的平均流通次数，是16、26或36，看我们是把90%、85%还是80%拿来作为支票付款所占的比例而定。费希尔教授的数字（1909年的21.1，1918年的30），就是介于16和36之间。他所臆测的存款通货和硬币、纸币在流通速度上的差异似乎是不存在的。

① 要知道这个计算的详细情形，请看《货币购买力》，第448—477页。

② 这个数字要以下列的假设作为前提：一切商业银行在6月30日所拥有的硬币和纸币对于1922年货币流通数量的全年平均数的比例，是和那一天非由国库和联邦准备银行所拥有的硬币、纸币跟1922年货币流通数量的全年平均数的比例相等。

上述16、26、36三个数字中,26这个中间数字看来最为合理,它和表3所列的1922年存款通货的流通次数是符合的。但是,这个猜测的确切性还是大有问题的。不管我们是拿哪一个数字来代表硬币和纸币的平均周转速度,我们都可以设想,每年的周转速度是随着商业活动情况而增加或减少的,只不过并不像银行存款的流通速度那么快。

5. 货币数量说和商业循环

到现在为止,我们所讨论的是,流通媒介怎样适应商业循环对于交易额所引起的变动。可是,我们一说到这个问题便不能不注意到以下一个主张:流通媒介在数量上的变动,与其说是适应商业的需要,不如说是物价变动和商业循环的原因。费希尔教授新近所写的"商业循环主要是由于'金元的跳跃'而产生"一篇论文的题目非常生动地反映了这个见解。①

要说明这个问题,最好是使用费希尔教授的交换方程式:$MV+M'V'=PT$。M代表硬币和纸币的流通量,M′代表活期存款量,V和V′代表这两个流通媒介的周转次数,P代表物价水平,而T代表所交换的实物数量。这样一来,这个方程式就意味着,在一定时间内用硬币、纸币和支票支付的数量等于所买卖的货物的货币价值。

我们目前不必说明,在什么条件下,这个方程式是正确的,我们只要说明这个方程式中各个量的因果关系。费希尔教授

① 参阅《美国统计协会杂志》,1923年12月,第18卷,第1024—1028页。

说："价格水平通常是交换方程式的一个完全被动的要素。[①] 这个要素受其他要素和产生这些要素的原因的支配，而不能支配其他要素。"[②] 在上面的提法中，"通常"一词是很重要的，因为费希尔教授认为，"在有限程度上，在过渡时期，或转瞬即过的一季（例如秋季）"，"价格水平是方程式中其他的量的变动的独立原因"。[②]

那么，什么是"过渡时期"，多长一段时期才算是过渡时期呢？

① 参阅《货币购买力》，第 172 页。上面引文的着重点是原作者自己加的。

通过巧妙地运用统计资料（在下一章里就要说到这个事实），费希尔教授下结论说，"1915—1923 年这个时期的物价变动，几乎可以完全说明这个时期的商业变动"，而物价变动支配了 1877—1924 年的商业变动。参阅"我们的不稳定金元和所谓商业循环"，《美国统计协会杂志》，1925 年 6 月，第 20 卷，191 页和 201 页。

我们目前可不必研究费希尔教授研究统计资料的意义，我们只要问他的两个结论（物价水平通常是"完全被动的"并且"不能支配"交换方程式中其他要素；物价水平的变动"支配"着贸易量的波动）是否有矛盾。我们这样做是适当的。

如果我们对于"通常"一词做了严格的解释，上述两个结论的矛盾，在形式上是可以统一起来的。按照我们的理解，费希尔教授把通常发生的情况和历史上发生的实际情况区别开来。通常发生的情况，是指在一定假设条件下所要发生的情况，但上述假设条件从来没有完全实现。历史上发生的情况，是指在理论家所想象的情况和其他不断变化着的许多因素合并起来的条件下所发生的情况。因此，通常发生的关系，也许在历史上是不能实现的。

即使假定费希尔的区分在逻辑上是有根据的，还存在着一个问题，那即是，研究者在建立理论时应该怎样选择假定的条件。一个为理论而理论的人，也许只会选择那些对于他的论点能提供根据的假定条件，而不问这种论证是否能够说明实际事物。但是，我认为费希尔不是这样为理论而理论的人，他所想达到的目的，是他所建立的理论能够说明实际经验。在这个前提下，他所选择的假设似乎是有问题的，因为这种假设所导致的结论，是和他在长时间内使用统计方法来研究历史过程所得到的结果背道而驰的。如果费希尔教授改变他理论中关于交换方程式各个因素关系的假设，他也许会得出和他原有结论不相同的结论，即通常发生的情况和他所说的历史上的情况能够调和起来的结论。

② 《货币购买力》，第 169 页。引文的着重点，是原作者自己加的。

费希尔教授在解答这个问题时，一开头便说："构成过渡的变动，可能是交换方程式中货币量的变动，或是方程式中其他因素的变动，或是所有因素的变动。"①他把过渡时期问题提出来，这样他就有了阐明"信用循环"学说的机会。这个学说强调指出，利率不能够及时地调整来适应物价水平的变动。在他说明这个问题时，他认为"过渡时期是个定则而均衡时期却是个例外"②。

所以从主张货币数量说的人们看来，一个研究商业循环的人，似乎不应该把价格水平看作是交换方程式的一个"被动要素"。他所关心的是"过渡时期"，这种过渡时期是个定则，而且在过渡时间内，物价水平是交换方程式中其他要素的变动的"独立原因"。因此，分析商业交易时，如果发现其他可以遵循的路线，尽可依照这些路线，货币数量说并没有加以限制。

但是，对于一个像上述那样缺乏建设性的结论，我们不能就感到满意。我们必须对于价格的变动和流通媒介在近代商业情况下的变动这两者的关系有透彻的了解。要做好透彻的了解，就要研究决定价格、交付货物和支付货款的过程。

交换方程式上列作同时发生的三项数量（支付、价格和交易量），实际上是商业交易所经过的三个不同阶段。当交易成立的时候，买卖双方就对价格、售货量、交货日期和付款日期默示或明示达到一致。就零售生意来说，这三个阶段往往只需要几分钟的时间。顾客们一认可价格，就接受货物并用现金交付货款。但是，如

① 《货币购买力》，第 55 页。

② 《货币购买力》，第 71 页。

果消费品是定制的，那么这些消费品就要经过相当长的时间才能交付，而货款的偿还便往往延至月底，或是按照某种“分期付款”办法，在数个月内匀期摊还。就批发生意来说，往往要在交易议定以后几星期或几个月才交货，而货款要在更久的时间才支付。就其他生意来说，上述三个阶段的时间关系是各种各样的，从先付款后交货到先交货后付款。一般来说，议价以后多久才交货，交货以后多久才付款，各行业、各地区、各时期的不同情况究竟是怎样，我们是不大知道的；但是，这种延迟情况对于商业经营计划起着重大的作用，这是我们确实知道的。因此时间是我们在研究价格和流通媒介的关系时不能忽视的因素。

按照交换方程式，上述的话意味着：在今天所做的付款（MV＋M′V′）中，绝大部分是支付过去所交付的货物的代价，这些货物的价格大都是在更早的时期议定的；相当大的部分是支付今天议定价格和今天交付的货物的代价，只有小部分是支付日后交付的货物的代价。同样，在今天所交付的货物（T）中，极小部分的货款是预先交付的，相当大的部分是今天交付的，但是绝大部分是将来交付的。此外，在今天所议定的货价（P）中，只有一部分货款是今天交付的，大部分却要在几星期、几月或几年以后才交付。

上面所说的，虽然只表明商业实践的复杂性，但足够说明，每一个营业日所偿清的货款、所交付的货物和所议定的价格，是属于交易的三种不同的总数。换句话说，MV＋M′V′和 TP 每一天的关系是不确定的——今天所偿还的货款未必等于今天所开的价格乘今天所交付的货物数量。[①] 要在这样短暂的时间内使方程式两边相等，唯一的方法，就是把某一天的 PT 解释为当天付清债款的交易，而不解释为当天的交易和当天的价格。不过，按照这样的解释，方程式两方所牵涉的时距的关系便无法确定。一个没有说明时间问题的计算方程式，对于解答时间关系占很重要地位的问题，并没有什么帮助。

如果我们把这个方程式看作是总结一个大的社会在像一年这样长的期间的交易（时间间隔越长，方程式越能说明问题），加以测验的话，那么情形就大不相同。在一年或更多时间的基础上，我们可以说，方程式中的付款、价格和交付货物几乎都是属于同一时期的，而且方程式的两边实际上大约相等。具体地说，美国一年所付的货款，主要是支付这一年内按照当时的价格所交付的货物的代价。有一些货物的交付和一些货款的支付是按照这一年 1 月 1 日以前所订立的价格合同来执行的；有一些价格合同是在这一年 12 月 21 日以前订立的，这些合同，要待下一年或更晚一些时间交付货物和支付货款以后，才算是完全地履行。但是，这两种"结转"之间的差额，和这一年内完成的交易额比起来，是比较小的。

这似乎是明显的。重要的问题是：要想发现价格和流通媒介的关系，我们究竟要考虑到什么时期呢？如果我们所考虑的期间

① 其实，在一天的基础上，PT 这个计算式并没有什么意义，因为在一天所易手的货物中，只有小部分是按照当天的价格交付的，并且，当天所开的价格大部分是关于日后的贸易。此外，在一天的基础上，MV+M′V′这个计算式的意义和它在一年的基础上的意义是不相同的。当然，这个方程式的目的，并不是用以说明一天的交易的。它不能够说明一天的交易，这没有什么奇怪的。

是一年的话，交换方式就能帮助我们解决问题。但是，我们不能从一年一结的总数来研讨商业过程。要知道价格的变更、交易额的变更和付款额的变更这三者的关系是怎样的，我们就得观察每一天每一时刻所发生的变动。因此，我们必须把注意力集中在短暂时间内所发生的变动上，或是说得更正确一点，我们必须把注意力集中在一个短暂时间内从头到尾所发生的变动上。如果一天一天地分析议定价格、交付货物和支付货款等过程的办法是正确的，那么我们可以相信，这种分析和交换方程式所表现的这三者在比较长时期内的关系应当不会有所矛盾。

假定一个商人是购买原料或货物来转卖（这是一个货币额远远超过零售商业货币额的商业行为），那么，他对于价格所做的决定，同他所具有的硬币、纸币和存款通货量之间的关系，究竟是怎样的呢？

关于这个问题的解答，我们可以肯定地说的是：如果上述商人必须用现金支付货款，而且不能够借到款项，那么他所具有的支付手段，就决定了他所能购买的金额的最大限度。我们必须注意：除非一个单位货物的价格耗尽他的款项，否则他对每一单位货物所能出的价格不受任何限制；同样，除非一个单位货物的价格耗尽他的款项，否则他所能够购买的单位的数目也不受限制。受到限制的不是价格本身，也不是贸易数量本身，而是价格乘贸易数量。在不超过这个限制的范围内，就是一个使用自有现金购买货物的商人也能自作主张，决定愿付什么价格以及购买多少单位的货物。时间越长，他就有越大的斟酌余地。他可以按照他认为价格在最近的将来要升降的情形来增加或减少他的购买量。他所收到的款项，不需要一下子都用来购买货物。在一个时间内，他可以过一天算一天地添进一些货物，等到有利时机到来时，再来一个大量购买。不过，我们也得注意，上述的商人，总不会忘记这样的事实：有一定赚头的货物，他买卖得越多，他的赢利就越大。因此，他经常存在着一个要在他的情况所允许的范围内尽量扩大他的交易额的动机。使他不能自由扩大交易额的情况是很多的，而且是常常变更的，但是，在我们这里所说到的情况中，最重要的是他所拥有的款项的多寡。

当然，这些情况并不是典型的，因为几乎每一个商人都能及时地购买货物，并且借到款项。这种情况就使价格和流通媒介数量这两者的关系有了更大的伸缩性。一个人购买力最大的限度，是由他所掌握的款项和他所能从卖主和银行得到的信贷来决定的。他所能得到的信贷，不但要看他现在的财政状况，而且要看他在将来的一定时期内可能有的财政状况（这种时期的长短要看情况来定）和那些可能成为他的债权人的现在和将来的财政状况。所以，要考虑个别商人的购买能力，就得考虑到商业社会对他提供支付手段的能力。

如果借款人和出借人现在和将来的财政状况这两者是决定商人购买力的重要因素，那么价格和流通媒介这个问题将随着现在和将来财政状况的变更而改变它的性质。我们知道，整个社会现在和将来的财政状况，在商业循环的各个阶段中是不同的。所以，在处理价格和流通媒介这个问题时，我们不但必须考虑到各个短暂的时期，而且必须认识到，一个时期所特有的情况和另一个时期的情况可能是不相同的。就我们现有的知识来说，我们只能就以商业不景气、商业复兴、商业繁荣和商业衰退为特征划分的长短时间来讨论上述问题。在做这种讨论时所需要的论据中，比较重要的论据，在前几节里或是在第一章对于商业循环的“银行学说”所做的提要里，已经提出来了。

在不景气时期内，那些在景气快结束时流通的硬币和纸币的数量超过了不景气时期所需要的数量。流通的速度降低了，“闲置货币”在银行里累积起来，银行的现金准备因而大大增加了。如果银行钞票可以说是有伸缩性的，那么这种通货在这时期内便收缩了。如果其他国家的商业还是活跃的，那么黄金便有输出的可能。硬币和纸币方面所产生的情况，在存款通货和商业信贷方面也发生了。商人资金的周转没有从前那么快，所需要的营运资本减少了。他们偿还一部分的银行借款（尽管银行贴现率在降低），并且减少他们应付未付账目。银行借款减少的数量一般会超过闲置资金流入银行的数量，这样就使活期存款数量也降低一些。所以，硬币和纸币流通的限度，是由商业当前的需要来决定的，而不是由货币供应量和银行发行政策来决定的。同样，存款通货的限度，是由商人打算使用的数量来决定的，而不是由银行所能提供的数量来决定的。按照费希尔教授的话，物价的降落和跟着发生的交易额的缩小，在短暂的时间内，是交换方程式的“积极”因素。对于这些因素所产生的情况，货币因素和银行因素在金融组织和银行组织所允许的条件下会做适应性的调整。

银行和货币适应商业不景气所做的调整，是促使商业活动恢复的条件的一种。低的贴现率、充裕的银行借款能力、过多的硬币与纸币以及低的流通速度，这一切都意味着，商业交易的增加不会

受到流通媒介不足的限制。如果银行也抱有同样的见解，那些认为增加购买量有利可图的商人便不难获得支付手段。这样，交易额和物价就开始盘高；交易额一增高，物价便随着增高；物价一增高，交易额又随着增高。在贸易金额扩大的时候，银行和公众之间硬币和纸币的分配以及纸币的发行跟着发生调整；黄金的国际分配可能也会发生调整，而活期存款的数量及通货流通速度必定发生调整。可以说，金融和银行的状况使这些发展“成为可能”，甚至可以说“促进”了这些发展，但价格和交易额还是起着“积极”的作用。

交换方程式中的货币因素，要到贸易金额发展到那么大的程度，使得货币和银行制度不能应付裕如时，才开始支配商业行为。但是，如果没有一些非金融因素先期阻抑商业的膨胀，上述情形在商业循环中一定是会出现的。即在金融中心，流通速度也不能够无限度地增加起来。我们很难期望金币数量会增加到和银行准备的需要相适应的程度，我们可以完全期望景气会使越来越多的硬币和纸币进入市场流通。假使银行准备没有减少，它至少不能增加得像即期债务那么快。银行准备对钞票与存款的最小比例，受到一些相当确定的限度的制约。这些限度，一半是由法律来决定，一半是由实际经验来决定的。当这些最小限度达到时，银行就得压缩贷款。这种情况一经发展以后，商人便不能期望银行提供资金来进行他们认为有利可图的交易。这样一来，价格和交易额就成为“消极”因素，在短暂时期内受到金融状况和银行业务状况的支配。而且，如果金融紧张情况发展到金融恐慌，上述的支配就变为更完全的支配。这时，许多商人很恐慌，他们害怕借不到款项来

偿还即将到期的债务。

我们从许多商业循环里，可以发现以下这一事实：景气由于其他原因，在交易金额还没达到使货币和银行制度不能应付裕如的规模以前，便衰退了。许多经济衰退并没有呈现金融紧张现象。所以，金融和银行因素支配价格和交易额的时期是短暂的，而且这种时期，并不像不景气、复兴和一般景气等时期那样有规则地循环——在这些时期内，价格和交易额起着“积极”的作用。可是，货币占支配地位的那些短暂时间，在价格史上是很重要的时期。[①]至于上述情形究是怎样发生的，我们可用以上分析来做说明，不过这样做有点重复。

中间间隔着几十年的两个日子之间的价格水平，总的来说是上升还是下降，要根据这个时期中的景气期间和不景气期间的长短，以及上述几个景气时期内物价上升的速度和上述几个不景气时期内物价下降的速度而定。因此，使各个循环的景气时期延长，使金融紧张时期缩短并提供金融条件使商业能够早些恢复过来的因素，倾向于使升升降降的价格有个长期的上升趋向。在金本位货币制度下，黄金经常产量的增加，就是这样的因素。银行黄金准备大量的增加和黄金流动额大量的增加，会使由于交易金额扩增而产生的缺乏支付手段的时期延迟到来。即使金融紧张发生，这种紧张现象，由于上述的黄金流通，很快便解除了。而且，这种黄金流通会在金融上创造条件，使商业很快地重新活跃起来。作为

① 以上主要是讨论金银本位货币制度，同时也附带说到经营存款和发行业务的银行，至于不兑换纸币制度，它有一些特殊问题，我们不需要在这里加以讨论。

货币的黄金数量，如果减少，便会产生相反的影响，而且这种减少，会使升升降降的价格有个长期的下降趋向。我们现在有了许多国家在大约150年内的批发物价指数，这些国家在上述的大部分时间内都采用金本位制度。上述的批发物价指数的长期趋向和黄金生产的长期趋向是很一致的。在世界的金产量很快增加或围绕着一个高水平而波动时，物价随着商业景气或不景气而上升或下降，不过，物价的上涨速度大于物价的下降速度，在黄金的年产量下降或留在比较低的水平或缓慢地增加时，物价的循环变动继续着，不过，物价的下降速度大于物价的上涨速度。①

总的来说，交货落在议价的后面，而付款落在交货的后面，这样就使商人有足够的时间来安排商业行为所需要的资金。在不景气、复兴、一般景气甚至轻微衰退时期，那些对于购买货物非常熟练的商人都知道，他们如果掌握了可以按照有利可图的价格出售的货物，就能借到等于一部分货价的资金来帮助他们支付货款。在信用调查员看来，重要的是货物现在和预期的货币价值。因此，P（价格）的上涨，就使存货的价值增加，而P的上涨，就成为增加M′（活期存款量）以及增加由银行钞票组成的那一部分的M（硬币和纸币的流通量）的根据。T（交易额）的增加，如果不受到价格下

①　要更详尽叙述黄金产量和物价变动的相互关系，我们就会把读者的注意从目前的主题转移到这一方面来。但是，我们可以把这一点顺便提一下：我们有理由去希望，人类如果能够更巧妙地运用货币和银行制度，就能够摆脱黄金年产量的变动对于他们活动的牵制。美国联邦准备银行近来所采用的防止大量黄金供给产生物价上涨的政策（从历史上的先例来看，大量的黄金供给很容易推动物价上涨）是否可以普遍适用，并且进一步发展起来，这是一个要留待将来解决的问题。从历史观点来看，上述的试验是人类逐渐学会运用货币使它不致造成灾害这一长期过程中的当前阶段。

降的抵消，也起着同样的作用。这两个因素通常是一起上升、一起下降的(但不能说都是这样)。细心研究这两个因素在商业循环各个阶段中相互变更的关系，是本书以下各章的一个主要问题。当交易金额增大的时候，这种交易额的扩大，不但会使信用通货数量增加，而且也会使流通速度增加。所以，P 和 T 在大部分的时间内是交换方程式的“积极”因素，这些因素导致 M′、V 和 V′的变动，甚至也影响到 M。

近代货币和银行制度对于影响到支付的各个因素(除黄金和某种政府发行的纸币外)提供了相当大的伸缩性。黄金是特别重要的，因为在良好的货币制度下，黄金对 M′提供了紧急时期所需要的准备。P 和 T 变动的幅度，只限于这个伸缩性所允许的范围。如果贸易金额已经达到了 MV+M′V′所能应付的最大限度，那么货币因素和银行因素便起着“积极”的作用，把 PT 压低了。不是每一个商业循环都到达了产生金融紧张那样强烈的程度。但是，在过去，这个程度通常是达到了的，使得黄金生产的长期趋向支配了批发价格的长期趋向。

上述结论，可以用稍稍不同的形式，重述如下：

因为交货落在议价的后面，而付款落在交货的后面，某一天内所进行的付款，未必等于这一天的价格乘这一天在交付中的货物数量。但是，商人在购买货物时，必须计划按照商业习惯或正式合同所规定的日期偿还货款。这就意味着，交换方程式，正像一般所理解的那样，不适用于短的时期，却大体上适用于一年以上的时期。至于一年以上的时期，究竟是不景气时期还是景气时期，究竟是危机时期还是商业恢复时期，这是无关紧要的——只要在一年的严重危机时期内，呆账的比例不是很可观的。无论在什么时候，商人总想尽量购进可以转卖而得到利润的货物，而且也想在购买者所能负担的范围内提高价格。在不景气、复兴、一般景气和轻微衰退等时期，商人交易的实际限度，是由商业的需要来决定的。就金融状况和银行状况来说，更大的营业额是可能的。但在大景气时期，商业需求可能很活跃，以致交易额超过货币和银行制度所许可的限度。在长时间内，价格和交易额都有增加到这种限度的倾向（不是不断增加，而是突然激增）。这就使黄金年产量上的变动对于批发价格的长期趋向产生了支配性的影响，而对于交易额的长期趋向，似乎也产生了一些影响。

所以，在考虑价格和“货币量”之间的关系时，时间是非常重要的。这种关系，在长时期中是一样，在短时期中又是一样。而且，这种关系，在各个短时期中也是不相同的。它在某些循环阶段中是这样，而在其他循环阶段中就不是这样。但是长期以来对于这个问题表面看来似乎是互相矛盾的这些论点，如果把它们和时间的关系正确地建立起来，便可以调和一致。例如，我认为，如果不把费希尔所用的“正常”一词解释为“通常”的意义，那么这里所说的，和费希尔对于交换方程式中各个因素的因果关系所做的说明，并没有矛盾。这里所说的，和以下有名的定理也没有矛盾：“如果其他条件不变，价格的变动和货币流通量的变动成正比例。”这个定理，在形式上是正确的。许多在形式上类似的定理也是正确的。例如，“如果其他条件不变，流通媒介量的变动和交易额的变动成正比例”。如果我们把这些定理中被认为是不变的“其他条件”分析一下，就能把任何一个这种定理发展成为一个足够说明“货币和价格的关系”的学说。可是，如果我们在开头时，把一个对于这种问题只具有狭窄的见解的定理提出来，那是个笨拙的做法；如果我们使用一个只含有片面真理的说法来做结束，便会引起读者的误解。正统学派的货币数量说所以突出的原因，是由于经济学家很注意黄金供应量和批发物价在长时间内的关系。就这一问题来说，上述的那个定理（“如果其他条件不变，价格的变动和货币流通量的变动成正比例”）是可以适用的，而且是重要的。但是，就那些和商业循环学说有关的时期来说，对于价格、交易额、流通媒介的数量和流通媒介的周转速度之间的关系，我们需要做更加精密的说明。这个说明要考虑到那些由于不景气、复兴、景气和衰退而产生的这种关系的变更。①

五、货币支付量

1. 生产和购买力

要使商业经济顺利地起作用，不但要使流通媒介的数量和周转速度能够适应变动中的营业额，而且还要使硬币、纸币和存款通

① 据我所知，安吉尔教授近来所写的《国际价格学说》一书（1926 年马萨诸塞州剑桥城出版），是对于阐明货币价值的货币数量说的书籍最好的评介。虽然他指出，这一方面的作家，在说明货币和价格的关系时，通常都注意到时间这个因素，但是，他又说，货币学说这个方面的作家都忽略了商业循环变动向他们所提出的各个问题。（参阅第 127、134、181 页。）在这些作家中，霍特里是一个例外，他在《货币和信用》一书里，对于这个题目做了深刻的论述。论述商业循环的作家，对于货币理论家所省略的问题很少补充。

货不断地通过企业和个别商人的手来交换货物。此外，还要使货币的流通和商品的流通能相适应——不但要和全部商品的流通相适应而且要和各种商品的流通相适应。假使任何一种流入市场的货物的金额超过了购买者所收入的用来购买这种货物的购买力，商业上的困难便产生了。这种困难的大小，要看上述超过的数额的大小而定。

从第一章里我们已经知道，两派理论家根据商业经济的这个特征来对循环变动做不同的解释。波拉克基金学派认为，在景气时期，流入消费者手里的货币收入和从消费者流到消费品售卖者手里的货币收入这两者的数额，落后于流进市场的消费品的金额。马丁对于一般的货币收入和各种的货物，也提出了同样的论点。但是，生产过剩论者却从另一个方面来观察这个过程；他们提出了许多原因来说明流入市场的货物量为什么超过了市场按照有利可图的价格购买货物的能力或购买货物的愿望。如果我们使用这些假设来说明商业活动，我们就需要知道购买力由一个方面流到另一个方面的基本情况。

我们这一方面的知识，正在渐渐形成量的形式。每一年用货币支付的数量大大超过了每一年所生产出来的货物的货币价值——这是事实。关于探讨和衡量上述支付总量的各个部分，已经有了一定程度的进展。一个特别重要的部分，就是消费者所分到的货币收入和他们对于这种收入所做的消费。这一部分，尽管很大，但只是流通中的总购买力的一个细小部分。比这一部分大得多的，是企业在把产品由商业系统的一个环节传递到另一个环节时所进行的支付，这些环节把原料生产者和零售店或最后的商业买主联结起来。就是个人和企业的储蓄,也几乎都是通过这样或那样的形式来支付货物的价款的,这一部分的支付构成上述总支付量中另一个重要的部分。此外,还有个人与个人之间由于个人劳务所进行的货币支付,以及在国家征收捐税和公共支付方面所进行的货币支付。最后,每年易手的,不仅是经常性产品和劳务,而且也包括了一部分的不动产产权、一部分企业、一部分政府公债票等等。这些财产总的价值是那样地大,即使一部分更易所有者,也会达到几百亿元的支付。

2. 流入个人手里的货币收入

我们现在所必须尽可能估量的个人货币收入,比美国国家经济研究局所估计的全国收入少得多。因为,我们所估量的收入,并不包括农户自制自用的物品的价值,来自家园、家禽和母牛的商品收益,房主自住房屋的租金价值,或家具和私有物品的使用津贴。按照金博士的估计,在1919—1926年这段时期内,上述各项每一年的总值,约在70亿元到80多亿元之间。我们如果从这一时期中每年的收入估计数字中减去上述金额,就可得到每年货币收入的估计数字。表4表明了这样得到的结果,以及金博士对于付给雇员作为他们工资、薪金、养老金、伤害赔偿费等所估计的总额。我们应该注意,该表所列的关于1922—1926年的数字,是初步的数字,以后要按照美国国家经济研究局对于基本数字所做的比较详尽的分析来加以修正。

表4　1919—1926年美国个人货币收入估计表

	全部货币收入 单位:10亿元	付给雇员的款项 单位:10亿元	付给雇员的薪工总额在 货币收入中所占百分数
1919	59.9	34.8	58%
1920	65.9	41.6	63%
1921	55.4	34.7	63%
1922	58.9*	35.3*	60%*
1923	69.7*	39.4*	57%*
1924	72.0*	39.6*	55%*
1925	78.9*	43.0*	54%*
1926	82.1*	44.5*	54%*

*初步数字,尚待修改。

上表所列的数字,是美国国家经济研究局在金博士监督下编列的。

按照这种估计,付给雇员的款额,必定是各个收入来源中最大的一个。美国国家经济研究局曾对这个问题继续做了研究,研究结果表明,在组织非常严密的商业分支机构里(这些分支机构是很重要的),高级职员的薪金平均只占全部应付薪工的7%—9%,也许还不到全部货币收入的3%。① 即使我们从应付薪工中把这种薪金减去,所余的数额还是大于其他各种货币收入加在一起的数目。另一个结论对于商业循环研究者也是重要的:薪工和全部货币收益的比例,在不景气时期,无疑是增高了,而在景气时期,无疑是下降了。

我们如果阅看美国内地税稽征局赋税科的统计报告,就能比

① 参阅《美国的收入》,第1卷,第99页,1921年美国国家经济研究局版。

较详细地看到几种货币收入的大小的比较，不过所看到的范围并不像上面那样广。表5把这种有关的资料总结出来。当然，必须采取批判的态度来对待这种统计数字。①按照美国国家经济研究局的估计来说，这些数字，只包括个人货币收入总额的一半弱，这主要是由于（但不能说完全是由于）许多小额收入无须纳税，因此这种收入无须向中央当局报告。②这种小额收入既然大多是工资，所以表5所列的工资百分数略低于表4所列的工资百分数，但没有像我们所料想的那样低。③向中央当局报告收入的农民和小商人为数较少，但因为数额很大的利息支付包括在利润项目内，所以上述由于农民和小商人很少报告而产生的利润过低的数字部分地已经抵消了。④表中所列的利息是比较少的，这不但是由于上面所说的小额收入没有报告的缘故，而且是由于大量的免税证券的利息报告得很不完全。⑤最后，许多企图免税逃税，这样就使收入报告在不可估计的程度上失去了它的正确性。这个程度，可能随着捐税率的变更和行政效率的高低而呈现相当大的变化，也许也会随着商业情况的变化而变化。

即便在数目很大的要缴纳中央税的收入中，工资每年在收入总额中平均也占了一半强。第二大的是利润，尽管99%的农民的利润没有计算在内。在商业活跃的几年里，利润大于等于股利、租金和利息加在一起的数额，利息的支付少于股利的支付，这可能是由于这两种收入以多报少的程度有所不同。最后，按照这些数字，利息是大家公认的收入来源中最小的一个。

表 5　向美国内地税稽征局报告的个人收入(按收入来源分类)

1919—1924 年

单位:10 亿元

	1919	1920	1921	1922	1923	1924
总额	22.4	26.7	23.3	24.9	29.3	29.6
薪金、工资、佣金、红利、董事公费等	10.8	15.3	13.8	13.7	14.2	13.6
各种企业、合伙、耕作和售卖产业偶获利润	6.7	5.9	4.2	5.3	7.6	8.0
股利	2.5	2.7	2.5	2.7	3.1	3.3
租金和使用费	1.0	1.0	1.2	1.2	1.8	2.0
利息投资和财产信托收益	1.5	1.7	1.7	2.0	2.6	2.6
在总额中所占的百分比						
	1919	1920	1921	1922	1923	1924
总额	100	100	100	100	100	100
薪金、工资、佣金、红利、董事公费等	48	57	59	55	49	49
各种企业、合伙、耕作和售卖产业偶获利润	30	22	18	21	26	27
股利	11	10	11	11	11	11
租金和使用费	4	4	5	5	6	7
利息投资和财产信托收益	7	6	7	8	9	9

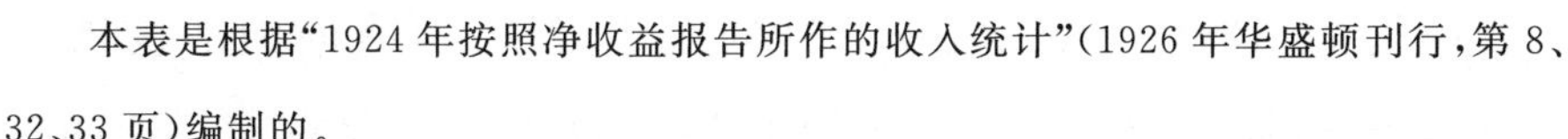
本表是根据“1924 年按照净收益报告所作的收入统计”(1926 年华盛顿刊行,第 8、32、33 页)编制的。

另一个问题是:个人不同来源的货币收入是怎样受到商业循环的影响的呢?如果我们把表 5 的统计资料重新安排一下,我们就可以使用一般的字眼来解答这个问题。假使我们把各种收入每年的数字按照它们的各个平均数化为相对数,而且把各年变动的百分比计算出来,我们就可以看到,哪一个收入额是很稳定的,哪一个收入额有很大的变动。表 6 适合于这个目的。

在1919—1921年这段时期内，价格变动非常地大，因此，表6所列的数字，不能说是干扰性比较小的商业循环时期中货币收入变动的典型数字。如果能够编制一个包括战前各年的补充的表，那是很有用的，不过，为了得出货币收入的估计数字，1914年以前的资料不像最近各年的资料那样可靠，甚至最近各年的资料也需要证实一下。在这种情况下，我们必须充分利用以下这一事实：一个夸张变动的实例，也有它的好处。

当一个人考虑用其资金投资时，他就认为债券产生的利息是固定的，而股票所产生的股利可能各季各不相同。如果他是购买不动产，他也许是想从长期租赁中得到像债券利息那样固定的收入，也许是想得到数额上常常变动的收入——这一切要看他所购买产业的性质是怎样。如果他自己负责经营商业，那么他就想从他的投资得到比购买债券、股票或不动产更高的平均利润。但是他一定会预料到他所得的利润每年有很大的变动。

上面所说关于从利息、股利、租金和利润所得的收入，哪一个比较稳定，这是根据投在不同方面的每一元资金的收入来说的，表6所说的，不是这一点。表6的目的在于说明，所有向内地税稽征局报告各项货币收入的人，他们的各项收入总额是怎样变动的。收入总额每年受到投在债券、股票、不动产和企业上的新资金的影响。不但如此，捐税报告把“投资收益”、“财产信托收益”和利息列在一起，把使用费和租金列在一起，而且把变更投资所得的利益和商业利润列在一起。因此，不可以由于一般关于各种投资收入的相对稳定性的意见和表内总额所提示的结论这两者有分歧，而认为一般意见是不足信的，或者认为统计数字是不足信的。在研究流入个人手里的收益时，我们所要注意的，是所得总额，而不是每一元投资所得的利润。

①正像人们所预料的，利润是变动性最大的一种收入。在一个年内利润可以减少将近30%，但在另一年内，它也可以增长40%以上。②租金和使用费变动的程度，一般地说，仅次于利润的变动；但是，表6所列的这些数字，可能不是具有代表性的数字，因为，在这个表所包括的几年里，租金似乎是在一般价格水平由于战争而发生变动很久以后才调整的。在1921、1923和1924等年份，租金有了间歇性的上升，而在其他两年里，没有什么变动。③利息、投资和财产信托收益变动得比人们所料想的大得多。所有这些变动都是向上的变动。即使在发生严重不景气的1921年，利息收入也没有下降。④尽管股利每年都有变动，或是向上的变动，或是向下的变动，但是股利无疑是这个时期货币收入中最稳定的一种。那即是说，尽管变动常常发生，但这些变动和其他收入的大变动比起来，是渺乎其小的。特别显著的，而且对于我们的问题特别重要的，乃是利润的非常大的变动性和股利的相对稳定性这两者所形成的对照。表6没有把这个对照完全地表明出来。表6所列的利润是个人和合伙所得的利润，而所列的股利是公司付给的。如果我们从赢利公司每年向内地税稽征局所报告的利润总额中减去亏本公司每年所报告的亏空总额，我们就可以得到各年的公司实际收入如下：1919年84亿元，1920年59亿元，1921年5亿元，1922年48亿元，1923年63亿元，1924年54亿元。[①] 个别纳税人

① 参阅本书按照这几年官方统计数字所编制的有关的表。

所报告的股利，要比这里所计算出来的公司在比较好的年头的实际收入少得多，但比公司1921年的实际收入多得多。

尽管股利、利息和租金的不同的变动性会引起我们的兴趣，但是这种不同的变动性，对于我们来说，不是很重要的。许多有钱的人都将投资多样化，他们保有一些债券和一些股票，也许也保有一些不动产。因此，要确定投资阶级货币收入变动的程度，最好要把利息、股利和租金加在一起。在这样做的时候，我们就可得到这样的结果：这一类收入的平均数（按照美国内地税稽征局的数字）大约等于利润的数量，但这种收入变动的程度，并不比股利大得很多。我们必须把这种收入和利润相比较，我们也必须把这种收入和工资相比较。

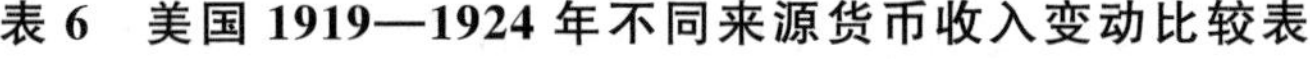

表6　美国1919—1924年不同来源货币收入变动比较表

（根据表5编制的）

这个表所包括的时期内各个平均数的百分数

	平均数 单位： 10亿元	平均数的百分数					
		1919	1920	1921	1922	1923	1924
总额	26.0	86	103	90	96	113	114
薪金、工资、佣金等	13.6	80	113	102	101	105	100
各种企业、售卖产业利润等	6.3	107	94	67	84	121	127
股利	2.8	89	96	89	96	111	118
租金、使用费	1.4	73	73	88	88	132	146
利息、投资和财产信托收益	2.0	74	85	85	99	129	129

高于前一年时用“＋”来表示，
低于前一年时用“－”来表示

	1919—1920	1920—1921	1921—1922	1922—1923	1923—1924
总额 ………………………………	＋19％	－13％	＋7％	＋18％	＋1％
薪金、工资、佣金等 …………………	＋42	－10	－1	＋4	－4
各种企业、售卖产业利润等 ………	－12	－29	＋26	＋43	＋5
股利 ………………………………	＋8	－7	＋8	＋15	＋6
租金和使用费 ……………………	0	＋20	0	＋50	＋11
利息、投资和财产信托收益 ………	＋13	0	＋18	＋30	0
从股利、租金和利息所得的收入总额 ………………………………	＋8	0	＋9	＋27	＋5

上面百分数是从那些小数点位数算得比这里所列的位数更多的数字计算出来的。

这个比较表明，1919—1924 年这段时期内最大的一种收入，即作为薪金、工资、佣金、红利、恤养金等付给雇员的款项，无疑没有利润那么大的变动性，但肯定比投在债券和不动产上的投资收入有更大的变动性，要说得比上面更确切些，那是没有什么意义的，因为我们的资料是很有问题的，而且这些资料所涉及的时期，是个特殊的时期。但是，这个时期内工资的变动未必大于利息和租金的变动。因此，以下的结论大概是正确的：最大的货币收入，在流通量的变动上也是最大的。按照表 6，薪金和利润，如果加在一起，就构成应纳税收入的 3/4，在全部货币收入中也许占到 4/5。这两项收入总额的变动幅度，一年可能达到 15％、20％，在极端的情形下，甚至更多。

3. 个人收入的流出量

所有企业都是把货币收入直接付给个人，但是只有几种企业能够直接收回这种付出的购买力。收到绝大部分的消费者款项的，乃是零售商人。比这一部分小得多的款项流向地主(可能是或不是企业)手里。更小的部分，流向各种服务性企业和公用事业。

从分析家庭费用中，我们得到了这一方面很丰富的知识。在1918—1919年，美国劳工统计局搜集了12,000家以上的家庭预算。我们按照各项不同用途，把这些资料重新安排一下，我们得到了以下的结果：

表7 家庭费用的用途

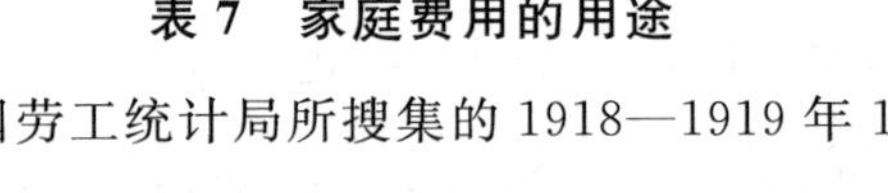

根据美国劳工统计局所搜集的1918—1919年12,096个美国家庭预算编制的

付给	平均费用	各项费用在费用总额中所占百分数
零售店 ……………………	$994.37	66.1
服务性机构(保险、洗衣、娱乐等)	83.03	5.5
公用事业 ……………	56.07	3.7
	$1,133.47	75.3
地主 ……………………	186.55	12.4
自由职业者(医生、牙医、护士等)	43.42	2.9
组织(教会、工会、联谊会) …………………	18.22	1.2
仆人 ……………………	4.01	0.3
政府(邮票、捐税) …………	3.62	0.2

续表

未分类（“爱国”费用、赠礼、假期用款等）………………	36.98	2.5
余款 ………………………	78.93	5.2
总数 ………………………	$1,505.20	100.0

根据《美国生活费用》（美国劳工统计局公报，第 357 期，1924 年华盛顿版）编制的。

毫无疑问，这种资料代表了美国劳工统计局所要调查的一个重要阶级（工业中心区主要依靠工资或低薪金的白人家庭）的典型费用，但这种资料绝不代表整个美国人口的典型费用。金博士给美国国家经济研究局搜集的供该所做收入研究的家庭预算表明，收入一增加，家庭就把费用中比较大的百分数花在房屋上、仆人上、旅行和娱乐上，而把比较小的百分数花在零售店购买上和公用事业上。农民的开支，也许和上面所说的情况不同，不过现有的资料不够详细地说明这个问题。[①] 简单地说，我们没有足以代表全部人口的家庭预算。

可是，我们可以按另一个方法算得对于我们十分重要的数字，即全部人口花费在零售购买上的那一部分货币收入。从前在联邦准备银行服务的曼先生、零售生意研究所的奈斯特罗姆教授和联邦贸易委员会，曾对美国零售生意的货币额做了估计，我们可以把这种估计和国家经济研究局做的货币收入估计比较一下。表 8 所列的计算结果表明了我们从上段可以预料得到的

① 请注意在计算每年花费 25,000 元或 5,000 元的家庭所购买消费资料的价格指数时使用的权数，也请注意在计算城市雇员家庭和农民家庭所购买消费资料的价格指数时使用的权数。参阅《美国各州收入》的绪论，1925 年美国国家经济研究局刊行。美国国家经济研究局所发表的数字，并不包括全部家庭预算，但却包括家庭费用的主要项目。这些数字证明，本书所说的是正确的。

情况：全部人口的货币收入中，流入零售商店去的部分是比较小的，而城市工资劳动者的货币收入中，流入零售商店去的部分是比较大的。

表 8　美国 1919—1923 年花费在零售商店的这部分货币收入的估计

	货币收入的估计	零售商业额的估计	用于零售商店的货币收入在货币收入总额中所占的百分数		
	单位：10 亿元	单位：10 亿元			
	按照表 4	按照奈斯特罗姆和曼的估计	按照联邦贸易委员会的估计	按照奈斯特罗姆和曼的估计	按照联邦贸易委员会的估计
1919……	59.9	32.6	34.8	54	58
1920……	65.9	38.3	38.3	58	58
1921……	55.4	33.6	30.7	61	55
1922……	58.9*	33.5	32.5	57	55
1923……	69.7*	35.0	38.2	50	55

* 初步数字，尚待修改。

备注：我把奈斯特罗姆的 1923 年数字（350 亿元）拿来作为基数，并且把曼的 1919—1922 年数字用来作为向后推算的指标。把这些数字连接起来的环节，是奈斯特罗姆教授所做的 1923 年零售生意比 1922 年增长了 4％或 5％的估计。这个估计是我特意请他做的。参阅曼："美国零售生意的重要性"，《美国经济评论》，1923 年 12 月，第 13 卷，第 609—617 页；奈斯特罗姆："美国零售商业额的估计"，《哈佛商业评论》，1925 年 1 月，第 3 卷，第 150—159 页。

联邦贸易委员会的估计是它的关于国家财富和收入报告的一部分，参议院文件，第 126 期，六十九届国会第一次会议，1926 年华盛顿版，第 306—313 页。

在这三个估计中，奈斯特罗姆的估计所根据的有关材料似乎是广泛的。联邦贸易委员会的数字是从各个零星资料大胆地拼凑而成的；把这种资料拿来作为计算的基础，也许是不适当的。按照贸易委员会的数字，在不景气的 1921 年，花在零售购买上的这一部分货币收入下降了，这在事实上似乎是不可能发生的。这一部分收入的增加，正像曼的数字所表示的那样，似乎是更接近于情理的。

这些资料似乎能够证明下列一般结论是正确的：①个人所收到的货币收入中，一半以上，通过零售商人，又流到商业界去；②在商业萧条时期，这一部分收入也许稍有增加；③其他企业如公用事业和服务性机构所得到的，也许还不到货币收入总额的 1/10；④货币收入的 1/4 以上，或者大约 1/3，付给地主（有的地主是法人）、自由职业者、自愿组织、仆人和政府，或是被储蓄起来。

4. 企业之间的支付量

商业循环理论家所重视的是，由企业付给消费者然后由消费者付还企业的巡回支付量，而不是一个企业付给另一个企业的支付量。但后者比前者大了好几倍。在上面几节里，我们已经提到了美国最近数年用支票给付的款额的粗略估计，最近数年货币收入额的粗略估计和零售贸易额的粗略估计。我们现在把这些数字和新的（大胆的）用硬币和纸币支付的款额的估计数字，都放在表 9 里来做比较。

看了这些数字，也许会使我们对这些数字的可靠性的信任超过了它们应得的程度。各个数量的百分比是相当稳定的，但当我们计算任何系列数字在比这些数字大得多的数字中所占的百分比时，一般也都有上述的稳定性。在这个表里，每一系列数字都有相当的不确定性，而不确定性最大的是对于用硬币和纸币支付的款额的估计。可是，关于这三个数量（支付总额、货币收入、零售额）的大小，上表的估计数字大抵是没有差错的，不过，这在现在还是一个争议点。

从这些数字表面上看来，零售额占支付总额 1/20 强，而付给个人的货币收入大约占总额的 1/10。就是由企业付给个人然后又由个人付给企业的这一部分货币收入，在一般年头里，也只占支付总额的 1/5。虽然这样明白确定的比例可能是有问题的，但是，由其他商业交易引起的支付，似乎比收受和消费个人收入所引起的支付大了好几倍。

据说，所有生意最后总是由消费者的需求来决定的；这个说法，就广义来说，无疑也是正确的。可是，大家都知道，零售业本身，只是商业的一个微小部分。在大多数情况下，货物在消费者最后购买以前，其中若干部分已经过了批发商人、经纪人、制造商和原料生产者好几次的买卖。这几次接连的周转所引起的支付，大大超过比较高的零售价格所引起的支付。① 经营消费品的企业需要有很多临时性支付，从运输和保险到修理和信用交易，都需要有

① 金莱发现，批发商人的存款比零售商人的存款大了一倍多（在 1909 年 3 月 16 日那一天，前者的存款是 124,824,000 元，而后者的存款是 60,447,000 元）。他也发现，"其他存款"比零售和批发存款加在一起的数额大了两倍以上（其他存款的总数是 502,817,000 元）。参阅《美国信用证券在支付上的作用》（参议院文件第 399 号，六十一届国会，第二次会议），1910 年华盛顿版，第 85、133、171 页。

联邦贸易委员会估计，1923 年批发营业金额占零售营业金额的 63.22%。它的估计是根据明显很有问题的宾夕法尼亚州的捐税报告的。也许这种估计只计算到批发商人对零售商人的售卖。参阅关于美国财富和收入的报告，六十九届国会，第一次会议，参议院文件第 126 号，第 308、314、315 页。

临时性支付，我们还要加上生产资料方面的营业，这种营业包括工业设备的制造。证券和不动产的更换主人，也需要有大量的支付。同样，新的储蓄和借款、还款也需要有大量的支付。这些支付项目都有连带的关系（例如，新的储蓄主要投在购置新的工业设备上），但我们还不能衡量这些项目。上面所列举的虽然不很完全，但我们没有理由怀疑那些从表9所得到的结论。

为使商业能够顺利地运转，企业与企业之间远为巨大的支付量必须保持，正像消费者与零售商人之间比较小的支付量必须不断地、不受阻碍地保持一样。可是，这两个支付量的基本重要性，是不可以从它们的比例来衡量的。如果各种商业都和满足个人欲望有间接的关系，那么商业支付总额愈大于零售额，均衡就愈难保持。这里又发生了一个我们在研究商业扩张过程和商业紧缩过程的相互关系时必须正视的问题。

表9　美国1919到1923或1926年支付额、货币收入和零售额等估计数的比较

	支付额的估计数					估计的支付总额的百分数	
	用支票支付	用硬币和纸币支付	总额	货币收入额的估计	零售额的估计	货币收入额	零售额
	单位：10亿元	单位：10亿元	单位：10亿元	单位：10亿元	单位：10亿元	百分数	
1919……	547	106	653	59.9	32.6	9.2	5.0
1920……	588	121	709	65.9	38.3	9.3	5.4
1921……	484	97	581	55.4	33.6	9.5	5.8
1922……	534	93	627	58.9*	33.5	9.4	5.3
1923……	570	102	672	69.7*	35.0	10.4	5.2

续表

1924……	600	98	698	72.0*	10.3
1925……	653	95	748	78.9*	10.5
1926……	695	105	800	82.1*	10.3

* 初步数字，尚待修改。

支票支付额的估计数采自表8。

硬币和纸币支付额的估计数是在这样的假设下计算出来的：在国库和银行以外流通的媒介，就它们的平均数量来说，每年的流通速度，和表3所估计的存款周转速度是相同的。这个假设和其他假设一样，似乎是有理的，但也可能是错误的。这样计算的结果，跟美国使用支票的支付额占支付总额85%的说法正相吻合。那即是说，按照上面八年估计数字加起来的结果，硬币和纸币的支付额占总额的14.9%。我接受了斯奈德先生的劝告，除1919和1920年外，我使用了官方的硬币和纸币的数字。至于那两年，我把官方的关于某些银行所持有的硬币和纸币的数字做了一些调整，其结果是，这些银行在这两年所持有的硬币和纸币数字是36.7亿和43.3亿。

货币收入的估计采自表4。

零售额的估计采自表8奈斯特罗姆和曼的数字。

5. 储蓄和花费

我们通常认为花费货币和储蓄货币是相反的行动。可是，除真正的窖藏外，其他任何一种储蓄都需要有花费行为。其实，储蓄过程是货币支付大流中的一股支流。

有的人根据这一过程来建立商业循环学说。图干-巴拉诺夫斯基教授认为，危机的到来是由于人们没有储存足够的货币来偿付景气时期所需要的大量开支。斯彼特荷夫教授认为，危机的到来是由于人们把他们的储蓄用来购置过多的工业设备，而不用来购买足够多的消费品。霍布森简单地说，当收入在景气时期增多的时候，有钱的人储积了过多的款项，而且由于他们把储蓄投在生产企业上，市场的存货过剩了。

储蓄方面的资料，是最难找到精确资料的经济资料之一。“储蓄”一词本身就有好几个不同的意义。到现在为止做了最巧妙的努力来克服这些意念上和统计上的困难的，是金博士。他把财富普查这个不大靠得住的数字拿来作为基本数字，由这一数字减去或加上对外的借方账或贷方账的估计数，结果发现，在1909—1918年，美国财富总额增加了1,220亿元。但是，在根据价格变动做了修正后，上述总额减为460亿元。这种储蓄款额，等于这九年时间内美国收入总额的14%或1/7。这个计算结果，可能不是十分正确的，因为普查的数字被认为不是十分确切的。这些不切实的地方，在1909年和1918年的普查报告中可能是十分不同的，以致所估计的财富增加数字，离实际很远，也可能不是这样。但是，金博士后来又采用新的方法和新的资料做了第二个估计。这第二个估计证明了第一个估计是对的。金博士搜集了从1909年到1918年这九年以实物单位表示财富项目的若干可靠资料，计算出这些项目历年增加的百分比。从计算的结果中，他发现了用第二个方法所得的增加的平均数，比他使用第一个方法所得的平均数大得多。他因此下结论说：“国民收入中被储蓄起来的部分正常是1/7。”

如果认为上述的百分数太大，那就不要忘记以下两个事实：①全国储蓄额中大约40%，是由企业把利润保留下来并用以投资而构成的，否则这种利润就要分给个人；②大约9%以上的储蓄是储蓄在衣服、个人装饰品、家具和汽车上。因此，储蓄总额中只有一半相当于人们说到国民储蓄时所指的储蓄。最后，必须指出，资料上的缺陷，使金博士不得不把他的计算结果作为粗略的估算提出来，这种估算需要根据后来更详尽的统计资料来加以证实或修改。的确，金博士的估计所涉及的时期是个特殊时期。他发现，在1916年，储蓄突然增加到战前平均的两倍，尽管他在计算时已考虑到物价增高的因素；他也发现，在1918年，战争所引起的损耗比那年的储蓄更多。虽然这些例外情况倾向于互相抵消，但是，我们不可以说，战后十年的平均数，会很符合1910—1918年的平均数。

要想把粗略的估计弄得精密，这样做不会得到什么结果；但是，必须指出，金博士所说的储蓄在国民收入中平均占了14%，就是等于经济研究局在它的第一次报告里所估计的收入的14%。如果我们把储蓄和货币收入相比较，上述百分数就会高一些。另一方面，金博士把永久性消费品存量的增加看作储蓄，他这样做是适当的。但是，我们在讨论货币收入中哪一部分是用来购买零售货物时，没有计虑到储蓄问题。如果我们从储蓄中把消费品的增加（金博士估计消费品的增加占储蓄的9%）减去，那么，成为有收入的投资的储蓄在货币收入中所占的百分数就会变得低一些。因为这两项有一部分是相互抵消的，我们没有明确的理由来下结论，投在产生收入的这一部分货币收入是大于还是小于1/7。

根据金博士的估计，平均来说，雇员所"储蓄"的似乎约占他们每年工资或薪金的5%；农场主和农场土地所有者与抵押权人所"储蓄"的似乎约占他们从农业所得的实际收入的12%；而商人所"储蓄"的似乎约占他们每年收入的33%。那即是说，这些人把上述百分比的收入花费如下：增加半永久性消费品；改善营业设备；购买证券，使得某一个企业家能够改善他的营业设备；获得向他人要求报

酬的权利。金博士认为，在他所选用的那个时期的储蓄总额中，雇员的储蓄占 20%，农业经营者的储蓄占 12%，而商人和非农业的产业所有者的储蓄占 68%。储蓄总额的 2/5，是由企业直接储积的，这种储蓄款项从来没有流到个人手里。金博士还发现了，“商业公司储蓄额的变动，和商业的起落成正比例”（这一点非常重要），而“私人储蓄的多少，和经济循环并没有很密切的关系”。①

英格尔博士按照另一种方法对美国储蓄所做的研究，证实了金博士的主要计算结果。英格尔博士使用了美国国家经济研究局和他自己对于 1912—1922 年间的全国收入所做的估计以及弗莱戴和他自己对于储蓄的估计来做计算；他认为战前每一年的储蓄约占全年收入的 15%。这个百分比和金博士的 1/7 的比例是吻合的。像金博士一样，英格尔博士也发现，名义储蓄由于战争而大大地增加了，但战争中的储蓄，大部分用于毁灭生命和财产，或是消失在战后的整理中。最后在 1920—1922 年内，英格尔博士认为储蓄减少到战前的一半左右——大约是全国收入的 7%或 8%。②当然，在包括了一个严重不景气和一个大危机的那三年时期内，储蓄显著地下降，这是和金博士的估计一致的。

这两个研究结果表明，无论我们是用货币单位或全国收入百分数来衡量，储蓄在我们所研究的问题中是个变动性非常大的因素。无论我们使用哪一个平均数来说明事情的一般发展，这个平

① 金：“美国实际储蓄额”，《美国统计协会杂志》，1922 年 9 月和 12 月，第 18 卷，第 305—323 页和第 455—470 页。

② 参阅英格尔：《美国人民的财富和收入》，第 2 版，1923 年宾夕法尼亚州约克城版，第 202—204 页，第 252—254 页，和《现今经济事件》（1924 年版），第 82、152 页。

均数总会跟大景气和大萧条年代的数字差距很大。但是，我们必须使用一个平均数来比较现今的储蓄额和从前的储蓄额。假使我们把英格尔的15%的战前估计或金博士的1/7的估计，看作是每年储蓄起来这一部分收入的相当恰当的平均数，假使我们接受前一节所提出的估计，即美国人民所拥有的人为设备的价值等于三四年国民财富的估计，那么，美国现有人为设备的价值，等于十年到二三十年储蓄的平均数额。①

六、经济活动的指南

1. 调节商业经济中供应和需求的问题

上节关于货币支付量的讨论，给商业经济中瞬息万变的供求问题的一个方面准备好基础。现在要来讨论这个问题的另一个方面，即各种货物的生产率和购买率不容易调节的问题。

自西斯蒙第发表文章指出，供应“不可思议的群众”的需要是毫无把握的以后，一百多年来，这个问题变得越来越复杂。工厂已经夺过来了一个又一个的家庭工业；市场范围扩大了很多；产品的种类日益增多；工业设备越来越精巧、专业。在市场的一端，站着

---

① 卡塞尔教授认为，瑞典的每年储蓄，平均地说，约等于瑞典国民收入的1/5。我以为，这个对于财富的估计，是把土地价值包括在内的。在这个基础上，瑞典所累积起来的财富大约等于35年的一般储蓄。按照瑞典国防委员会的估计，在1885—1908年这段时期内，每年财富的增加平均是3.18%。参阅卡塞尔：《社会经济理论》，第3版，1923年厄叶根和莱比锡版，第52页。

无数的货币收入者,他们购买别人生产的东西来满足家庭的大部分需要。在市场的另一端,上述无数的货币收入者挟着各种技能、各种天然资源和工业设备以及流动资金,寻找最有希望的市场来使用这些生产力量。购买货物的是这批人,销售货物的也是这批人。但尽管他们既是货物购买者,又是货物销售者,他们作为企业界生产者所做的努力却不能很好地配合他们作为家庭消费者的需要。

在商业经济下,这个问题是普遍的;它的压力是不断存在的;一代代的商人,都得花费毕生的大部分精力和智慧来应付这个问题,以免遭受淘汰。在这个努力过程中,情形有了许多的进步。一百多年以来,交通迅捷了许多,使关于各处市场的信息因此大有改善。由于运输的改良,用品的分配改善了很多。商业统计的收集和分析,犹如电报、铁路和轮船在空间方面对用品的分配起帮助的作用一样,开始从时间方面对物资的分配起帮助作用。商业联合团体的成立,使竞争盲目性减少。工业的统合使生产的设计可以更系统化。保险范围扩大了,这使各种经济风险的负担趋于均衡。随大规模生产而来的货物标准化运动,部分地抵消了产品种类纷繁的复杂情况。不论利弊如何,广告的一个用途是来控制货物的需求。除上述技术改良外,各个负责任的商人还聚精会神地观察需求的情况,利用每一个有利的变动,并且运用他们所有智慧和经验设法预防需求的减少。

可是,这些努力合在一起,也不一定能够克服逐日增长的供需调节的困难。因为,在企业管理本身里面,存在着许多势力,使市场永远不能达到平衡状态。要是企业是建立在自由竞争基础之上的，供求便不可能有稳定的调整。熊彼特说过，商业上每种新的设施，都会搅乱旧的调整基础。[①] 新的产品和旧的产品的式样或商标的更换，新的供应来源，新的生产方法，甚至新的竞争者使用旧的方法产制旧的产品，这一系列的事体，不断迫使老的企业修正已制订的生产计划和运输计划。照目前形势来看，商业上革新的巨流，没有降低流速的迹象。

供应个人需要的企业，目前似乎有这个趋向：向消费者提供品类愈来愈多的商品并保证马上交货。哪些企业能够使消费者随时买到所需要的东西，哪些企业就能够获得大部分的贸易或越来越多的贸易。为了保证消费者能够随时买到需要的东西，某些企业必须准备存货。如果制造商不肯贮存货物，批发商或零售商便得负起这个风险。

就是专做订货的企业，情况也无很大差别。它们必须在获得订单以前，先准备好接受订货的种种设备。在存货方面，风险可以降低一些，在投资和时间方面，风险并没有降低，而后者却是更大、更持久的风险。所有从事生产事业的商人，所有把资本出贷的投资家，所有有一技之长的工资劳动者，都冒着不能以合理价格卖出所提供的全部服务的风险。就是在自己所经营的行业中拥有完全独占势力的企业，也难免这种风险。

情况难于确定（使用哈迪博士的名词）是一切商业事业的普通状态。[②] 从纵的方面来说，它是由于不晓得人们将出什么价格购

① 参阅第一章第四节。

② 参阅第一章第四节之2。关于情况难于确定和冒险的区别，参阅佛兰克·奈特：《冒险，不确定与利润》。

买什么东西而产生的；从横的方面来说，它是由于不晓得直接和间接的竞争者将按什么价格供给什么东西，不晓得能够以什么价钱买到多少数量的必需品，不晓得企业本身和它与客户的关系会发生什么变化而产生的。由于情况难于确定，结果便产生了错误的商业判断和竞争的错觉。这种错误就是庇古教授和密契尔博士用以说明商业循环的因素。[①] 正由于情况难于确定，人们才发明了精巧的合作制度作为经济活动的指南。以下就来讨论这种制度。

2. 企业管理所起的作用

对于决定怎样使用国家的天然资源、工业设备、投资资金以及脑力体力，商人起着最积极的作用。

当最早的危机理论提出的时候，经济学者可以设想资本家雇主是领导企业的典型人物。他供给投资资金的大部分。他首当企业的风险。他执行管理的职务。他把全部利润收入自己囊中。现在商业界还有无数这种多方面经营的企业家，但他们大多数是领导那些规模还停留在西斯蒙第和李嘉图时代那样的企业的企业家。这些企业所受商业循环的威胁不大。[②] 在大规模组织占显著地位的企业中，独资经营的资本家雇主已经不是典型的人物了，虽然这些人在矿业、制造业和建筑业方面，还是以万计或以千万计。不同类型的领导者，已经出现于和我们有特别关系的企业领域。这个领域之所以和我们有特别关系，是因为它里面的经济活动变

① 参阅第一章第四节之 3 和 10。

② 参阅本章第二节之 3。

动得非常猛烈。

实业界所有大规模业务，现在大部分落于股份公司手中。股份公司是各种各样的、股东时常更易的组织。股东供给一部分的资金，但大部分的资金是来自于公司债券持有人。公司债券持有人有的同时拥有股份，有的没有。股东直接负担财政上的风险。但按照一般规定，股东所应负的损失只限于认购的股份的范围内。不但如此，情形往往许可股东把大部分商业循环上的风险，转嫁到职工身上。公司管理工作大部分是和所有权及财政上的责任分开的。股东把监督权力交给一个由若干人组成的委员会——董事会，董事会又把管理权力交给一批高管。高管领固定薪俸，同时还分得百分之几的红利。他们有的还拥有公司的股份。

在这样的组织下，很难找到和资本家雇主相似的人物。股东不参加公司的管理，只在每年股东大会时委人代表投票，可以肯定地说他们是不符合资本家雇主的资格的。董事也不符合这个资格，他们只决定营业的大方针，选委高管，审查和通过报告，并不注意其他事务。最后，高管要听命于董事。他们虽不是完全靠薪俸为报酬但主要也是靠薪俸的。他们各有专职，分工很精细。这样，他们也不具有资本家雇主的权力和责任。总而言之，企业管理人员已经代替资本家雇主的地位了。企业管理人员包括若干比较活跃的董事和若干高管，通常还有一二财务顾问和法律顾问以及若干大股东参加其中。实际上这批人决定着公司的业务。

可是，现在还有很多小公司和少数大公司，它们的内部大权，由一人独揽。股东选派他所保举的人，董事听从他的吩咐，职员执行他的命令。他所以保持这样高的地位，有的是由于他拥有大多数的股权，有的是由于他和拥有“控制权”的人有特别关系。在这些一人独揽大权的公司里，责任和职务在理论上的划分，等于具文。可是，这些实业界巨头的地位，还是和过去的资本家雇主的地位有区别。他供给较小部分的资金，他身任较小部分的琐细管理工作。他和较多的伙伴分担由于情况难于确定而产生的风险并共分公司的利润。但这些限制，不但没有束缚他的权力，反而增加了他的权力。这些限制意味着控制股份公司的人，能够决定怎样使用远远超过自己的资本所能控制的数量的财产和劳动。

这样，股份公司的组织虽然使企业的领导权力分散在几个有共同利害关系的方面的手中，但同时也使权力更有可能集中。金融巨头和实业巨头，凭平日的威望吸收到成千上万的投资家的资本，势力更为庞大了。他们有时互相勾结，成立同盟，从而更进一步扩张他们的势力。

还要注意另一个发展，那就是在指导经济活动上起非常积极作用的那一类企业家——发起人——的部分的分化。发起人的特别职能是给企业家寻觅新的营利机会，提醒他们注意这些机会，例如，可以开发什么新的天然资源，可以发展什么新的制造方法，可以制造什么新的产品，可以怎样重新安排现有企业的组织等。但发起人不过是一种探险家，给实业界指出新的逐利路径。他理想中的企业一经成立开始经营后，他很少长期掌握领导权。一些习性比较稳重和有恒的人，便作为高管掌握着管理权力。

3. 技术专家所起的作用

理查德·阿克赖特、罗伯特·欧文等在19世纪初期担任的管理工作，包括了工业设计和经营、商业设计和经营、财政设计和管理。但科学和机器的发明，使工业技术变得那样复杂，把这些任务集中于一人身上的做法行不通了。没有人有这么多的才艺、这么大的精力，能够一面应付愈来愈困难的商业问题，一面应付愈来愈困难的工业问题。工业革命开始不久，善于设计和使用机器的人，以及善于在物品市场和金融市场折冲的人，就开始分工了。旧时的资本家雇主，一面发展成管理人员，一面发展成技术专家。

以英国为例，早在18世纪中期，就由兵工工程师内分出了土木工程师一派。土木工程师主要从事道路、桥梁、沟渠、运河、港口、码头、灯塔等的建筑。以后又由土木工程师这个主干，派生出机械工程师、采矿工程师、造船工程师、卫生工程师、化学工程师、电气工程师等。这些人把现代科学发明的结果和方法，应用在社会日常工作上面，促成了生产方法的迅速改良，而这种改良就是现时代的一个特征。在技术方面，这些人成为生产的主要指导者。

必须承认，工程界的迅速发展是自然科学的发达以及把自然科学的发现应用于工业上面的显著效果。社会科学在精确程度上还远远落在机械学、化学和电气物理学后面，因此在社会科学的实际应用上也远远落在这些自然科学后面。但近年社会科学也开始产生了可以应用于实际用途的结果了。至少社会科学一发展到可以拿来应用时，就有新的专家团队加以利用，并且这些专家逐渐也具有了像几十年来工程师所具有的自信心，博得了有点像几十年来工程师所得到的赞扬。管理人事的经理，受到如何挑选和应付职工的训练，研究各种工作的要求，学会怎样监督工作。这种训练有两个目的，一个是提高产量，一个是减少摩擦。销售的工作——争取新的顾客和保持旧的顾客——已变成了广告家和推销员的特别活动领域。商业统计家对设计和业务现况提供意见。“科学管理”要求许多专门知识的结合，它不但会助长一种新的专门职业的发展，而且会促进好几种新的专门职业的发展。不错，这个发展是新近的发展，还在进行，情况如何，我们还不很清楚。所能确定的只是新的专门职业正在逐渐形成，这种专门职业对于组织还不十分严密的社会经济活动起着指导的作用。

这样，企业管理人员不但可向旧的法律顾问、会计顾问征询意见来管理业务，并且可向许多精通自然科学和人类科学的人征询意见。商业经理的主要作用，可能不久就会变为决定向谁征询意见，接受哪种意见，用什么专家和把哪件事情跟人商量。如果建立在专门技术上的专门职业继续增加，上述作用本身可能发展成为一个专门职业。

1923 年国家工业会议做了一番努力，估算了可以“包括在美国企业的计划人员、监督人员、管理人员之列”的人的人数。它把下述种类的人计算在内：主管公务员，经理，监理，技术工程师，图案设计家，打样人，发明者，建筑师，化学家，分析者，冶金家，查账员以及在农业、矿业、建筑业、贸易业、运输业和公用事业方面当领班、监工和检查员的人的人数的 1/4。

尽管给予商业和工业指导者这样广泛的定义，但分析了 1920 年户口调查统计之后，国家工业会议发现可以列入上述种类的人，仅仅有 150 万人。和为自己经营企业的人数（约 1,000 万人）比较,这个数目少得多了。① 但是,这些充任管理、监督的人以及技术专家等所占从事有报酬职业的人的人数的比例,不断增加,1870年不过1.25%,1920年增加到了3.8%。这个比例在受循环变动威胁最大的大规模企业,比在像农业之类的小企业来得大。②

尽管以自然科学知识为资本的技术专家晓得制造货物最清楚,以社会科学知识为资本的专家晓得管理人最透彻,但他们所处

① 参阅本章第二节之3。

② 这篇报告的主要结果如下表。

美国1920年有报酬职业者与管理、监督人员及技术专家的人数比较表

	有报酬职业者的人数(单位千人)	管理、监督人员和技术专家的人数(单位千人)	百分比
农业和牧畜业	10,953	200[a]	1.83
采矿业	1,090	44	4.00
制造业和机械业	12,819	600	4.63
运输业	3,064	105	3.42
贸易	4,243	229	5.39
公共事业	770	34	4.41
自由职业	2,144	265[b]	12.36
家庭和个人服务业	3,405	5	0.14
办事员	3,127	30	0.95
共计	41,614	1,510	3.65

a 粗略的估计

b 包括工程师和其他技术人员

参阅《工程教育与美国工业》,特别报告第25号,国家工业会议1923年纽约版,第6页。

的地位，毕竟只是实业界巨头的顾问。商人还掌握着较大的权力。这是建立在现时货币经济基础上的经济组织的必然结果。因为，决定企业经营成败的关键因素，不是机械方法的完善，也不是人事管理的周密，更不是推销技巧的高超。这些固然是有助于事业的成功的，不然技术人才就没有机会参与经济活动的指导了。但最后的考验还在于企业是不是能赚钱。这种考验使得商人成为实业界的权威领导者。

4. 贷款人所起的作用

但企业管理人员常常必须把所做的决定，提交一个更高的权力机构来审查。大多数企业必须借款补充资金，这个事实便使贷款人有权来否决他不同意的计划。

当企业家提出计划请资本家参加投资时，或以票据向银行贴现时，或向群众推销公司债券时，必须使贷款人相信他有还本付息的能力。即使申请借款者能够提供担保品，贷款人肯不肯借，主要还决定于他对于拟办事业的前途的看法。如果申请借款者不能提供担保品，当然更是这样了。银行为使行员能做明智的判断，一般要求申请借款者提出财务状况报告。此外，银行和供给商业信用的公司，一般订阅商业征信所出版的刊物并自设信用调查机构收集和分析关于顾客的材料。同样，股份公司推销公司债券或股票时，也要提出说明书说明财务状况、借款用途以及所要做的扩张的获利展望。说明书往往还要附注册会计师、法律顾问和工程顾问的宣誓证明，以增加说明书的权威性。信用调查员给一贷款者执行的任务，像工程师给工业机构执行的任务一样。

这样来说，贷款人审查提出的计划，不是马马虎虎的事。同时，这个审查对于指导经济活动所起的作用也绝不是轻微的。拟办的计划经常总是多过现有投资资金所能供应的。资本家接受这些计划，拒绝那些计划，对于决定怎样使用劳动，生产哪些产品，发展哪些地区所起的作用，虽不是显著的，但却是重要的。

但是，贷款者不是全部都能做明智的判断，大部分小投资家以及不少大投资家缺乏经验、能力或时间来鉴别哪些计划会赚到钱，哪些计划赚不到钱。许多人把钱存于储蓄银行，也有人听从比较有经验、有能力的友人的主张，也有人和他的银行或法律顾问商量，也有人凭研究金融新闻，也有人聘用投资顾问，也有人效法他们所认为的金融界著名人物的榜样。缺乏独立判断能力的投资者，在处理不应该凭感情从事的事件上往往特别易受感情的影响。商业循环的一个最显著现象，乃是有价证券市场上交替出现的勇往直前和畏缩不进的心理。就是依靠别人做主张的人们，也不免受市场一般心理的影响。由此可见，投资者对经济活动所做的指导，只有一部分是有才干的专家通过审查计划对经济活动所做的指导。

大资本家所发挥的领导作用更有力、更精明。大资本家不但在获取信息上和办事机警上胜于一般投资家，并且在管理已做的投资上也比一般投资家做得有效率。由于事势的逼迫，最大的贷款者要负担贷款者以外的许多职务；他们要密切关注与他们的财产和名誉有关的企业。的确，在最成功的商业方面，投资者和企业家的作用，总是分不开的。

5. 消费者所起的作用

最后决定产制什么东西的，要算有货币收入要花的全体消费者。

由于零售商、公用事业、个人服务业以及自由职业者竞相供应大众要购买的东西，因此上述原则直接适用于满足消费者需要的货物的生产。该原则也适用于以下物品的生产：①用以制造消费品的原料，②用以制造消费品的生产资料，③用以生产生产资料的生产资料，但没有像上面那么直接。与个人需要距离愈远的事业，愈不受消费者的控制，也愈可以由企业自由支配。企业管理人员和他们所聘用的技术顾问对选用什么地点、什么原料、什么器械和什么劳动进行生产，有很大的自由。他们也有很大的自由来决定怎样结合地使用这些要素。关于进货时间，也不一定要受消费者购买货物时间的严格限制。因此，准确地说，指导生产的一方面是关于消费者要买什么东西的预测，另一方面是关于应该使用什么有利的方法来供应消费品和现代技术所要求的各种生产资料的看法。

我们不知道人类现在所做的努力，有多少是直接用以生产消费品的，因而直接受消费者需求的控制。当然，上述美国人民货币收入平均 1/7 是储蓄起来的估计，并不意味着 6/7 的生产努力是直接用于消费品上的。上述人民的货币收入仅等于商业交易总额的 1/10 的估计，并不意味着 9/10 的努力是花在生产资料上的，这就更不用说了。但我们无法知道消费者的控制在上述两限之间的哪一点，从决定性的作用低落到仅仅产生影响的地步。唯一能够确定的是：现代技术的发展，使人们花更多的精力来生产制造货物的生产资料以及训练人员去计划和监督那些直接从事生产的人的工作。①

但是，就是在最直接控制的领域，消费者也是以被动的形式发挥他们指导生产的权力的。消费者愿意生产哪些东西，通常是从踊跃购买与犹豫不买中反映出来的。生产者一面注视这种反映，一面设法刺激需求，把需求引到有利的方向。其实，消费者往往要等看到店铺里所陈列的东西以后，才知道他们所需要的是什么东西。人们会意识到自己大概需要什么东西，但不会意识到究竟需要哪一种东西。一个人很难明确地决定要购买哪一种食品、哪一种衣服、哪一式器具、哪一件饰品、哪一种娱乐品。许多经济著作，煞有介事地描述一个人怎样来到市场，事先已打定主意要买什么东西，于必要时愿意出多少价钱购买哪些东西和多少东西；这种描绘未免过分颂扬人类的智力。只要稍稍仔细地看一下市面有哪种东西出卖，也要比普通顾客花去更多的时间。所以人们采取比较便当的办法，即购买从前买过的东西，别人使用着的东西，广告或店里推销员所推荐的东西。理解消费者需求的重要心理范畴是习惯、模仿和暗示，而不是经过深思熟虑的选择。特别要知道：那些感觉到某种需求没有得到满足的消费者，也很少要求新的产品。

① 根据职业调查统计，高登·赫斯估计美国有报酬职业的人中大约有 1/4 从事“耐久”货物的产制——这些货物包括“一切由木材或金属制成的家庭使用的器具和设备”。同时他估计 4.25%从事有报酬职业的人，是做建筑或修理工厂建筑物、机器、铁路路基、铁路车辆和农业工具的工作的。参阅“战时的生产”，《政治经济学月刊》，1918 年 12 月，第 26 卷，第 941—951 页。

新产品一般要先经企业向消费者殷勤促销，企业常常花很多的钱来指引市场和创造需求。

本章已经指出为什么花钱的艺术没有像赚钱艺术进步得那么快——家庭仍然是花钱的主要组织单位，而赚钱方面组织得更严密的单位大部分已代替了家庭这个赚钱的组织单位了。办理世界上大部分采购工作的家庭主妇，不是因为她们的办事能力而被选为主妇。家庭主妇也不会因为能力薄弱而被解去主妇职务，家庭主妇即使能力高人一等，也很少有机会把她的势力打进其他家庭里去。家庭主妇必须采购的东西的种类是那么纷繁，这使她无法像商店负责进货的人员一样，训练成为质量和价格的内行鉴定家。她常常同时既是经理，又是若干种手艺的体力劳动者。集合这么多的工作于一身，很难增进她的工作效率。她不能像商人从物理学和化学这些比较成熟的科学中得到大量实际帮助那样，从最有裨于了解消费的科学如生理学和心理学中得到大量实际帮助。她尤其不能像商人那样把一切计划组织在会计基础上面。这是因为金钱虽然是计量利润和成本的良好单位，但却不是表示家庭福利的良好单位。在这些情况下，关于消费艺术的知识，多半来自竭力为自己的商品争取市场的生产者的启发，很少由于消费者自己的自觉，这没有什么奇怪的。①

尽管消费者往往是不能自主的，但他们在市场上所占的地位

① 参阅以下几篇论文：米契尔："落后的用钱术"，《美国经济杂志》，1912 年 6 月，第 2 卷，第 269—281 页；亨利·哈拉普：《消费者的训练》，1924 年纽约版（关于一个消费者应该懂得多少东西的陈述）；海泽尔·基尔克：《消费的理论》，1923 年波士顿版（关于消费的理论和消费的实践是同样落后的说明）。

却很有势力。他们可以自由使用自己的货币收入，这种自由加上消费者们的很大的惯性，使得生产者必须不断地到处寻觅主顾，不断地设法指引群众去使用更多的和更新的产品。这种刺激需求的工作，永远不会有做完的时候。技术的发展使生产能力不断扩张，我们还没有学好怎样推销和利用某些新产品，而生产又已经取得新的进展了。因此，商人不断埋怨我们的实业“过分庞大”了。古典经济学家说：一种货物的生产，本身即构成别的货物的需求，在交换经济之下，不可能有一般生产过剩这一回事。这些经济学家自然有他们的逻辑，但西斯蒙第和马尔萨斯的识力比他们更高一等。马尔萨斯说：“人类社会历史充分证实了这个理论：对于那些会适当刺激工业的对奢侈品和舒适品的嗜好，不是有必要时就会出现，而是发展得很慢的。”[①]如果有人不愿去检查马尔萨斯所举的证据，他可以使用日常的商业经验来考验这个结论。许多迹象证明，现代商业的严重困难就是在销售方面。商业方面推销成本的激增，足够证明这个意见是确实的。[②]

消费者这样被动地加于生产者的压力，有时由于战争带来的浪费而减轻，更多的时候是由于市面的突然繁盛而减轻。在市面突然繁盛的时候，由于商业上的幻想，需求似是而非地在一个时间内扩大起来。但在其他时候，多数企业都感到了消费者巨大的压力。这个事实使消费者需求永远是决定生产的最终因素，无论在

---

① 参阅马尔萨斯：《政治经济学原理》，第 2 版，1836 年伦敦版，第 321 页。关于西斯蒙第的意见，参阅第一章第二节。

② 关于一个有实际经验的经济学者说明现代商业卖主问题的述作，读者可参阅乔治·迪布尔：《供销的规律》，1912 年伦敦版，第 10—15 章。

生产的数量方面或生产的种类方面都是如此。

在消费者需求的后面，自然有许许多多支配收入分配和花钱习惯的因素。但这句话不过意味着今天的社会情形是受昨天的社会情形的制约的，人们不能很迅速就完成必要的调整以适应改变了的状况。关于这个有趣的问题，我们当然可以做进一步的研究，但这样提一下就够了。

6. 政府所起的作用

随着中世纪后欧洲货币经济的发展，政府在指导经济活动上所起的作用，没有以前那么积极了。有一段时间，人们都认为政府应该负起指导和监督群众经济生活的任务，像负起国防责任一样，从而保护公共福利。但是，随货币经济的开展，商人和技工为了赚钱，必须由他们来供应民众需要的货物，并且，他们互相竞争，一定会把价格压低。重农学派、亚当·斯密及古典学派经济学家所提倡的放任主义，就反映了历年积累下来的这些经验。这些经济学家搬出一大篇道理给以营利为目的的私人事业政策做解释。他们加速了进步巨轮的转进。私人事业政策是与政府管理经济生活的老政策同时发展的，但形势发展得很快，在李嘉图时代，就已经有人反对放任主义了。私人无限制追逐利润，在若干方面造成了骇人的危害。结果国会出来干涉，制止这些危害。英国首先提倡，而后其他国家先后效法，群起详细研究哪一部分经济活动最好归企业机构指导，哪一部分应该由政府指导。摸索的方法，可以说是社会实行试验性措施的一贯方法。世界主要国家现在还是像过去一样极力设法处理这个问题，似乎它们现在还没有获得一致的、满意

的结论。它们还像亚当·斯密时代的情况,意见纷纭,莫衷一是。它们无疑是有了进展,但这个问题的新困难,时时不断发生。

主张由政府指导经济活动的最有力的理由,当然是政府是以促进公共利益为目的,而企业的目的却在于赚钱。政府会考虑到满足哪些需要是首要任务,并且会向有负担能力的人收钱支付费用,而企业所考虑的却是供应哪些需要可以获得最大的利益。没有能力付价的人,企业便不为他们服务。如果问题就是这些,政府今天一定会在经济活动方面负起比在重商主义时代所负的积极得多的责任。但一般人宁愿购买自己喜欢的东西,而不愿出钱购买政府认为应该生产的东西。不但如此,许多人对政府实现它的目标的能力表示怀疑。因此,政府的活动范围各国不同,各时期不同,随舆论对这基本问题的转变而转变,如果群众要求改革,那就更不必说了。

美国各级政府(包括联邦政府、各州政府和地方政府)现时是美国主要的生产组织。它们拥有巨量财产。它们雇用的人员,约占全部薪资劳动者的 9%。它们支付的收入,约占全部个人收入的 8%。这些是战后的数字。①

少数服务在各地几乎都归政府经营。人们认为在这种事业中追逐利润便和公共利益发生抵触。旨在获利的学校,不会收赤贫者的子女;以获得利润为目的的卫生机构,不会强迫需要注意卫生的社区接受它的服务。在有些地方归政府办理而在另一些地方归

① 收入的百分比是 1919 年至 1921 年的平均数。雇用人员的百分比是 1921 年的百分比。这两个数字都是从金博士所做的估计得来的。参阅金博士为勒文博士《各州的收入》所写的序言。美国国家经济研究局 1925 年纽约版。

私营机构经营的许多事业，大概可分为四类。①从经济上说最合于由独占机构经营因而易有勒索高价之嫌的事业，例如自来水、电车、铁路等。②如由私人企业经营，将把资源尽速采伐净尽，致与社会利益有所抵触的事业，例如森林管理事业。③利润前景不足以吸引必要数量的私人资本的事业，例如改良水道港口、开垦荒地、开凿运河等。④政府借以筹措收入的事业，例如欧洲的盐专卖、烟草专卖、采矿、彩票发行等。

政府在广大范围内设法限制私人的逐利，不许与公共利益发生抵触，这样就发挥了指导经济活动的作用。某些限制，例如工厂必须安设价钱昂贵的安全设备以保护工人或顾客的利益，不得雇用廉价的童工，不得使女工每日工作超过八小时，等等，各国和各州所订立的具体办法，各不相同。某些东西如不纯净的食品、药品等，常常在被禁止之列。由此可见，即使在美国，商业竞争在某种程度上也是受到限制的。

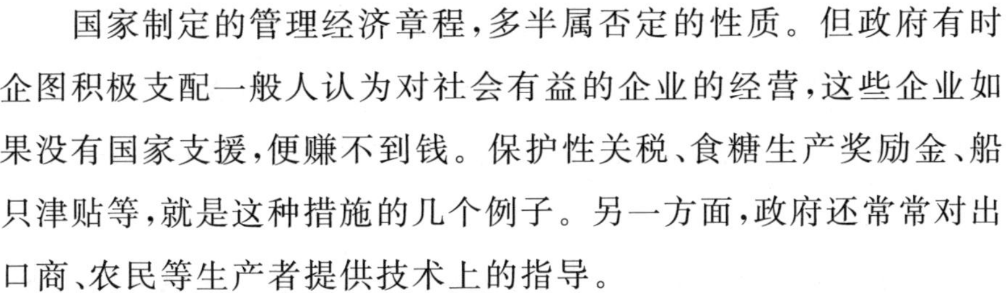

国家制定的管理经济章程，多半属否定的性质。但政府有时企图积极支配一般人认为对社会有益的企业的经营，这些企业如果没有国家支援，便赚不到钱。保护性关税、食糖生产奖励金、船只津贴等，就是这种措施的几个例子。另一方面，政府还常常对出口商、农民等生产者提供技术上的指导。

说得更概括一点，税收和公共支出的整个计划，国防建设和维持国内秩序的一切办法，货币制度，甚至政治组织的形式都会影响到经济活动的管理。总而言之，一切类型的政府，政府的一切措施，都会影响到经济活动的管理。这是因为商业经济是这样有弹性的组织形式，使得基于非经济目标的种种政府举动，都对利润前景有影响,因此也都对私人企业经济活动的管理有影响。的确,在商业循环理论上,政府扮演的主要是"扰乱因素"的角色。政府本身的经济措施,也许比任何企业的经济措施都更容易避免循环性的变动。

7. 所谓"无计划"的生产

有了技术专家计划生产方法,有了业务专家指导赚钱方法,有了贷款者审查需要巨额投资的一切方案,有了政府保护公共利益,有了全体消费者做最后裁决者,商业经济似乎既具有人才又具有办法来执行管理经济活动的任务,尽管这项任务是那么巨大、那么复杂。

再看下面所说,上述印象就更加强了。各种指导者都受利欲驱使拼命出力,都怕损失不敢大意办事。工程师犯了错误就要被解雇;企业家经营失当就要破产;贷款者投资失当,就拿不回资本;连管理当局措施失当,也可能失去地位——虽然不是必然。这样看来,凡不善于领导产业队伍的领导者,必定受淘汰,必定被排斥出领导阶层。反之,领导产业队伍成功的人,则飞黄腾达,一步一步地爬上高位。

上面所述不但适用于领导经济活动的人的情形。就理论上说,每个成年人都可以自由选择他自己所喜欢的方法来挣得货币收入,也可以随时改换方法,只要方法是不违反法律的。这样,每一个职工都被认为对指导生产有适当的贡献。一个人所能够从事的职业的范围,当然是受他的资质的限制,受他的教育和社会关系的限制。但商业经济要求产业界一般职工都要提高工作效能和用钱效能。

商业经济对实业界一般职工所施加的这个压力，不小于对产业界的领导人物所施加的压力。提倡个人主义哲学的早期作家强调指出，这个压力对于驱使人们去劳作和储蓄有很大的作用。但他们同时又说，一个人对自己的利益看得最清楚。较晚的作家，却不相信人类具有像一个世纪以前所说的那么大的智慧。他们说，在货币经济下，个人主义经济是使人不致不知道自己利益是什么的制度。约翰·克拉克教授关于这个问题的意见，不算太奇怪。他说："与其把个人主义看作是打算从最聪明的人取得最大效果的制度，毋宁把它看作是使人类的愚蠢只会造成最轻微的危害的制度。"①

由于有了这一激励个人效能的有力因素，商业经济集成了大规模合作的机会。通过付给货币报酬的手段，领导者可以得到提供各种劳动的工人、提供专门知识的顾问、把房地拿出来供人利用的地主，以及把资金拿出来让人使用的投资者等的赞助。不但如此，领导者还能使他们有组织地进行工作来实现计划。融合鼓励个人效能的刺激力和广泛的合作机会于一炉，这就是商业经济的大优点。

历史告诉我们，总的看来，作为组织经济活动的方法，随便哪一个人类曾经大规模地实行过的方法，都没有像赚钱花钱这一种方法受人欢迎。本章第一节已经说过，商业经济是从世界上历代无数人民的爱好中发展出来的。中古时代的君主和佃户、领主和农奴，似乎都得到了以缴纳现款抵替服役这个办法的好处。没有

① 参阅"社会化的经济状态"，载《经济状态的趋势》，特格威尔编，1924 年纽约版第 97 页。

人强要家庭主妇放弃自制家中使用的面包和蜡烛。没有人强要边区居民不穿鹿皮而去买衣服穿。消费者所以光顾售卖工厂产品的零售店，是因为当他们有机会做选择时，他们不愿沿用旧的方法来满足他们的需要。同样，银行业务所以能够发达，也是因为长期以来许多人感觉到银行给了他们很大的方便。但是，货币经济的发达，并不是没有施行过强迫，没有带来过损失，没有侵害过权利的。试看那使农业成为有利可图的事业的圈地措施的黑暗方面；试看那些不知道依靠货币为生的农民的苦痛；试看高利贷者的压迫手段；试看手织机织布者抵抗电力织机的悲惨的挣扎。总而言之，文化的这个特点，在经过彻底的考验后之所以能够获得世界上最进步人民的普遍接受，显然是因为和世界人民经历过的其他经济组织形式比较，它能更满意地迎合他们的需要。

可是，作为组织经济力量来满足人类需要的制度，商业经济显然有许多缺点。我们必须注意这些缺点，因为它们与商业循环有关。

(1)商业经济使各企业内部各方面的努力有效地配合起来，但不能使各个独立企业所做的努力有效地配合起来。

这两种配合计划几乎在一切方面都不相同。企业内部的配合是专家设计的结果；各独立企业之间的配合根本不是计划的结果，而是物竞天择的自然结果。一个企业内部的配合，目标总是一定的——追求利润；各个独立企业的配合则受各单位互不一致的目标的限制。一个企业内部的配合，是由一个具有实行计划的权力的领导维持着；各独立企业的配合，则要依靠许多的领导，这些人却缺乏实现共同计划的权威，除非其中一人能够强迫或说服他人群策群力地执行共同计划。由于这些情况，一个企业内部的配合，有节省劳力的特征，而各个独立企业的配合反有浪费劳力的特征。

这样，从小处说，经济活动是有计划的，是管理得巧妙的。但自大处说，它却既无计划，又无集中的管理。因此，责难资本主义生产无计划的议论，既具有重大的真理成分，又含有很大的错误成分。世界文明国家，除在战争压迫下采行临时经济动员计划外，没有做出有系统的计划来赡养它们的人口，它们始终依赖私人所发动的配合得很不好的努力。但是，私人方面的努力，在管理的技巧上已经有了显著的进步，在组织的规模上也比以前大得多。由一个管理机构管辖的企业的组织规模愈来愈大，这也是一种进步，因为它使各种努力紧密地配合着的范围扩大起来。

(2)但企业管理的技能，专注于赚钱方面。如果考验管理经济活动的效能的标准，在于能否判定什么需要对公共福利最为重要以及能否使用最经济的方法满足这些需要，那么，现行制度还有许多可以责难的地方。因为，在这样的国家里，少数人收入丰裕，可以恣意挥霍金钱来满足任何的嗜好，而多数人却没能力购买必要的东西来维持工作效率和给儿女适当的教育，难道可以说价钱卖得最好的东西就是人们最需要的东西吗？个别领导者把预期利润当做经营的指南，并不是他们的过失。他们必须这样做。因为过于把慈善和做生意混为一谈的人，往往很快就会丧失领导的地位。但是，使人们不得不接受利润这种东西作为奋斗目标的经济组织制度，绝对不能指引人们去为实现他们理想的社会福利奋发努力。政府也仅仅能够部分地弥补这一缺陷。

(3)就是从商业观点来说，预期利润也是靠不住的东西。因为利润决定于两个时常变动的因素(买价和卖价之间的差额和交易的数量),这两个因素以易变的形式互相联系着,其中每个又时常遭受许多无从逆料的事物的扰乱。物价体系显然有它自己的制度,但这种制度显然也不能确保商业利润的获得。经验丰富和眼光锐利的商人常常发现预期的利润由于预料不到的形势的发生而化为乌有。这样,商业经济使商业含有很大的不确定成分,使指导经济活动的工作变得非常混乱。

(4)就一个企业来说,市场的范围越扩大,开始筹备和得到利润之间相距时间越长,企业所负担的风险越大。但工业技术的进展偏偏不断扩充着市场的范围,并且要求愈来愈多的资金投到将来的生产上去。因此,贷款人所肩负的指导经济活动的工作,也就是审查投资计划的工作,愈来愈显得不容易。况且有如上面所述,大部分贷款人,特别是出借长期贷款的人,大都缺乏成功地完成这种工作的能力和训练。

经济活动指导制度的上述缺点,以及指导工作本身所固有的复杂性,使经济生活过程陷入反复出现的混乱,这种混乱构成了危机与不景气。但是,体会了这个事实只是知识的初步,还要做耐心的分析来了解上述混乱如何发生以及为何不会长久持续,而在经历一个时期后又恢复到繁荣状况。

七、国际经济组织的差别

1. 商业经济的不平衡发展

现在世界各文明国家,大都具有大体上相同的经济组织。本章叙述的美国商业经济，在英国、法国、比利时、荷兰、瑞士、斯堪的纳维亚半岛国家、德国、奥地利和白种人居住的英国各殖民地也流行着。发达程度比较差些的货币经济，已经出现于欧洲其他国家、西班牙语系与葡萄牙语系的南美国家以及欧洲国家的非洲殖民地。发达程度更差些的货币经济，正流行于东方国家，日本除外。[①]

无论哪一个国家，各地区货币经济的发展，绝不会完全一致。无论什么地方，城居的人民总比乡居的人民更多使用赚取货币收入和花费货币收入的方法进行经济活动。差不多每个国家都必有大工业中心和大商业中心，东方国家也不例外。每个国家也必有生产是组织在家庭基础上而不是组织在非常发达的企业基础上的地方。

商业经济的不平衡发展，对世界各地方商业循环的进程有很大影响。上面已经说过，商业经济的范围越大，繁荣和不景气便越有规则地交替发生着。繁荣和不景气的根源大都是经济过程，起因于政治或天然事件的不多。[②] 第四章将指出，在商业经济非常发达的国家之间，商业循环的发生时间和变动幅度非常相近。反之，财政组织比较落后的各国，商业循环的发生时间和变动幅度，便没有那么相近。此外，在各个国家内、各地区之间的商业变动，在时间先后和剧烈程度上很不一致——不一致的程度，似乎与这些地区的财政组织的严密程度有密切连带关系。

① 上面所说是根据比较笼统和一般的观察。这里所做的分类可能不是绝对公平的。现在认为落后的国家将来进步时，无疑要把这个分类重新修改。

② 参阅本章第一节之 4。

最近二百年的历史说明，国与国之间和地区与地区之间财政组织上的差异已渐渐减少。在世界各个角落，商业经济的势力日益发展着。但是，趋向于一致的发展还进行得很慢。这不但是由于落后民族不易形成新的习惯，而且由于进步民族不断发明新的财政组织。在我们看得见的将来时间内，各地方经济组织的发达程度，必定继续存在着大小的差别，这种差别使世界各地方的商业循环，还不能像现在中欧各国、英国、加拿大和美国那么一致。

2. 农业劳动者的比例

使各国商业循环不一致的第二个因素，是各国人民从事的职业的性质。当然，在一切人口稠密的国家里，每种大的产业，都必有一部分人口参加。但从事农业、矿业、运输业、贸易业和自由职业的人口的比例，却是大不相同的。上面说过，各种企业所冒商业循环的风险，程度大小不同。[①] 因此在这里把各国职业团体互相比较一下是恰当的。

不幸的是，各国的职业分类很不相同，因此不可能做很精确的比较。但是，关于某些国家，我们可以大略地查出最重要的一点，即从事农业的男性人口所占的百分数。这些国家就是下面第四章将讨论它们的商业年鉴的国家。[②] 表 10 列举了各国从事农业的男性人口的数字。我们曾经把外国资料重新安排，使这种资料尽量与美国的职业分类相符。但我们只可认为表上所列的百分数说

① 见本章第二节之 3。

② 在这些国家中，有的国家对男性的统计数字，较之对女性完全。

明各国对农业的依赖程度是极为悬殊的，并由此推断各国对其他产业特别是制造业的依赖程度也是极为悬殊的。

表 10　各国男性农业劳动者占全体领报酬男性劳动者的比例

国别	年别	百分比
中国	1911	75.0[a]
印度	1911	71.4
俄罗斯	1897	61.6[b]
日本	1908	58.5[c]
南非联邦	1911	55.4
意大利	1911	53.8[d]
瑞典	1910	49.1[e]
奥地利	1910	45.5
巴西	1920	45.0[d]
加拿大	1911	41.0[f]
法国	1911	40.0
美国	1910	35.8[f]
阿根廷	1914	30.0[g]
荷兰	1909	29.4
澳大利亚	1911	29.0[h]
德国	1907	28.3
英格兰和威尔士	1911	11.0[f]

附注：

[a] 估计数字。参阅《中国年鉴》，1916 年，第 3 页；《美国亚洲协会杂志》，1911 年，第 11 卷，第 203 页；《政治家年鉴》，1923 年，第 731 页。

[b] 全帝国的资料，包括西伯利亚和高加索在内。

[c] 这百分比是全部农业家庭对全部家庭的比例。

[d] 10 岁以上的男性。

[e] 15 岁以上的男性。

[f] 10 岁和 10 岁以上的男性。

[g] 职业资料没有包括职业不十分明确的劳动者，例如日工等。这种情形使农业劳动者的百分比降低。这个低得令人骇异的百分比的确切性，多少可以由这一事实予以证实，即总人口中 55%，列为城市居民，而大部分城市居民是地主和依靠地主为生的人口。

[h] “不包括纯粹的土著”。

本表是索普博士所制，除中国和俄罗斯外都是根据各国人口统计或官方刊行的年鉴。关于中国资料的来源，阅附注 a。俄罗斯的资料，来自 1911 年法国人口统计第一卷，第三篇，第 176 页。

我们把各国人口统计关于职业部分的资料重新分类过，力求与美国 1916 年职业统计的分类相符。这项职业统计名叫《农业、林业和牧业统计》。渔民和采蠔人没有包括在内。为了使各国统计可以互相比较，我们采用那些最接近于 1911 年的各国人口统计。

英格兰和威尔士的农业劳动者，仅占全体劳动者的 1/9，可以说是自成一类。这种情况并不意味着英国的商业循环，没有像欧洲各国的商业循环或人口的 1/4 乃至 1/3 是农业人口的美国的商业循环那样容易受到农业的影响，它意味着影响英国商业循环的农业收成，乃是英国向其购买大批食物并售给它们大量输出品的国家的农业收成。

另一极端就是中国、印度、俄罗斯和日本人口的情形。表上所列欧洲国家中，有几个比美国还依赖农业。更足令人骇异的是阿根廷和荷兰那样低的农业人口的比例。这可能是原始资料不完全的结果(阿根廷特别如此，因为它没有把职业不十分确定的劳动者计算在职业调查表内)，但很少北美洲人知道上述两个南方国家住在城市里的人口是那么多。

3. 进取精神与节约习惯

观察家大都同意，世界各大商业国的产业经营，反映出各国人民的两个不同性格。大家都承认，法国人的进取精神远逊于美国人（美国人自称他们最富于进取精神）、英国人和德国人。法国铁路除非由政府保证红利，否则就建不成。法国海运事业要靠政府津贴。本来以促进新企业的建立为目标的法国大信用公司，结果却改变了营业方针，以接受存款和替客户投资等危险性较轻的业务为主要业务。法国私营银行主要是做外汇和短期信贷业务。法国人似乎不大喜欢经营商业。法国人的目的，在于厉行节约从而积累一笔财富，然后优游林下，把积蓄投资于政府公债。法国商业循环所牵涉的范围，一般不是太广，并且很少发生严重危机，可能主要是由于这个原因。①

在另一方面，大家都不怀疑法国人比美国人、英国人甚至德国人节俭。第一次世界大战以前，法国似乎已有夺取英国的地位成为世界最大贷款国的迹象。国内企业比较少，加之许多小额储蓄汇成了巨款，这使法国每年有数亿法郎的资金要在国外投资。法国人选择投资时，喜欢采取他们认为保守的方针。他们有时也购买些投机性质的股票如南部非洲矿山股份等，但他们储蓄的大部分是投资于政府债券、头等铁路公司或实业公司的公司债券，以及长时期以来负有分派优厚红利的声望的股票。②

我们不难再详细地讲下去，指出一般认为存在于南美和北美人之间，中国人和日本人之间，俄国人和斯堪的纳维亚人之间的不

① 参阅《施莫勒氏立法年鉴》(1910 年，第 229—233 页）中韦登菲尔："现代企业界中的个人成分"。

② 参阅内马兹：《法国的储蓄及其影响》，第 163—181 页；国家货币委员会刊物（第 61 届国会第二次会议文件，第 494 号）。

同性格。毫无疑问，存在于不同民族之间的任何不同民族性，都必定对这些民族的整个经济生活产生影响，但对这些问题详细地讨论下去，对于我们的研究是没有多大用处的。第四章在说明了世界各地商业循环之间所存在的关系后，将集中注意英、美、德、法四国的情况。关于这四国的商业特征的不同，上面所说的已经够了。

4. 货币银行制度

第一次世界大战未发生前，人们大都相信各商业国家不久会有同样的币制。各国已经相继采行金本位制，使用银币、纸币、银行钞票作流通媒介。依旧使用银本位的大国，只有中国一国。复本位制已经绝迹；不兑换纸币只是昙花一现的事体。虽然大战使各国币制陷入大混乱的状态，迫使许多欧洲国家停止通货的兑现；但似乎几年之内，币制方面的一致在很大程度上可以恢复过来。如果这样，进行国际交易将会像从前那样便利，而且那些使各大商业国家联系起来的财政上的结合也会比1914年以来更为密切——除非又发生一种非商业的势力，阻碍这种结合。

各国银行制度，在大战以前，已经变得很相似了。这是由于各国努力使那些在别国已经实行得很成功的制度适合于本国的需要。在这一方面最后一次所采取的伟大措施，就是1914年美国联邦准备银行制度的建立——在原由29,000多家独立银行组成的体系里，推行了变相的集中制度。但银行制度和银行业习惯从来未曾发展到像币制那般的一致程度。对研究商业循环的学者来说，关于银行制度的最重要的差别，在于盎格鲁—撒克逊各国盛用支票作为支付手段，而其他国家则不然。同时也要想到，除欧洲、北美和澳大利亚外，利用银行设备的主要只限于商业城市，大部分民众与银行只有间接的关系。

5. 在管理经济活动中政府所参与的部分

最后，即使在金融组织彼此最相类似的各现代国家里，各级政府参与管理经济活动的程度也很不一致。就美国来说，一部分由于宪法限制了政府的权力，一部分似乎由于美国人不愿意受人管制，美国人在市营公用事业、州营铁路、州营电力、州营电报、州营矿山等方面所做的试验，没有像德国人、法国人或英国人所做的那么多、那么大胆。但这种不同也许已经愈来愈小了。公用事业委员会的设立，无疑已使各级政府得以参与几个企业部门的管理，这个委员会就是作为管理私营企业的机构设立的。

下面几章就要说明的各国经济组织和习惯的各种不同之处虽然都是重要的，但最重要的却是商业经济发展的不平衡。它与农业人口的百分比、商业进取精神的强弱、银行设备的利用情况，甚至政府参与管理经济活动的范围，一一都有密切的有机联系。可是，这些不同合并一起也只能说明第四章所述的各国商业历史的分歧的一部分原因。另一部分的分歧应归因于政治因素或自然因素。但是，我们不大明了造成各国商业循环不一致的各个势力的相对重要性和相互影响究竟是怎样。也许将来有一天发现某种势力是主要势力，而现时我们还没有看到这种势力。要想早些更完全地了解商业循环问题，最适当的方法就是尽量利用我们现有的知识，尽管这种知识是有限的。

八、结论

1. 第二章所以存在的理由

分开来说，第一章所述的各个理论，即使不能使人信服，也多半是讲得通的。它们的确各自说明了商业循环问题的某一方面。总的来说，这些理论所提供的贡献，就和上述有点不同了。这种贡献，只有有勇气和时间来彻底研究这一问题的人，才感到有用。这些理论指明商业循环是各种不同过程(自然的过程、心理的过程、经济的过程)中各式各样的变动集合在一起的东西。细想起来，与其说这些理论是对一个现象各持一见的解释，毋宁说它们是对若干紧密地相关联的现象彼此互相补充的解释。它们所述的各种过程，都是一个总体的各个特征。这些过程不但是齐头并进的，并且是互相影响的(除气候这个因素外)。这样，解释方式的繁多，初看起来好像是混乱得会令人头疼，但其实对观察商业循环的复杂性质很有帮助。

复杂并不证明原因是繁多的。可能一切现象都是由于某一个原因。无论自实际观点上说或自科学观点上说，像这样简单类型的解释，如果能令人满意，都可以说是商业循环的最合理想的理论。但是，如果商业循环有一个原因的话，我们先要知道我们要说明的现象是什么现象，以及这个原因怎样产生直接和间接的复杂结果，然后才能确定这个原因是否能够充分说明这些现象。此外，无论所假定的原因是单一的或是繁多的，我们总要等到知道了商业循环所特有的过程是什么，以及这些过程的相互关系如何，才具备条件来处理因果关系的问题。第一章已经指明了主要过程是哪些过程。至于寻找它们的关系，就先要研究发生商业循环的经济组织的发展情况和作用了。本章叙述商业经济，目的就在于此。

很少有商业循环作家认为这种叙述是必要的。他们没有一个怀疑过大多数现代生活过程对繁荣和不景气的交替所起的作用，不论这些过程是社会过程、政治过程或经济过程。但大多数研究者却把复杂看作当然的事，相信他们自己和他们的读者所掌握的经济组织的知识已经足够应用了，而倾全力来说明循环变动的主要动力是从什么地方来的。自命已经掌握了上述这个主要问题的理论家，往往单去援引那些似乎可以证实他的解释的迹象和理论，而不愿花费太多时间去研究那些和他所主张的主要原因相适应的过程。并且，这种类型的解释如果做得巧妙的话，多半会令人信服，除非读者已经知道了一个或几个说明，这些说明也同样肯定地指出主要原因是其他原因。在这种情况下，读者势必不再去开动脑筋思索这个难题，或者根据不充分的理由就各家所提出的解释中马马虎虎地选择一个，不然就要自己努力去研究各个权威已经研究过的过程的相互关系。

从这样简略地写出了一些东西的人，甚至从仅仅简略地想出了一些和我们问题有关的东西的人那里，我们获得了不少的教益。详细去讨论他们的不周到的地方，不如详细去讨论他们的积极成就，因为这样做获益更多。当人们刚刚着手研究商业循环的时候，所提出的假设必定是考虑得不周密的。此外，还有这个问题的复杂性以及多种假设的可能性，都未经研究。今天依然就单一的因果关系进行研究而不去研查其他关系的作家，也许似乎有点古怪，但他们也可能对于增长中的知识，增添一些新的发现，或增添一些可以据以进行研究的新的见解。但是，我们必须在仿效他们的方法和利用他们的成就这两条路线之间选择其一。如果我们觉得各派研究家所得的表面上分歧很大的结论有某些可用的地方，那么我们便必须比我们的前人更加小心地来从事我们自己的建设性工作。

2. 总结

我们已经完成了关于经济组织的概述，现在可以总结主要的结论以供将来使用。

无论哪个社会，总要等到大部分居民已经开始依靠赚取和使用货币收入来生活的时候，商业循环才会成为它的经济生活的一个显著特征。另一方面，在经济活动已经这样组织起来了的一切国家，似乎普遍出现了商业循环。这些意见，反映出在所谓“商业经济”这个精巧的经济组织形式和繁荣与不景气反复循环这一现象之间，存在着有机的联系。

货币经济已经达到高度的发展后，家庭仍然掌管着消费这一方面，但生产却主要由一个新的单位——企业——掌管着。此外，还有这种迹象，组织非常严密的企业单位占支配地位的产业里，商业循环现象表现得最显著，并且，在这些产业中，大的企业单位所受到商业循环的影响大于小的企业单位。

根据最可靠的现有估计数字，美国劳动者所使用的人为工具的价值，大约等于三年的国民收入。这种工具不但包括建筑物、运输体系、工厂和各种器械，并且包括道路、流向消费者的产品和商品以及个人所有物。这个累积的财富的拥有，使社会在一定时期内的消费量，有可能多于这时期内的生产量。按人口平均计算每人消耗多少粮食，差不多年年是一致的，但消耗在维持和扩充企业设备上的开支，就不会这样年年一致，并且事实上从来不是年年一致的。这样，现代工业方法和商业组织，至少在经济活动的一个重要方面，给循环变动开着大门。

企业要想兴旺，甚至只想生存，就非赚到利润不可。不必年年都有利润，但平均起来每年必须赚到利润。因此，企业的管理必须以营利为主要目标。企业在货物生产上、运输上、保管上和销售上进行的各项过程，全是完成这个目标的手段。换句话说，工业是从属于商业的，货物的生产是从属于营利这一目标的。

但是，即使就最严格的商业观点来说，最重要的，却在于一定时期内货物的买卖数量。利润等于企业对于一切必须购买的东西所付的价钱和对于一切卖出的东西所收的价钱的差额。因此，利润是看货物的买卖数量以及买价和卖价相差的大小以为定的。

在一个商业经济社会中所产销的各种货物的价格，构成了一个有规则的体系。维持这个体系内各部分的关系的积极因素，就是追求利润。商人无时无刻不在寻找以巨大的差价买进卖出大量货物的机会。当买卖价格之间的差额似乎很大并且需求也很大的时候，新的企业家如有可能就会挤进来。由于他们的竞争，不久买价便提高，卖价便降低。反之，当买卖价格相差不大的时候，人们便不做新的投资，旧的投资可以设法收回的也纷纷收回，移到前途比较光明的方面去。结果买价就要下跌，卖价就要上涨。上述投资的移转，无时不在进行中，其结果，并不是使买卖各种货物所得的利润率趋于一致，而是使买价、卖价发生这样的调整，使得在一切可以容纳新的投资的商业部门，买卖价格之间的差额和使用一定资金所能做的买卖数量，其可能产生的利润，都不相上下。事实上这种一致从来没有实现过。但商人计划投资时，总是以将来利润比较现在利润水平的高低作为指南，决定行动。

因此，分析商业循环时，我们必须认识到争取利润是许多构成商业经济的活动过程中的主要过程。就影响利润来说，气候是有相当作用的。同样的，人们情绪的变化、消费品的生产和消费，以及许许多多其他因素，也都有相当的作用。另一方面，这些因素受到人类行为的影响，因此，将来利润又会对这些因素起作用。就是我们归类为政治的或社会的而非经济的因素，也在不同程度上受商业上的获利可能性的影响。但是，我们当然应该把注意力集中在那些对将来利润影响最大和受将来利润影响最大的过程之间的关系上。本章的主旨，就是对几个主要因素的相对重要性求得尽可能正确的估计。

我们主要是用信用证券来进行“生产他人所使用的货物和获得自己所使用的货物”。这一制度所要求的复杂交易的，使用硬币和钞币进行的部分比较小。就美国来说，大约 85%的付款，是用支票支付的。存款通货是与经济活动的变化相适应的，因为存款通货的数量和周转率都是随繁荣和不景气而增减的。

企业所生产的货物，通过货币收入的不断付出和耗用而分配于整个社会。在各种收入中，工资和薪金居第一位，平均占货币收入一半以上。利润居第二位，约等于股利、利息和租金的总和。个人得到的货币收入,平均每年 60%以上是在零售店中花去的。其余分散于消费的各方面,其中租金占最大部分。

这是商业经济的一个特点:供应货物来满足人类需要的过程引起了商业交易,而交易量大大超过当时人民的收入额。最近的资料表明,美国的支付总额可能等于全部个人货币收入的十倍,或者等于收到个人收入和花费个人收入所涉及的交易量的五倍。

每年收入的很大部分是储蓄起来的,也就是说,是用于增加社会上相当耐久的消费品的存量,或用于提高将来收入的生产力的。据现有的最完全的估计,美国每年储蓄起来的收入,平均约等于当年收入的 1/7;但这一估计是否确切,还是有疑问的。这些储蓄的 2/5 是企业方面的储蓄,而不是个人的储蓄。种种迹象表明,美国积累的财富(土地价值除外)约等于 20 年乃至 30 年的储蓄。

使用货币作为分配收入的手段并且听任得到收入的人任意挥霍这项货币的这种经济组织,必然会令调节各种货物的供应使之与有利可图的需求相适应这一工作,变得极端不易。为详细地管理生产起见,商业经济已经开始实行这种复杂制度:企业管理人员扮演管理生产的主要角色,但有各种专家帮助他们。他们必须把大部分重要计划提交借出信用和借出资金的人去审查。最后,消费者决定应该生产什么东西。消费者通过踊跃购买与踌躇不买反映他们的意见。但是,企业在很大程度上能够影响并且也确实影响了消费者的选择。此外应使用哪一种直接和间接的生产资料来制造消费品的技术问题,也是由企业管理部门决定的。

自欧洲货币经济发达了以后,政府对指导经济活动分担的部分逐渐缩小了。似乎这种情况,英国在 17 世纪,法国在 18 世纪初期，德国在 18 世纪末期，开始转变，现时各国政府经营着社会不肯交给私人经营的若干事业（这些事业的种类和多少，各国大不相同），同时它们也极力设法制止凡与公益有抵触的营业方法。除战时经济动员计划外，没有一个国家订有指导经济力量的广泛计划。在货币经济晚近阶段发展出来的指导计划，仅仅限于个别企业单位的范围，或限于受同一机构管辖的企业集团的范围。这个指导计划，就是由企业管理部门、技术专家、贷款者和消费者共同负起指导责任的计划。至于各个独立营利的人们所经营的事业之间的关系是没有计划的。这种关系随时成立，随时改变，以这些企业单位的竞争情况为转移——任何拥有资本的人都能够加入竞争，在竞争中有的企业家获得或多或少的独占利益。商业循环就是这种组织的无计划的产物中的一种。

在欧美文化高度发展的各国，现时盛行着形式大致相似的商业经济。在其他国家，似乎商业经济也日在发展中。但除日本外，东方和文化比较落后的地区，商业经济还没有发展到商业循环已获得了显著的重要性的阶段。就是在各大商业国里，经济组织还存在着小的不同之处，例如农业人口百分比、节俭习惯和进取精神、货币与银行习惯、政府的经济政策，等等。这些不同之处连同许多非经济因素，使任何两个国家的商业循环，不能完全相似。

3. 平衡的观念

我们再说一次，第一章指明了商业循环是许多过程中的各式各样的变动构成的复杂现象。这使我们必须寻求一种有系统的计划来说明各过程的相互关系。第二章提出的计划，把注意力集中在追求货币利润这个方面。上面详述的各种理论所强调的一切商业循环“原因”，如果对经济活动有什么作用的话，它们总是通过利润这一因素来发挥这些作用的。将来发现的任何其他“原因”，情形也必定如此。这样，在以后各章，我们有一个可以遵循的标准。这个标准应该可以使我们能够讨论和商业循环有关的各式各样经济过程而不致陷于混乱。

还有一种方法，可以使讨论不致陷于混乱。那就是把我们的标准所提示的各个问题，全看作具有同一性质的问题——平衡的问题。上面评述的若干理论明白地提出了这种概念，商业循环就是某种基本过程的平衡周期地遭到破坏和恢复原状。此外还有若干理论也在字里行间流露出了这种概念。我们能够把这一概念拿来利用吗？

经济的平衡这种概念之所以成为流行的概念，无疑应归因于机械学上的比拟。人人都承认比拟虽然在科学研究上有很大的启发作用，但却是一种危险的指导。经济学者讲述他们所称的静态问题时，比拟的功用就最大，危险最小。静态问题不是由现实生活中提出的问题，它是由研究者的脑海中想出以适应他的用途的问题。因此可以说静态问题是属半机械的性质，而机械学上的比拟当然是适用于机械的问题的。但是，商业循环的问题，正好与“静态”相反。如果我们用机械力的平衡来设想商业循环问题，我们就得设想许多时时刻刻变动、以不同速度变动并且在变动过程中互相起作用的势力之间的平衡。一个聪明绝顶的人，如果认为值得这样做的话，就会设计一种机器，有点像循环性商业变动那样运转着。但是，如果他真的这样做的话，大多数经济学者一定会感觉这种机器非常难以了解，它的作用和商业过程常常没有共同的地方，以致他们不过问这种机器而让机器发明人自己去鉴赏它。

可是，有一种和上面不同的平衡概念，可以帮助我们解决问题，那就是资产负债表的平衡，而比资产负债表更好的是收支表的平衡。这种表与机械力毫无关系，而这一点即可防止似是而非的比拟。收支表所涉及的全是金额，而金额正是我们问题中的要素。收支表总结了各个时期中与我们有关的许多过程的结果。我们可以划分这些时期，以上述过程的商业特点为划分标准。不但如此，各期收支表互相联系着，正合我们的目的。某时期收支表表明前期收支表所包括的某些项目曾经发生的变化，同时也列出某些在下期收支表里才知道是怎样处理的项目。最后，计算出的结果的确是寻求收入和支出相差多少的好方法。这两个总数之间的差额，记在收入的一方作为利润或损失，要么是正数要么是负数。这种特点，也正适合我们的需要。我们没有理由可以预先假定商业过程有保持平衡的"倾向"，正如我们没有理由预先假定商业过程有脱离平衡的"倾向"。当我们使用平衡的概念时，我们所需要的，是一种这样的方法，可以表示各种过程中相对立的总数之间的关系，像簿记上收入和支出的对立关系一样。发现了均等关系或发现了一些项目大于其他项目时，我们的问题是探讨这种均等或超过会产生什么结果。这些结果并不总是必定倾向于使平衡归于恢复的性质，正如企业某一年的损失并不总是必定倾向于使它于次年能够获到利润。但是我们懂得当某几对儿的相对立项目的总数发生严重的不平衡现象时，现代商业体系就不能顺利地运转。

指出这种平衡概念在讨论商业循环上的作用，实等于重新详

述本章的主要结论。主要的论点就是收支表直接应用的论点：企业除非最终收入超过支出，两者之间有满意的差额作为利润，否则就无法“继续经营”。要维持这样的关系（记账员称此为差额），许许多多其他时时刻刻变动着的总数必须保持适当的关系。例如，许许多多生产出的和卖出的货物的卖价必须适应生产成本。各种货物的生产量必须分别适应需求量。为使支付不致发生困难，硬币、纸币、存款通货的数量和周转必须适应贸易的金额，或贸易金额必须适应通货流通量。此外，必须把支付手段付给购买者作为货币收入或借款，并且付出的数量要和送往市场求售的货物的价值相适应。为扩充工业设备提供资金，一部分的收入必须储蓄起来和投资出去，但又不可过多。

我们可以这样一直讲下去，把一切商业循环理论都作为平衡问题看待。只要我们记住想象中的平衡是和簿记上的平衡相似而不是和机械学上的平衡相似，这种说法便是有利无害的。我们所说的平衡，其发生要经过相当的时间，这时间的长短要依情形而定，很少是确定的。这个平衡不需要十分精确，因为一切商业计划，都保留有伸缩余地，以为万一的准备。只要实际的结果与期望的结果相差不远，一切就可安全无虞了。如果长时期持续着很大的不平衡，在许多情况下，可以把某些组成要素的价值估高或估低，使平衡重新恢复起来。商业平衡既包括某些价值的估计又包括某些交易的记录；既预计将来，又回溯过去。商业平衡不但可用以控制计划，并且可用以记录结果。商业平衡的可靠性要看判断力是否正确，同时又要看计算方法是否精确。

第三章　统计的贡献[①]

一、理论工作和统计工作通常的区别

在第一章论述现有学说时，几乎没有提到商业循环研究中现在所特有的而且将来很有发展前途的工作，那即是统计材料的分析工作。几个理论家，特别是亨利·穆尔巧妙、精细地使用数量方法，而且必要时，他们几乎都是引用统计资料来做证明。可是，许多商业循环学说，还是使用西斯蒙第和李嘉图所熟悉的方法而建立起来的。

另一方面，近来出现了商业循环统计学家，这一派学者到现在为止所想做的，不是建立一般理论，而是把个别经济过程中循环变动的事实更精确地确定下来。这些统计工作者通过详细研究而写成的文献，倒像自然科学的文献，而不像经济理论的文献。这种文献的内容，多是技术性的论文，很少是有系统的论述。这种文献，在形式上是数理的，而在精神上是经验的。这种文献只说到几个

① 在写这一章时，我得到了美国国家经济研究局人员特别是米尔斯博士和该所理事特别是杨格教授很大的帮助。

问题,把着重点放在度量上,而且企望达到预见。

理论家和统计学者两者之间的交流做得不够,没有达到他们共同关心的问题所要求达到的程度。许多统计学家,不大注意现有的商业循环学说,而许多理论家很少使用统计方法。和上面类似的分工结合在一起的观点上的类似的分歧,在近代科学里,似乎并不少见。实验主义者和纯粹理论家往往很难相互了解;但是,他们终究要相互提供材料,而且科学的进步是两方面对于未知的东西共同研究的成果。商业循环的研究工作必定也是这样。

统计分析提供了确定各个商业循环学说所强调的各个因素的相互关系和相对重要性的最可靠方法。纯理论的假设是统计研究最好的指南针,而理论上是否有重要意义是统计计算结果的主要试金石。通常对于统计工作和理论工作所划的界线,是没有正当的理由的。要划分的话,只可在调查研究者能力和资料的局限性上来划分。

二、使用统计方法的发展

1. 商业循环早期作家很少使用统计资料的原因

在英国,从统计上研究社会问题,是由和牛顿同时代的人开始的。这些人中,最杰出的一个是威廉·配第爵士。他写“政治算术”,设法用“数量、重量或度量”的字眼来表达自己的意思,并且以对数量的“意见或见解”来做他的论述的“基础”。这些见解,“或是正确的,或是并非显然错误的,即使是错的,也不会错到打破论点的程度"①。可是,这种政治算术,并没有大大地发展起来。"用数量、重量或度量的字眼来表达的意见",是少见的,而那些"或是正确的或不是明显地错误的见解"(配第的信徒写论文时根据这些见解)有时会导致相反的结论。当亚当·斯密正在写《国民财富的性质和原因的研究》的时候,理查德·普赖斯博士证明说,自从革命以后,英格兰和威尔士的人口大约减少 1/4,而阿瑟·杨格却证明说,英格兰和威尔士的人口增加了。亚当·斯密"对于政治算术不大相信",在阐明"明显、简单的自由制度"时很少使用政治算术,这是没有什么奇怪的。②

但是,如果把商业循环学说初次出现的时代说成是没有重要的统计资料的时代,那是说得太过。人们只要翻阅像乔治·查默斯的《英国实力的估计》(1782 年)、弗雷德里克·艾登爵士的《穷人的情况》(1797 年)、马尔萨斯的《人口论》第二版(1803 年)或图克的《关于过去 30 年物价高低的详情和意见》(1823 年)这类的书,就会明白,有这种研究才能的人是能够搜集和批判地使用大量的涉及许多问题的统计资料的。上面所举的只是在数量上迅速增加的、在质量上逐步改善的而且越来越得到群众支持的那类著作中几个突出的例子。1801 年,英国举行了第一次普查;1832 年,英国商务部增设了统计司。在 1801—1832 年,英国官方悄悄地累积起来的统计资料,其卷帙浩繁和种类之多,从以下一个事实就可看出来:1833 年,约翰·马歇尔刊行了一部四开的关于联合王国的

① 这一句引自《政治算术》(1690 年出版)的序文。参阅查尔斯·赫尔校订的《威廉·配第的经济著作》,1899 年剑桥版,第 1 卷,第 244、245 页。

② 参阅《国民财富的性质和原因的研究》,迦南版,第 2 卷,第 36、184 页。

人口、生产、岁入、财政经营、制造工业、航运业、殖民、商业等各项报告的摘要，这个摘要是对600卷以上的杂志、报表和过去35年内向国会提出的论文所做的摘要。

如果认为19世纪初叶完全没有统计方法，那也是错误的。在1707年刊印和以后不止一次地重印的《货币记录》一书里，弗利特伍德主教说明了怎样在数量基础上对待货币购买力变更的问题。舒克堡-伊夫林爵士在1798年向皇家学会提出了编制物价指数的明确计划。[①] 威廉·普累费尔，在他连续刊行的各版(1786、1787、1801年版)《用有色铜版图说明整个18世纪英国商业、岁入、岁出和债务情况的商业和政治地图》书里采用了图示法把时间数列显示出来。约瑟夫·弗里埃发明了调和分析，他撰写的关于这一方面的论文，在1812年得到了科学院的奖赏。[②] 最重要的，是拉普拉斯在1814年所刊行的《关于概率的哲学论文》。在这篇有趣的论文里，那个时期最著名的数学家把他的前人和他自己所想出的分析方法做了总结，而且建议，在讨论社会问题时也使用分析方法。他写道："让我们把那些以观察和计算做基础的方法应用到政治和社会科学中来。这些方法，在自然科学方面，对于我们是很有帮助的。"他主张，为了达到这个目的，社会统计资料的编制必须是有系统的。每一个"行政部门，对于各项措施所产生的各种影响，都应该有精密的记录，这是非常重要的，因为许多措施都是政府的大规模试验"[③]。

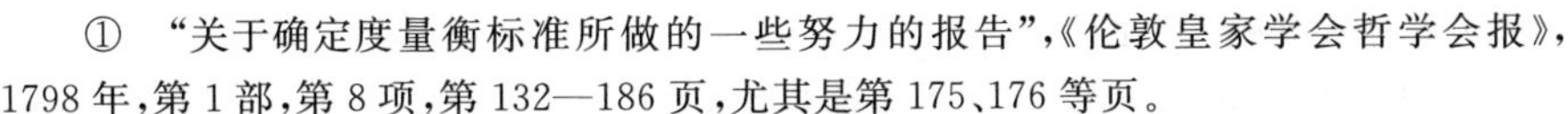

① "关于确定度量衡标准所做的一些努力的报告"，《伦敦皇家学会哲学会报》，1798年，第1部，第8项，第132—186页，尤其是第175、176等页。

② 《热在固体中移动的学说》。

③ 《哲学论文》，第6版，1840年巴黎版，第135页。

所以，如果把早期商业循环理论家忽略计量这一行为都归因于有关资料的不足或是统计技术还没成熟，那是过于简单地说明问题的做法。这些初期作家，如果采用了拉普拉斯所建议的方针，他们也许会使用可以采用的资料，而且会使这种资料有所增加，他们也许会学会和发展拉普拉斯所建议的分析方法。可是，像其他经济学家一样，大多数的危机问题作家却采用了一个比较容易、快速和（在他们看来）有效的研究方法。危机问题研究者，不难想出一些似乎有理的说明。他们从大家所知道的事实中，选择那些和他们的主题相符合的几个，就能够很快地把他们的臆说发展成为堂皇的学说。这样他们避免了在研究时如果使用难以歪曲的统计资料做根据所要发生的许多困难和疑惑。这一时期的经济学家在讨论方法问题时也许会承认，他们的"演绎"推论需要有"归纳证实"，但他们却轻易地把第二部分比较费力的工作撇开。[①]更重要的也许是这一事实：采用"演绎"方法的作家，很容易这样提出他们的问题，妨碍"归纳证实"的进行。假使采取另一个途径，上述阻碍也许是可以避免的。[②]如果只在研究结束的时候才使用统计方法，

① 例如，穆勒 1843 年在他的《逻辑体系》里所推荐的方法和他 1848 年在他的《政治学原理》里所使用的方法是不相同的。只在几章里，穆勒真正使用了他所推荐的"具体的演绎方法"。

② 看一看李嘉图的主张：要想"从一种货币和许多种货物（不是一种）的关系"来确定"这一种货币的价值"，那是不可能的。

李嘉图说："认为这种检验标准实际上是有用的，这种想法是由于对价格和价值的不同之处有所误解而产生的。

"一种货物的价格只是它以货币来表示的交换价值。

"一种货物的价值是按它和其他货物交换时能换得多少而估定的。

"可能有这样的情形：一种货物的价格增高，而它的价值下降；也可能有这样的情

要它解答它没有参与拟定的问题，那么统计方法就不能完全发挥它的效用。

2. 统计技术的发展

19世纪初叶的数学统计学家并没有进到经济学领域来。拉普拉斯把他在“哲学论文”里所提出的概率学说应用于社会现象，其范围只限于证人口供的证实、议会决议案、死亡率和婚姻的平均期间这一些事体。阿道夫·揆得勒在1835年刊行的两卷的《人类》一书里，说到了肉体上、智力上和道德上的特质。亨利·巴克尔企图把统计方法推广到历史研究上；在他的《英国文化史》(1857和1861年)一书里，他认为，人类的动作受一些规律的支配，这些规律像那些支配着自然界的规律一样固定、有规则；但他又认为，只有观察这么多的事实使得干扰作用能够互相抵消，才可以发现这些规律。但是，对于统计技术做出最大贡献的，还是数学家。戈斯在1823年发表了最小平方法。泊松在

(接上页)形：一种货物的价值增高，而它的价格下降。一顶帽子的价格可能从20先令上涨到30先令，但使用现在30先令的钱可能买不到从前的20先令所能够买到的那么多的茶叶、糖、咖啡和其他东西，因而一顶帽子现在换不到从前那么多的东西。这样，帽子的价格尽管增高了，可是它的价值却降低了。

没有什么事像确定价格变动那么容易(原文如此)，没有什么事像确定价值变动那么困难。其实，没有一个衡量价值的不变标准——这种标准是不存在的——就不可能确定价值。”“关于建立经济的、稳定的货币的建议”，麦卡洛克编《李嘉图著作》，第2版，1816年，第401页。

现今的经济学家把李嘉图所下的这个定义(“一种货物的价值是按它和其他货物交换时能换得多少而估定的”)应用到货币上，而且着手编制物价指数。这样，他们不一定要有“衡量价值的不变的标准”，可以使用上述一般物价指数来比较个别货物价格的变动。他们几乎做到了李嘉图想做的衡量价值的变动。

1837 年证明了，每一次试验时放弃了同等的先验概率的假设就能改变分配曲线，从而使得概率论更能适用于社会问题。他使人们注意到“大数定律”。

在这个时期，只有奥古斯汀·库诺这一个经济学家注意到理论上使用统计的问题。在考察价值变动这个老问题时，他顺便说：“在经济学中，正像在天文学中一样，必须认识那些和周期变动不相干的长期变动。”比上述更重要的，是他关于需求曲线问题的研究。虽然他自己对于这个问题的讨论，只限于“使用一个不确定的符号”所做的数学分析，但是他强调了从统计上研究需求(D)和价格(P)这两者之间关系的必要性。关于这个方面，他提出了可以发现那些能够确定各个经济变量的关系的统计规律的方法。他写道：“既然有不胜枚举的或是无法计量的道德上的原因都会影响到需求规律，那么很明显，我们不应该期望这个需求定律能够用一个代数公式来表示，正像死亡率规律以及所有在统计学范围内起决定作用的规律或所谓社会算术不能够用代数公式表示那样。所以，必须依靠观察来提供在适当限度内制成 D 和 P 的相当价值的图表，接着，可以使用大家知道的内推法或图示法制成一个经验公式或一个曲线来表示在讨论中的函数。可借以解决的问题可推广到可用数字计算的问题。”①可是，库诺在他的《财富论》和《机会、概率论的说明》(1843 年刊行)两本书里没有使用统计资料。他没有把这个理论应用到比拉普拉斯在

① 《财富论中数学原则的研究》，纳撒尼耳·培根英译本，1897 年纽约版，第 25、49、53、54 页；原书 1838 年刊行。

1814 年所考虑的范围更广泛的社会问题。对于经济研究使用统计这一方面第一个做了强有力的推进工作的，乃是斯坦莱·杰文斯。①

当杰文斯还是个伦敦大学学生的时候，他就开始研究“周期性商业变动”（即我们现在所说的“季节变动”）。他很快地转到那跟着美国加州和澳洲金矿的发现而发生的“黄金价值”变动的研究。他说：“揆得勒和其他学者充分证明了，许多这种性质的问题是那样错综复杂，以致我们必须使用平均数和依赖概率才能研究这些问题。”为要确定“黄金价值”的变动究竟是怎样的，杰文斯编制了 1845—1862 年间 39 种货物批发价格的指数。他讨论到要使用哪一种平均数才是最好的问题，他使用更多种即 118 种货物批发价格来测验他的计算结果，并且求助于概率论，去寻找物价上涨的原因。他说：“一系列无联系、偶尔发生的情况引起物价上涨的可能性是万分之一（就一种货物来说，引起它的价格上涨的是一种情况；而就另一种货物来说，引起它的价格上涨的又是一种情况），绝

① 在 1833 年，英国科学促进会创设了统计学部，而曼彻斯特成立了统计学会。可是，这两个组织都设法避免讨论统计资料理论上的含义。“几个有名的统计学家，对于他们这样被贬到给政治经济学和哲学充任仆役的位置，感到不满，因而他们联合起来，创办了伦敦统计学会（现在是皇家统计学会），他们希望在统计学会里能有更广大的研究范围。然而他们的希望落空了（至少在短时间内是这样），因为，这个学会还抱着那使早期设立的统计学会不能发展的小心翼翼的精神。”学会杂志使用了克己的所谓“鞠躬尽瘁为人服务”的口号来表示它的方针。尽管学会在 1840 年重新设定了它的目标，把目标定得广泛一些，但是上述方针直到 1857 年左右才放弃。

参阅阿特尔斯坦·贝恩斯爵士：“英国和爱尔兰统计学的历史和发展”，载约翰·柯仁编：《统计学史》（美国统计协会成立 75 周年纪念册），1918 年纽约版，第 385、386 页。

没有一种情况是一切物价上涨的普遍原因。”①我们可以认为杰文斯的《煤炭问题》一书(1865年)对长期趋向的研究做出了重大的贡献。

上述的概率论和物价指数的使用,在杰文斯1863年提倡以后大约30年时间内进展得很疲缓。但在1887年,埃季沃思教授开始对于这一问题做出贡献——他在这一方面陆续做了许许多多的贡献。在大约同样的时间,阿道夫·塞卑尔、奥古斯塔斯·索尔贝克和罗兰·福克讷开始给英国、德国和美国提供物价指数。② 在这之后,这种统计方法的使用,在经济学者中很快流行起来,尽管一些方面对于按照这个方法所得出的计算结果的可靠性还有怀疑。

另一个经济学者威廉·勒克西斯所做的贡献,也是很迟才得到人们普遍的认可的。勒克西斯从统计方面来研究概率论。通过一系列的调查研究,他证明了,不同人口的生产率不是按照所谓“常态曲线”围绕着它们的中值而分配着。而且,对于不同的生产率,他做出了数学上、统计学上的说明。这样就给实际分配的经验研究开辟

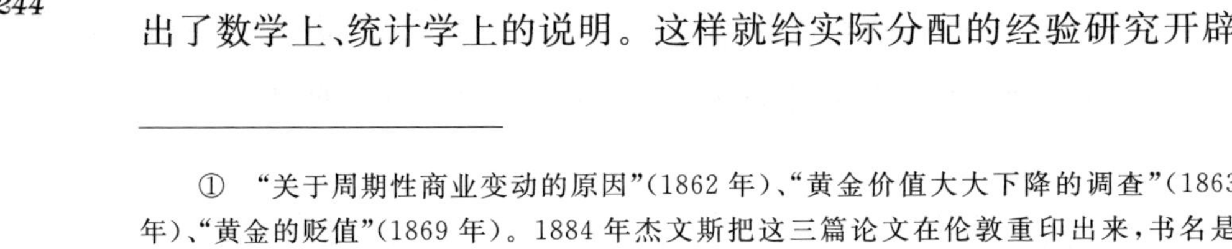

① “关于周期性商业变动的原因”(1862年)、“黄金价值大大下降的调查”(1863年)、“黄金的贬值”(1869年)。1884年杰文斯把这三篇论文在伦敦重印出来,书名是《关于通货和财政的研究》。上面引文摘自1869年论文,即《关于通货和财政的研究》的第155—157页。

后来的作家,对于把概率论应用到物价指数这一做法提出异议。关于这一问题的引证和讨论,读者可参阅“物价指数中的概率要素”,《皇家统计学会杂志》,1925年7月,第88卷,第557—575页。

② 埃季沃思早期所做的贡献,刊载在《英国科学促进协会1887,1888,1889和1890等年的报告书》里,埃季沃思1925年把这几篇论文在伦敦重印出来,书名是《关于政治经济学的论文》,第1卷,第195—343页。塞卑尔所编的物价指数是在1885年初次刊行的,索尔贝克所编的物价指数是在1886年初次刊行的,而法克诺所编的物价指数是在1893年刊行的。至于更显明的参考,读者可参阅“美国和外国批发物价指数”,《美国劳工统计局公报》,第284期,1921年10月。

了道路——这种工作逐渐地从人口统计推广到其他方面。①

至于从理论上证明把概率论应用到一般经济资料的做法是正当的，这主要是由埃季沃思教授来进行的。在1885年他要人们注意以下事实："平均数的分配大体上是正常的，尽管构成平均数的各个项目的分配和常态的离差是很大的。"后来，他说明，那些经过概率分析的各个观察，并不需要有完全的独立性，"只要有相当大的独立性就够了"；这些观察并不需要有同一的大小度次序，"只要有两三个在大小度上不超过其他就够了"；误差不存在的条件并不是必要的，"只要这一系列无限度地延长下去的观察的重心和所要查明的真实点相符合就够了"。②

另一个技术上的贡献是相关论。这个理论发表不久，经济学家就感到是有用的。这个理论是由法兰西斯·戈耳顿爵士创立的，作为研究特性遗传的方法；在19世纪90年代初期，这个理论由卡尔·皮尔逊、埃季沃思和尤尔等教授加以发扬；后来，它被用来计量时间数列中对比项目的相互关系。③

① 参阅威廉·勒克西斯：《与法国复辟以后的税率史和贸易发展有关的法国出口津贴》，1870年波恩版；《关于人类社会过剩现象的理论》，1877年弗赖堡版；《人口统计和道德统计学说的评论》，1903年耶拿版。尤金·阿特休耳曾对勒克西斯关于把统计方法应用到社会问题的意见做了有趣的说明，见他的"循环学说和循环统计"这篇论文，《社会学和社会政治文献》，1926年1月，第55卷，第77—82页。

② 沃林·珀森斯："统计和经济理论"，《经济统计评论》，1925年7月，第7卷，第185—186页。

据我所知，这篇论文是说明经济学者现在所使用的统计方法的发展这一方面最好的论文。我常常引用它的词句。

③ 参阅戈耳顿：《天然遗传》，1889年版。至于戈耳顿以后的学者对于这一方面所做的贡献，读者可参阅皮尔逊："关于相关历史的笔记"，《统计生物学杂志》，1920年10月。

3. 统计资料的累积

在 19 世纪下半期，适合于处理经济问题的统计方法逐渐地积聚起来；在这个时期内，统计资料也逐渐地积聚起来。搜集统计资料的动机，与其说是由于科学研究的需要，毋宁说是由于实际活动的需要。在近代国家政治生活中所发生的不断变更的问题中，大多数都是和经济有关的。主张“改革”或反对“改革”的人，而且往往是两者，都想从对特殊问题的研究中来说明要改革的弊病的危害程度或说明改革会带来的弊病，从而加强他们的观点；而且，每当国策有所变更的时候，便设立新的行政机构来掌管那些像拉普拉斯在 1814 年所要求的连贯记录。

因此，每一个国家的统计史都带有这一国家社会斗争的痕迹。美国之所以有比较多的关于货币和银行的统计，是由于美国从亚历山大·汉密尔顿时代直到联邦准备委员会成立的时代一直面对着各个不同形式的货币问题。美国在人口统计方面比较落后，这是由于美国的人口问题并不像其他国家那样，是一个非常紧迫的问题。美国关于移民(移入和移出)的统计本来是很不充分的，直到美国对许多从南欧新移来的人民开始担忧的时候，移民的统计资料才充实起来。同样，美国国民所得的统计，由于征收联邦所得税，而大大地改善了。毫无疑问，其他国家也有和美国相似的情形。

当政府由于实际上的需要，不得不扩大统计工作的范围时，私营商业也扩充了它那一部分的统计。私营商业这样扩大它的统计工作，主要也是由于实际上的需要。各种商业活动更紧密的联系，各个地区之间和各个产业之间相互依靠的增加，这些因素引起了公众对于商业新闻的普遍关心。证券交易所和物产交易所交易与价格的报告，以及金融市场情况、银行交换票据额、证券发行额、破产等的报告，都是广大公众所需要看的，于是，许多机构共同合作来满足这个需要。商业杂志发现，刊载有关业务的统计资料会吸引很多订户。接着，许多同业公会也开始对会员提供统计资料。

经济各部门在正确的统计方面所获得的进展，是由于搜集材料是比较容易的。高度有组织的中心市场，使统计学家的工作变得相对简单，正像物产交易所和证券交易所使统计学家的工作变得简单一样。就货物来说，货物的时价比产品统计数字更容易搜集，批发价格比零售价格更容易搜集，而市场价格比约定价格更容易搜集。就生产来说，编制高度标准化的原材料如煤、石油和农产物等以及半制成的原料如生铁、白铅和棉被单料子等的报表，比编制各种各样的制成品如机器、衣服和家庭用品的报表来得容易。运输，和生产比起来，是个比较简单的问题。相反，存货、订购量、交易活动、成本和利润的统计资料是很难获得的。

尽管在搜集正确资料的过程中还会遇到很大的阻碍，但是经济的发展使得搜集工作变得容易。工人组织成立了工会，这就给搜集重要的、定期的关于失业的统计资料提供了主要的门路，而越来越多的雇员集中在一个大公司工作，也使领薪人数这一方面较重要资料的搜集变得容易。百货商店和联号商店在数量上的增加，使得有关零售的最可靠的资料搜集工作变得容易。技术方法和产品明显倾向于标准化，这对于统计学家来说很有利。会计方法也倾向于标准化，这对于统计学家也是有利的。会计方法标准化的倾向，在银行业、铁路运输业和公用事业上表现得最为显著，因为银行业、铁路运输业和公用事业必须按照官方规定的格式向政府机关提出财务报告。在商业界中可以看得出来的公开公司账目的倾向，使得我们在将来能够更准确地知道成本和利润的情况。在不久的将来，我们所知道的商场上的秘密，也许会多于西斯蒙第时代所知道的市场价格情况。近代使用自动机器生产货物的方法，在全国范围内登广告推销以及公开请求许多投资者来投资的做法，对于标准化和广告宣传相结合的政策的施行是有利的。标准化和广告宣传使得统计学家能够得到他们想要获得的东西。①

4. 目前情况

因此产生了以下情况：在商业循环作家开始系统地使用统计时（例如，在20世纪10年代），他们可以利用许多已经由数学家、人体测定学家、生物学家和经济学家想出来的方法，以及许多已经由公私机构搜集的资料。当他们继续研究下去的时候，他们遇到了种种问题，这些问题或需要把原来用于其他方面的方法加以改造，或需要一些还没搜集到的材料。可是，别的人已经给他们铺好了那么平坦的道路，因而他们对于在数量基础上建立起来的商业循环的研究能够有很快的进展。

① 19世纪以来统计资料增加的详情过于复杂，很难概述出来。关于统计发展这一方面最好的论述，也许是约翰·柯伦：《各国统计史和各国统计的发展与进步》（美国统计协会为纪念成立75周年而刊行）。这本书是1918年纽约版。

至于有关英国、法国、德国和美国商业循环材料比较详细的叙述，那是美国国家经济研究局为本书搜集的资料。美国国家经济研究局想把这种资料刊印出来。

分析时间数列是中心的问题。第一，必须尽可能把周期性循环变动和时间数列所容易遇到的其他变动隔开。第二，必须确定许多不同数列中各个循环变动的关系。

杰文斯研究了我们现在叫做季节变动的问题，他的这个研究对于上述第一个任务做了开端。乔治·克莱尔把杰文斯的工作继续下去，写了一本关于伦敦金融市场的小书。[①] 波因廷和胡克又走了一步，他们研究了确定长期趋向的问题。为了做这项研究，他们使用了移动平均数。[②] 至于第二个任务，即寻找不同时间数列中各个数量的关系，则是由尤尔和胡克分别在1899和1901年所完成的。他们两人把皮尔逊的相关法应用到经济资料中。[③]

1902年，皮斯·诺顿博士在他的《纽约金融市场的统计研究》[④]一书里，把上述各种方法结合起来，并改善了这些方法。诺顿把幂数曲线配合在他的资料上来衡量长期趋向；他考虑到季节变动的平均数（作为他所说到的趋向的百分数）和离差；在考察各个变量的关系时，他使用了相关系数和回归线。1914年，亨利·穆尔把调和分析应用到时间数列中，把这一方面的工作又显著地推进了一步。[⑤] 1915年，皮尔逊教授把他的第一个商情测变表编

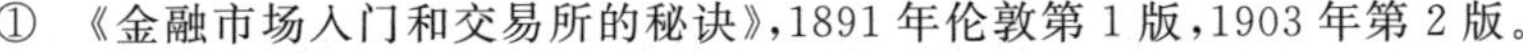

① 《金融市场入门和交易所的秘诀》，1891年伦敦第1版，1903年第2版。

② 参阅波因廷："麦价变动和英国棉丝输入品变动的比较"，《皇家统计学会杂志》，1884年，第47卷，第34—64页；胡克："论婚姻和商业相关的问题"，《皇家统计学会杂志》，1901年，第64卷，第485—492页。至于在确定长期趋向这一方面所做的累积性改善工作，库兹纳兹博士即将出版的专论将对这种改善工作做概括的叙述。

③ 胡克，见注②；尤尔："英国穷人比例变更的原因的研究"，《皇家统计学会杂志》，1899年，第62卷，第249页和以下各页。

④ 这本书1902年在纽约刊行，是供耶鲁大学社会科学系使用的。

⑤ 《经济循环的规律和原因》，1914年纽约版。

制出来；[①]1917年，哈佛大学经济研究委员会给皮尔逊教授创造了条件，使他能够进行比他的前人更为详细的经济统计分析工作。这个委员会在1919年1月创办了《经济统计评论》，这样就提供了在数量基础上研究商业循环的杂志。皮尔逊和他的同僚在这个杂志上所树立的规范，广泛地受到人们的仿效，在美国是这样，在欧洲也是这样。

上面所列举的那些把统计方法应用到经济时间数列的作家，是很不完全的，因为它只是把在这一方面贡献最大的那些人列举出来。至于近来的作家，列举的更是不够。近来，经济统计学家的人数增加得很快。这些学者不断地努力改善技术细节，而且不断地努力，通过更深入、更广泛的分析来获得新的知识。在以下各节里，我必须试图把这一方面所做的建设性成就做个批判性概述。这里只要提一下，在《美国统计协会杂志》、《经济统计评论》、《哈佛商业评论》和皇家统计学会杂志里可以找到近来的贡献，在一般经济杂志里也可以看到这种作品，不过不像上述杂志那样经常刊载。

就资料来说，商务部曾经做了有价值的贡献，它把统计资料搜集工作推广到别的方面去，而且在1921年创办了《商业调查杂志》。这个杂志把大部分对于商业循环研究者有用的由公营或私营机构所搜集的数列（旧的和新的）汇集起来。联邦储备委员会公报和几个准备银行所发表的公报，同样也是商业循环研究者所关

① “根据每年的数字而编制的商情测变表”（1915年8月11日部分地向美国统计协会提出），《美国经济评论》，1916年12月，第6卷，第739—769页。参阅下面补充的论文：“变量差相关法和曲线配合”，《美国统计协会刊物》，1917年6月，第15卷，第602—642页。

心的。许多最重要的数列，或根据数列所编制的指数，都定期地按照改正的形式刊载在《经济统计评论》上。

正像上面的引证所表示的那样，从统计学上研究商业循环的大本营是在美国。当欧洲和加拿大的危机已经转变成为缓和的衰退以后，美国还继续受着30年严重危机的伤害。因此，危机这个问题特别容易引起美国人的兴趣。而且，美国人在研究这个问题时有了比其他各国更充足的统计资料。美国人所以有了比较充足的材料，一半是由于美国经济问题在政治上所占的显著地位，另一半是由于美国产品的高度标准化。这一发展是由商业预测的广泛需求所促成的，而这个发展也带着这种需求的色彩。珀森斯教授的主要目的，在于改善统计学上的预测方法，而找到将来的可靠指标的希望，鼓励了人们对于许多调查研究工作做财政上的支持，并且使这种研究得到了财政上的支持。

自第一次世界大战以来，对这种工作的科学兴趣和实际兴趣从美国扩展到其他国家去了。自1921年起，康德拉厄蒂夫教授主编的《商业循环研究所经济公报》，编制、分析和说明了俄国的资料。在英国，伦敦大学和剑桥大学经济服务部，和哈佛大学经济研究委员会合作，从1923年起，开始刊行《月报》。巴黎大学统计研究所也有了和哈佛大学合作的计划，而且刊印了法国和其他各国商业一般动态的指数。德国设立了经济调查研究所，由瓦格曼指挥；这个研究所在1926年1月开始刊行经济调查季刊。意大利帕多瓦与罗马两大学的统计研究所协力刊行了《意大利经济动态的指数》，这种工作是在一个以基尼教授任主席的委员会指挥之下进行的。国际联盟指定了一个以弗勒克斯教授任主席的“经济测变表专家委员会”，这个委员会于1926年12月在日内瓦举行第一次会议。最后，在1927年1月，维也纳组织了奥地利经济调查研究所；这个研究所的技术人员是由海克博士指挥的。

本章的目的，不是对于应用在商业循环研究上的各个统计方法做个详尽的说明（这样做，需要编一部书，而且超过了我的能力），也不是说明统计学家对于我们的商业循环知识究竟做出了什么贡献（我想在下一本书里做这种说明）。本章的目的，在于说明，统计工作者所研究的究竟是哪些问题；他们研究到什么程度；他们对于商业循环的性质究竟做了什么说明。

三、时间数列的分析

1. 经济统计的质和量

一个生物学家，或一个人类学家，在研究统计问题时，从计量他自己实验室中的材料，往往能够得到他所要获得的数字。他能够使这种计量适应于问题的需求，而且能够把计量做得相当准确。一个气象学家要依靠那些主要是由其他观测者所搜集的资料，但这些其他观测者，至少要受过一点训练，他们要使用科学仪器并在科学家指导下进行工作。在数量基础上研究经济问题的人，就原始材料来说，却不是像上述的生物学家、人类学家和气象学家那样幸运。他不可能在他的统计实验室里搜集到很多的度量。他的对象，不是“材料”，而是人的行为。不但如此，这种行为必须“在现场”观察，并被记录下来。因为他所观察的现象有高度的可变性，所以他需要有很多案例，这些案例比他自己或他的受过训练的助手所能够搜集的多得多。由于他不得不依靠别人的观察，因此，尽管他的主观愿望要使资料适应于他所研究的问题，但他却常常必须把所研究的问题适应于资料。

经济统计往往是政府机关或商业机构的副产物，是根据一定的法令、规章或商业习惯所规定的方法并按照一定的格式和时期搜集的。即使在一个政府机构计划进行一个旨在把结果做科学上的使用的统计调查时（这种情形越来越多地发生了），也必须使这种结果适合于各种用途，因而不可能使这种结果恰好适合于任何一个特殊用途。最后，大部分经济度量的精确性是大有问题的。资料往往是由估计或粗略的概算所组成的。即使在所计算的各个项目的精确度都能得到的时候，所抽例样的代表性可能也是极不可靠的。

有人认为，统计资料在质上的缺陷，有时是可以从量上来弥补的。如果说，许多次的观察，足以弥补一次观察所缺少的精确度，这个说法是有根据的。经济统计的数量确是可观的，乍看起来，甚至是可怕的。但是，经过比较精密的观察，我们就可知道，统计的繁多不是由于对个别现象重复地进行独立观察，而是由于对各种各样的现象进行观察，而且对某些现象必须观察得很仔细。

先谈最后一点。一个研究商业循环的人所关心的主要是综合数字，例如，美国的票据交换额、世界的小麦收获量、生铁产量等等。关于每个这样的主题和许多类似这样的主题，商业循环研究者可以找到大量的数字。但是，对他来说，大量并不是许多次对于一个变量的观察，而是由许多必须加在一起才达到一个总数列的各个项目所组成的。调查研究者总喜欢有详尽的数字,因为这样他就可以观察像各国麦产量这样的指标的变动。但是,就每一个国家每年的产量来说,他只有一两个估计数字。另有一种主题,例如,计量批发或零售价格“水平”的变动。在这一方面,又有大量可以使用的原始材料,即个别货物在各个市场和各个日子的价格。用埃季沃思教授的话来说,调查研究者的任务是,“从容易发生错误的观察中求得一个可以代表物价一般趋向的平均数”①。但是,调查研究者必须把每一个国家或是更小的区域里每两个日子之间所发生的变动看作是独立的问题,就这种独立的问题来说,他所做的“容易发生错误的观察”的数目并不是很大的。战时工业部对于1913—1918年批发物价所做的指数,包括了大约1,500种货物。不过,这次调查搜集了那么多种类货物的价格,实是绝技。现今所发表的数列中,最大的只包括大约400种货物,很多都不到50种。②

庞大的经济统计也是由于它所涉及的各种各样的活动而产生的。每一个把商业行为系统化的新的企图,都需要做新的记录(这种企图似乎是无穷尽的)。这种记录越来越多地由簿记转变成为

① 埃季沃思:《关于政治经济学的论文》,1925年伦敦版,第1卷,第40页。

② 参阅韦斯利·米契尔:《战时物价历史提要》(《战时工业部价格公报》,第一期),华盛顿1919年版,第5页。至于各国现今的主要批发物价指数所包括的货物种类的数目,读者可参阅《国际统计研究所月报》。例如,这个月报1925年10月那一期就强调指出,美国劳工统计局列举了404种货物,而加拿大劳工部列举了271种。在31个国家的数列中,大多数所列举的还不到100种货物。

“在物价指数中能够作为一种货物的究竟是什么”?这个问题是很难解答的。我们在这里顺便提一下。

统计。记录中只有细小部分是用表的形式发表的，可是，在像美国这样的一个国家里，这个细小部分的记录却牵涉很多种过程。商业循环研究者也不能忽视这种记录的任何一个部分。他们对于货物的生产、交换、运输和分配，对于工资、租金、利率、利润、证券收益和股利，对于家庭收支情况，对于各种价格、财务经营、储蓄、订购、破产、新企业的创立、专利权、建筑工程、各种银行业务、失业、输入、输出和税收，一定都是很关心的。在很多情况下，他们需要有个别产业或个别地区的详细数字。而且，他们不应该忽略任何一个国家所搜集的有关数字。即使一些数列只具有细小的循环变动的痕迹，他们也得研究，因为在全面看问题时，那些数列可能是非常重要的。他们也不能把研究限定在经济统计范围内。一些关于商业循环原因的假设，会使他们的研究转到气象数字、疾病率等方面，而他们对于商业循环后果的兴趣，会使他们的研究扩大到人口统计、犯罪统计、受赡养者统计、慈善统计、贫民赈济统计等方面。他们对于商业循环问题知道得越多，他们认为应该研究的资料的范围也越广。

当调查研究者更深入地分析商业循环时，就感到他的统计资料过于繁多的最初想法是错误的，而且认为统计资料是非常不够的。这个时候，每一个商业循环，对他来说，只是一个案例、一个观察的机会。他的方法，是尽可能地来对许许多多的案例做度量的观察，而且在他能力所允许的范围内，从一整列的观察中做出概括性的结论。在美国近来发生的商业循环中，只有几个，他所掌握的资料能够使他对这几个循环所牵涉的许许多多的过程做不同精确度的观察。可是，对一个过程的观察表明，这个过程在各个案例中很少有显著的一致性。因此,调查研究者便很想增加他所要研究的案例的数目。不过,在他从美国近来发生的循环转到早些时候发生的循环时,或在他从美国商业循环转到欧洲商业循环时,他会发现,统计资料越来越不足了,而他对于资料可靠性的怀疑也越来越多了。其结果,他只好满足于实际需要上所保存下来或偶尔保存下来的资料,充分利用他所得到的材料,并且希望他所做的至少可以帮助后人得到比他所有的更好的数字。

即使这个调查研究者不放弃建立商业循环学说的企图,他至少会放弃完全根据度量来建立他的学说的企图。他所得到的一些统计结果,只作为试验提案提出。他会给这些结果做个序言,把它们连贯起来,加以说明,并使用一个不是根据数量观察的分析来做补充。

2. 在原始状态的时间数列

既然商业循环在时间上是连续的,那么,和我们有重大关系的统计资料乃是时间数列,即表示一个变量在各个连续时期的数值的资料。我们有时需要使用一些表示一个因素大小度的观察或对一些现象在一定时刻内的分布的观察,尽管这样,分析时间数列仍是我们重要的任务。

这些时间数列具有很多形式:价格、货币总值、实物数量(按数字、重量、长度、面积、体积、能量的单位计算)、随着时间而变动的总数的百分比、一个过去时间的总数的百分比、一个量和其他量的比例,等等。相隔的时间是不相同的,从一天、一星期或一个月到一年或十年。这种数列中,很多只包括一两年的时间,有的是按相当一致的形式持续到 30 年之久,只有几个准连续的数列上溯到,或是可以把它们联结起来使其能上溯到一个世纪、两个世纪或更长的时间。[①]有的数列涉及几个不同的国家，可以拿来做比较，例如，麦产量、煤铁产量、贴现率；有的只涉及一个国家，例如，有价值的说明德国汇票税收入的数列，美国的零售数字，英国的收容所外的救济的统计数字。商业循环研究者必须使用的原始材料，所包括的方面确实很多。

上述的调查研究者所使用的数列中，有几个是关于一些因素变更的报告表，这些因素在商业上是不可分割的单位。例如，英格兰银行的最低贴现率是一个在很多年时间内每星期可以确切知道的数字。英格兰银行理事，在决定这每星期四公布的贴现率时会考虑到许多不同的问题，但贴现率一经公布，就没有把它分解成组成部分。然而，大多数的时间数列却是调查研究者可以分析的或是必须分析的总数或平均数。例如，假使美国在七八月之间票据交换额下降了5%，大多数票据交换所的交易额却可能是增加的，而在交易额减少的少数城镇里，下降的幅度可能是不同的，从七月交换额的1%到七月交换额的一半。同样，每天的批发价格指数所表示的，只是个别货物价格上各种各样的变动的结果。这种变动几乎都是走了从大的下降到大的上升的全程。[②]如果我们想用

① 例如，威廉·贝弗里季爵士给1500—1869年整个时期"西欧和中欧的麦价"，按年编制了指数。参阅他的"气候和收获周期"一文，《经济季刊》，1921年12月，第31卷，第449—451页。我听说他现在已经掌握了使他能够把这个表上溯到比1500年早得多的时期的数字。

② 请看以下作为例证的物价变动图。第一图（根据《美国劳工统计局第284期公报》改做）表明了，在美国劳工统计局按年编制的1891—1919年的批发物价指数中，批发物价变动的不同性和集中性是混在一起的。各年的变动，按大小度次序，分为等

图来表示物价变动，我们就不应该想到像代表英兰银行贴现率那样的单一曲线的移动，而应该想到一个广阔的、不齐整的地带，在

（接上页）级，然后又分为十组，每组含有同样数目的货物。分点（叫做十分位值）和各年极端的变动，在图里都用圆点来表示。按照一个任意决定的惯例，每年的11个圆点，都用斜线和前一年的分布中点连接起来。纵尺度是对数尺度。这个图生动地描写了各年所发生的各种物价变动，但是它把每一年的变动都写成是从同一点出发的，这就把情况弄得过于简单了。不过，一个图如果不把变动的某一方面弄得很简单，那么便会有许多线混淆不清地缠在一起。

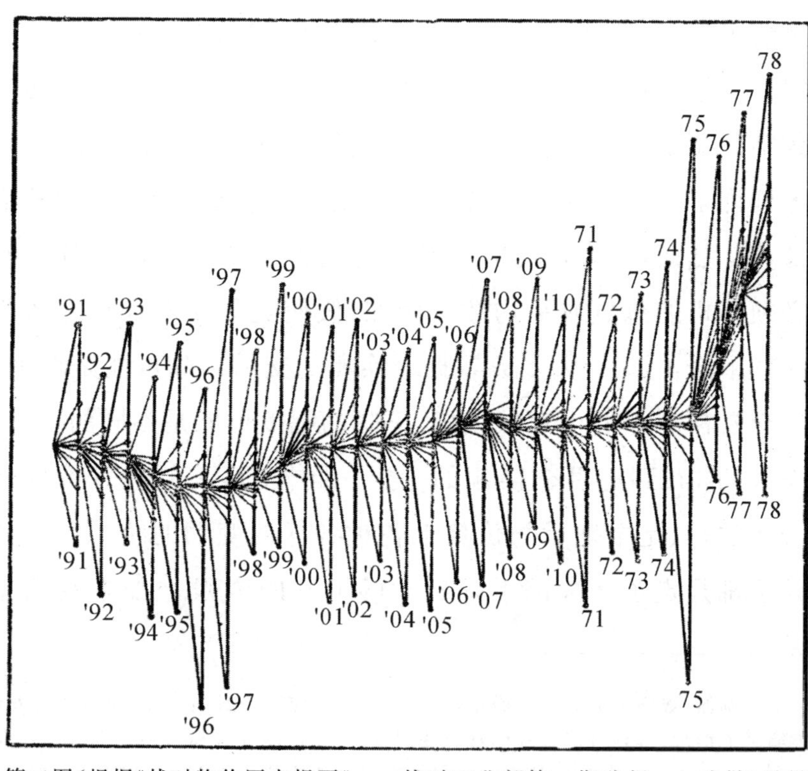

第二图（根据《战时物价历史提要》——战时工业部第一期公报——改做）是另一个说明物价变动的不同性和集中性的图。这个图表明了1918年1,437种货物比价的分布，这种比价是以1913年7月到1914年6月的平均价格作为基数来计算的（1913年7月到1914年6月的平均价格作为100）。这个图的横尺度是对数尺度。例如，这个图表明了，一种货物的价格从战前的水平下降了64%，另一种货物的价格上升了

这个地带里,许多线移动着,有的向上移动,有的向下移动,还有的横向移动。在这个地带边缘的线,彼此之间有很大的距离,但在这个地带中部附近的线却很密集。这些线,在改变它们的相对位置时,不断地交叉着。

不错,调查研究者往往把票据交换额或物价指数这一类的数列写成好像它们所代表的大小度和英格兰银行贴现率所代表的大小度是同样确定的。毫无疑问,就某些问题来说(在这些问题里,一个重大事件是大量的错综复杂的变动的结果),这样做是对的。但是,

(接上页)2,991%,但是大约600种货物(2/5以上)的价格都集中在50%—109%的范围内上升着。

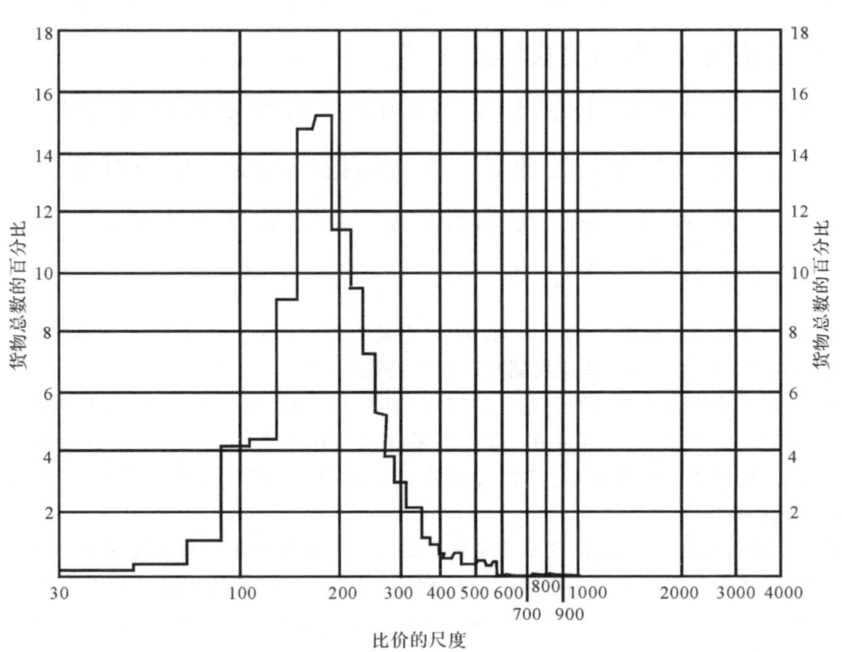

这一类的问题是不常见的。我们要查问明白，所使用的假设是否要求我们注意到那些隐藏在看起来很简单的总数或平均数里面的各种各样的变动，我们这样做总是明智的。如果我们从统计上研究商业循环，而不常常注意到大多数时间数列所代表的变动的范围和差异，那么我们就一定不能得到这种研究方法的最大好处。

在使用任何数列以前，通常是先在一个图上画条线来代表数字。威廉·普累费尔自称，这种用图表示的方法是他在1786年发明的。关于这个方法的好处，他说："既然眼睛是最好的比例判断者，能够比人的其他器官估量得更快、更准确，因此，遇到讨论相对量时，遇到叙述数值的逐渐增加或逐渐减少时，这个用图表示的方法尤其可以使用。这个方法使许多单一的意念形象化，因而形成一个单一、准确、永久的概念。如果不使用这个方法，那些单一的意念仍然是抽象、不相关联的意念。"①

杰文斯在1863—1865年采用了用图表示时间数列的方法，这个方法是普累费尔方法的变式。杰文斯把表示变异度的对数纵尺度和表示时距的算术横尺度结合起来。② 按照这个方法，一个时

① 《商业和政治地图》，第3版，1801年伦敦版，第10页。在第8—9页里，普累费尔自称，他"是把几何学原理应用到财政问题的第一人"。

② "黄金价值大大下降的调查"(1863年)和"价格的变动与1782年以来的通货价值"(1865年)。杰文斯1884年在伦敦把这些论文重印出来，书名是《关于通货和财政的研究》。读者要参阅这本书，特别要参阅53、128、150等页，以及在第56页和第150页后面的图。

这种用图表示的方法，到欧文·费希尔和詹姆士·费尔德两位教授说明它的优点以后，才被经济学家普遍采用。费希尔："绘制统计'比率'图"，《美国统计协会刊物》，1917年6月，第15卷，第577—601页；费尔德："对数尺度的一些好处"，《政治经济学杂志》，1917年10月，第25卷，第805—841页。

间数列中在相等时距所发生的比率相等的变动，是用斜度相等的线来代表的。此外，两个或两个以上用不可以比较的单位来表示的不同数列，当这些数列画在比率图上，由相等斜度的线所代表的几个数列中就会有比率相等的变动。既然商业循环研究者所感兴趣的，通常是经济过程周期性地所经历的相对变动，而不是这些变动所牵涉的绝对数量，那么，"比率图"对于这些研究者是特别有用的。

为了举例说明摆在我们面前的材料和问题，我在图 1① 里把那些对于研究商业循环最有用的时间数列例样列举出来。这些数列涉及以英吨为计算单位的生铁、以磅为计算单位的铜、英国工会不断变动的会员人数的百分数、以蒲式耳为计算单位的麦、以英里为计算单位的铁路线、1867—1877 年间货物平均价值的百分数、以 10 亿金元为计算单位的票据交换额以及利息在债券变动的买价中所占的百分数。这个图使用对数纵尺度，这样就使得我们能够比较不同的量的变动比率。至于精密的比较，唯一的障碍是：在这些数列中，几个是按年计算的数字，而其他却是按季或按月计算的数字。

粗略地一看，就发现图中曲线有显著的差异。美国的生铁产量、铜产量和麦收获量呈现出一个类型的变动。这种变动的特征

① 本书制图所使用的数字采自美国国家经济研究局搜集的统计数字（只有几个地方使用其他方面的数字，我们已在适当地方加上附注）。美国国家经济研究局希望在不久的将来把这些数字发表出来。既然研究局搜集的数字将附有完全的索引，而且将把编制方法以及各数列的来源加以叙述，所以我们似乎没有必要把研究局编制的表在这里刊印出来。

是它的向上趋势，而两个金属曲线的向上趋势，比麦的曲线来得更显著。这三个曲线不是一直向上升的，中间常常呈现着轻微的起伏状态。1875—1914 年票据交换额的曲线，也呈现出同样的趋势，可是，战争时期的通货大膨胀导致了趋向的突然变动，这种变动在代表纯粹生产量（不掺杂价格）的数列里是不太显著的。美国的铁路建造呈现出第二个类型的变动。铁路建造在 19 世纪 80 年代上升到最高峰；接着，时而下降，时而上升；最终，下降到和 19 世纪 50 年代可以比拟的水平。英国的批发价格呈现着第三个类型的变动，这种变动的特征是，变动方向发生若干次变更。英国批发价格从 19 世纪 50 年代到 1873 年一直上升，从 1873 年到 1896 年一直下降，从 1896 年到 1913 年以当时被认为是很快的速度上升，从 1914 年到 1920 年又以加快的速度上升，但是接着却突然下降。债券利息曲线也呈现出趋势几次变易的情形，不过这种变动没有像价格曲线所呈现的那么显著。最后，英国失业人数百分比在编有统计数字的整个 70 年中，都围绕着同一的一般水平变动着。

除失业人数数列外（表示铁路建造的数列可能也要除外），长时期的起伏状态（专门术语是“长期趋向”）是这个图最显著的特征。失业人数曲线的显著特征是它围绕一个几乎可以说是固定的水平而做上下的波浪式变动。当然，这种波浪式变动或“循环性变动”，是我们注意的中心。在其他曲线里，是否也存在着这样的循环性变动呢？也许除了变动无常的麦收获量曲线外，在其他曲线里都可以看到这种变动的痕迹。但是，在所有曲线里（包括失业人数曲线在内），循环性变动和其他种类的变动混杂在一起，因而循环性变动看得不大清楚。所以，商业循环研究者在对时间数列做

图 1 按照对数纵尺度绘制的时间数列例样

重要的只是这些曲线的相对斜度，而这些曲线的纵位置不是那么重要

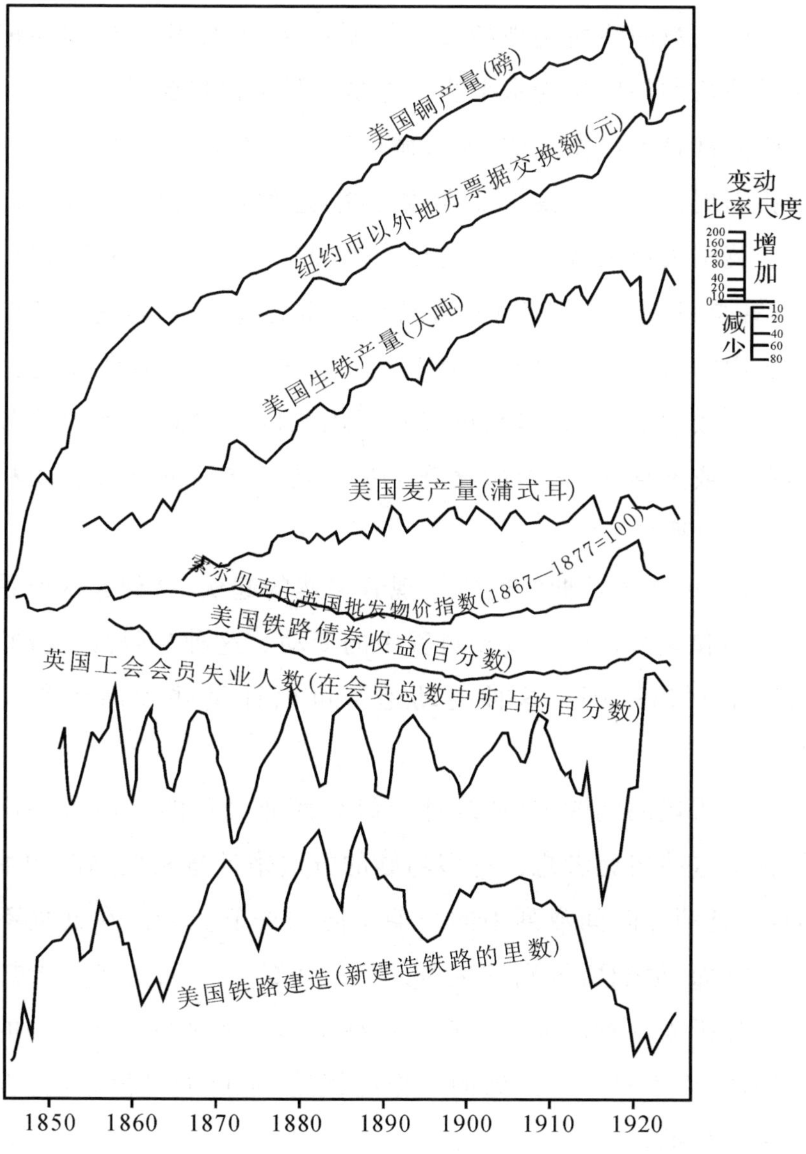

美国铜产量(磅)
纽约市以外地方票据交换额(元)
美国生铁产量(大吨)
美国麦产量(蒲式耳)
索尔贝克氏英国批发物价指数(1867—1877=100)
美国铁路债券收益(百分数)
英国工会会员失业人数(在会员总数中所占的百分数)
美国铁路建造(新建造铁路的里数)
变动比率尺度
增加
减少
200 160 120 80 40 20 10 0
10 20 40 60 80
1850 1860 1870 1880 1890 1900 1910 1920

统计分析时所面临的第一个问题，是他能否想出一个有助于他把循环变动孤立起来做集中的观察和计量的方法。

失业人数曲线所呈现的鲜明的循环变动，使我们想到要把其他曲线的长期趋向化为水平线。这是不是可以做到的呢？

假如这是可以做到的，那么循环变动会不会就被孤立起来呢？如果我们更精密地观察失业人数曲线，这种观察就会引起我们的疑惑。英国失业人数在冬季的百分比，似乎大于夏季的百分比，每年（不管是景气或不景气）的情况看来都是这样，但是这个特征在图1所用的每年数字里没有显露出来。这种“季节变动”的迹象在许多时间数列的月图里，是可以找得出来的。时间数列中季节变动的存在或不存在，是否能够确定呢？是否能够把季节变动和循环变动分开呢？

最后，失业人数曲线时常呈现着突然的起伏，这种起伏似乎是插在循环和季节这两个变动过程中的变动。这种“不规则变动”是否可以鉴别出来呢？这种变动是否可以计量并和循环变动分开呢？

以上所述的问题，是从统计上研究商业循环的人所着手研究的问题。这些研究者想出许多巧妙的方法来计量长期趋向和季节变动，并且消除时间数列中的长期趋向和季节变动。在处理不规则变动方面，他们所得到的进展是比较小的。一派的研究者想使用调和分析来寻找周期性变动。这种工作大都是技术性很高的工作。因此，以下对于已经做的工作的概述，不可能是简单的，也不可能是容易的。

3. 长期趋向问题

时间数列的长期趋向，主要是由那些想要消除长期趋向的人计算出来的。正如经济理论家对于他们所研究的问题中他们认为"不变的""其他东西"不大注意，经济统计学家除把趋向化为水平线外，对于趋向问题也不大注意。所以，关于趋向的特征、相似点和不同点，我们知道得很少。连趋向和循环变动的关系，也很少加以考虑。这一方面潜藏着许多问题，等待有适当修为的研究者去开发。①

(1)从经验上研究这个问题

确定长期趋向的方法，通常是高度的经验。统计学者先把时间数列按适宜的尺度画在图上，然后设法在他的资料所涉及的时期内，为那一个时间数列找出那根最能代表所画的曲线所表示的"长期趋向"的线来。在处理像图 1 所表示的英国批发物价那种情况时，他就把整个时期分为几段，而且设法找出各段长期趋向的线，或是找出一个变向的函数，它的方向变更，正像资料的方向变更那样。

通常所使用的技术方法有以下几种：①用最小平方法或势差法，给数字或数字的对数，配上一个"数学曲线"(例如一个直线或一个三次抛物线)；②计算移动中数或递进算术中数或移动中位数，把一切能够产生满意的结果的项目都包括在中数内；③先计算

① 据我所知，只有西门·库兹纳兹把长期趋向作为一个问题加以应有的研究。库兹纳兹博士是社会科学研究会研究员，他慨然允许我使用了他的还没发表的研究结果。

移动平均数，而后给计算结果配上趋向线；④手画一条曲线穿过那些反映研究者印象的数字，这种印象是研究者经过仔细研究长期趋向后所得到的印象；⑤使用数列中那些被认为大体上具有同一长期趋向的对比项目的比率。①

当长期趋向已按上述的任何一个方法或这种方法的变式加以配合的时候，要怎样才能判断趋向线和图上数字是否相符？

也许有人认为，要测验长期趋向，可以把一个数列分为两部分，计算这两部分的趋向，并且考察这两部分的趋向是否相符。但是，两个趋向不相符合，这并不能证明，一部分资料所呈现的趋向，对于它所涉及的时期是不对头的。长期趋向是“容易起变化的，而且是不预先通知就变更的”。通常的经验是，对于一个时期的资料配合适度的线，如果把它拉长，使它上溯到往前一些的时间，或是使它推移到后几年的时间，那么配合就不适度。因此，一个现在配合的趋向不能表示最近将来的发展倾向，这不一定意味着现在所做的工作是不对头的。我们的后人，给他所掌

① 大多数近来出版的经济统计教科书，都对使用比较普通的方法计算长期趋向做了技术上的指示。例如，米尔斯：《统计方法》，1924 年纽约版，读者可参阅第 7 章；又如，克腊姆和派顿：《经济统计》，1925 年芝加哥版，读者可参阅第 20 章；又如，埃德曼·戴伊：《统计分析》，1925 年纽约版，读者可参阅第 17 章。

关于这个问题，近来出现了许多文章，其中有，珀森斯：“商情指标”，载《经济统计评论》，1919 年 1 月，初版第 1 卷，第 8—18 页，以及刊登在《美国统计协会杂志》的以下论文：克腊姆：《长期趋向的确定》（1922 年 6 月，第 18 卷，第 210—215 页）和《最小平方是鉴定趋向线的标准》（1925 年 6 月，第 20 卷，第 211—222 页）；霍耳布鲁克·沃金：《再论长期趋向的确定》，1922 年 12 月，第 18 卷，第 497—502 页；韦尔福德·金：《孤立循环和趋向的原理》，1924 年 12 月，第 19 卷，第 468—475 页；林肯·霍尔：《移动的长期趋向和移动的积分法》，1925 年 3 月，第 20 卷，第 13—24 页；奥林·英格拉汉：《时间数列的修匀》，1925 年 6 月，第 20 卷，第 231—233 页。

握的更长的数列来计算新的趋向,也许不能够改善我们所分析的时期的配合。

那么,为什么不把长的数列分为比较短的部分,并分别地计算各部分的长期趋向呢?这是从统计上研究商业循环的人在必要时所使用的一个方法,但是,如果上述方法做得过分,我们就是放弃长期趋向问题,而不是解决这个问题。假使不能够找出在整个长时期(和商业循环比较是长的)都很满意的趋向,那么长期变动和循环变动的区别就被混淆了,而且整个分析的意义也失去了。至于细分时期来计算趋向的方法可以使用到什么程度的问题,那是由各个数列的性质和计算结果的用途决定的。

其实,没有一个确定"配合适度"的单一标准。只在某些情况下,可以使用数字的测验。假使我们是对这样的两个趋向线(它们的方程式包含同一数目的常数)来做选择,我们就能比较实际量值和趋向线的标准差。一个广泛使用的测验是:考虑趋向线伸到将来那一部分所表示的价值是否"适度"和选择一些表示将来可能发生的结果的线。就预测工作来说,在把趋向线伸到要预测的时间时,这种测验是很重要的。在其他方面,统计学家使用视觉上的比较,就是依靠眼力比较实际价值和资料所涉及的时间范围内的趋向线。配合曲线的方程式越简单,方程式在越长的时间内呈现适度的配合,统计学家对于配合曲线的信心似乎就越大。可是,从已经发表的观点来看,一个人认为是适度的配合,另一个人却又认为是不适度的配合。在这种判断中,个人的观感起着巨大的作用。

在比较不确定的标准下,也没有一个一般的方法来预先判断,在几个确定趋向的方法中，哪一个方法能对一定数列产生最好的配合。在同一件的工作中，研究者可以给第一个数列配合一条直线，而给第二个数列配合一条抛物线，可以给第三个数列计算它的三年的移动中位数，而给第四个数列计算它的七年的算术平均数，可以手画一个曲线穿过第五个数列，可以对于第六个数列使用这个数列和其他数列的比率，而对于第七个数列可以想出某种新的方法。研究者甚至可以使用两三个不同的方法来确定同一数列中不同部分的趋向。他也可以毫不踌躇地来比较实际数字和那些用不同的方法度量的趋向的离差——如果他认为使用这个方法各个趋向线就能更好地表示资料的长期趋向的话。

各个方法都有技术上的优点，必须参照各个研究所呈现的问题来考虑这些优点。在后来使用资料时也许感到需要有一个可以用简单方程式来表示的趋向，正如可以用简单方程式表示已知性质的曲线那样。就眼前的目的来说，或者需要或者不需要抛弃那些对于过去一个长时期的材料虽配合得很好，但它们所指出的结果在将来看来可能是非常不合理的那些曲线。就绘制的难易来说，手画的曲线和一个数列跟其他数列的比率图这两者比较容易。当然，比率图的用途是有限的，因为只有在两个数列似乎都具有差不多相等的趋向的情况下才可以使用。移动平均数要受资料的支配，而手画的曲线却不受资料的支配。研究者能够依照个人的观感画出曲线，不受资料的支配，因此许多人乐于使用这个方法。在商业循环研究工作中，如果趋向是直线的，平均数的时期和循环的持续期间相符，而且循环在持续期间上和强烈程度上都是有规则的，那么移动平均数便会产生一个令人满意的趋向线。这些条件很少是全部都具备的。假如真实趋向是一条凸状曲线，那么移动平均数就在这个曲线的上面，因而产生了循环离差上的误差；这些误差的大小度是随着这条曲线的凸度和移动平均数的时间的长短而变化的。假如真实趋向是凹形的，和上面所述相反的误差便产生了。最后，移动平均数，如果不是集中的，便很难产生满意的趋向，而且，除非采用大胆的做法把未来各年度的数字估计出来，否则移动平均数便不能计算到最近时期。[①] 据说，把移动平均数和曲线配合结合起来的优点在于这种做法会减少数列头尾两年的影响，这个影响"或是作为时间数列。点或终点的商业循环特定阶段中所发生的事件或是真正长期趋向的变更"[②]。一些经验丰富的统计学家情愿凭手仔细地来画曲线，这不仅是因为这种曲线比其他趋向线容易绘制，而且是因为这种曲线和图上数字比较时，正像更细致的数学制图那样，能够经得起视力的考验。

为了举例说明使用各种方法的结果，我们把图 2 绘制出来。这个图的第一段说明了配合在一个单一数列(美国生铁产量)上的各个不同趋向；这个图的第二段说明同一方法使用在几个不同数列上；这个图的第三段说明不同的方法使用在不同的数列上。

在确定了一个时间数列的长期趋向以后，研究者的第二个步

① 例如，1927 年的趋向数字是这样计算的，把 1924—1930 年的实际和估计数字加起来并用七来除，即以七年的移动平均数(集中的)作为 1927 年的趋向数字。

② 奥林·英格拉汉："时间数列的修匀"，载《美国统计协会杂志》，1925 年 6 月，第 20 卷，第 233 页。

骤是“消除原始材料中的趋向”①。为了达到这个目的，他可以从计算或是研究他的图中的尺度来找出各个时距的趋向线所代表的数值，接着可以确定实际数字是多于还是少于那些由实际数目或者由百分数表示的价值。② 最后，他可以画个新图，用一个水平线来代表长期趋向，并用一个围绕这个水平线而变动的曲线来代表离差。在图3里有几个这种图式的例子。

图2　用各种方法配合的时间数列的长期趋向的例子

第一段　配合在同一数列上的各个趋向。美国生铁产量。

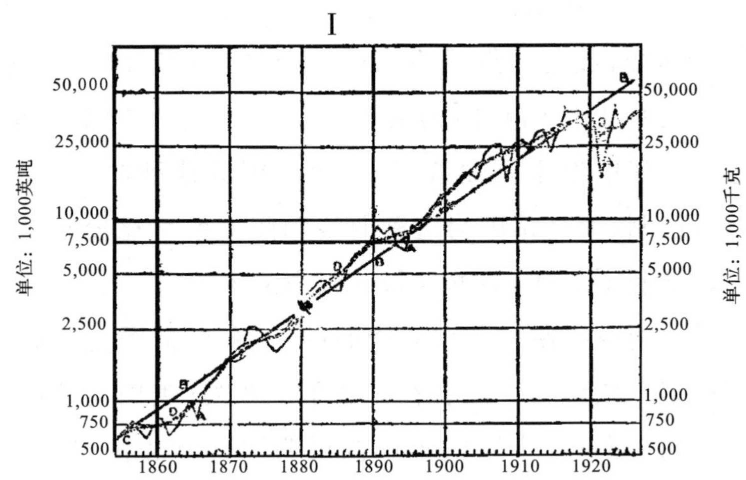

① 通常是把消除延到季节变动计算出来以后才进行的。关于这一点，我们以后再说。

② 阿林·杨格教授曾唤起研究者对于以下事实的注意：那些和一个长期趋向的循环离差，在靠近这个趋向所配合的时期的两端极限时间，可能是最不可信赖的。而且，在两端极限时间，那些可以作为趋向使用的各个曲线之间的差异就变得非常显著。参阅“美国银行统计的分析”，载“经济统计评论”，1925年1月，第7卷，第28页。

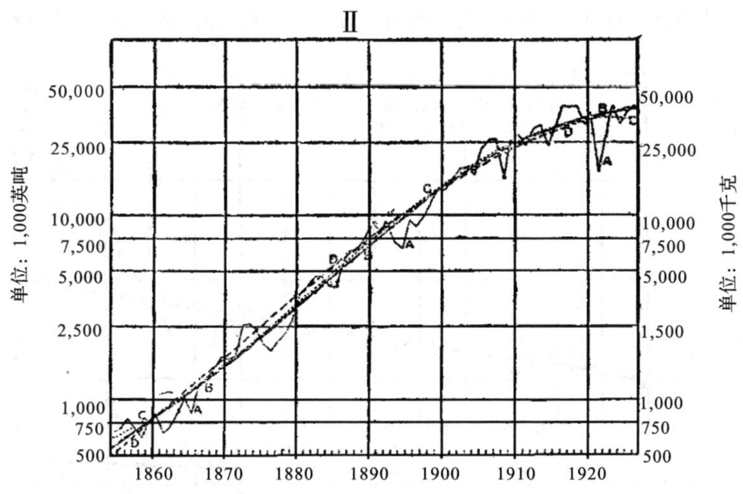

Ⅰ　A——生铁产量

B——以最小平方直线配合对数(1854—1926)$Y=6.7849+0.027542\times$原点1890

C⋯⋯对数的二十年二项加权移动平均数

D-----七年移动平均数

Ⅱ　A——生铁产量

B——以修改了的冈珀茨方程式配合对数(马考莱配合和提出的)

$$\log\left(Y+\frac{40,738,000}{199,526}\right)=\log 40,738,000-(1.025)-(1.0387)\times\log 199.526$$

原点1790

C⋯⋯以三次抛物线配合对数 $Y=6.8531+0.032769\times-0.00015364\times^{2}-0.0000035417\times^{2}$ 原点1890

D-----普瑞氏曲线 $Y=\dfrac{50,403}{1+\dfrac{130987-17431\times}{10}}$ 原点1860

第二段 使用在不同的美国的数列上的同一方法。采自《经济统计评论》的直线趋向。

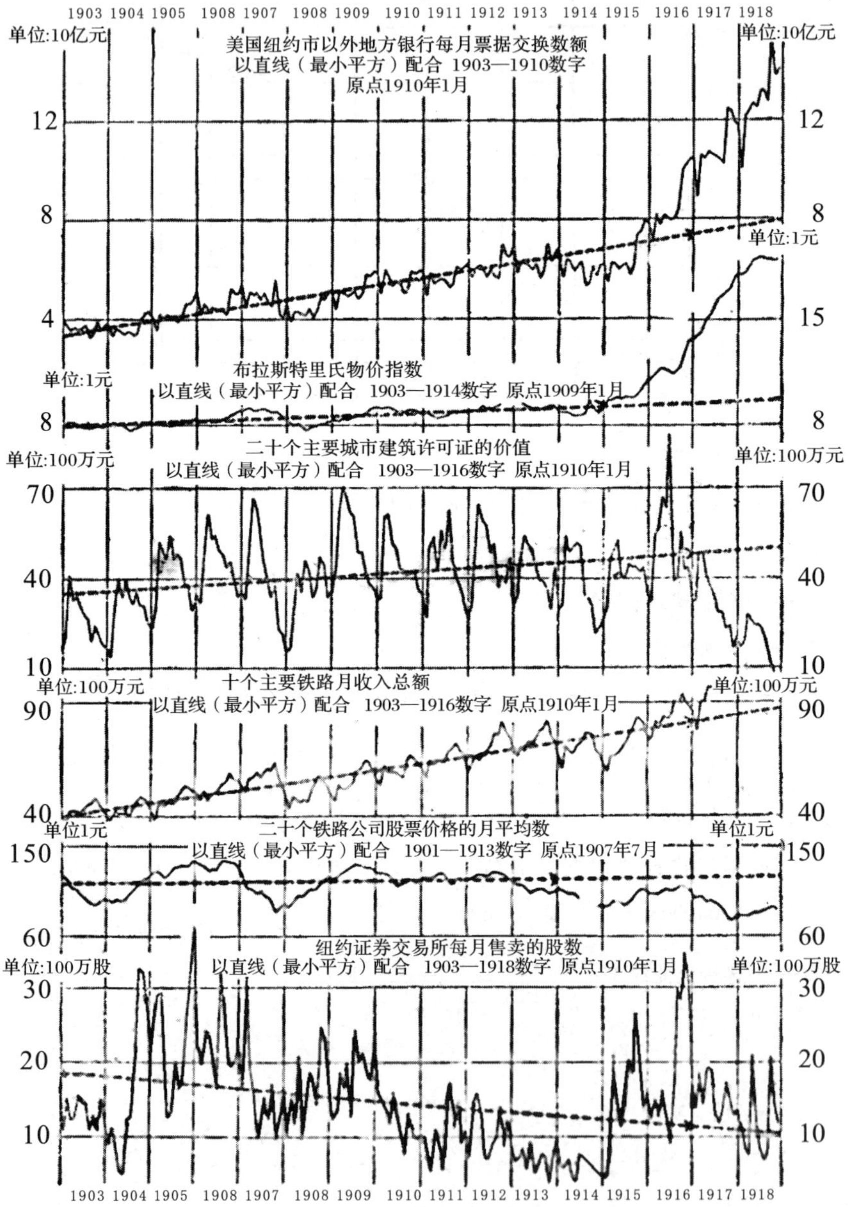

1903 1904 1905 1908 1907 1908 1909 1910 1911 1912 1913 1914 1915 1916 1917 1918

单位:10亿元

美国纽约市以外地方银行每月票据交换数额
以直线（最小平方）配合 1903—1910数字
原点1910年1月

单位:10亿元

12 8 4

单位:1元

布拉斯特里氏物价指数
以直线（最小平方）配合 1903—1914数字 原点1909年1月

单位:1元

15 8

单位:100万元

二十个主要城市建筑许可证的价值
以直线（最小平方）配合 1903—1916数字 原点1910年1月

单位:100万元

70 40 10

单位:100万元

十个主要铁路月收入总额
以直线（最小平方）配合 1903—1916数字 原点1910年1月

单位:100万元

90 40

单位1元

二十个铁路公司股票价格的月平均数
以直线（最小平方）配合 1901—1913数字 原点1907年7月

单位1元

150 60

单位:100万股

纽约证券交易所每月售卖的股数
以直线（最小平方）配合 1903—1918数字 原点1910年1月

单位:100万股

30 20 10

1903 1904 1905 1908 1907 1908 1909 1910 1911 1912 1913 1914 1915 1916 1917 1918

第三段　使用在不同数列上的不同方法。

Ⅰ

索尔贝克氏英国批发物价值数(1867—1877＝100),其趋向分期地用直线(最小平方)配合对数

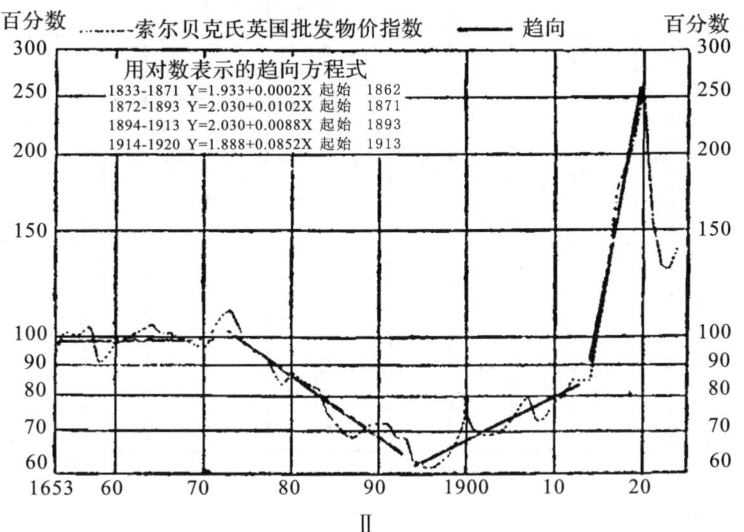

Ⅱ

美国铁路债券收益,其趋向用一个二十年二项加权的移动平均数(集中在第十一年的对面)来配合(马考莱)

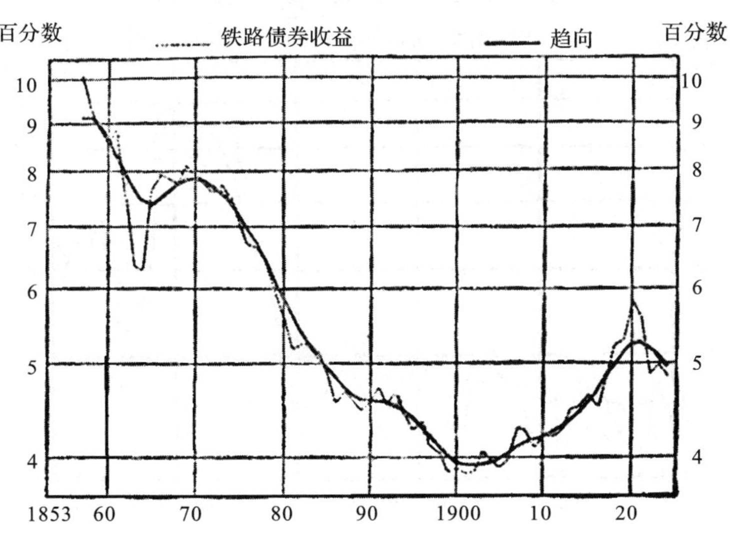

Ⅲ

美国铁路建造，其趋向用二次抛物线配合

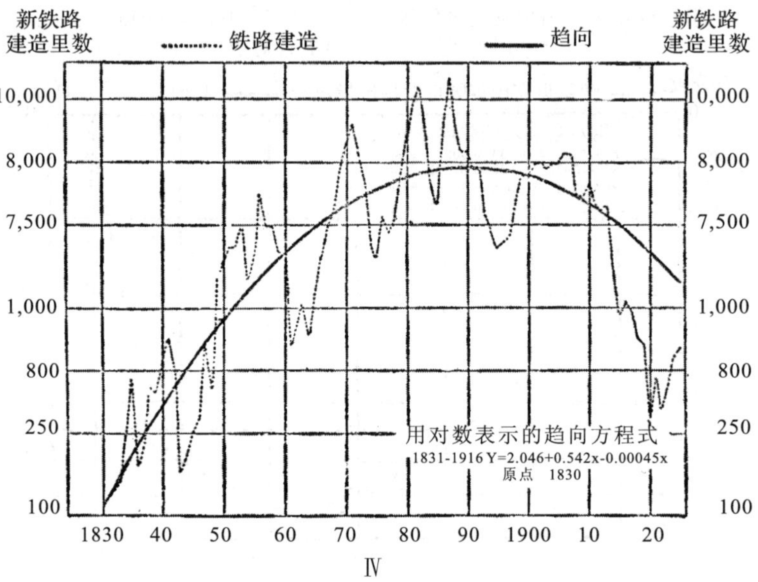

Ⅳ

美国商业循环物价指数（哈佛大学十种价格容易变动的货物），

其趋向用布拉斯特里氏批发物价指数×16.54

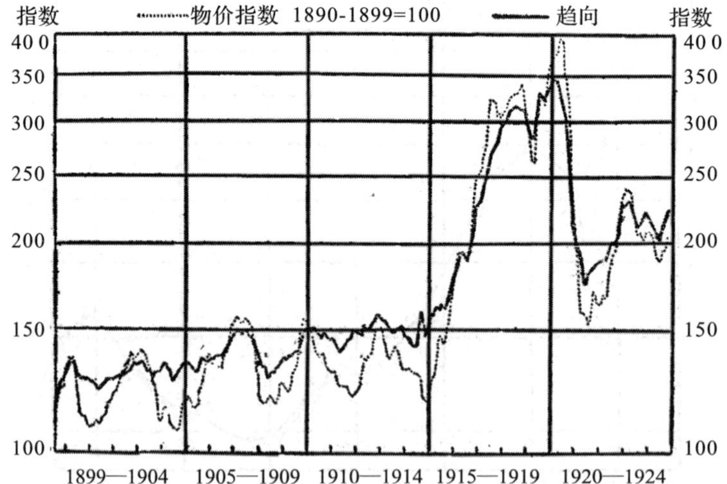

一个从统计上研究商业循环的人在工作上已经到达这个程度时，通常立即考察趋向离差曲线中未经消除的季节变动，或是不去消除而使用原有的离差。但是，由于我们首要的任务是研究理论，我们就需要在这里停一停，从另一个角度来看这个问题。

(2)长期趋向的说明

使用经验方法，把长期趋向配合数列，这样配合起来的趋向究竟有什么意义呢？正像库兹纳兹博士所说的那样，每一个作为趋向使用的数学曲线都有一定的含义，不管统计学家认识到还是没认识到它的含义。举一个最简单的例子。一条向上斜升的直线意味着将来的增加是没有限度的。这种上升的直线，每一个单位时间的增加率始终不变，表示某一时刻这个变量的大小，并不影响到这个时刻和下一个时刻之间所增加的量的大小。它的以百分数表示的增加率是沿着一条双曲线而减小的。当我们发现一个直线趋向和某一数列配合很好的时候，我们是不是就认为这种数学含义是数字所代表的经济过程的特征呢？数学曲线适度的配合是不是经济学上的发现呢？

这些问题提示了处理整个长期趋向问题的另一个方法。关于人口、生产、运输、交换等方面经济发展的长期趋向，我们做出了各种假设。这些假设是从原因的说明推究出来的，而且是和原因的说明有联系的，可是，通常的推论不能够帮助我们来对这些假设做适当的检验。我们能不能选择那些数学含义和我们因果假设相符合的曲线，用这些曲线来配合时间数列，按照初次得到的结果来修改我们的假设，再使用其他曲线做试验，而且当我们最后得到适度的配合时，我们能不能说，在经济发展的特征方面我们已经做了新的说明呢？

通常把一些趋向线说成是表示“增长因素”，可以说是趋向这个方面的想法。统计学家在论证一些工业年复一年地按着大体上一致的速度或是按着变动相当一致的速度扩展时，总是心满意足地把论证细述出来。在想到不同工业在一定时间内和在一些国家里按着相似的速度增长起来的时候，他们几乎是同样地心满意足的。在说明这种一致性时，他们也不感到什么困难。鉴于大商业国所特有的人口增加和工业技术的进展，认为现代国家“倾向于”生产越来越多的货物来满足其需要的这种想法并不是梦想。根据上述观点，循环变动就是一个非常重要过程的进展有时很快有时很慢交替出现的现象。简单地说，研究者把长期趋向拿来计量各时代的经济进展。

雷蒙德·普雷斯科特大胆提出这种理论。他说，“一切产业的发展都(直接或间接)取决于人们对其产品的消费能力”，其发展阶段都是相似的。以下四个阶段似乎是一切产业所共有的：

1. 试验时期。

2. 发展成为社会组织的时期。

3. 继续发展但以递减的速度发展的时期。

4. 稳定时期。

在这个基础上，普雷斯科特认为，所有这些工业的长期趋向都可以用同一类型的曲线，即冈珀茨曲线，来表示。普雷斯科特又说：“各个国家的成长速度可能不同，所以各个产业的增长率也可能是不同的，因为两个产业所受到的各种影响不可能是相同的。但是，尽管增长率是不相同的，可是各个产业的趋向可以用同一类型的曲线来表示。”[①]

图 3　时间数列作为和长期趋向(以水平线表示)的离差绘制出来的例样

（选自图 2）

美国铁路债券收益

和二十年二项加权移动平均数的离差(材料和方法都是根据马考莱)

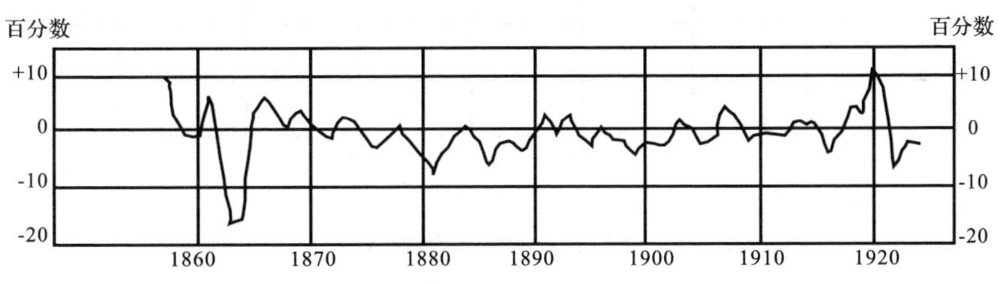

索尔贝克氏英国批发物价指数和分期地配合对数的直线的离差

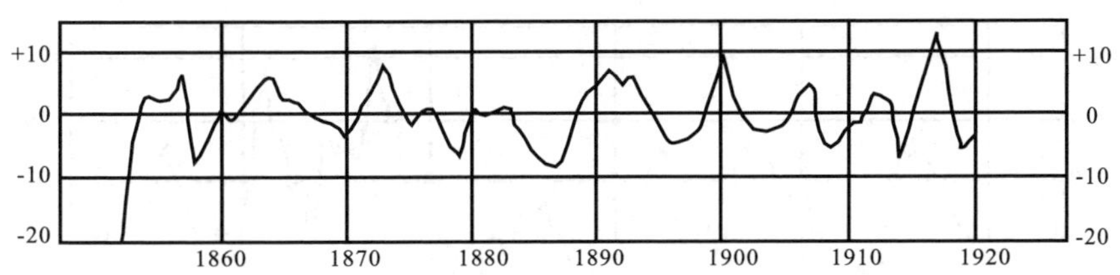

---

① “预测需求增长规律”，载《美国统计协会杂志》，1922 年 12 月，第 18 卷，第 471—479 页。

为要举例说明他的意见，普雷斯科特把已取得著作权的下图发表出来。这个图的标题是耐人寻味的。

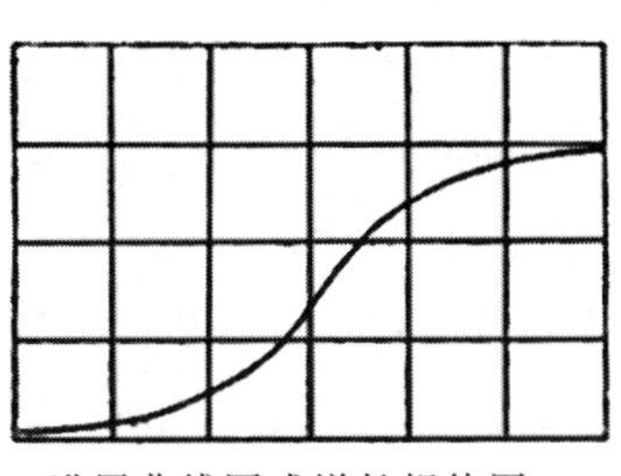

进展曲线图或增长规律图
（普雷斯科特）

美国生铁产量和七年活动平均数的离差

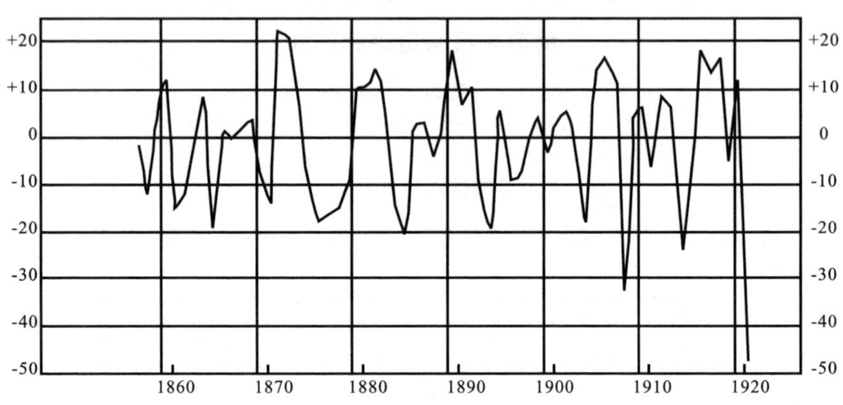

美国商业循环物价指数

(哈佛大学十种价格容易变动的货物的指数)

和布拉斯特里氏批发物价指数×16.54 的离差

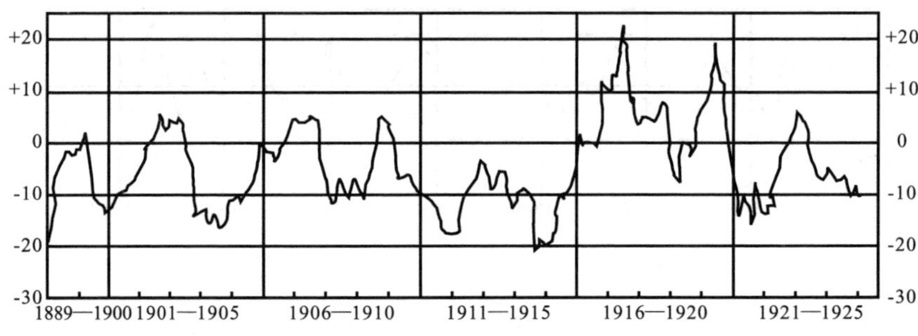

图 3(续)　时间数列作为和长期趋向(以水平线表示)的离差绘制出来的例样

(纵尺度——前一页的尺度的 1/4)

纽约证券交易所每月售卖的股数和直线趋向(最小平方)的离差

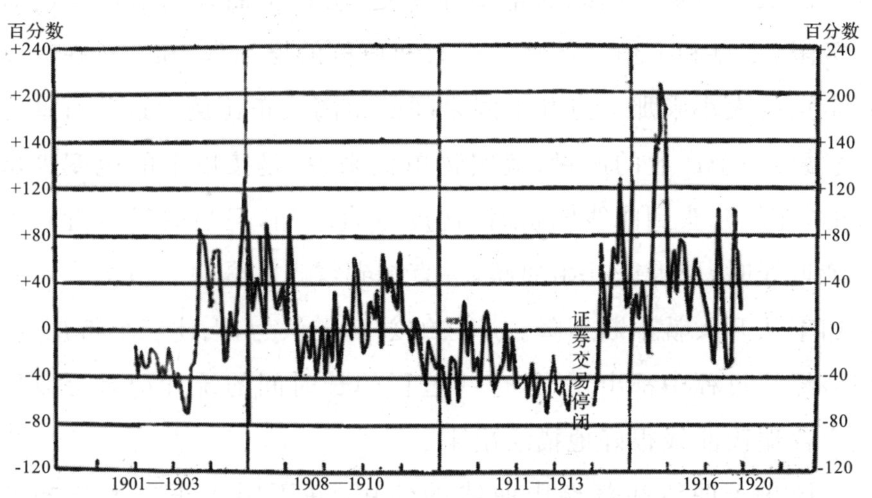

美国铁路建造(新铁路建造里数)和配合对数的二次抛物线的离差

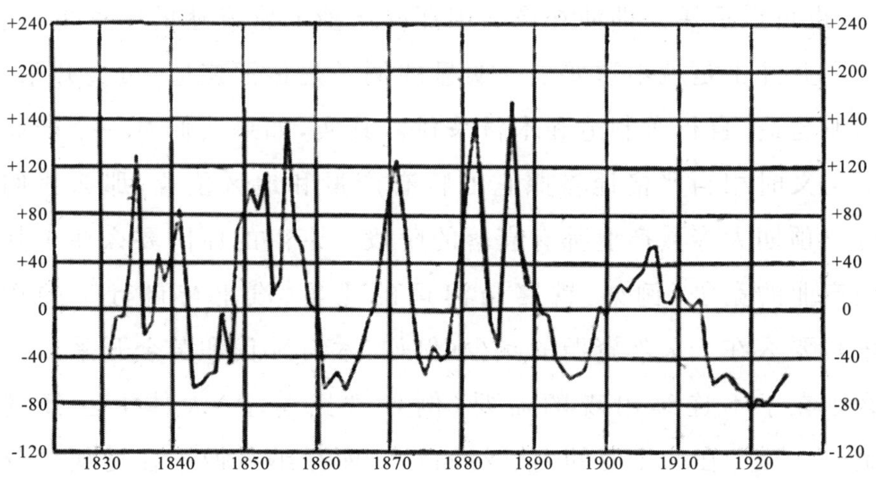

据我所知，西门·库兹纳兹博士在对经济数列配合冈珀茨曲线（具有三个常数）这一方面做得比任何人都多。他发现，冈珀茨曲线对于很多数列都配合得很好，但是，他使用普瑞氏三个常数的曲线得到的配合适度的次数多于使用冈珀茨曲线所得到的配合适度的次数。普瑞氏曲线的重要性质是：①这个曲线的渐近线的有限极限、零点和上值。②每一个时间单位的增加率，和变量在一个特定点的大小乘那一点和上限之间的距离成正比例。这就有这样的意思：一个产业的产量，就实物单位来说，是按以下的速度来增长的，即从开头到曲线转折时，速度一直增加，但当曲线接近它的上渐近线时，速度就开始递减，一直减到零点。③以百分数表示的增加率从开头就不断下降。库兹纳兹博士认为，上述三个特征，在许多经济过程中都出现了，这些过程的长时间的统计记录可以用一个普瑞氏曲线很好地描绘出来。

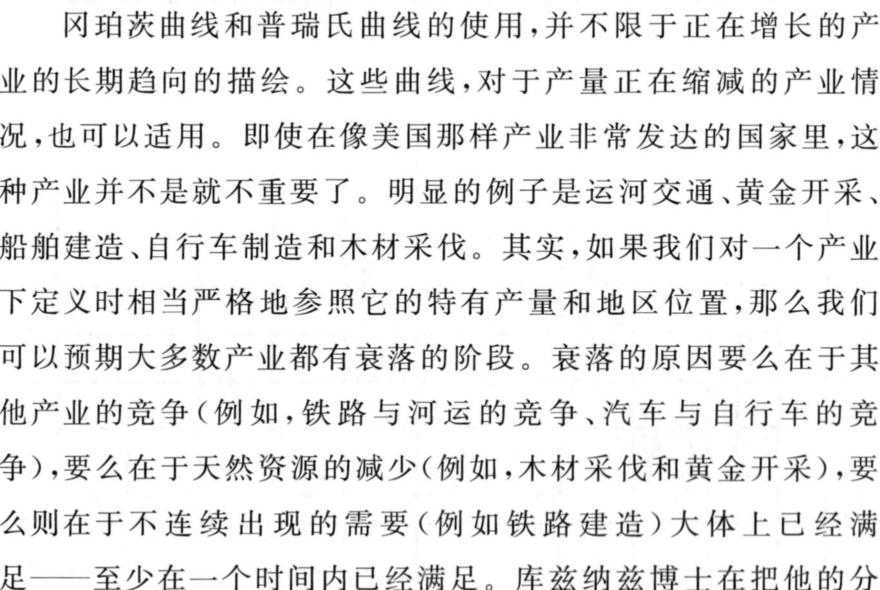

冈珀茨曲线和普瑞氏曲线的使用，并不限于正在增长的产业的长期趋向的描绘。这些曲线，对于产量正在缩减的产业情况，也可以适用。即使在像美国那样产业非常发达的国家里，这种产业并不是就不重要了。明显的例子是运河交通、黄金开采、船舶建造、自行车制造和木材采伐。其实，如果我们对一个产业下定义时相当严格地参照它的特有产量和地区位置，那么我们可以预期大多数产业都有衰落的阶段。衰落的原因要么在于其他产业的竞争（例如，铁路与河运的竞争、汽车与自行车的竞争），要么在于天然资源的减少（例如，木材采伐和黄金开采），要么则在于不连续出现的需要（例如铁路建造）大体上已经满足——至少在一个时间内已经满足。库兹纳兹博士在把他的分析应用到这些情况时，把工业所达到的最大产量看作是变量的上限，而且认为这个产量是沿着一个反转过来的普瑞氏曲线减到零点。在必要时，他引进了另一个常数到他的方程式去，这样，他就能够得到满意的配合。

增长和衰落这一想法，对于许多时间数列是不适用的。例如，各种物价数列（不管是日用品或其他货物），又如，很多种的比率数列，如利率、债券收益、银行对存款的支付准备金比率、婚姻率和信贷比率。其中，有的对研究商业循环是非常重要的。要想找出对于资料配合得很合适的经验趋向线，那是个简单的工作。例如，图1的英国失业人数，就使我们想到要使用一条水平线，而英国批发物价指数就使我们想到要使用一系列的斜线，这些斜线在一些根据过去习惯可以预料得到的日子里会合在一起。但是，要想求得一个合理的分析方法，像我们对于正在增加或正在减少的数量能够合理地分析它的趋向那样，是非常困难的。可是，近来进行的一些研究也许正在奠定基础，使得我们可以拿它们做根据来对变动的价格趋向建立合理的分析。

(3)“次要趋向”和“长期波动”的假设

库兹纳兹博士在研究工业数列的基本数字和他所配合的普瑞氏曲线或冈珀茨曲线的关系时，认识到以下这个事实：当批发物价指数倾向于上升时，年离差就呈现正价值的趋向；当物价指数倾向于下降时，年离差就呈现负价值的趋向。当然，这种说法似乎是统计学家用统计学家的口吻来表达以下一般说法。这个一般说法是：“批发物价长时间的上升会促进工业的进步，而批发物价长时间的下降则会阻碍工业的进步。”但是，库兹纳兹进一步地把他的分析扩展到各个重要商品上。在处理这些重要商品数列时，他不得不使用经验趋向。他又发现，当批发物价的一般水平上升时，年离差越出长期趋向、转向上方；当批发物价的一般水平下降时，年离差越出长期趋向，转向下方。

为了测验这些观察结果，库兹纳兹计算出那些比商业循环长一点的时期的移动平均数，从而消除主要趋向中年离差的循环变动，并且计量了转向的期间，他将这种转向叫做"次要趋向"。他发现，生产量数列中的转向，和相当的价格数列中的转向比起来，平均时期是短了一些—— 在生产量数列中，转向时期是 11 年，在价格数列中，转向时期是 12 年。把这些时期加倍来完成一个从最高点到最高点或是从最低点到最低点的完整的变动时期，他下结论说，自从 19 世纪中叶以来，这种变动的平均期间是 25 年弱。

库兹纳兹博士倾向于把这些次要趋向作为介于时期长得多的各主要趋向和时期短得多的各商业循环之间的另一种商业变动来处理。他认为经济学家必须创立一个专门理论来说明这种商业变动。他的试验性说明把着重点放在非商业来源的因素，同时也把着重点放在以下一个事实：商业活动中一些循环发展产生了影响；从一个循环到另一个循环，这种影响是继续存在的。

1913 年，荷兰经济学家格得伦促使人们注意经济发展中他所谓的"大循环"，这种大循环的期间大约是 60 年。他的同国人，沃尔夫，在 1924 年使用了比较专门的统计分析来证实格得伦的研究结果。1922 年，俄国研究者康德拉蒂厄夫独立地研究出了同样的结果。后来康德拉蒂厄夫因为不满足于他的第一次研究的成绩，又搜集了他所能够找到的长时期数列，并且做了分析。他的研究结果大体上是和格得伦与沃尔夫两人的研究结果相符合的。1925年，他用俄文发表了研究的结果。该文在1926年12月摘录于一篇德文论文中。①

康德拉蒂厄夫是从英国批发物价指数的“长期波动”下手的。英国批发物价指数从1789年到1814年一直上升；接着开始下降，一直到1849年；接着又上升，一直到1873年；接着又下降，一直到1896年；接着又上升，一直到1920年。相似的波动在法国公债和英国统一公债的利息收益方面以及法国和英国的工资方面也出现了。康德拉蒂厄夫转到那些表示总值或实物数量的数列时，为了使这些数列适合于他的需要，他把原始数字转换成按人口计算的数字，配合了数学曲线，计算出了和趋向的离差，而且使用了九年移动平均数来修匀这些离差。这些修匀离差表明，在法国的进出口和全部对外贸易上，在法国储蓄银行的余额上，在英国的出口上，在法兰西银行所持存的商业票据上，在法国、英国、美国、德国和世界的煤产量（或消费量）上，在英国、美国和世界的铁产量上，在英国的铅产量上，以及在法国的燕麦播种面积和美国的植棉面积上，都呈现了“长期波动”。另一方面，在法国的棉花消费量上，在美国的羊毛和糖的产量上，或在“其他一些要素的变动”上，却找不到“长期波动”。

① 参阅格得伦（他的笔名是“菲特”J. Fedder）：“工业发展和物价变动中的大循环”，载《新时代》杂志，1913年，第253—277，369—384，445—464等页；沃尔夫：“景气时期和不景气时期”，见《充满活力的马克思主义》，1924年耶拿版，第13—43页；康德拉蒂厄夫：《世界大战期间和战后世界经济及其循环》（俄文），1922年莫斯科版；“经济情况问题”，载《循环研究所月报》（俄文），1925年，附刊，第28—79页；“长期的循环变动”，《社会学和社会政治文献》，1926年12月，第56卷，第573—609页。

对于研究结果做了通盘考虑以后，康德拉蒂厄夫下结论说，自从 18 世纪末叶以来，西方国家已有两个半“长期波动”①，其转折点如下：

	波动的最低点	波动的最高点	波动的最低点	大约的期间
第一个长期波动	18 世纪 80 年代末期和 18 世纪 90 年代初期	1810—1817	1844—1851	50—60 年
第二个长期波动	1844—1851	1870—1875	1890—1896	40—50 年
第三个长期波动	1890—1896	1914—1920	…………	…………

虽然康德拉蒂厄夫认为他的统计结果足以证明“长期波动”是很可能存在的，但他没有提出假设来做说明。可是，他的确把这些

① 沃尔夫认为，各个长期波动的一半是由两个半比较小的循环组成的，这些小的循环时期越来越短，有如下表：

10 年	10 年	10 年
9 年	9 年	9 年
8 年	8 年	8 年
7 年		

从 1825 年(沃尔夫的出发点)起，计算结果如下表：

		开始	年限	结束
第一个循环	下降阶段	1825	10＋10＋5＝25	1850
第二个循环	上升阶段	1850	5＋9＋9＝23	1873
	下降阶段	1873	9＋8＋4＝21	1894
第三个循环	上升阶段	1894	4＋8＋7＝19	1913

参阅《充满活力的马克思主义》，第 37、38 页。

波动看作是循环现象，而且相信这种波动是由于“资本主义经济”的内在原因而产生的(并不是由于偶发事件而产生的)。正像格得伦和沃尔夫那样，他驳斥了以下轻松的说明：价格上的“长期变动”，因而其他过程上的“长期变动”，是由于金矿偶尔的发现以及采矿冶金方法的改善而产生的。在这些经济学家看来，更可能发生的情况似乎是这样的：“长期波动”减退时所特有的商业情况，给探查新金矿和改进开发金矿的技术提供了强烈的动机。因此，“长期波动”的减退倾向于产生有利于价格上升和上升波动的影响。反过来，“长期波动”增高时所特有的商业情况倾向于使黄金生产变为无利可图的事业，因而限制产量，阻止物价上升，把整个变动方向倒转过来。换句话说，他们把黄金产量的变动看作是40年、50年、60年循环期的一个有机部分。至少，康德拉蒂厄夫没有把上述说法看作是充分说明长的循环交替地产生和结束的原因的学说。

在我们对于为什么我们可以期待经济活动中的“长期变动”比较定期地发作这个问题，还没找到一个适当原因以前，关于长期变动的存在，我们只有经验上的证据。我们可以认为康德拉蒂厄夫“自从18世纪末叶以来各种经济过程中已发生了两个半的长期波动”的说法大抵是正确的，但这不能解决有规则的循环变动会不会继续下去的问题。两个半的循环还不够作为在经验上建立以下假设的根据；近代史上任何一个特点都是会重复的。

另一个不能够确切知道之处是，格得伦、沃尔夫和康德拉蒂厄夫所发现的“长期变动”的期限和库兹纳兹所发现的“次要趋向”的期限在大小度次序上的不同。计算结果的不同可能是由于配合趋向、计算离差和修匀离差的方法是不相同的所造成的。也可能是因为欧洲研究者在寻找批发价格大变动的同等物时，不大注意变动的转向问题，而这个转向问题却引起了思想领域比较广泛的注意。抑或可能是因为，在经济活动中，实际有了两种的长期变动，一种变动的平均时期是另一种变动的平均时期的两倍。要解决这些问题，需要做进一步的研究。

但是，不管是有两种长期变动还是只有一种长期变动，不管(如果只有一种变动)典型的期间是大约 25 年还是大约 50 年，不管这些变动只是历史上相当重要的偶然性事件还是“资本主义经济”的一个内在特征，格得伦、沃尔夫、康德拉蒂厄夫和库兹纳兹的研究结果给将来的研究工作开拓了激动人心的远景。现实主义的经济活动研究者从研究商业危机入手，相继发现了几个类型的变动。这些变动，至少在一百年以上的时间内，似乎是循环地发生的——杰文斯在他年轻时就促使人们注意的季节变动，尤格拉尔和其他的人所提出的危机之间的循环，后来作家所提出的比较短的商业循环，经验统计学家的长期趋向，库兹纳兹的 22 年、24 年“次要趋向”，以及“长期变动”。当然，在这些发现中，有的可能是没有确切根据的，可是，另一方面，其他循环可能会被发现出来。西斯蒙第时代的问题只是说明危机，而现在的问题是：要确定在经济生活中混在一起的变动究竟有多少种，要把这些变动互相区别开来，要计量各种变动的波长并确定循环的定期性，最后要做出一个能够准确地说明各种变动和它们相互关系的学说。正像危机或危机与不景气的论述正在让位给商业循环的论述那样，商业循环的论述将来可能也会让位给经济变动的论述。

尽管这样广泛研究的时刻还没到来，我们必须经常牢记商业

循环和人们较少研究的、期间较短(或较长)的变动之间可能存在的相互关系。一个关系无疑地是存在的。长期趋向的理论家们，当他们指出下列一点时，只是证实旧的说法，这一点是：在“长期变动”的减退时期，不景气年在各个危机之间的循环中占着多数；但在“长期变动”的上升阶段，景气年就占着多数。①

我们从理论家的观点来研究趋向问题，所得到的关于一般经济变动尤其是商业循环的知识，是多于我们只把工作限定在纯粹经验方面所得到的知识。最能增加我们知识的趋向的是那些和合理假设相符合的趋向，尽管这种趋向也许不能够像经验图那样能够很好地和“资料相配合”，但经验图一般是不容易解释的。也许可能把那些产生有益的趋向的合理假设和商业循环学说统合起来，成一个整体。

(4)结论

上面所述，得出以下的结论：长期趋向线表示一些原因的结果，这些原因尽管在任何时刻都会变更，却在比商业循环更长的整个时期内有规则地或大体上有规则地影响到一个经济过程。这些原因究竟是什么，是否还在起作用，这是要进一步研究的问题。经验研究者把他单纯地认为是长期趋向的某种东西衡量一下。这种东西是一系列东西合成的结果。经验研究者也许不想(也许我们不想)找出这种东西产生的原因。

假如我们着手寻找长期趋向的原因，我们必须找出许多有相互关系的原因所合成的一组原因，绝不可只想找出每个数列所特

① 参阅上面所提到的康德拉蒂厄夫的论文，载《社会学和社会政治文献》，1926年12月，第56卷，第591页。

有的一个原因。这些有相互关系的原因可以分类如下:①有关人口数目变动的原因;②有关全体居民的经济能力的原因(全体居民的年龄、体质、健康、教育、技术知识和技术上的修养、合作方法、处理利害冲突的方法以及许多其他事情);③有关全体居民所开发的天然资源的数量和质量的原因。

不但第二类的原因是由错综复杂的、保持着各种相互关系的因素组成的,而且第一类和第三类的原因也是这样组成的。连上面所区别的各类原因也是相互起作用的。人口的增长受到工业技术变化和天然资源变化的影响,而人口的增长也影响技术的发展和资源的开发;最后,技术的改变往往导致资源的改变(所以北美洲的铁矿山脉和水力对于印第安人而言,有等于无),而资源的改变也促进了技术的改变。所有这一切意味着,我们必须认为一个国家的每一种经济活动是受到各个基本因素协力作用的制约,尽管在协力作用中,各个因素的等级在不同的情况下是不相同的。

从另一个方面来研究,也许会把结论弄得更明了、更耐人寻味。有的长期原因,对于许多经济活动产生了大体上相同的影响,例如,黄金产量的变更、地力的损耗。有的长期原因,对于经济活动产生了不相同的影响,例如,美国铁路网的扩张阻抑了运河的开凿,降低了河道运输量,并且导致许多东部农场的放弃,但却鼓励了人民移居西部,促进了内地城市的建设和煤钢业的扩展。有的长期原因,大体上只直接影响到一种经济活动,例如,降低一些次要货物生产成本的一系列发明。那些使许多经济活动受到大体上相同的影响的长期原因,就使不同的时间数列的长期趋向有一定程度的一致性。那些使不同的经济活动受到不同影响的长期原因和那些只产生有限度的影响的长期原因，便导致长期趋向的不一致性。就任何一个数列来说，它的趋向都是那些倾向于一致性的因素和那些倾向于不一致性的因素所共同产生的。

对于了解统计学家凭经验制定出来的趋向做了最有价值的贡献的，乃是经济历史学家。这些经济历史学家详细地研究了各次大运动，如农业革命，工业革命，资本主义的发展，欧洲各民族散布到世界各处，天然资源的发现、利用和减损。他们不但企图把人类历史上的这些大变动记录下来，而且企图使用他们所能搜集到的统计资料和统计资料所提示的假设来做说明。但是，他们是那样地忙于掌握大量的资料，他们没有时间来对长期趋向问题做系统的研究。他们也还缺乏对数字资料做最有效果的使用所必需的统计方法。

经济理论家对长期趋向也感到一定程度的兴趣，但他们所做的贡献，乃是对于将来的推测，而不是对于过去的分析。近今的"纯"经济理论所涉及的，主要是"静态"问题，而静态问题是不包括长期变动的。"动态"经济学被认为是个比较困难的经济学领域，而那些伟大的经济学家凭着理论见识踏上这领域所遇到的不幸，更使人心灰意冷，不敢问津。例如，李嘉图预测说，人类将不得不使用越来越坏的土地，不得不从事越来越集约的耕作，来维持越来越多的人的生活；因此，实际工资充其量也只能保持不变，利润将不规则地趋于下降，而租金一直上升，到"国家的几乎全部的产品，在支付工资以后，所剩下的都成为地主的财产以及什一税和其他捐税的征收者的财产以后，才停止上升"[①]。在许多这一类的推论中，马克思的推论

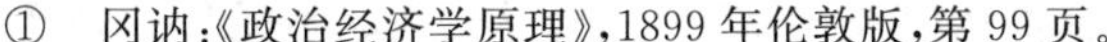

① 冈讷：《政治经济学原理》，1899年伦敦版，第99页。

是特别重要的，因为马克思是把商业危机的日益频繁和日益严重列入导致社会主义国家制度的长期趋向之内的。①

一个需要把统计方法和历史学问与理论技巧结合起来的研究范围还没开辟出来，没有什么让人感到奇怪的。可是，长期趋向问题要在经济研究中像商业循环问题那样占着明确的地位、吸引着许多的研究者并且产生有趣的结果的时候在不久的将来可能会到来。在这个时候还没到来以前，商业循环问题的研究者在研究时感到很棘手，因为他们必须处理一个很重要的但是不明了的问题。他们不能够预期还没着手的研究的结果；在研究循环变动时，他们不能够对长期趋向做适当的附带的研究，可是，他们又不能把这个问题搁在一边。

有一系列问题特别需要我们去解决。长期趋向和循环变动有没有明确的关系？那些具有迅速地上升的趋向的经济活动，和趋向更接近于水平线的经济活动比起来，是否更容易发生更多或更强烈的循环？更详细地研究下去，已经计量过的时间数列的趋向，是否可以认为这些数列再没有什么作用，而加以抛弃？是否用这些趋向来说明循环变动，正像那些把商业循环和"进步"联系起来的学说所说的那样？② 趋向是否由循环变动产生，正像劳伦斯·

① 马克思的危机学说贯穿了他所写的三卷的《资本论》，他的其他著作更不必说。关于危机在经济革命中的作用的简短叙述，读者可参阅他在 1873 年为《资本论》第一卷所写的序(《资本论》由穆尔和埃夫林译的英译本，1915 年芝加哥版，第 26 页)。

康芒斯、麦克拉肯和焦泽曾对经济理论家所提出的关于长期趋向的意见做过系统的研究。他们认为趋向和商业循环这些概念来自他们所论述的作家的价值学说以及这些作家所想到的组织形式。参阅"长期趋向和商业循环的各种学说的分类"，载《经济统计评论》，初刊第四卷，第 244—263 页。

② 参阅本书第一章第四节之 4。

弗兰克所主张的那样呢?① 尽管这些问题在这个阶段已经发生了,可是,除非详细地研究有关的资料,否则这些问题是无法解答的。但是,这些问题是商业循环理论家所必须面对的问题,仅仅这一点就足以表明,商业循环理论家绝不可仿效商业循环统计学家只消除长期趋向的做法。

4. 季节变动问题

图4(按照比说明长期趋向的图更大的尺度来画的)说明各个时间数列在季节变动方面是怎样不相同的。正像图1那样,各个数字都是按照它们的原始形式画在图上,其目的是要使读者清楚地看到那些试图把循环变动孤立起来的统计学家所面临的困难是各种各样的。

在图4里,有的数列所遇到的季节变动,每年几乎都是一样的,而季节变动的幅度很大,即使不把长期趋向弄得模糊不清,也会把循环变动弄得模糊不清。有的数列的季节变动,是很有规则但不广泛的变动。有的数列,含有季节性因素,这些因素或者本身是很不规则的,或者和其他变动情况结合在一起,从而产生很不规则的结果。最后,有的数列,在研究时,甚至在分析时,都很难发现各年中各月变动的规则。

为了把循环变动和其他变动隔离开加以精细的研究,我们在遇到难决定的情况时必须能够确定季节变动是存在的还是不存在

① 参阅弗兰克:"长期价格趋向"一篇论文,载《美国统计协会杂志》,1923年9月,第18卷,第904—908页。

的，在找到季节变动时必须能够计量它的幅度，在我们要消除季节变动时能够把它除掉。这一切要怎样完成，那是商业循环统计学家所悉心研究的一个问题。① 相反，商业循环理论家却不大注意到短期的变动。如果我们仿效商业循环理论家忽视这个问题的做法，那是很不明智的。

(1)季节变动的原因和普及性

经济活动中每年所发生的周期变动，是由两个类型的季节所引起的：由于气候而产生的季节和由于社会习惯而产生的季节。这些季节对于一些活动有直接的影响，对于另一些活动有间接的影响。

图 4　说明不同的季节变动的数列

第一组：大的、有规则的季节变动

美国五分、一角联号商店（五个联号）的销数、月平均销数 1919＝100

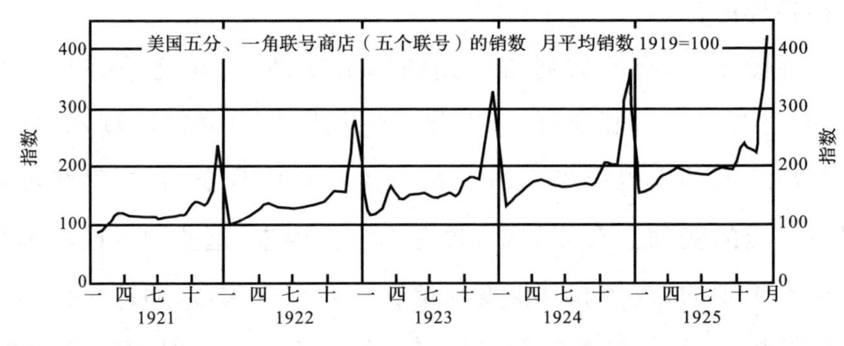

① 杰文斯所知道的对于季节变动的最早的研究是由吉耳伯特和查尔斯·巴贝治在 1854—1856 年间搞的。参阅吉耳伯特："钞票的流通"，载《统计杂志》，第 17 卷，第 288—321 页；巴贝治："票据交换"，载《统计杂志》，第 19 卷，第 28 页。杰文斯经济研究的第一篇论文是"关于周期商业变动的研究"，1862 年他把这篇论文送到英国统计协会，在协会的一个会议上宣读。1866 年他向伦敦统计学会提出了一篇更详尽的论文，题目是"金融市场上通常发生的秋季金融紧张"。读者可参阅杰文斯：《关于通货和财政的研究》，1884 年伦敦版，第 1—12 页，160—193 页。

美国人造水泥产量

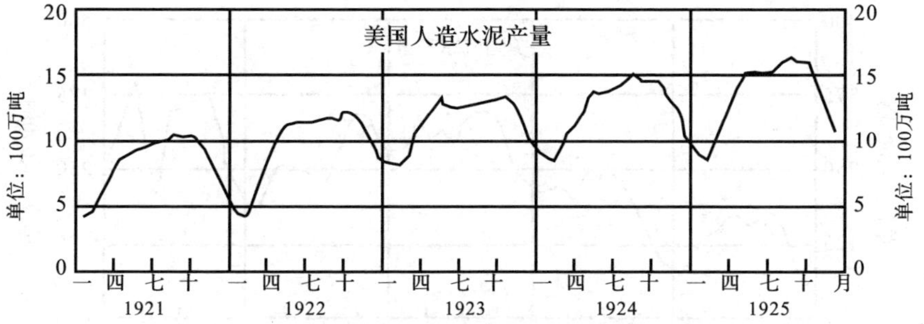

美国人造水泥产量

第二组：小的、有规则的季节变动

美国雪茄消费量(已完税的雪茄)

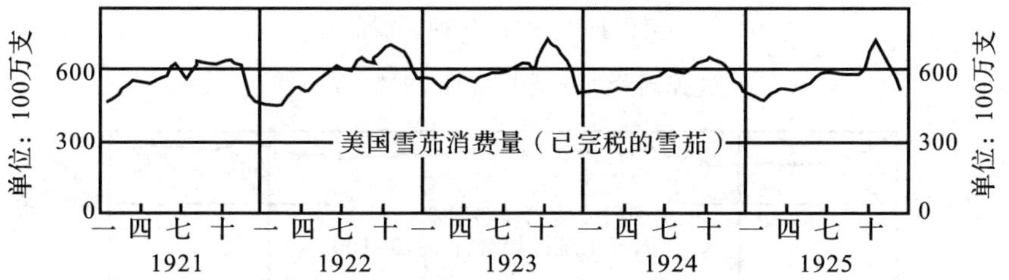

美国雪茄消费量（已完税的雪茄）

铁路货运收入和非货运收入(美国一级铁路)

铁路货运收入和非货运收入（美国一级铁路）

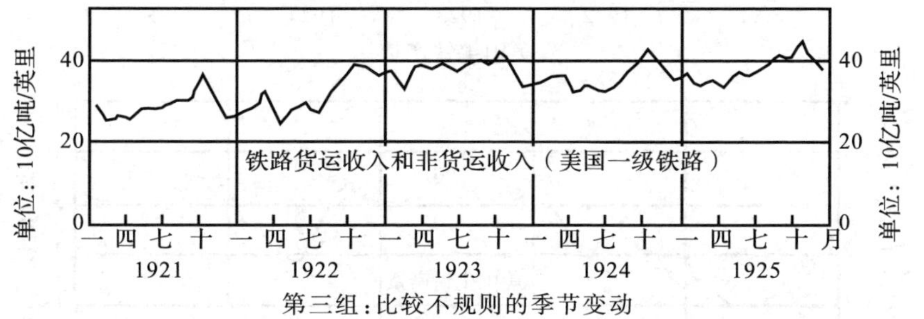

第三组：比较不规则的季节变动

美国进口货

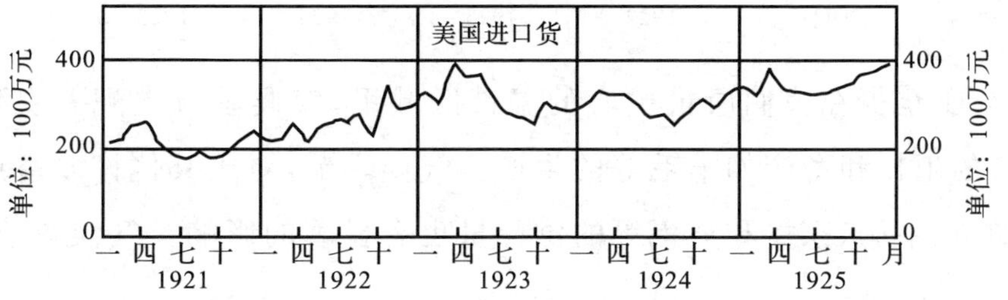

美国进口货

美国汽车产量

第四组:不显著的季节变动

美国批发物价(各种必需品)

美国劳工统计局统计 1913＝100

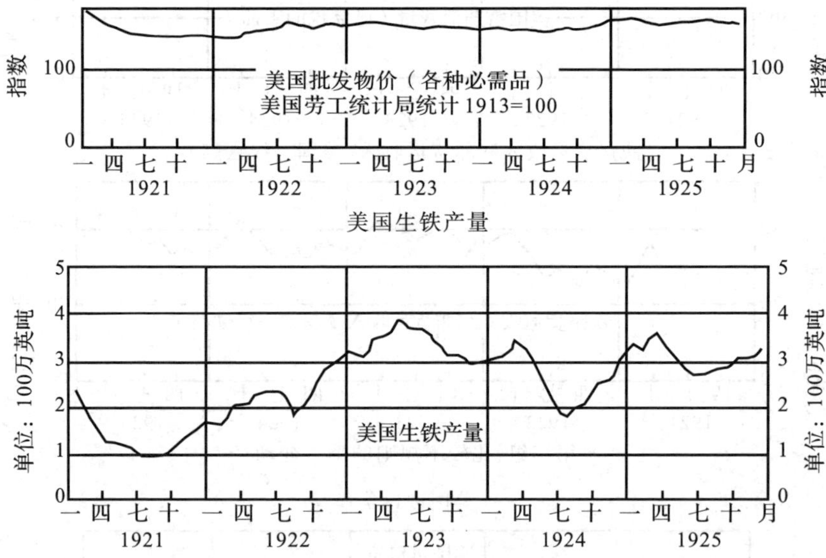

①至少在我们所最关心的温带区域里,气候季节支配着农作物的生长和畜产如羊毛等的生产。气候季节,对于其他许多畜产如鱼、牛奶、家禽和鸡蛋等的供应量也有显著的影响。气候季节,

在不同程度上影响到几乎所有的户外经济过程，如建筑房屋、伐木事业、运输、造路和一般建筑工程。气候季节是许多户内经济过程的一个效率因素或是一个成本因素。气候季节的确影响到死亡率，无疑也影响到疾病率，因而在一定程度上影响到几乎所有的活动。①

气候季节对于某些类型的货物的需求所产生的影响，正像它对于某些类型的生产的影响那么明显。我们所穿的衣服、我们的户外运动和我们所使用的燃料的数量，在从冬天到夏天的时间内起着激烈的变化。

市场供应量保持着比那些受到强烈的季节影响的货物的生产率稳定得多的稳定性。这种稳定性是经济计划上的一个大胜利。这个胜利是由于对那些介于生产和消费之间的活动的季节变动做了抵消的安排而获得的。那即是说，有目的地改变贮存、积存、运输和分配货物的安排，使得一个非常不稳定的生产率变成一个相当平稳的市场供应率，或变成一个跟着需求的季节变动而变动的市场供应率。对于因气候季节而引起的需求的变动，也设法做了一些抵消的安排。例如，按季节改变煤价来鼓励夏天购买煤炭。大多数季节性物品，在季节已经过去的时期内，都能够用比较低的价格买得。这样一来，气候季节的影响，由于人们巧妙的安排，便分散到各种各样的经济过程中去了。

②社会习惯季节的来源是很多的：古代宗教典礼、民间风俗、

① 关于死亡率的季节变动，读者可参阅莫里斯·黑克斯特的《商业循环对社会造成的后果》，1925 年纽约和波士顿版，第 55—57 页。

习尚、商业习惯、成文法等。

在时间数列中，最有普及性的季节变动，是由于历法而产生的。二月比正月大约短了10%（在闰年里大约短了6%），而四月比三月大约短了3%。这样一来，按月计算的总数数列就呈现出假性季节变动（我们说假性季节变动，意思是说，这种变动和原有的活动速度是没有关系的）。而且，各年的这种假性变动，由于星期日和假日在各月里不同的分布，呈现了更大的不规则性。

许多的社会习惯季节，对于经济行为有很大的影响。在圣诞节以前的时间，我们可以指望活跃的零售生意；我们可以指望感恩节对于火鸡的需求、七月份对于烟火的需求、六月份对于婚姻的准备；在一年的每一季开始时，我们可以指望大量的股利和利息的支付；在一月份，我们可以指望破产事件的增加，等等。就统计学家来说，这些社会习惯季节中，有一个他们感到特别伤脑筋的，因为这个季节的日期是无定的。那即是说，复活节可能在3月22日这样早就到来，也可能在4月25日那么晚才到来。受到复活节购买的影响的数列的季节变动，在复活节是在三月的年头和它是在四月的年头是不相同的。

季节性影响，从直接受到气候季节或社会习惯季节（这两者各自起作用或联合起作用）的影响的经济活动，扩展到一切其他活动，这可能是毫无例外的。这种影响的扩展，部分地是由上面提到的为了抗衡需求上或供应上的季节变动而做的有意识努力所产生的，部分地是这些变动的意外后果。例如，美国农作物主要是在秋天收割的，这就产生了农业区域对于通货的季节性需求、金融中心利率的季节性变动（有的时候也产生了证券价格的季节性变动)、铁路运输的季节性变动、农民收入的季节性变动、农民偿还债权人款额的季节性变动、乡村商人交易额的季节性变动以及工资支付额的季节性变动。零售商人对于消费者在假日大量购买的期望，会使他们在早些时间就来添进售货。对于这样大量订货的期望，又使货品制造、原料需求、人员雇用和工资支付在更早一些的时间就有季节变动，从而使零售贸易本身又产生了一次季节变动。

这似乎是可能的：首次季节变动的反射作用，当扩展到其他过程时，在大多数情况下，都变得很薄弱。例如，那些其需求主要集中在几个星期之内的货物的制造者，都力求把这些货物的生产安排在一个较长的时期内来进行。安装一套可以不断地使用来生产一年供应量的货物的一般设备，所需要的费用，要比安装一套大的设备少得多，这种巨大的设备，为了一下子生产一年的供应量，就得在一年的大部分时间里闲置着不加使用。当然，在季节性行业方面，是很难达到生产不间断的理想的；但是，企业都有稳定生产的动机，这种动机是非常明显、非常强烈的，可以在很大程度上缓和季节因素的作用。①

以下一个事实是同样重要的：季节性活动的原始刺激和派生

① 斯顿博士曾经指出，稳定生产这一方面的努力，往往是在有季节变动发生时做的；后来，循环变动发生时，这种保持稳定的努力，可能是继续来做，也可能是不继续来做。参阅斯顿：《商业循环和失业》一书的“稳定织品、衣服和新产品生产的方法”一章(第116—133页)，美国国家经济研究局1923年版。

至于越来越多的关于缓和季节变动和循环变动的参考书，详见于柳伊逊、德莱柏、康芒斯和累斯科希尔：《商业能否阻止失业的发生?》一书(1925年纽约版，第217—226页)的书目提要，以及费耳德曼：《就业的规律化》(1925年纽约版)一书的脚注。

刺激往往分散在一年的各个月里。例如，采煤和伐木业，在建筑工作减少和农场不大需要人手时，便活跃起来。在英国，造船业雇用人数在三月份达到最高额，装修业雇用人数在四、五月份达到最高额，工程雇用人员数目在六、七月份达到最高额，房屋建筑业的雇用人数在八月份达到最高额，采铁、炼铁、炼钢业的雇用人数在九月份达到最高额，白铁业、钢板业、其他各种金属业和印刷业的雇用人数在十一月份达到最高额，采煤业的雇用人数在十二月份达到最高额。① 季节性活动的刺激分散在不同的月份，这就使整个国家各个月份的商业比它的大多数地区稳定得多。当任何一个因素所产生的季节性刺激从变动中心向外扩展时，这些季节性刺激就会遭遇其他因素里已经发生的或将要发生的季节变动的辐射效应。假如一些数列，像劳工统计局的批发物价指数或证券价格指数那样，似乎是几乎没有受到或完全没有受到季节变动的影响，这大抵是因为这些数列受到许多互相抵消的不同的季节性影响的缘故。

如果仔细地来想一想那些我们所认为的季节变动的原因，我们就会想到，这些原因很少是年复一年地产生完全相同的结果的。一个非常冷的冬天，就会加剧煤消费量、羊毛衬衣销量和建筑工程的季节变动。那些在日历上没有固定日子的传统节日，特别是复活节，是产生另一些季节偏差现象的原因。在仔细的研究工作中，有五个星期日的月和只有四个星期日的月必须

---

① 参阅博利和史密斯："财政、物价和工业的季节变动"，《伦敦和剑桥经济服务杂志》，特刊，第 7 期，1944 年 7 月，第 14、15 页。季节变动是从 1900—1913 年的数字推算出来的。

分别看待。连那些和固定日子系在一起的社会习惯，如假日买东西、正月和七月给付利息等，当它们和商业循环的不同阶段一起发生的时候，也会产生不同的影响。在长时期内工业技术上、交通上、运输上和商业组织上的变更，也会改变季节变动。例如，就纽约证券交易所的经营者来说，秋季农作物运输对于金融市场的压力，在中央准备体系成立以后，已经不像从前那么可怕了。因此，把长的时间数列分成若干较短的时期的统计学家往往发现这些时期的季节变动是大不相同的。图 5 列举了两个这类的例子，一个例子采自英国失业数字，另一个采自纽约市场中头等商业票据的利率。①

(2)计量一般季节变动的方法

在计量季节变动的各个方法中，最广泛使用的一种也许是珀森斯发明的精巧的“环比”法。这个方法需要对原始数字做六次接连的运算。①计算出各个月(各个星期、各个季)的环比，那即是说，找出每一个项目和前一个项目的百分比。②把所有的一月的环比排列在频数表上。对于其他各月，也制好同样的表。③找出这 12 个表中各表的中位数。④把这些中位数联成一个连锁，以 1 月作为 100，从 12 月逐月倒算到 1 月。⑤如果第二个 1 月数字和第一个 1 月数字不同(这是常常发生的情况)，那就需要把各月数字修整一下，使得第二个 1 月数字等于 100。⑥把所有数字再修

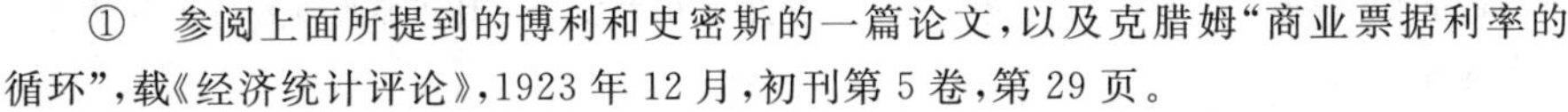

① 参阅上面所提到的博利和史密斯的一篇论文，以及克腊姆“商业票据利率的循环”，载《经济统计评论》，1923 年 12 月，初刊第 5 卷，第 29 页。

整一番,使得12个月的数字的算术平均数等于100。①

图5所根据的资料如下:

	英国工会失业会员百分数的季节变动			纽约头等商业票据利率的季节变动		
	1887—1895	1896—1904	1905—1913	1866—1873	1874—1889	1890—1916
1月	+1.0	+0.4	+0.5	+4.1	+4.4	−3.0
2月	+0.5	+0.1	+0.2	−0.7	−4.9	−7.6
3月	0	−0.4	+0.2	+3.2	−2.4	−3.9
4月	−0.4	−0.5	0	+6.9	−2.3	−5.6
5月	−0.3	−0.5	−0.3	−8.7	−11.0	−8.1
6月	−0.6	−0.4	−0.2	−18.0	−14.4	−10.8
7月	−0.4	−0.4	−0.2	−14.6	−14.3	−4.6
8月	0	0	0	−10.9	−1.4	+3.3
9月	0	+0.3	+0.1	−1.1	+10.2	+10.5
10月	+0.1	+0.3	+0.1	+10.9	+13.6	+11.8
11月	−0.1	+0.2	−0.1	+18.0	+10.3	+8.6
12月	+0.3	+0.8	+0.4	+11.1	+12.1	+10.0

① 参阅珀森斯教授的刊载在《经济统计评论》(特别是该杂志的初刊1卷)上的论文,就可看到这个方法的例子。珀森斯教授在这一方面后来又做了阐述,见他的"时间数列相关"一文(《美国统计协会杂志》,1923年6月,第18卷,第713—726页)和他载于《数学统计手册》中的文章(里泽主编的《数学统计手册》,1924年波士顿版,第10章)。

克腊姆教授对于珀森斯的这个方法提出了技术上的改时意见。他建议,不要使用频数表的中位数,而要"计算出中间各组项目的中位数(如果数列所包含的项目是偶数的,那么这个中组就含有二个或四个项目;如果数列所包含的项目是奇数的,那么这个中组就含有三个项目)"。参阅他的"使用中位数确定季节变动"一文,载《美国统计协会杂志》,1923年3月,第18卷,第607—614页。

在后面就要引用的几篇论文里和在前面已经引用过的博利和史密斯论文的第26页,就可看到对于珀森斯方法的批评。这些作家说:"在计量季节性影响方面,每一个月和前一个月相比较,是否跟每一月和那由总平均数或由趋向线所确定的位置相比较同样合适,这是很有疑问的。"他们认为,珀森斯教授的方法,"特别适合于修整记录中的季节变动"(因为这个方法把频数表的不规则性显露出来),但他们又认为,"计算季节性影响"的最准确方法,乃是使用那些和12个月移动平均数的离差。

图 5　逐渐变化的季节变动的例子

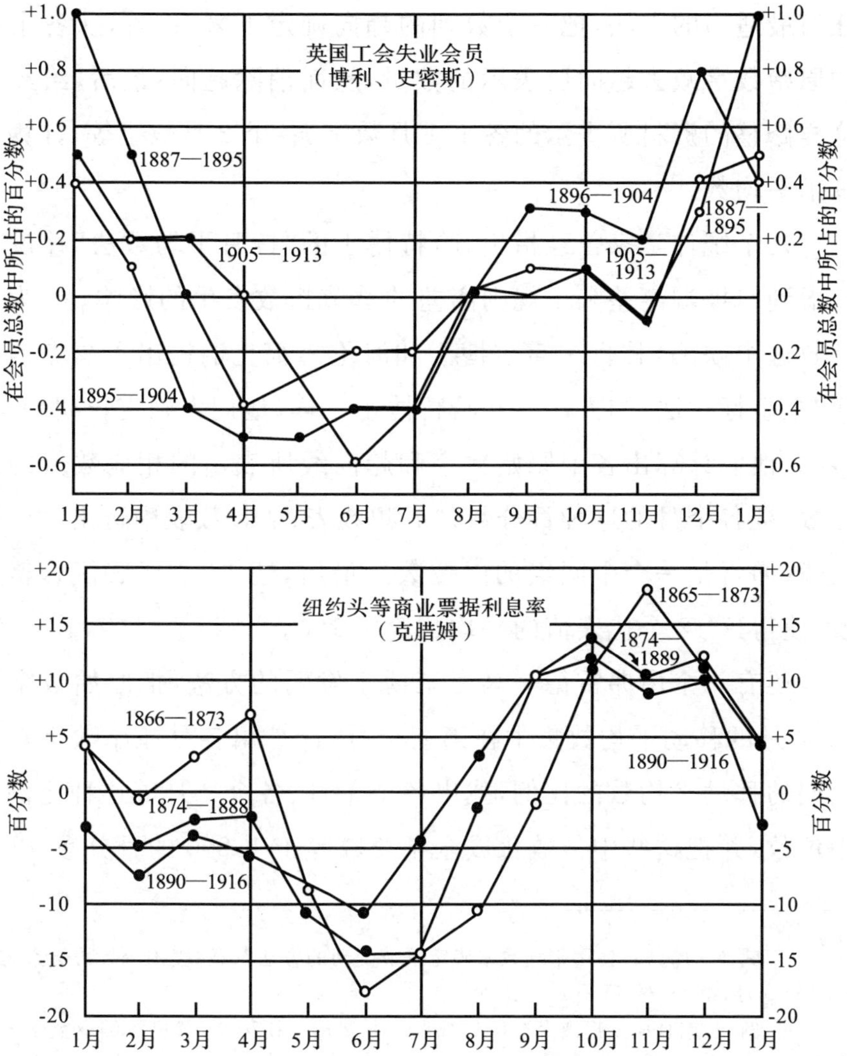

英国工会失业会员
（博利、史密斯）

1887—1895
1896—1904
1887—
1895
1905—1913
1905—
1913
1895—1904

在会员总数中所占的百分数

+1.0 +0.8 +0.6 +0.4 +0.2 0 -0.2 -0.4 -0.6

1月 2月 3月 4月 5月 6月 7月 8月 9月 10月 11月 12月 1月

纽约头等商业票据利息率
（克腊姆）

1865—1873
1874—
1889
1866—1873
1890—1916
1874—1888
1890—1916

百分数

+20 +15 +10 +5 0 -5 -10 -15 -20

1月 2月 3月 4月 5月 6月 7月 8月 9月 10月 11月 12月 1月

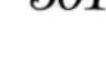

我们得注意，珀森斯教授是在他没有计算出一个数列的长期趋向以前就计量这个数列的季节变动的。这主要是由于他的第二个 1 月数字往往有了和第一个 1 月数字不同的倾向，因此他必须

使用他的计算方法的第五步骤。威廉·哈特博士说,最好先使用任何最适当的方法,把一个数列的趋向确定下来;接着,从各个月的原始数字减去趋向所表示的数量,从而消除趋向;最后,给经过这样修整的资料所表示的各个1月数字、各个2月数字等,计算出算术平均数。①

几个统计学家曾经指出,哈特博士的"按月平均数法"并没有计虑到对极端离差和不规则离差的季节指数发生的影响。② 为了补救这个缺陷,林肯·霍尔博士和海伦·福克讷提出了福克讷称作"纵坐标比法"的方法。和哈特博士一样,他们先确定长期趋向;接着,他们计算出各个原始数字和趋向线所表示的相应数值的百分数,把各个月的这种百分数列成频数表,从频数表中选出一个代表值(通常是一个中间组的中位数);最后,把12个代表值修整一番,使得这12个代表值的平均数等于100。③

还有一个由弗雷德·马考莱博士发明的方法:把原始数字的12个月的移动平均数集中在第七个月,计算出各月原始数字对于它们的移动平均数的比例,找出各个1月、各个2月等这种比例的中位数,并把这些中位数化成全年总数等于1,200的百分数。④

---

① 威廉·哈特:"使用平均数来确定季节变动的方法",载《美国统计协会杂志》,1922年9月,第18卷,第341—349页。

② 例如,珀森斯就提出了这样的观点。参阅珀森斯论文,载里泽编:《数学统计手册》。

③ 参阅林肯·霍尔:"作为长期趋向的相对数的季节变动"(载《美国统计协会杂志》,1924年6月,第19卷,第155—166页)和海伦·福克讷:"季节变动的计量"(载《美国统计协会杂志》,1924年6月,第19卷,第167—179页)。

④ 参阅"精选基本工业生产指数",载《联邦准备公报》,1922年12月,第3卷,第1414—1415页。

这些方法的选择，当然要以所要处理的数列的特性和所要达到的特定目的来做指导。正如博利和史密斯在系统地讨论这个问题时所指出的那样，第一个问题是：和年平均数的任何一个月的季节离差，是作为计算总数来考虑合适呢，还是作为计算比例来考虑合适呢。例如，英国10月份所输入的麦，有比各月平均数多5万吨的趋向呢，还是有超过平均数11%的趋向呢？假如考虑总数能得到更大的规则性，那么季节离差就应该使用数字（按照它们的原始形式或修正趋向后的数字）中各月平均总数和整年的算术平均数的绝对差的百分数来表示。假如考虑比例能得到更大的规则性，那么季节离差就应该从比率计算出来，而且应该使用几何平均数。在这两种情形下，都要考虑第二个问题，那即是，数列是否呈现了向上的趋向，或向下的趋向。如果数列没有呈现向上的趋向或向下的趋向，那么绝对差或相对差可以从原始数字直接计算出来。如果有一个趋向要消除的话，可以使用移动平均数或配合曲线来消除它，而且可以从已经修整过趋向的数字来确定绝对差或相对差。所以，博利和史密斯对于各个数列说到和使用了六个方法——三个根据数目，另三个根据比例，在上述根据数目、根据比例的两组各用三个方法：①没有修正趋向；②使用移动平均数消除趋向；③使用最小平方法消除趋向。这些方法中，他们认为使用移动平均数的两种方法是最正确的方法，但也是最繁重的方法。他们有的时候也使用珀森斯的环比法。①

① 博利和史密斯："金融、价格和工业的季节变动"，《伦敦和剑桥经济服务处杂志》特刊，第7期，1924年7月。

(3)对于计量不固定的季节变动所做的努力

上面所说的各个方法的目的，在于找到能够计量一般季节性影响的一系列月数字。使用这种方法的统计学家有时发现，他们所选定的数列的季节变动，在时期的头尾之间似乎起着变化。他们可以把整个时期分为两个或两个以上的部分，而且按照图 5 的式样计算出各个部分固定的季节变动。韦尔福德·金提出了一个更雄伟的计划，即计量逐年变动的季节变动的方法。他的各个步骤如下：①把数字拿来绘图。②凭手画一个曲线通过那些代表循环变动的数字。③研读这个“初步循环曲线”所表示的各月数值。④用这些数值来除实际数字，所得的商数就是季节变动的近似数。⑤使用各个 1 月、各个 2 月等等的九个时期的移动平均数来修匀这个近似数的不规则的点。把这些计算结果画出来，并且进一步修匀那些还存在的小的不规则的点。⑥修正计算结果，使得各年的 12 个季节指数的总数等于 1,200。[①]

金博士对于说明季节变动时常呈现的变化所做的努力，曾得到其他统计学家的好评，但是，有的人提出异议，因为这个方法使研究者很容易在观测时发生个人的错误。[②] 克腊姆博士发明了一个说明递变的季节变动的方法，对于这个方法，其他统计学家没有提出像上述那样的异议。他的方法的要点是：找出一个数列中各个 1 月数字、各个 2 月数字等的长期趋向，而且把 12 个月的趋向

① 韦尔福德·金：“计量季节变动的改良方法”，载《美国统计协会杂志》，1924 年 9 月，第 19 卷，第 301—313 页。

② 参阅格雷森斯：“季节变动的计量”，载《美国统计协会杂志》，1925 年 6 月，第 20 卷，第 205 页。

的纵坐标作为确定各年季节变动的根据。①

这一方法的目的主要在于得出“适用于研究现今现象的季节标准”。这个方法适用于其季节变动在相当长的时间内渐渐地、递进地变更的数列。② 可是，这个方法没有计虑到季节因素各年的变动，例如，由于暖和的或寒冷的冬季而引起的变化，或是由于复活节是在三月或四月而引起的变化。格雷森斯提出了一个可以说明这种变动的方法。他计算出每月的变数和一年的月平均数的比率；在有必要消除趋向时就把这些比率修整一番，使用移动平均数来修匀这些比率；修匀以后，如果还有大的分歧，就把大的分歧修整一下；最后，修整各年的比率，使得比率的总数等于1,200。他认为这个方法既具有金博士的方法的优点，而“在技术上又比较明确”③。

① 这个方法的详细内容，因研究者使用环比或使用数字的月平均数而有所不同。参阅克腊姆：“季节变动的递变”，《美国统计协会杂志》，1925年3月，第20卷，第48—64页。斯诺博士和哈罗得·弗林也提出了和克腊姆相似的意见。参阅斯诺：“商情预测和价格”，《皇家统计学会杂志》，1923年5月，第86卷，第334页。《商情预测问题》一书引用哈罗得·弗林关于这一方面的话，见《商情预测问题》，1924年波士顿和纽约版，第104页。

关于这个方法有趣的使用，读者可参阅埃德温·弗里基“纽约市以外地方银行票据交换额(1875—1914年)”，《经济统计评论》，1925年10月，第7卷，第258—262页。弗里基给各月的连比配合了直线趋向，从而发现了一个时期两端末年的季节变动；接着，他使用直线内插法求得了在两端末年中间各年的递变的季节变动。

② 克腊姆：《季节变动的递变》，第60、61页。

③ 格雷森斯：“季节变动的计量”，《美国统计协会杂志》，1925年6月，第20卷，第203—210页。

可是，金博士曾经指出，很难把克腊姆的方法或格雷森斯的方法使用在季节变动比较小的数列和循环变动比较强烈的数列上。

(4)结论

上面所述表明,统计学家曾经花了多少工夫来计量季节变动。这个问题除跟循环变动的孤立有关系外,还有它自己的重要性。在订立计划时必须考虑到各种活动的季节变动,人们对于这种变动的大小度和规则性的知识,使得他们能够设法减轻雇用人数季节减少的程度,能够预计产量销量,从而降低生产成本。而且,由于有了这方面的知识,他们的这种努力能够得到更大的效果。就我们来说,我们往往能够幸运地把那些供给实际使用的计算结果应用在理论上。

图 5 列举了统计研究者计量季节变动的几个例子,图 6 列举了使用同一方法来计量不同数列的季节变动的例子,而图 7 列举了使用不同的方法来计量同一数列或不同数列的季节变动的例子。

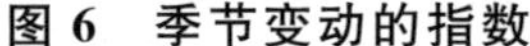

图 6　季节变动的指数

使用移动平均数中位数法(马考莱)编制的

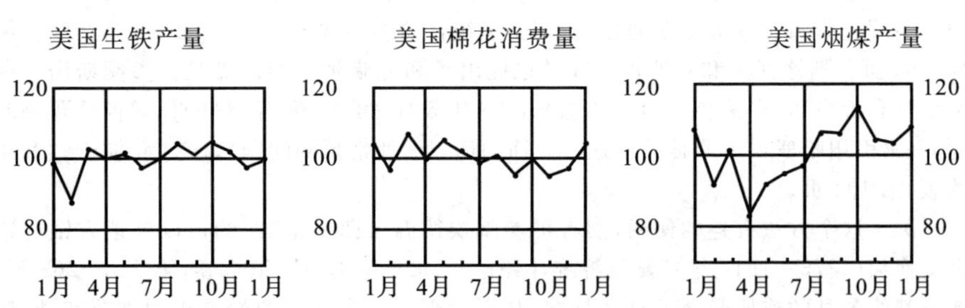

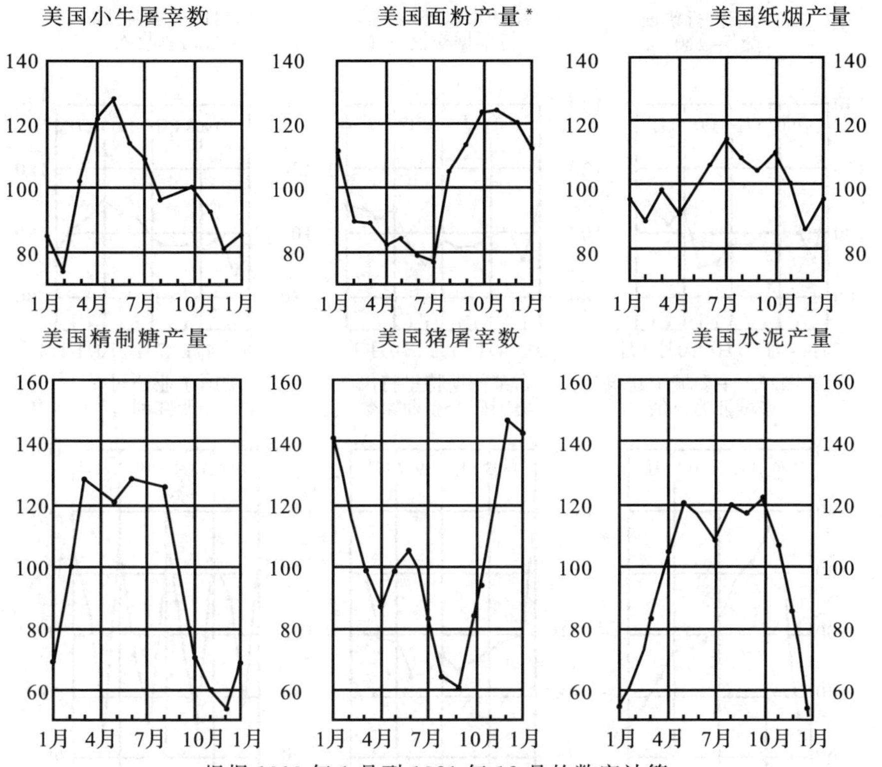

根据 1913 年 1 月到 1921 年 12 月的数字计算

* 根据 1914 年 1 月到 1921 年 12 月的数字计算

使用环比法（珀森斯）编制的

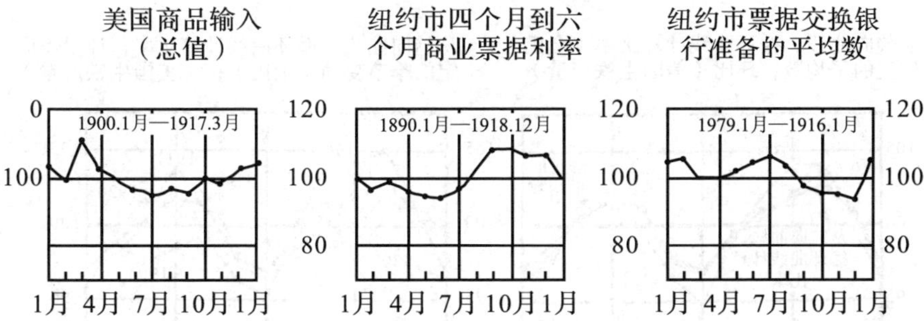

纽约市银行票据交换数额

1902.1月—1917.1月

纽约市以外地方银行票据交换数额

1903.1月—1917.1月

美国10个主要铁路公司总收入

1908.1月—1917.1月

140 120 100 80

1月 4月 7月 10月 1月

美国22个主要城市建筑许可证的价值

1903.1月—1917.1月

布莱德斯特里特氏美国破产企业家数

1893.1月—1917.1月

美国工业公司分派红利

1903.12月—1917.12月

160 140 120 100 80 60

1月 4月 7月 10月 1月

图 7 使用各种方法编制的季节变动的指数

Ⅰ

从趋向曲线、循环曲线计算比率（金氏）；修正的平均数；环比（美国生铁产量）

Ⅱ

从趋向曲线、循环曲线计算比率；计量不固定的季节变动（金氏）；（美国生铁产量）

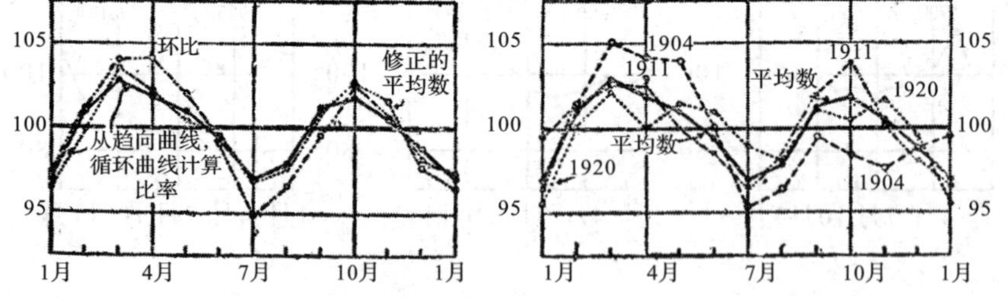

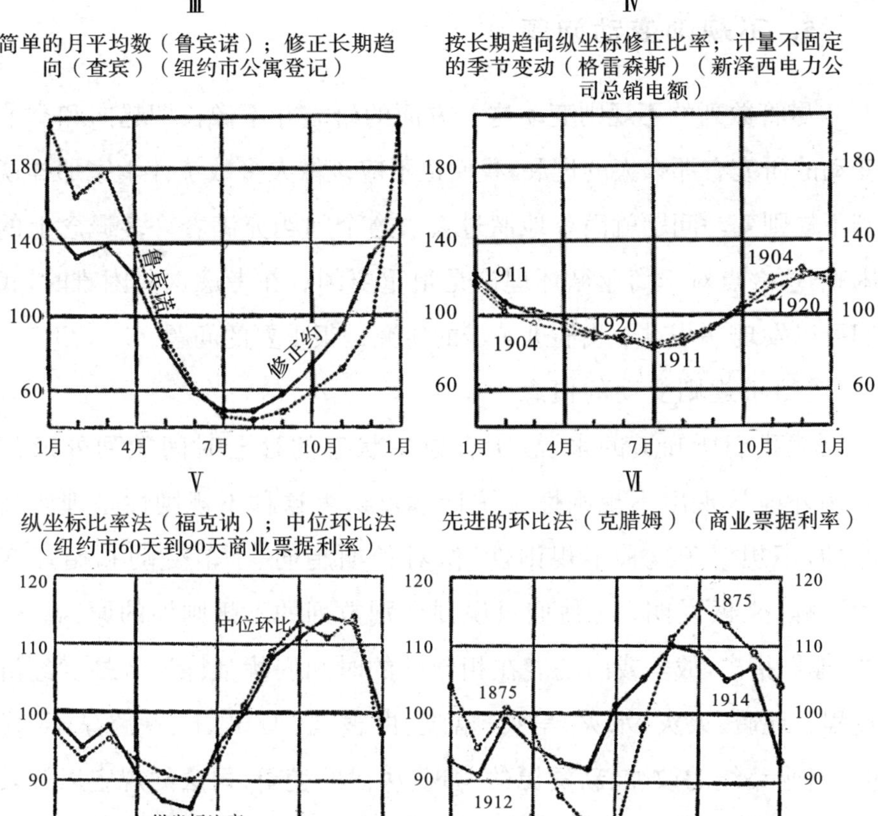

不是专门研究这一方面问题的读者，对于这里所概括地说到的各个方法，感到有点惶然，这些读者在看到图 7 时也许会感到快慰。图 7 说明了博利和史密斯所提出的意见。他们也许比任何其他调查研究者更详尽地试用不同方法来计量季节变动，在做了这种试验以后，他们说："事实上，这些方法大都得出同样的结果。"①

① "金融、价格和工业的季节变动"，载《伦敦和剑桥经济服务杂志》，第 7 期，1924 年 7 月，第 3 页。

5. 不规则变动问题

尽管数列的不规则变动这一方面的研究并不像长期趋向和季节变动的研究有那么大的进展，我们也不应该像大多数统计学家那样谈到不规则变动问题就简单地溜过去。这个问题充满着许多概念上的困难，这一点对于商业循环理论是很重要的。在考虑这些困难时，我们可以发现一些对于我们进一步的研究是很重要的问题。

(1)不规则变动的概念

就我们所知道的来说，所有原始状态的社会时间数列外形都无例外地呈现出不规则性。统计学家认为这种不规则性是理所当然的，不想对于这种不规则性，像对长期趋向、季节变动和循环变动那样，来做说明。[①] 他们只说到个别数列的不规则性的原因。例如，他们指出，战争或内乱能在相当长的时间内扰乱许许多多的经济过程。地震、火灾、水灾、旱灾、瘟疫、虫害、罢工、停工、铁路禁运、发明、商业路线的改变、新资源的发现、法律的变更、司法的规定以及其他说不尽的事情会引起比较不严重的干扰。我们也不可忘记，统计资料编制方法的变更和不正确的调查表所产生的影响。银行票据交换

① 爱德曼·戴伊教授曾经提出了一个非常接近于定义的不规则变动的定义，他建议把不规则变动分为如下两类：

"由于特殊原因而产生的偶然性变动，这种变动通常是从变量记录中急剧的、显著的中断反映出来的。

"偶然的或意外的变动，这种变动的来源还没被人们发现，这种变动在性质上是很不规则的，但对变量总的过程只产生很小的干扰。"

参阅戴伊博士的《统计分析》，1925年纽约版，第285页、302—306页和310—312页。

额报告表增加一个新的城市，编造失业人数统计表的工会的解体，物价指数所使用货物种类的变更，海关办事人员在编造七月份输入一览表时没把七月份货单列入，修订存货币值的估计不把损失计算在内，铁路货运的重新分类，加法的误差，印刷的错误，以及许多这一类的事体，都会产生时间数列中各种各样纯人为的不规则性。

这样把原因列举出来的做法向我们提示了以下一个观念：我们可以把一个曲线所表示的、我们认为不属于长期的、季节的或循环的变动的任何一个变动列为不规则变动。如果我们有了明确的方法来确定我们曲线中由于长期、季节和循环这三个因素所产生的变动，那么，把不规则变动看作是剩余变动的做法是个令人满意的做法。在这个基础上，我们可以提出以下有理的提法：一个时间数列所代表的各种活动，每一天都受到许许多多在性质上不是长期的、循环的或季节的因素的影响。关于这些不规则因素，我们即使知道，也知道得不大清楚。但是，概率论却认为这样的一个假设是正确的：在一定时间内起作用的不规则因素，如果在数量上是很多的、在来源上是独立的而且在大小度上是属于同一的级，就会互相抵消。不错，埃季沃思教授曾证明了，这些严格的条件是可以放宽的。他说，假如这些不规则因素是很多的，它们彼此之间有相当大的程度的独立性，而且没有两三个占着优势的因素，那么就会有很大程度的抵消作用。① 可是，连放宽了的条件也不能达到的情况是常常发生的。在任何一个时间，可能有一组相互关联的因素支配着复合体的情况，也可能有一两个因素比其他不规则因素强大得多的情

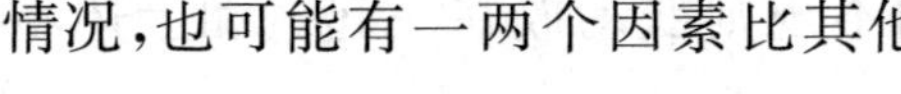

① 参阅本章第二节之2。

况。在这样的情况下,这些不规则因素就不能相互抵消,甚至最初步的抵消也做不到。不但如此,它们和那表示长期趋向、季节变动和循环变动的波状曲线的离差是很大的或是比较小的。我们叫做不规则变动的正是这些不互相抵消的因素所产生的离差。

继续说下去,就能消除一个关于不规则变动这个概念的疑惑。从前一节里我们已经知道,季节变动的某些原因,各年是不相同的。同样,所有长期趋向都被认为是容易变动的,不预先通知就变动的。增长的趋向,据我们所知道的,在本质上也是不固定的。最后,在第一章所论述的循环变动的许多原因中,没有一个能够产生完全有规则的循环。所以,我们一经采用了统计学家的办法,在讨论不规则变动时,先说到不规则变动的原因,我们就不得不承认,在我们所列的长期、循环和季节变动中,不规则情况是可能发生的。换句话说,把长期、循环和季节变动看作是有规则变动的做法,跟我们所知道的是背道而驰的,跟我们所猜想的更是背道而驰的。

不过,上述的结论不可以被认为(甚至作为)是放弃那把数列中的变动分为有规则和不规则的分类法的原因,而只能认为是更严格地来执行这一分类法的原因。那即是说,我们可以认为季节、长期和循环变动的原因是许多复合体,每一个复合体是由那些按照某种“规律”发生作用的一个或几个原因和那些在一定程度上往往不能相互抵消的不规则因素所组成的。这样,我们就可以把有关季节变动、增长因素和商业循环的不规则变动和那些归因于战争、地震、瘟疫和印刷错误的不规则变动放在一起。和上述不规则变动恰恰相反,长期趋向这一趋向,如果不是固定的,也会多少有规则地变动的;季节变动这一变动,如果不是一致的,也会多少有规则地变动的。持这种见解的人可能把这些变动叫做“正常”的循环。

从理论上的观点看来，不规则变动这一概念似乎是明确的，尽管这个概念应用到时间数列时会遇到困难。但是，商业循环统计学家在从事工作时是否具有这个概念？把周期分析应用到时间数列的做法，也许就含有这个概念。[①]“40个月周期”的拥护者也许认为这个观念是正确的。[②] 可是，大多数的商业循环统计学家都认为这个观念的某些要点对于他们的需要是不适合的。

那些主要为了预测将来而分析时间数列的人，通常认为有规则趋向和季节变动的概念是正确的。他们需要有能够测验现今发展的标准和能够作为推测的根据的标准。那些按照一定的规律而变动的趋向和季节变动，他们可以拿来作为标准，但是，不规则的季节变动和趋向不能够作为标准。鉴于许多数列过去的变动，这些预测者认为可以设定他们所需要的标准趋向和季节趋向来判定最近将来的情况会怎样不同于这些标准。因为，尽管他们承认，实际的趋向和实际的季节变动在过去都曾发生变化，但他们很少看到很突然的或很大的变化。可是，他们研究到循环变动时，就发现时间数列过去的循环变动状况并不像季节变动那样可以据以设定相应的标准。循环变动在过去所发生的变化是那么突然、那么频繁、那么显著，使得“正常循环”的概念成为不正确的概念。他们感到，既然他们不应该硬说他们的资料形成一个“正常循环”，他们便没有方法

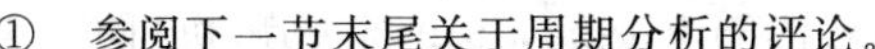

① 参阅下一节末尾关于周期分析的评论。

② 参阅本章第六节3之(6)：“商业循环的持续时间”。

来区别循环中的有规则变化和不规则变化，像他们区别趋向和季节变动的有规则变化和不规则变化那样。他们也不能够明显地区别循环变动和非循环性质的不规则变动。他们所能够做的，只是注视那些不时发生的和一般趋向大不相同的变动，并从各种说明材料中寻找表面上可以阐明这些大的不规则变动的材料。[①]

那些不想做商情预测的统计分析者，甚至连“正常的”趋向和季节变动的概念也不敢接受。上面已经说过，他们提出了计量每年变动的季节变动的方法。此外，如果长期趋向线是使用手画的曲线或移动平均数制成的，那么它便有曲曲折折的形状；如果趋向线是由计算有关数列的项目和其他数列的项目的比例来获得的，那么趋向线的形状会变得更曲折。这种方法，往往把预测者通常使用的方法和循环变动混杂在一起的那部分变动，归并到数列中的季节变动和趋向中去。不过，即使在变动的季节变动和迂回曲折的趋向消除以后，剩余变动还呈现出很大的不规则性。

(2)不规则变动在商业循环理论中的地位

分离和消除循环变动中那些没有归并到季节变动和趋向中去的不规则变动的方法似乎还没有发明出来。一个很接近于这种方法的方法是：使用移动平均数或手画的曲线，把不规则变动分散开来。这种做法，并不能表明，在不规则变动不存在的条件下，循环变动究竟是怎样，它只能表明，联合的循环、不规则变动，按新的方式，分散到那些加以平均的各个月去。当然，从原始数字中减去由

① 参阅珀森斯：“商情指数”，载《经济统计评论》，1919 年 1 月，初刊第 1 卷，第 33—35 页。

修匀曲线所代表的各个相应的数字，我们这样做并不能看出不规则变动的实际状况。

可是，珀森斯教授使用这种计算方法求得了一个对于理论很有关系的结果。他计算了美国 20 个城市在 1903—1916 年间 156 个月的建筑许可证价值（这是一个有显著的不规则变动的数列）。对于这个原始数字，他做了以下的演算：①他使用了他所喜欢用的方法来消除这个数列的长期趋向和季节变动。原始数字所剩余的表示这个数列的循环和不规则变动。②他计算出了 12 个月移动平均数对相应的长期趋向纵坐标的百分比。通过这个方法，不规则变动和季节变动大抵是消除了（使用平均法），而长期趋向大体上也消除了（使用比率法），但循环没有消除。③他从①的项目中减去了②的项目——①有了不规则变动，而②却没有不规则变动。所得的差大抵是不规则变动的近似数。④他把这样得出的差列成频数表。根据这个表的数字，他画了一个矩形图。最后，他给这个图配合了一个常态曲线。由于常态曲线和资料相符，珀森斯教授下结论说："建筑许可证不规则变动的分配是正常的。"①

我们能不能得出进一步的结论呢？假如经济数列在相当长的时期内的不规则变动是像观察误差那样来分配的话，那么我们能不能计算一个数列的联合的循环、不规则变动而不计虑这种变动的时间次序呢？我们能不能把每一个变动都看作是一个有一定误差的对于循环因素变动状态的观察呢？我们能不能以那些在一系

① 珀森斯："一般商情指数"，载《经济统计评论》，1919 年 4 月，初刊第 1 卷，第 137—139 页。

列的观察中细心计算出来的平均数作为我们结论的根据呢？当然，我们置信这些平均数的程度，是要看各个数列的观察次数是多少和各系列的观察是怎样围绕集中趋势而散布来定的。无疑地，这个方法要比确定数列中哪一部分的变动是由于不规则因素不能相互抵消的做法稳妥一些。这个方法使我们能够利用一切可以利用的统计资料，而且提供一个基础来判断我们从统计资料所做的推论可靠到什么程度。①

这一点到第五章时，将依靠那时候所能够得到的更准确材料的帮助，加以详尽的叙述。当然，我们没有想回到“正常循环”的概念去。因为，从研究整列的统计资料中由经验确定出来的平均数这个概念，和经济理论家所使用的“正常”现象这个概念是有很大的区别的。经济理论家所说的“正常”现象，是指符合于他自己所制定的某些条件的那些东西。这种现象可能近似于一般的体验，

① 也许有人要问：如果珀森斯教授计算出建筑许可证的不规则变动借以证明了不规则变动是怎样围绕集中趋势而分配的做法是正当的，那么，他是不是也可以从已经消除了趋向和季节变动后所剩余的变动中来消除不规则变动？他这样做，是不是就把循环变动孤立起来？他的具有上述推导的方法能不能应用到其他数列？

统计学家所以不敢遵循这个明显的路线来处理循环的原因，是因为他们不能够把不规则变动的粗略近似数用来测验不规则变动的分配类型。珀森斯教授的频数表具有156种不规则变动，因此他可以假定，他计量不规则变动的各种缺点，在很大程度上是会相互抵消的。但关于伴随着任何一个具体商业循环的不规则变动，他就不能这样假定。在绘制代表一系列循环的曲线时，认为不准确地计量不规则变动所产生的某一循环某一方面的偏差，和同一循环或另一个循环某方面相反性质的偏差大概可以对消；这是很难令人满意的。

我们利用不规则影响的相互抵消来消除循环变动中不规则变动的唯一方法，乃是正文中所提示的方法，也就是说，搜集许多说明循环和不规则混合变动的案例，并确定这些变动的集中趋势。

也可能和生活实情有很大的距离，这一切要依理论家是怎样选择他的论据而定。即使这两者完全符合，它们在概念上还是不相同的。把一般情况说成是“常态”，会导致无谓的混乱。[①]

作为理论家来处理不规则变动时，我们又面临着长期趋向那一章节末段所提到的问题。尽管我们想尽量把时间数列的不规则变动和循环变动区别开来，但我们不可以认为不规则变动对于理解商业循环不起什么作用，而把不规则变动撇开。假如我们把不规则变动撇开，这就等于不加研究地丢弃第一章所提到的几个工作假设。例如，凡勃伦认为，在1816—1873年间中的商业破产，“明显地是由一个外来的干扰因素所引起的”，而1870年以来，景气季节“几乎都可以归因于和工业本身没有关系的个别原因”[②]。同样，俄克拉荷马大学阿瑟·亚当斯教授和莫斯科大学派伏兴教授详细地说，商业复兴，如果不得到一些不是复兴本身所能产生的有利因素的帮助，就不能发展成为完全的繁荣。[③] 若干其他权威作家认为，“干扰因素”对商业循环的发展起着重要的但不是经常的作用。鉴于以上权威的意见，尽管我们想要消除曲线中的不规

① 可是，在统计学中，这个名词有一个用法是大家公认的用法，例如，在上面引用珀森斯教授的文句中，就有“误差常态曲线”和“常态”分配（即“常态”曲线所大略表示的分配）。珀森斯教授是把“常态”一语和拉普拉斯与戈斯所共同发明的曲线一起使用的第一个人，他曾经指出，这个名词并不是很适切的（参阅珀森斯《生物统计学》，1920年10月，第25页）。但是，这个用法现在已经很牢固地建立起来，不依照这个用法可能会引起更大的混乱。

② 凡勃伦《企业论》，1904年纽约版，第249—255页。

③ 阿瑟·亚当斯：《商业循环经济学》，1925年纽约版，第111—158页；派伏兴：《商业危机》，1925年莫斯科版，第54—61页。感谢库兹纳兹博士把派伏兴教授的理论要点告诉我。

则变动，但我们不能在理论上置不规则变动于不顾。即使在统计上消除不规则变动，其意思也不过是，要把循环变动和不规则变动孤立起来，使得我们能够深入地研究这两种变动。

6. 孤立循环变动问题

从上面所说关于时间数列中已经找出来的循环变动以外的变动，我们清楚地知道，把循环变动孤立起来的愿望还没有达到。我们对于长期趋向和季节变动计算方法的叙述表明，即使就这些变动来说，我们所能计算的也只是近似数，我们还没有方法计量这些变动。我们对于不规则变动的叙述也表明，统计学家，除使用移动平均数或手画的图来修匀曲线的不定差外，不敢做进一步的工作。我们不能够计量长期因素、季节因素和不规则因素各自的或联合的影响，这就意味着，我们不能够通过消除我们通过类分而认识到的其他三种变动，把循环变动孤立起来。而且，谁都还没有发明一个令人满意的直接计量循环变动的方法出来。①

这样说来，我们从统计学家那里所能够得到的，乃是许多美国和其他国家数列在消除长期趋向和季节变动（用上面所述的一个方法来确定）以后所剩下来的剩余变动。消除长期变动和季节变动的方法，在于计算（或从图中研读）那些业经修正季节变动的趋

① 不错，金博士在确定逐年变动的季节变动时，曾从原始数字直接画出一条"初步的循环曲线"（一个代表被假定的循环过程的手画曲线）。可是，这一条初步的曲线和"最后的循环曲线"（即金博士在消除不同的季节指数以后所得到的曲线），其目的不是把长期、不规则变动和循环变动相隔开。"计量季节因素的一个进步方法"，载《美国统计协会杂志》，1924 年 9 月，第 19 卷，第 301—313 页。

向在各个时期的趋向值，然后从原始数字相应的项目中减去这些趋向值，或把原始数字和修正了的趋向之间的离差用百分数来表示。①

① 例如，假定在分析一个说明某种货物每月产量的数列时，我们得到以下的结果：

1926 年 1 月。长期趋向纵坐标 900 吨。

长期趋向的月增量 5 吨。

用月平均产量的百分数来表示的季节变动：

1 月	90
2 月	100
3 月	110
4 月	80

又假定 1926 年头几个月所报告的产量如下：

1 月	800吨
2 月	1,000吨
3 月	1,100吨
4 月	700吨

那么，我们就可以做出以下的计算：

1926	长期趋向纵坐标	季节变动	季节变动已经修正过的趋向	原始数字
1 月……	900 吨	×0.90	＝810 吨	800 吨
2 月……	905 吨	×1.00	＝905 吨	1,000 吨
3 月……	910 吨	×1.10	＝1,001 吨	1,100 吨
4 月……	915 吨	×0.80	＝732 吨	700 吨

消除已修正季节变动的长期趋向后的结果：

1926	吨数	修正趋向的百分数
1 月……	－10 吨	99

图 8 列举了这样的计算结果的三个例子。把上面刚才所说的应用到这个图来,我们就可看出,曲线和它们的基线的离差,并不表示这些曲线所包括的数列的循环变动。它们所表示的却是那些和不规则变动结合在一起的循环变动,这些不规则变动含有实际季节变动和长期变动跟那些代表它们的曲线的离差。

(接上页)

2 月……	+95 吨	110
3 月……	+99 吨	110
4 月……	—32 吨	96

我们可以用以下部分图来表示各个步骤:

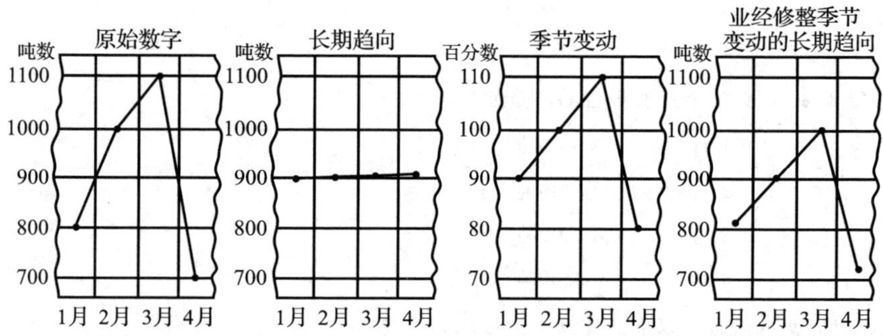

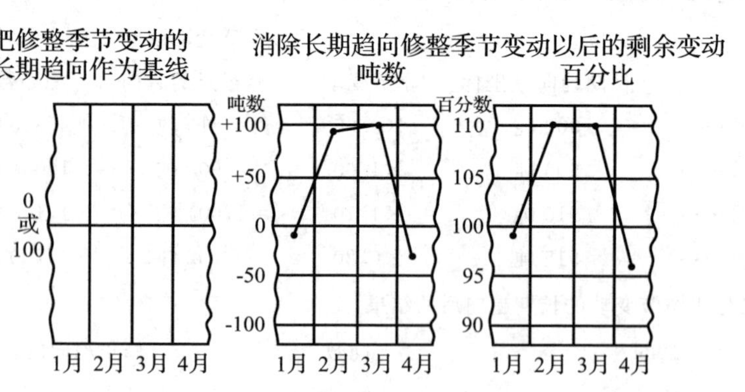

因此，按照现阶段的统计方法，我们所能够图示的，只是那些和我们不能计量的不规则变动混在一起的循环变动，这样的图不能正确地反映循环变动的真面目。如果我们认为循环因素发生作用的规则性是大于曲线所呈现的规则性，我们这样的想法似乎是正当的。但我们不应该认为假如一切非循环因素都被消除以后，所有循环变动的离差和幅度就会是一致的。因为，影响到时间数列的循环因素，可能是各年不相同的，正像许多季节因素各不相同一样。我们相信，许多季节变动各年是不相同的。这种观念是基于我们对季节变动所知道的原因；同样，我们对于循环变动的一致性或可变性的见解，也必须根据我们对循环变动所能研究出来的原因，而不能根据对图 8 那样的曲线的研究。

虽然我们从统计上分离那些影响到时间数列的因素的愿望不能达到，但是，我们把图 8 的修匀曲线和图 1 的“原始数字”曲线比较一下，就可发现，在统计趋向和季节变动已经消除（尽管是很粗

图 8　在消除长期趋向和季节变动以后的时间数列的剩余变动

以百分数表示的、原始数字和修整了季节变动的长期趋向的离差

美国工业公司每月分派红利

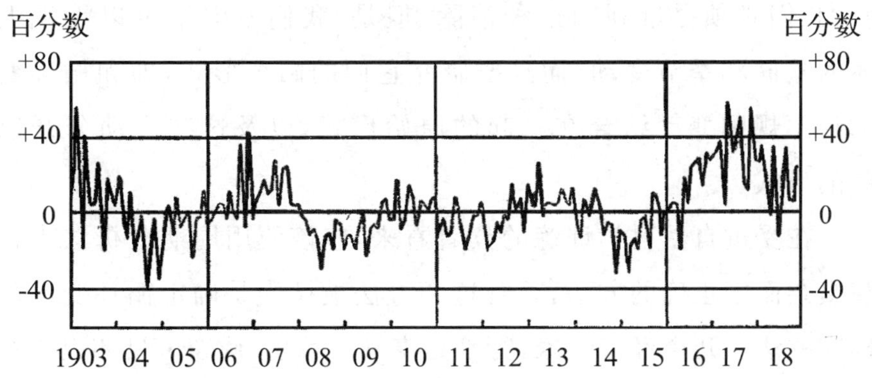

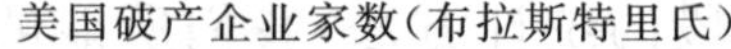

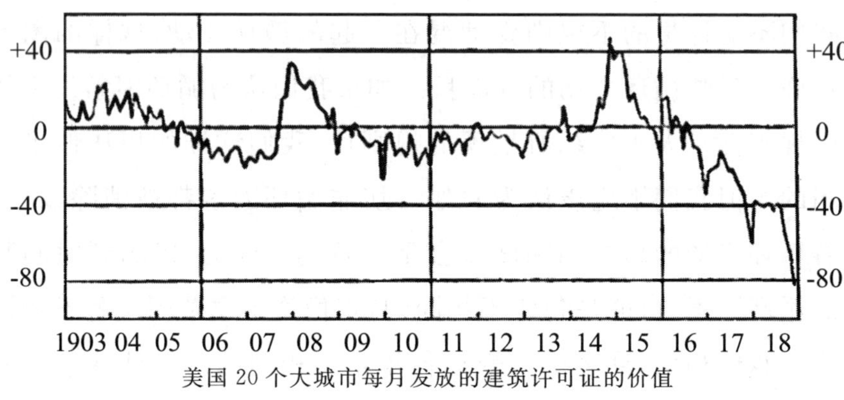

美国 20 个大城市每月发放的建筑许可证的价值

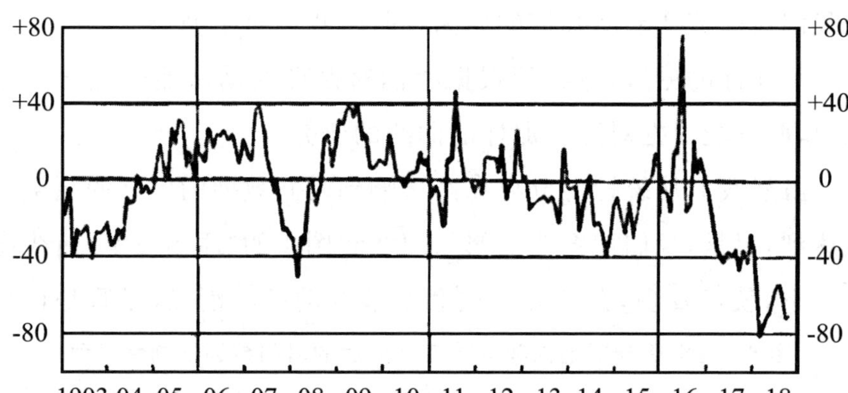

略的）以后，循环变动就看得更明显。因此，在做进一步的研究时，我们必须尽量利用这种消除，但是，我们不但不可以无视上述的趋向和季节变动，而且要研究它们的两个形式，即和循环变动与不规则变动结合在一起的原始形式，以及这些变动分开以后的形式。

在受过自然科学训练的读者看来，应该使用周期分析法来代替繁杂而不正确的方法，尽管这个方法被认为是确定循环变动的标准方法。几个经济学家，特别是亨利·穆尔、威廉·贝弗里季和威廉·克腊姆，曾经使用过这个分析方法来做重要的试验。① 这个方法使用在许多呈现着对称的周期变动的自然过程上都得到非常好的结果，而且这个方法一定能够揭露经济数列中任何相似的周期变动。这个方法并不限定于简单变动的发现。周期分析会显示出几个或好几个周期变动的存在，这些变动结合在一起时，使得一个曲线成为很复杂的曲线，不熟悉这一方面的读者也许会认为这条曲线并不是由周期因素所构成的。② 人们也许将来会发现，商业循环统计学家所使用的许多时间数列，可以用由几个不同期间的周期变动加在一起构成的"综合曲线"来表示。

可是，把周期分析系统地应用到经济数列上，会遇到严重的阻

① 关于这个比较详细的分析方法和使用这个方法说明问题的结果，读者可参阅穆尔：《经济循环的规律和原因》(1941 年纽约版)和《不断产生的经济循环》(1923 年纽约版)；贝弗里季："西欧的麦价和雨量"，《皇家统计学会杂志》，1922 年 5 月，第 85 卷，第 412—451 页；克腊姆："商业证券利率的循环"，《经济统计评论》，1923 年 1 月，初刊第 5 卷，第 17—29 页，以及《数学统计手册》(里泽主编，1924 年波士顿版)第 11 章"周期分析"。

② 关于这种曲线的例子，读者可查看贝弗里季在上面提到的论文里把 11 个不同期间的循环加在一起而绘制的"综合曲线"。这个曲线的一部分在下面翻印出来：

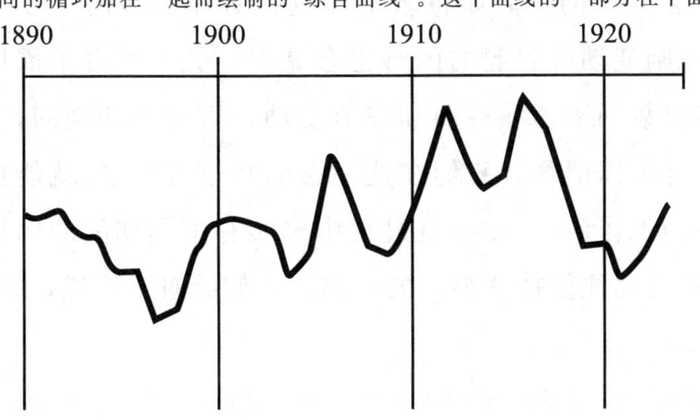

碍。我们所要利用的数列,很少具有足够长的时期,使得使用周期分析能得到满意的结果。要想把商业循环统计学家最关心的比较简短的循环建立起来,那就需要有月数字,至少需要有季数字,但是,像这样长的数列是很少的。即使在有了这种形式的数字时,经济过程所特有的季节变动和不规则变动,也趋向于使周期图模糊不清。把不规则变动似乎准备变更循环变动的时期略去不加考虑,就会把可供研究的资料限定在更狭窄的范围,而且使研究者的个人判断具有很大的影响力。在使用周期分析以前往往需要先消除长期趋向和季节变动,但这样做,也许会使计算结果发生偏差。[①] 此外还有两个比较重要的疑问。我们能不能假定经济过程的循环变动确是周期的变动,或是有了周期变动的趋向呢?如果一定经济过程在经济发展的一定时期有了周期变动的趋向,这种趋向在变动的情况下,能否保持足够长的时间,使得周期分析能够把这种趋向揭露出来呢?

在研究商业循环中系统地使用周期分析法的最显著障碍,乃是大多数必须分析的时间数列的短暂性。这种障碍,经过相当的时间大抵是会变小的。假如将来不像过去有那么多的突然大变动,那么不规则变动所引起的困难也会减少。关于在着手周期分析以前先修整数列来消除趋向和季节变动是否适当的疑问,进一步的研究也许可以消释。我们在这一方面知道得更多,就能更容易接受以下的工作假设:在经济过程中确实有不同期间的周期变动,而且这些变动往往持续很长的时间。我们绝对不能说,周期分

① 参阅贝弗里季在上面提到的论文里关于这一点所说的话(第414—415页)。

析在将来的经济研究中不会产生巨大的作用，但我们还不能把周期分析看作是研究循环变动的标准方法，这似乎也是肯定的。[①]

四、计量各个时间数列之间的关系

尽管循环、不规则变动的孤立是一些统计上的努力的终点，但它却是另一些统计上的努力的起点。我们一看到图 8，就极想研究这个图所呈现的问题。图中曲线是相似的，至少它们都是表示它们所涉及的时期中商业情况的大变动。但是，这个相似之处，虽然比图 1(在长期趋向和季节变动还没消除以前)显得更明显，但还含有显著的、继续存在的不同之处。如果我们能够搜集比图 8 所使用的更多的资料，那么，这几条曲线的起伏便有更大的不同的幅度。它们在时间上也是不相同的，就是说，一些曲线的最高点和最低点比另一些曲线的最高点和最低点晚到了几个月。最后，在形式上，他们是不相同的：一些曲线呈现着大略对称的波浪形，另一些曲线呈现着极其起伏不平的波浪形。这些结果我们能够怎样

① 罗蒂上校又补充了以下的观点：

"使用调和分析来分离那些混合在研究中的数列的周期变动，这是很稳妥的办法，但我认为，对于那些未经确证业已存在的周期变动，我们不能依靠调和分析来证明这些变动是否存在。调和分析的主要缺点是：它把任何一般商业时间数列分解成为一定的、有规则的周期变动，不管这些变动是否真实存在。如果要分析的循环为数不多，而且在对时间数列做(比方说)90％的分析时所需要的周期是在两个以上，那么，这种分析似乎不可能有很大的真正意义。而且，假如引起了落后因素，那么，调和分析的价值就显得更小。我怀疑，是否能够对于这个方法做全面、直接的数学测验。间接地证明调和分析这个方法的缺点，最好的办法也许是：使用掷骰子的方法，创造一个人为的时间数列，然后使用落后假设或不使用落后假设来分析这个数列。"

加以使用呢?

一个方法是,根据我们所能够搜集的又多又不同的曲线(全是表8中那样形式的曲线)来编制商业循环的一般指数。如果这是我们的下一个步骤,我们应该不应该把不同数列所特有的循环、不规则变动的不同幅度化成为共同的尺度呢?我们应该不应该也把时间上和形式上的不同之处消除掉呢?幅度上、时间上和形式上的不同之处,我们是否不但不想消除,而且要加以研究并用来建立商业循环理论呢?我们是否真正想要编制商业循环的一般指数呢?我们把注意力集中在个别过程的变动上,连我们所消除掉的长期趋向和季节变动也拿来讨论,我们这样做会不会收获更多呢?

上面这样的反问本身便提示了答案。假如我们要充分利用统计对商业循环的贡献,我们就必须尽可能各别地研究各个时间数列并且必须研究它们所有的特点,我们也必须把它们结合在一起来研究,更合适地,把它们按照各种方式结合在一起来研究。

在做这两个研究时,我们需要有一个特殊方法。无论我们所着手的是比较不同数列的变动还是把不同数列组成一般指数,我们都需要有一个标准方法来计量各个变动之间的关系。这样的方法已经发明出来,我们只需慎重地使用这个方法。但我们一想使用这个方法,我们就面临着统计学才开始掌握的一个更难理解的问题:我们所要计量的时间数列各个变动的关系,究竟是哪一些关系呢?

1. 时间数列相互关系及其危险性

我们看像图1到图8那样的曲线时，就会想到关于这些曲线的关系的各种结论。但是，经验告诉我们，视觉研究所得到的结论，往往因受到研究者个人观感的影响而有很大的偏差。每一个人都只会看到曲线上他所要寻找的东西，而不会看到他没有想象到的关系。而且，视觉比较从曲线的显著转折点（最高点和最低点）所受到的影响，要比从曲线的中间部分所受的影响大得多。最后，从这种比较所得到的结论充其量是空洞的，完全不能用数字来表示。因此，统计学家已在寻找某种计量时间数列各个变动特别是循环、不规则变动之间的关系的方法。这种方法是客观的、正确的，而且必须适当地计虑到所比较的曲线各个部分的影响。

统计学家已从法兰西斯·戈耳顿所发明的用以研究遗传的相关计算法中找到了这个方法。相关计算法由皮尔逊、埃季沃思和尤尔加以发挥，并由皮斯·诺顿和其他人应用到时间数列来。相关系数表示两个数列的关系，其尺度是从＋1.00（表示完全正相关）通过0（意思是不相关）到－1.00（表示完全负相关）。[①] 把这个方法应用在计量两个时间数列的关系时，当然必须遵守各个项目的时间次序——这样就使得概率理论不能应用到资料上，而且使

① 参阅珀森斯给《数学统计手册》一书中“时间数列相关”一章（里泽编：《数学统计手册》，1924年波士顿版，第160—165页）。几乎所有近来出版的统计学教科书都说到计算相关系数的方法。至于比较详细的叙述，可参阅楚普罗：《相关学说的原理和基本问题》，1925年莱比锡与柏林版。

概率理论不能用来说明计算结果。① 各个对比项目和各个数列的算术平均数的离差要拿来比较。这样，各个数列中每一个项目，对于计算结果都有影响，而且这个结果是个数学上正确的平均数，不受到研究者个人观感的影响(就计算来说)。

可是，相关系数的使用，并不是以数学来代替个人判断，也不是把图的视觉研究降到次要的地位。正像一个数学平均数的代表值必须从观察这个平均数所根据的整列数字的分配来判断那样，一个相关系数的意义是必须从批判地研究这个系数所根据的综合材料来判断的。

这个批判研究应该从原始数字入手。在消除了长期趋向和季节变动使得两个数列的循环、不规则变动有了相互关系以后，就需要精密地研究这两个趋向线的配合。② 因为，在这个演算中，相关系数把两系列和两个趋向的循环、不规则离差的相关率加以平均，如果两个趋向线和它们各自的数字不相配合的情况是相似的，相关系数就表示两系列离差是十分一致的。也许有人认为，相似的不相配合是少见的。恰恰相反，这是常常发生的。这样的“假相关”，使得商业循环方面许多的研究失去效用。在建立“那些包括 1897 年以前的物价下落时期和 1897 年以后

---

① 因此，两个数列相关系数的“或然误差”的意义，在这里是不存在的。无疑，在这里没有同等机会的意思。同等机会的意思是：根据一个例样所计算的第二个系数，和根据另一个例样所计算的第一系数的离差，并不越出或然误差的范围。参阅珀森斯给《统计数学手册》一书中“时间数列相关”一章，第 162—163 页。

② 其实，没有必要把两个未经消除趋向的数列的关系建立起来，除非这两个趋向可以用水平线来表示。因为这样做的结果，所表示的主要是这两个趋向的关系(为了达到这个目的，可以使用简易的方法)。

的物价上升时期的经济数列的相互关系时”，类似上面所说的趋向线不相配合情况，尤其容易发生。“在19世纪90年代，几乎所有经济数列都降落到趋向线之下，所以，经济数列离差的相关系数就表示下降这个事实，而不表示经济变动的一般一致性。”①既然很难有一个客观标准来确定趋向线的配合是否适度，那么，也很难有一个客观标准来确定两系列和两个趋向相乖离的离差的相关系数的代表值。相关系数能够给我们做的，只是把那些由于细心研究原始数字、趋向配合和离差性质而得到保证的比较弄得更准确。

在解释相关系数方面，还有一个误差来源，统计学家很容易忽略这个误差来源。经济过程中各个循环、不规则变动的时间关系，在商业循环的各阶段中是会改变的。例如，在不景气以后的商业恢复阶段，工业设备生产可能落在消费品生产的后面，但在景气开始衰退时，工业设备生产的下降却比消费品生产的下降来得早。又如，在景气时期过去以后，纽约市的票据交换额，往往在纽约市以外地方票据交换额降落之前几个月，就开始降落，但在商业恢复阶段，纽约市票据交换额却没呈现这种领先情况。② 时间的关系一有改变，相关系数所表示的平均相关率，就不但没有意义，而且会使研究者迷失方向。避免迷失方向的唯一方法是，在研究图的时候要小心注意一个曲线比另一个曲线先变动和后变动的规则性。这种警惕是需要的，因为在商业循环研究中，相关系数的主要

① 珀森斯给《数学统计手册》一书所写的一章的注释，见该书第164页。

② 参阅本章第五节之2：“循环、不规则变动的时间数列”。

用途乃是确定一个数列对另一个数列的落后程度。①

2. 在研究时间数列的关系中把时间数列加以改造

当经济学家开始研究时间数列时，他们都把具有原始形式的资料拿来计算，不管原始的形式是怎样的形式。遇到不能比较的单位时(例如，以 100 万两为单位计算的黄金产量和以百分数计算的银行贴现率)，他们可以把这些单位画在使用两种经过调节的尺度的图上，从而克服上述困难。一种更适切的方法是：把原始数字改成为“相对数”的形式，并把两个变量在某一个时期的数值选作基数，用 100 来表示。另一种方法，是把两个数列的对数画出来。还有一种方法，就是不使用原始数字，而把每一个数列中各个项目的百分差拿来比较。

统计学家一经把时间数列改变成为新的形式来相比较，他们就能够无限度地发挥他们的发明才能。他们认为，原始数字(其表现形式主要是由行政上的便利决定的)含有各种一致性，而他们的任务，就是把这些一致性揭露出来。由于他们的着重点是放在统计方法上，而不是放在合理的假设上，因此他们把各种数字(使用各种方法改造过的数字)拿来做试验。他们往往可以把两个在原始形式上很不相同的数列中的一个改变成为“新的和原始形式不相同的数列”，这样就使得这个数列和另一个数列在形式上变为一致。在做这种工作时，他们依靠相关系数来测验各个改造过的数

① 参阅阿林·杨格给黑克斯特的《商业循环对社会所产生的后果》一书所写的绪论中关于相关系数的解释的讨论，见该书 1925 年纽约和波士顿版。

列的相关程度。

这一类研究有两个最近的例子可供参考。(1)卡尔·卡尔斯坦研究了美国卡车剩余和短少以及纽约 60—90 天商业票据利率这两者有关数字的关系。这两个数列，就原始形式来说，似乎是不相关的，因为相关系数几乎是等于零(＋0.02)。卡尔斯坦使卡车数字落在利率后面八个月，这样就得到一个等于＋0.402 的系数。通过累积卡车数字和趋向的离差，他得到了一条曲线，这条曲线和利率曲线的相关系数是＋0.914。通过使用利率的对数，他把系数提高到＋0.926；又通过略去 1918 年 3 月到 11 月的九个月数字(在这九个月内，利率是强压在 6%以下)，他算得了卡车短少的累积额和利率的年移动平均数这两者的相关系数是＋0.950。[①]

(2)欧文·费希尔教授研究了美国批发物价变动和交易额的关系。在开始工作时，他用了劳工统计局的批发物价指数和珀森斯的 1915 年 8 月到 1923 年 3 月交易量月指数。他用一个移动平均数来修匀珀森斯的月指数，发现这两个数列的相关系数是＋0.54。接着，费希尔把物价指数改变成为那些表示价格急剧变动的数字，使这个派生数列对于交易量指数有七个月的领先，这样他得到了一个等于＋0.727 的系数。然后，他用心做了一系列试验，把这个固定落后分配到各个不同的月数去，这些不同的月数是"按照概率原则"用不同方法来加权的。最后，他发现了一个分配

① 参阅卡尔斯坦："经济学的求积理论"，《美国统计协会杂志》，1924 年 3 月，第 19 卷，第 14—29 页。

落后的方法，这个方法使他的系数提高到＋0.941。[1]

这些有趣的试验可以说是一系列努力的起点，把各对时间数列加以改造，从而求得这些数列的高度相关系数。这一类工作对于统计学家的吸引力是很大的。由于需要做许许多多的试验性计算，这种工作的代价是很大的，但是，由于研究者可能找到购用他的预测数列的买主，因此他们能够得到所需要的款项。而且，这种工作所得到的结果，可能不但有实际价值，并且有理论价值。但是，这种工作，除非做得很慎重、很精密，否则也会导致严重的错误。

我们可以大胆提出这样的意见：一个有能力的统计者，在有足够的助手和充分的时间的条件下，能够把一定时期的任何两个对比数列改变成为能够产生超过±0.9相关系数的形式。我们在很久以前就知道，一个数学家能给任何一个数列配合一条曲线，这条曲线能够穿过这个数列的每一点。但是，如果数学上计算出来的曲线不能和它所配合的时期以外的时间的资料继续配合，那么，画曲线的做法就没有什么意义。因此，卡尔斯坦和费希尔所提出的工作方法，不应该从他们所使用资料所涉及的时期内得到的相关系数来判断，而应该从把他们的公式应用到早一些的时期或晚一些的时期所能得到的系数来判断。卡尔斯坦曾经指出，他所计算得到的经过调整的卡车短少累积额和利率移动平均数的对数这两者的相关系数，从1915—1923年的＋0.95降到1907—1914年的

① 欧文·费希尔："我们的不稳定金元和所谓商业循环"，《美国统计协会杂志》，1925年6月，第20卷，第179—202页。他所发明的落后分配的方法，将在下面第5节之2加以说明。

＋0.856。同样，费希尔教授指出，他所计算得到的在对落后做了分配以后的物价变动率和贸易数量之间的相关系数，从1915—1923年的＋0.941降到1877—1899年的＋0.58、1903—1915年的＋0.67、1923—1924年的＋0.78。[①]在这种测验的限制下，卡尔斯坦和费希尔的方法以及许许多多同样复杂的方法，可以无限制、无顾忌地应用到时间数列关系的研究上（如果研究者不轻易地把他们的系数说成是能说明原因关系的）。

上面的警告是很重要的。统计学家都知道，相关系数所产生的像上面那样两个时间数列对比项目相关率的平均数，并不能证明：一个数列所发生的变动会引起另一个数列的变动，尽管所使用的后一个数列的日期是落后于前一个数列的日期的。谨慎的研究者都会记住这一事实。例如，卡尔斯坦已经得到了两个数列在他试验时期前几年时间的高度相关系数，但他并没有提出以下这样的意见：闲置没有使用的卡车的数目，是受纽约利率的支配的。相关系数尽管很高，也不能证明这个推论是正确的，除非我们能够提出另一个可以表示它们因果关系的证据。费希尔教授自有他的理由来相信价格变动率影响到实际交易额，而且对于他所得到的结果曾做了因果的说明。[②] 但是，一个研究者，即使处于像费希尔那样的地位，也必须谨慎。这是很可能发生的：另一个研究者，同样用心地研究了费希尔所研究过的时期的交易额和准备比率、利率、利润或工资支付额的关系，得到了高度的相关系数，并说，他也找

① 参阅上面提到的两篇论文，卡尔斯坦（第23页）、费希尔（第201页）。

② 本章将简略地说到因果关系（参阅第309页注①）。作者打算在第二卷里详细讨论这个问题。

到了"交易额变动的一个几乎完全的说明"(或是几个"几乎完全"的说明)。[①]

虽然我们不能够把任何几个因果关系合在一起来说明一个时间数列百分之百以上的变动,但是,我们把一个数列和若干被认为对这个数列起着因果作用的其他数列的几个相关系数加起来,得到了超过 1.00 的结果,这是可能有的。假如我们有这样一些计算结果,那么我们就有两种完全不相同的说明。第一种比较明显的说明是,那几个和我们要说明其变动的数列有关系的变量,并不是彼此没有关系的。换句话说,两个或两个以上的变量都起着同样的因果作用。在经济时间数列里,像这样的部分一致是很多的。第二个说明是,在从理论上说完全是由于两个或两个以上没有关系的因素联合作用所产生的因果关系的案例里,代表原因的各个数列和代表结果的一个数列之间的两个或两个以上的相关系数,加起来可以得到超过 1.00 的结果。相关系数并不是百分数,但由于相关系数的范围从－1.00 到＋1.00,因此在费希尔看来,似乎有足够的理由,把相关系数叫做百分数。在上面提到的完全的、详尽的说明里,等于 1.00 的,并不是几个系数相加的结果,而是这些

① 参阅费希尔教授的结论。他说:"这些相关是那么高度的相关,使得我们对于以下一点只有很少的疑问或是没有疑问:价格水平上的变动,给 1915—1923 年间的贸易量变动,提供了一个几乎完全的说明……既然贸易和价格变动有了几乎是百分之百的相关,我们就无须做什么说明。"费希尔:《我们的不稳定金元和所谓商业循环》,第 191 页。

② 用费希尔的例子来说明。我们把一种关系适合于一个时期但不适合于其他时期这一问题的重要意义撇开不谈。让我们接受费希尔 1915—1923 年价格变动(落后已经分配)和交易额之间"94%"的相关系数,并且提出以下问题:这个系数没有说明

系数的平方的总和。[②] 因此，在考虑一个相关系数的意义时，我们应该把这个系数的平方（不应该把这个系数本身）拿来表示两个变量相关的程度，并且把这个平方和表示缺乏相关的"转换系数"的平方相比较。而且，我们必须记着，相关系数，尽管很高，不足以证明原因和结果的关系。

3. 结论

上面关于解释计算结果的警告，并不意味着，我们不应该把一个数列改变为这样的形式，使这个形式和原始数字比起来，能够跟

（接上页）到的，究竟是哪一部分的交易额的变动？"100％－94％＝6％"这一公式，不能对上述那一问题提供答案，而"$k^2+r^2=1$"这个公式却能提供答案（在这个公式中 k 代表"转换系数"而 r 代表相关系数）。转换系数计量两个变量不相关的程度，而相关系数计量两个变量相关的程度。在方程式中，以 0.94 代 r，就得到 $k^2=1-0.8836=0.1164$，就是说，$k=0.34$。当然，转换系数和相关系数都不是百分数。我们不应把 94％和 34％加起来，而下结论说，我们已对 128％的贸易可变性做了说明。但是，我们可以把 0.94^2 和 0.34^2 加起来，而且说总数 1.00 是代表一个理论上完整的说明。假如我们一定要使用百分比尺度，这种尺度应该是系数平方的尺度：$0.8836+0.1156=1.00$。

费希尔使用他的方法把价格变动和 1915—1923 年以外的时期的交易额联系起来所得到的结果，也是一样的。他所计算出的 1879—1899 年的"58％"相关系数的意义，要从"$0.58^2+0.82^2=0.3364+0.6724=1$"这个方程式来判定；他的 1903—1915 年的"67％"相关系数的意义，要从"$0.67^2+0.74^2=0.4489+0.5476=1$"这个方程式来判定，而他的 1923—1934 年的"78％"相关系数的意义，要从"$0.78^2+0.63^2=0.6084+0.3969=1$"这个方程式来判定。

虽然费希尔把他的相关系数叫做百分数，但他并没有说过这样错误的话："94％"的相关系数说明了落后数列中 94％的变动。他只说，这个系数提供了"一个几乎是完全的说明"（参阅前面注释）。

关于转换系数和它的用途，读者可参阅杜鲁门·凯利：《统计方法》，1923 年纽约版，第 173、174 页。

我们所要说明的变量更相符合。相反，寻找那些由于数列编制的形式而隐藏在这些数列中的关系，是一个很有希望的但是很费力的统计研究的方向。把数字改变成相对数、对数和第一差的简单方法，在长时期内实行着，并得到一般的赞同；更复杂的改变，只要能够得到良好结果，也是可以做的。

一些隐藏在各种数列之间的关系，可能是偶然发现的，或是在经验性工作中发现的。但是，如果隐藏关系的寻找受到合理假设的指导，这样的寻找可能最容易得到成功。这些合理假设往往以因果关系出现在我们的头脑中。我们从非统计来源所获得的关于商业过程的知识，可能向我们提示，一个数列所表示的经济活动，导致另一个或更多的数列所表示的后果。在还没有按照上述概念进行相应的计算以前，先小心地想出假设，这是很明智的。在第一数列中，哪一部分在原因上是重要的，是所报道的实际大小度呢，是这些大小度在各个时期的变化，是变动的百分率，是累积起来的变动，是超过某种标准范围的部分，是原因因素和另一个变量的比率，还是其他呢？同样，在表示后果的数列中，哪一部分受到原因的影响呢？上面所列举的各项提示都可能是这个问题的答案。这个相关是正相关，还是负相关？所受到的影响是即时发作的，还是延迟发作的？所受的影响是不是累积性影响？这个影响是不是随着商业循环各个阶段而变更？上述问题都必须加以考虑，而在很多情况下，还须考虑其他问题。我们往往要通过做试验计算才能决定所要提出的问题，最好是，在还没开始计算以前，就提出问题，然后按照计算所提示的，再仔细思考所提出的问题。

在判定任何两个数列的关系时，哪一种的低度相关系数才是

“重要的”系数呢？这是统计学家常常提出的一个问题，可是他们没有做出明白的答复，因为这在很大程度上要看资料的性质和目的而定。如果目的只是发现，两个现象是否不相关，或是否在一定程度上相关，那么，成为注意的中心的是系数的大小和它的标准误差（或概率误差）的大小的比较，而不是所得系数的绝对大小。假如一个系数比它的标准误差大了几倍，那么，40 的数字，甚至 20 的数字，都足以证明某一关系的存在。但是，如果使用相关系数从一些变量的数值来估计另一个变量的数值（在建立时间数列的相关时往往遇到这样的问题），那就要树立更高的标准。考虑到相关系数对这种估计的重要性时，从 0.40 到 0.50 的系数（早期研究商业循环的人往往对于这样的系数感到满意），甚至从 0.60 到 0.70 的系数，在自乘以后，还是不够大的。在许多情况下，这种的计算结果，只能作为研究者已经找到一个很有希望到达目的地的途径，但不能说他离目的地已很近。把问题所涉及的因果关系再考虑一下，进一步再做试验计算，这样可能得到更高的系数。现在做这种研究的专家的要求是很高的，例如，卡尔斯坦说：“在我自己所做的预测工作中，我认为 0.90 以下的系数并没有很大的价值。”①

五、各个过程中循环、不规则变动的幅度和时间

我们从上面讨论分析时间数列和时间数列关系的方法得到两

① 卡尔斯坦：“哈佛大学商情指数——一个新的解释”，《美国统计协会杂志》，1926 年，第 21 卷，第 409 页。

个收获。一个收获，是理解其他研究者所得到的各个结果并能够使用这些结果。另一个收获，是把这些结果用来指导我们的分析工作。

任何从统计上研究商业循环的人，都想搜集一切有关的数列，并按照一个前后一贯的计划，重新分析这些数列，把前人最好的思想同自己的改进相结合。但在这个时候，必须弄明白的是，时间数列的分析是个耗费精力和财力的过程，仅次于编制原始数字所耗费的精力和财力。而且，通过方法的更改，对于结果所做的更改，往往是很小的。因此，研究者不如尽可能使用他人所得到的结果，尽管这些结果对于研究者的需要不一定是很适合的。此外，借用别人的结果，又会受到不同方法、不同时期和不同资料等方面的限制。当研究者遇到这些限制时，他必须放弃量的研究，而代之以质的研究，或者必须自己负起统计分析的任务。

通过搜集和比较他人所得的结果这一个简单过程，我们能在以下三大方面学到很多的东西：各种经济活动所特有的循环、不规则变动的相对幅度；不同经济活动增多或减少的时间次序；在幅度上和时间上不相同的数列可以合并来帮助说明整个循环变动的方法。

1. 循环、不规则变动的幅度

图 8 弄明白的是，各个经济过程的循环、不规则变动在幅度上是大不相同的，但图 8 所留给我们的印象是比较空洞的印象，而我们所需要有的是度量。可是，现有的这种度量是很多的，我们可以拿来使用。分析统计学家往往计算出时间数列的循环、不规则变

动的标准差，这些标准差是以已经消除了季节变动的长期趋向的纵坐标的百分数来表示的。[①] 如果我们慎重一些，我们就可以使用这些标准差来计量有关经济过程循环变动的平均幅度。配合趋向和确定季节变动这一方法技术上的缺点，会影响到循环、不规则离差以百分数表示的大小度，因而会影响到它们的标准差的以百分数表示的大小度。所涉及的时期的长短，也会影响到计算结果，因为一个时间数列的循环、不规则变动，即使在百分比形式上，可能在各时代也是不相同的。所分析的原始数字形式上如果不相同，也会引起问题。关于这一点，我们就要比较详细地加以叙述。但是，如果我们搜集不同时期和不同国家的按相似的方法编制的大量的标准差，把我们的观察限定在大的不相同之处上，而且避免明显的错误方向，我们就能够得到重要的结论。

在计算我们要借用的标准差时，统计学家往往去寻找那些能够表示时间数列中各个循环、不规则变动的相似单位，使得这些变动比较容易比较。在逻辑上，这种做法类似以下的做法：把那些用来编制指数的各种货物的价格表示为各个货物在某一基期的实际市价的相对数。我们的目的和上述统计学家的目的是不一样的。第一章中所说到的几个商业循环学说，特别是劳伦斯·弗兰克和密契尔博士的学说，主要是依靠不同的过程所特有的不同的循环变动幅度来说明循环推动力的来源及其传播的。时间数列的某些

① 一个统计数列的标准差，通常是以 σ 来表示的，其计算方法如下：先计算出算术平均数，找出各个数目和这个平均数的离差，把这些离差自乘并把各个自乘结果加起来，用各个数目的总和来除各个自乘结果的总和，而且把所得到的商数开平方。所有近代出版的统计学教科书都说到这个方法。

其他特点会增加统计学家的困难，而这些不同的幅度对理论家可能有所帮助。至少我们必须就我们所能做到的来研究这个问题。

表11汇集了几系列的循环、不规则变动的标准差，这些标准差是以百分数来表示的循环、不规则变动和长期趋向纵坐标的离差，在有必要消除长期趋向的季节变动时，就做修整。这种包括多方面的数列，先按国别，再按时期，最后按标准差大小度来分类。

我们看一看这个表的各个分段表，就能看到，各个经济活动的循环、不规则变动在幅度上有显著差别。这些差别部分地是由于原始资料形式的不同而产生的。最显著的例子，是雇用人数的极端可变性。各个时期的就业人数，在这个表的H、I和J分段表里，是用工会所报道的各个时期失业会员百分数来表示的。如果这些数字变为就业人数的百分数，标准差就会大大降低。此外，那些表示某些未偿付证券市价的英国数列的标准差和表示同种类证券平均市价的美国数列的标准差，严格地说，是不能相比较的。从月数字、季数字和年数字计算出来的标准差，严格地说，也是不能相比较的。最后，美国、英国和德国的商业习惯各不相同，这就使得这三个国家的银行票据交换额、银行放款额和贴现率很难相比较。大多数我们做的比较，只限于这个表的一个分段的项目。

遵守上述限制，并不能大大地降低标准差的离差，因为同一国家和同一时期各个经济过程之间的差异比不同国家和不同时期类似的过程之间的差异大得多。在这个表的几个分段里，标准差是从长期趋向纵坐标的2%或3%扩大到30%、40%、50%或60%。即使在密切相关的过程，如各种银行业务、批发零售生意、各种证券价格等，循环、不规则变动比较大的数列的标准差，也比那些比较稳定的数列的标准差大了两、三倍。这个表证明了我们在第一章所说的话是正确的。我们说，我们必须认为，商业循环是许多具有很不相同幅度的各个经济过程的循环变动的集合体。

表 11 各个经济过程的循环、不规则变动的相对幅度

A. 美国数列，从1860、1862或1866年到1880年

原始数字和长期趋向线相对离差的标准差（在必要修正长期趋向的季节变动时已加以修正）是按大小度次序排列的。

根据珀森斯、塔特尔和弗里基："美国内战以后的商业和财政情况"一文的附录来编的（"美国内战以后的商业和财政情况"一文载《经济统计评论》，初刊第2卷，增刊，1920年7月）。

	标准差
纽约证券交易所活期贷款利率（按月），1866—1880年	38.7
纽约市内银行票据交换数额（按月），1862—1880年	24.8
纽约市头等商业票据利率（按月），1866—1880年	23.12
波士顿头等商业票据利率（按月），1860—1880年	23.0
1881年还本的美国六厘利息公债收益（按月），1862—1880年	21.4
十种铁路普通股价格（按月），1866—1880年	18.1
所有国家银行的准备（每年报告五次），1866—1880年	11.7
纽约各票据交换银行准备和存款的比率（按月），1866—1880年	9.6
所有国家银行的放款和存款（每年报告五次），1866—1880年	8.9
纽约各票据交换银行的放款（按月），1866—1880年	6.85
密契尔批发物价指数（按季），1860—1880年	5.63

B. 美国数列（按月），1903—1914年或1903—1918年

原始数字和修正了季节变动的长期趋向线相对离差的标准差，是按大小度次序排列的。根据珀森斯的论文编制的，各文见《经济统计评论》，初刊第1卷，第36、191页。

	标准差
纽约证券交易所有价证券交易额	49.6

美国钢铁公司未交付的订货(1910年以前是按季的)	32.3
美国20个城市建筑许可证的价值	20.4
纽约市内银行票据交换数额	20.3
纽约市60—90天商业票据利率	19.66
生铁产量	19.15
纽约市4—6个月商业票据利率	16.46
12种工业股票平均价格	15.03
工业公司分派红利	14.96
布拉斯特里破产企业数	13.55
商品输入	11.91
纽约各票据交换银行的准备	10.83
20种铁路股票平均价格	10.18
纽约市以外地方票据交换数额	8.62
纽约各票据交换银行的存款	8.20
10条主要铁路的总收入	6.07
纽约各票据交换银行的放款	5.37
布拉斯特里批发物价指数	3.68
10种铁路债券利息收益	2.82
劳工统计局批发物价指数	2.60

C. 美国数列,1879—1896年和1897—1913年

原始数字和长期趋向线相对离差的标准差(在必要修正长期趋向的季节变动时已加以修正)是按大小度次序排列的。

根据珀森斯:"1875—1913年一般商情指数",《经济统计评论》,1927年1月,第9卷,第28页。

	标准差	
	1879—1896	1897—1913
纽约银行票据交换数额	24.55	18.21
纽约头等商业票据利率	21.71*	17.53*

生铁产量	19.30	15.65
工业股票价格	14.11	15.07
纽约市以外地方银行票据交换数额	12.03	7.98
工业和铁路股票价格的平均数	11.91	11.94
铁路股票价格	10.89	10.12
货物批发价格(斯奈德数列)	7.78	3.77
纽约各票据交换银行放款存款的比率	5.93	3.19
纽约市以外地方国家银行放款、负债的比率	2.22	1.84

* 是从那些以百分数表示的和5%的离差计算出来的;已修正了季节变动。

D. 美国国家银行业务数列,1901—1914年,每年报告五次

以百分数表示的、和趋向的离差的标准差。已修整了季节变动。

根据阿林·杨格:"美国银行统计的分析",《经济统计评论》,1925年1月和4月,第7卷,第36、101—104页。

	标准差				
	纽约市	纽约市以外	波士顿	芝加哥	旧金山
法币持有额	11.62	4.25			
净存款	9.64	3.41			
投资	9.59	4.59			
个人存款	9.12	3.14	5.51	5.40	17.2
放款和贴现	6.80	2.96	3.84	4.02	17.0

	个人存款(减去票据交换所的交换)	放款与贴现	投资(担保银行发行的钞票和政府存款的这一部分证券不包括在内)
太平洋沿岸各州	7.09	7.96	7.29
南部各州	5.49	5.06	7.16
西部各州	5.36	4.92	3.62
新英格兰各州	2.98	1.98	7.55

东部各州(纽约城除外)	2.34	2.77	4.19
中西部各州	2.30	2.62	6.97
国家银行掌握的通货		5.9	
在市面流通的通货		3.74	

E. 美国各城市银行存款的周转速度(按月),1919 年到 1923 年 2 月

修正季节变动后每月周转速度的标准差。

根据伦道夫·伯吉斯:“银行存款周转速度”,《美国统计协会杂志》,1923 年 6 月,第 18 卷,第 738 页。

	标准差		标准差
纽约市	5.98	芝加哥	2.79
叙拉古	4.74	旧金山	2.23
阿尔巴尼	4.36	布法罗	1.79
波士顿	3.64	罗彻斯特	1.22

F. 说明批发和零售交易额的美国数列(按月),1919—1925 年

以百分数表示的、和修正了季节变动的长期趋向的离差的标准差。

根据库兹纳兹:《循环变动:零售和批发交易》,第 37、41、102、114 页。

	标准差	
	零售销额	批发销额
邮售商店	16.4	……
联号音乐商店	11.8	……
绸缎呢绒类货品	11.5	16.5
联号食品杂货店	10.6	14.4
联号鞋店	9.6	18.1
联号烟丝、雪茄烟商店	7.9	……
联号糖果商店	7.9	14.7
百货商店	6.3	15.8
五分、十分联号商店	5.1	……
联号药店	4.4	6.2

金属器具	……	13.4
总指数	……	14.8

以适当的物价指数除货币销额来“收缩”数列。

	标准差		
	零售交易	批发交易	产量
联号鞋店	9.9	14.6	19.3
联号百货商店	6.3	……	……
联号食品杂货店	4.5	7.6	10.8
绸缎呢绒类货品	……	13.3	……
金属器具	……	10.0	
药品	……	5.1	
总指数	……	6.7	

G. 英国数列(按季),1850 年以前

以百分数表示的、和长期趋向线离差的标准差(在必须修正趋向的季节变动时曾做了修正)是按大小度次序排列的。

根据诺曼·西耳伯林:“英国物价和英国循环(1779—1850 年)”,《经济统计评论》,1923 年 10 月,初刊第 5 卷,附录 2,第 254—257 页。

	标准差
伦敦市场贴现率(最上等的票据)的季平均数(1824—1850 年)	30.3
一般货物批发价格(按季),1779—1850 年	5.3

H. 英国数列(按季),1903 到 1914 年 6 月 30 日

以百分数表示的、和长期趋向离差的标准差。

根据珀森斯、西耳伯林和贝弗里季“英国经济情况指数”编制(“英国经济情况指数”载《经济统计评论》,初刊第 4 卷,附录 2,1922 年 6 月,第 189 页)。

	标准差
在公共仓库贮存的克利夫兰生铁	64.8
各行业失业人数的百分数	43.8

伦敦三个月票据的贴现率	27.2
在交易所结算日子的伦敦银行票据交换额	13.3
钢铁出口(以量计算)	13.2
在工作的鼓风炉	8.1
英国产品出口(以价值计算)	7.50
原料(棉纱除外)进口(以价值计算)	7.41
五个省城银行票据交换额	5.99
索尔贝克"一切必需品"批发价格指数	5.68
收入不固定的有价证券的市价(刊载银行杂志)	4.3
头等铁路普通股的市价	3.62
在伦敦交换的州银行票据额	3.34
地方公债的市价	2.14

I. 英国数列(按年),从各个不同的日期到1913年

以百分数表示的、和长期趋向离差的标准差。

根据道乐赛·托马斯:《从社会各个方面来考虑商业循环问题》,1925年伦敦版,第187、200、203和211等页。

	标准差
各行业失业人数百分数(1860—1913年)	54.6
离开英国到美国去的英国籍移民(1870—1913年)	21.3
离开英国的英国籍移民的总数(1862—1913年)	19.1
无业游民(1883—1913年)	10.5
英国生铁产量(1865—1913年)	8.77
英国产品出口(1854—1913年)	8.08
索尔贝克"一切必需品"批发价格指数(1854—1913年)	7.40
救济院内的贫民(1857—1913年)	6.45
省银行票据交换额(1887—1913年)	5.25
救济院以外的贫民(1857—1913年)	4.33
酒按人口消费量(1856—1913年)	4.08
啤酒按人口消费量(1856—1913年)	3.83

煤产量(1865—1913年)	3.59
铁路货运收入额(1881—1913年)	2.69

J. 英国数列(按季),从各个不同的日期到1914年

以百分数表示的、和修正了季节变动的长期趋向的离差的标准差。

根据道乐赛·托马斯未发表的资料。

	标准差
失业翻砂工人(1855—1914年)	60.52
各行业失业人数(1887—1914年)	45.20
英国产品出口的总值(1855—1914年)	9.25
索尔贝克"所有必需品"批发物价指数(1885—1914年)	6.44
在工作的鼓风炉(1897—1914年)	6.30
省银行票据交换额(曼彻斯特和伯明翰,1887—1914年)	6.03
铁路货运收入额(1881—1914年)	3.93

K. 德国数列(按季或按月),从各个不同的日期到1913—1914年

以百分数表示的、和长期趋向线的离差的标准差(在必要修正趋向的季节变动时曾做了修正)是按大小度次序排列的。

根据爱默生·阿克斯和哈罗德·弗林:"德国一般商情指数(1898—1914年)"编制("德国一般商情指数"载《经济统计评论》,1925年10月,第7卷,第287页)。

	标准差
柏林市场贴现率(1868—1914年)	27.90
德国国家银行的贴现和贷款(1872—1914年)	10.65
商业循环的十种货物价格指数(1898—1913年)	9.43
柏林证券交易所证券价格指数(1900—1914年)	8.45
票据印花税收入(1900—1913年)	7.66
德国输入商品的价值(1892—1914年)	7.06
德国银行票据交换额(1898—1914年)	6.83
德国生铁产量(1882—1914年)	6.64
德国输出商品的价值(1892—1914年)	5.53

参加职工保险计划的男职工(1904—1913 年)	3.32
德国国家公债月行市(1899—1914 年)	2.36

就各个细目来说,我们可以把上面数字所提示的一些结论,用类似表的形式叙述如下:

关于交易额和生产量,表 11 表明:就同一货物来说,零售生意所呈现的变动幅度小于批发生意所呈现的变动幅度;就我们有限的资料来说,一种货物批发生意所呈现的变动幅度小于这种货物的生产所呈现的变动幅度;从银行票据交换额来看,大金融中心支付量的变动,要比小城市支付量的变动大得多;国外贸易量的变动似乎是大于金融中心以外的国内贸易量的变动;从表中建筑许可证数目看来,美国建筑工程数量,正像纽约票据交换额那样,有很大的变动。

关于价格,我们没有零售指数的标准差,这种标准差大抵是小的,但确有以下情况:

如果批发物价指数包括了很多种货物,那么批发物价指数的循环、不规则变动就有低的标准差;如果批发物价指数的目的在于明显地表示循环变动,那么批发物价指数的循环、不规则变动就有不高不低的标准差(接近于 10.0)。假如货币制度没有受到像纸币本位和大的战争那样的严重干扰,那么"批发价格的一般水平"是商业的一个比较稳定的因素。

股票价格,和货物批发价格比起来,是更容易变动的,至少在美国是这样(表 11 的英国和德国数列不能够和其他数列做令人满意的比较)。

如果我们把信用有疑问的债务人的债券除外,债券价格要比货物批发价格稳定得多。

关于金融中心短期贷款利率(表11只有关于短期贷款利率的数字),我们发现:

标准差总是比较高的①,标准差是从16.5到38.7。伦敦和柏林在1903—1914年的利率,比纽约波动得更多。这一个统计结果,也许是重要的,也许是不重要的。

关于银行业务,我们对美国整个国家银行体系和美国的各个地区,有比较全面的计算结果。

在对银行一切业务所计算的循环、不规则变动的标准差中,纽约的标准差比纽约以外地方的标准差高了两倍以上。

各种业务中,放款似乎是可变量最小的一种。在纽约以外地区,可变性最大的项目是投资量;在纽约以内,可变性最大的项目是法币的持有额。

另一个在理论上很重要的结论是:银行所持有的硬币、纸币量,比公众所持有的硬币、纸币量有更高的标准差。

2. 循环、不规则变动的时间数列

如果把消除了长期趋向和季节变动的很长一个期间中的若干时间数列,使用同一的时间尺度,一数列一数列地按月画出曲线,一般地说,纵使不能从全部这些曲线看出这个时期的商业循环,也可以从大部分这些曲线看出这个时期的商业循环。但是,这些曲

① 这并不是说,大多数商业借款者所出的利率都有很大的变动。参阅卡尔·斯奈德:"利率对商业循环的影响",《美国经济评论》,1925年12月,第15卷,第684—699页。

线不大可能在相同的月份里达到各个循环的最高点或最低点。这些曲线的最高点和最低点大概总是分散在若干月份里——常常分散在一年以上的时期里。

通过比较细致的检查,可以看出各曲线达到最高点并开始下降或达到最低点并开始上升的先后次序,呈现着我们常在经济统计中碰到的又一致又参差的混合现象。某一条曲线在某些循环中可能比另一条先达到最高点,而在另一些循环中却后达到最高点。但在其他比较方面,就很长一个时期来说,可以看到时间的关系是很有规则的。也就是说,某些经济过程的循环变动领先或落后于另一些经济过程相应变动的时间,似乎是相当固定的。

对商业预测有兴趣的统计学家已把时间数列的这种形态拿来利用。的确,若干商业预测体系就是建立在这种形态的基础上的。如果银行作业的某种变动,经常比贴现率的变动早若干时间发生,那么,一旦银行作业发生这种变动,贴现率的变动时间就屈指可计了。此外,如果能够在各个经济过程循环变动之间发现上述这种时间关系的不变的数列,而且,如果这个数列一直呈现以下的情况:头一个循环最后一批的变动总是比第二个循环最初一批的变动先发生一定的时间,那么,商业预测,就可以提高到半机械的水准了。不用说,我们还没有发现像上述那样相距时间固定不变的一连串的事件。也许没有一个统计家曾抱着发现这样的一连串事件的希望。但统计研究的主要目标一向是:确定重要数列通过商业循环连续各阶段的时间次序,寻找具有相当有规则的时间次序的案例;如果有这些案例,计量某些数列或某些数列组领先或落后于其他数列或其他数列组的平均时间。

研究循环、不规则变动的时间相关的标准方法是，先把要加以研究的各数列，分别绘在画了一致的时间尺度的一张半透明的纸条上面。这样就可以把任何一个这样的纸条放在另一个纸条上面，或向左端移动，或向右端移动，直到找到了两数列的循环、不规则变动最相称的位置为止。有时把两纸条上同一日期放在一起时，两数列的循环、不规则变动最相称，有时要把一个数列的日期放在其他数列几个月、一年或一年多以后的日期上，两数列的循环、不规则变动才最相称。这种最相称有时可以很有把握地确定，有时却非常难以确定，甚至两个训练有素的观察家也会意见分歧。

统计学家往往采取一个比较客观的方法来考验用上述简单方法所得到的结论和判断疑难的案例。疑难的案例是很多的。统计学家计算出两个数列的几个相关系数，使用不同方式把项目对比起来。例如，如果把两条曲线互相比较，看出 A 数列落后于 B 数列两个月时它们的循环变动最相符合，统计学家便可以对这两个数列计算（比方说）七个相关系数。在进行下列数列间之对比时：A 数列的各个 8 月与 B 数列的各个 6 月；A 数列的各个 9 月与 B 数列的各个 7 月；A 数列的各个 10 月与 B 数列的各个 8 月等等，计算第一个系数。在把 A 数列的各个 7 月与 B 数列的各个 6 月等对比时计算第二个系数。在把 A 数列的各个 6 月与 B 数列的各个 6 月等对比时计算第三个系数。在把 A 数列的各个 5 月与 B 数列的各个 6 月等对比时计算第四个系数。在把 A 数列的各个 9 月、各个 10 月和各个 11 月分别与 B 数列的各个 6 月对比时计算第五个、第六个和第七个系数。计算出这七个相关系数后，调查研究者就可以断定最高的相关系数所表示的时间关系，就是 A、B 两

数列循环、不规则变动最相接近的时间关系。如果在 A 数列的各个 9 月与 B 数列的各个 6 月配为一对一对时得到最高相关系数，调查研究者就要说 A 数列落后于 B 数列 3 个月。如果在 A 数列的各个 5 月与 B 数列的各个 6 月对比时得到最高相关系数，调查研究者就要说 A 数列比 B 数列领先 1 个月。如果在 A 数列的各个 6 月与 B 数列的各个 6 月配为一对一对时得到最高相关系数，调查研究者就要说 A、B 两数列的变动同时发生。

表 12　各个经济数列的循环、不规则变动的时间次序

A. 美国的数列(按月的)，1903 年 1 月至 1914 年 7 月

本表根据珀森斯："一般商情指数"编制，该文载《经济统计评论》，1919 年 4 月初刊第 1 卷，第 129、182 页。

各组包括的数列，都是把相同月份配为一对时所得到的最大相关系数。这些相关系数相当地大。这些相关系数是从循环、不规则变动计算来的。计算之前，先消除长期趋向，必要时也要消除季节变动。

根据循环不规则变动的时间次序的组别	和布拉斯特里物价指数比较 领先或落后的月数	相关系数
1. 在时间顺序上比他组领先的数列		
10 家铁路公司债的收益 ……………………	领先 10	－0.72
20 家铁路公司股票的价格 …………………	领先 10	＋0.76
工业股票的价格 …………………………	领先 10	＋0.63
2. 比第一组落后 2—4 个月的数列		
纽约证券交易所买卖的有价证券 …………	领先 12	＋0.44
20 个美国城市建筑许可证的价值 …………	领先 6	＋0.61
纽约银行票据交换数额 ……………………	领先 6	＋0.60
3. 比第二组落后 2—4 个月的数列		
生铁产量 …………………………………	领先 2	＋0.75
纽约市以外地方银行票据交换数额…	领先 2	＋0.70

商品的进口 …………………………………	领先 2	+0.77
破产企业家数 ………………………………	领先 2	−0.67
4. 比第三组落后 2—4 个月的数列		
布拉斯特里批发物价指数 …………………	同时	+1.00
劳工统计局批发物价指数 …………………	同时	………
铁路总收入 …………………………………	同时	+0.77
纽约市内银行的准备金 ……………………	落后 2	−0.78
5. 比第四组落后 4—6 个月的数列		
股利支付 ……………………………………	同时	+0.65
纽约市内银行的放款 ………………………	落后 4	−0.67
4—6 个月票据贴现率 ………………………	落后 4	+0.80

B. 美国的数列(按月的),1902 年 1 月至 1908 年 12 月

阿尔文·汉森:《美国、英国和德国的繁荣和不景气循环》,1921 年马迪生,威斯康辛版,第 26、33、38、39 页编制。

根据变动的时间次序的组别	和选作本组标准的数列比较 领先或落后月数	 相关系数
1. 发生时间先于他组的银行组		
纽约票据交换所会员银行的现金准备(标准数列) ……………………………	同时	+1.000
纽约活期贷款利率 …………………………	同时	−0.477
纽约票据交换所会员银行存款 ……………	同时	+0.956
纽约票据交换所会员银行放款 ……………	同时	+0.889
* 商业票据贴现率(纽约) …………………	落后 3	−0.686
2. 投资组落后于银行组 12 个月		
* 10 家铁路公司债的价格 …………………	领先 2	+0.808
破产公司行号的债务 ………………………	领先 1	−0.542
10 种投资股票的价格(标准数列) …………	同时	+1.000
40 种普通股的价格 …………………………	同时	+0.904
纽约证券交易所交易的有价证券 …………	同时	+0.580

* 美国全国票据交换额 ………………………	落后 3	+0.557
* 美国 20 个城市的建筑许可证 …………	落后 3	+0.482
* 铁路净收入 ………………………………	落后 6	+0.473
3. 工业组落后于投资组 8 个月		
* 铁路净收入 ………………………………	领先 4	+0.756
* 失业(霍内耳·哈特) ……………………	领先 3	−0.719
生铁产量 …………………………………	领先 1	+0.797
商品进口 …………………………………	领先 1	+0.905
劳工统计局批发物价指数(标准数列)…	同时	+1.000
铁路总收入 ………………………………	同时	+0.857
移民 ………………………………………	同时	+0.696
* 商品出口 ………………………………	落后 4	+0.758
商业票据贴现率(参阅第一组),和工业组比较 …………………………………	落后 5	+0.688

* 由于领先或落后不列于各组指数的数列

表 12 表示两种结果,这些结果就是珀森斯教授和汉森教授由上述方法得来的结果。他们两位都发表了关于每种数列的几个月的对比项目的相关系数,但表中仅把他们用以表示领先或落后的系数载入。最大的系数常常只比稍为领先或稍为落后的系数大一些。这就引起必须加以说明或讨论的问题。

我们可借用米尔斯博士的一个精细的说明。米尔斯博士为美国电话电报公司统计处所编的工业股票价格指数和"一般商业活动"指数各月对比项目计算出 12 个相关系数。他为两个不同时期算出 12 个相关系数,并证明计算结果差别很大。我们以后还要讨论这个问题。照目前来说,重要的是:在这两个时期里,每期都至少有五对项目的系数大小很相似。在第一个时期,股票价格比一般商业领先 3、4、5、6、7 个月，系数的大小自＋0.73 到＋0.76 不等。在第二个时期，股票价格比一般商业领先 1、2、3、4、5 个月，系数的大小自＋0.82 到＋0.88 不等。

表 13　工业股票价格的循环、不规则变动的一个"一般商情"指数的循环、不规则变动的相关系数

根据美国资料(按月的)，1903—1914 年和 1919—1923 年。摘自米尔斯：《统计的方法》，纽约，1924 年，第 424、426 页。

	相关系数	
	1903—1914	1919—1923
和商情指数日期相同的股票价格…………………………	＋0.55	＋0.75
在商情指数日期以前的股票价格——前 1 个月…………	＋0.65	＋0.83
在商情指数日期以前的股票价格——前 2 个月…………	＋0.70	＋0.87
在商情指数日期以前的股票价格——前 3 个月…………	＋0.73	＋0.88
在商情指数日期以前的股票价格——前 4 个月…………	＋0.76	＋0.85
在商情指数日期以前的股票价格——前 5 个月…………	＋0.76	＋0.82
在商情指数日期以前的股票价格——前 6 个月…………	＋0.76	＋0.77
在商情指数日期以前的股票价格——前 7 个月…………	＋0.74	＋0.72
在商情指数日期以前的股票价格——前 8 个月…………	＋0.71	＋0.66
在商情指数日期以前的股票价格——前 9 个月…………	＋0.67	＋0.57
在商情指数日期以前的股票价格——前 10 个月………	＋0.61	＋0.46
在商情指数日期以前的股票价格——前 11 个月………	＋0.54	＋0.33

当几对项目系数关系是这样接近时，如果说一个数列比其他数列落后一定的时间，比方说 5 个月，这种说法几乎是不现实的，而且可能引起误会。应该把时间上确定的落后看作是两个变量一系列变动的时间关系的中心趋向。当我们说到 5 个月的落后时，我们应该记住其他可能有差不多同样接近的关系的落后时间。有的时候，一系列长短不同的落后时间的系数没有中心趋向，而大小

不同，很不规则。在这个时候，我们不应该随便说，有一定的落后时间。

当我们考虑到领先和落后因果关系的解释时，我们就会更明显地看到完整时间数列的重要性。一个理论家考虑某种商品的价格变动和产量变动之间的关系，绝不会设想1月份发生的涨价，只会对将来一个月的产量（比方说6月份的产量）有影响。反之，他会这样设想：1月份涨价的消息一经发布，或者预料1月份会涨价，生产方针甚至实际产量就会马上受到影响，尽管发布涨价消息时价格还没提高，或预料1月份会涨价时还没有涨价的消息。1月份发生的涨价，可能已对前一月的产量也发生了影响。不但如此，价格的变动对产量的影响不大可能很快就消失。它的影响可能在若干月之中越来越大，到了顶点以后渐渐下降。另一方面，某一定月份的产量所受到的价格变动的影响，并不是以前一个月（比方说6月）价格变动的结果，而是以前许多月价格变动联合起作用的结果，也许连人们预料的会在将来几个月中发生的价格变动也合并在内——这样的预期变动可能并不会发生。最后，理论家不会单从一方面溯寻因果关系。他会意识到产量对价格所起的作用。上述的1月份价格变动，大概也受了以前许多月的产量的影响，以及以后若干月的产量预期的影响。

这样复杂的一系列的因果关系，不像是统计方法所能应付得来的。但费希尔教授提出了一个进一步研究的方法，他用分散于几个月的落后来代替固定的落后。他把劳工统计局的批发物价指数的每月变动率跟珀森斯教授的1915年至1923年3月的贸易数量指数加以对比。他发现贸易数量落后于批发物价7个月时的相关系数，就是按照普通方法计算的最高相关系数(+0.727)。可是，在贸易数量落后 6 个月、8 个月时，系数差不多也是同样地高(+0.719、+0.715)。费希尔教授对物价变动和贸易数量的因果关系做了解释后，提出一个假设：某一月的物价变动对于贸易数量的影响，按照概率曲线分布于以后若干月。他于是开始试验工作，来断定物价变动要有怎样的时间上的概率分配才会产生和贸易数量最配合的指数。经过多次试验以后，他断定在以下情况下可以得到最好的配合：物价的变动沿一条具有对数时间轴的常态曲线分布着；众数落后于物价变动 9.5 个月，“或然误差点”大约落后 5 个月和 18 个月。如果按照上述方法，把 1915—1923 年这一时期的物价变动重新加以分配，那么新的物价指数和贸易数量指数的相关系数便是+0.941。[①]

① 参阅费希尔：“我们的不稳定金元”，载《美国统计协会杂志》，1925 年 6 月，第 20 卷，第 179—203 页。

我们现在关心的问题，是费希尔教授处理落后的方法，而不是物价变动和“贸易”变动之间的时间关系。但我们不要忽视这一点：对后者有兴趣的统计家已对费希尔教授所使用的两数列是否可以互相比较以及费希尔教授对计算结果所做的说明，提出了疑问。

卡尔·斯奈德指出，费希尔所借用的珀森斯的贸易数量指数主要是表示基本工业的变化，而农产品价格却在费希尔的指数中起重要作用。换句话说，费希尔是以某类商品的价格变动，跟完全不同类别的商品的交易相比较。

金博士主张，落后的原因可以解释如下：批发价格是在接到订货单或合同时就订立的，货物的制造是在晚些时间进行的，货物的运输和移转是在更晚一些的时间进行的。物价指数主要是以时价为根据，贸易数量指数主要是以生产量和交货量为根据，这样，贸易数量指数所涉的时期，是在物价指数所涉的时期的后面的。如果我们能够得到在一定交易同一阶段的价格记录和交易数量记录——也就是说，如果我们得到订立价格时成交的买卖有多少的记录或者如果我们得到现在生产的货物和现在交给买方的货物是按照什么价格成交的记录，那么，物价变动和贸易数量的变动可能呈现着正如费希尔教授所说的，研究时间关系所依照的这个原理，“好像既普遍，又有用”。可是，把这一方法应用于实际案例时，既麻烦，又浪费。因为除实行计算外，无法决定要把哪一种形式的概率分配应用于领先的曲线，才能把领先的曲线变成与落后的曲线配合得很好的形式。在未发明出更迅速的方法分配落后以前，这种方法的用途是具有局限性的。[①]

还有一个问题需要讨论，即如何使用统计方法来处理落后的变数对于领先变数的影响的问题。把以下的观点应用到费希尔的问题：经济理论指出，贸易数量的增减对物价起着作用。能否使用时间数列来表示和测量这种作用呢？就我所知，没有一个统计学家曾对这个问题做过研究。如果选择一个时期，这时期内的金融情形，不像费希尔做试验所选用的那个时期的金融情形那么纷乱，把贸易数量指数或它的派生指数作为领先的变数，把物价变动指

(接上页)新的关系。就现状说，物价指数比贸易数量指数先发生变动这一现象，难道不是最自然的现象吗？可是，这种领先是由于贸易数量指数日期晚于物价指数日期，它是否可以证实价格变动引起贸易数量变动这一结论呢？

① 费希尔教授自己提出了一个“简便方法”。

依照这方法，我们假定物价一开始变动，就马上发挥最大的影响(就是说，在变动开始的第二月或第二季就产生最大的影响)，然后每隔一定时间，影响的力量便减轻一次，每次减轻的程度都是相同的……由于只有一个参数要加改变，工作至少可以减少4/5。上述影响力量逐渐递减以至于零这一过程所经历的月数成为唯一的变数。

费希尔把两种方法都拿来应用于若干案例。结果使用简法所得的相关系数，全比使用长法所得的相关系数高。例如，在1915—1923年，当把经历25个月影响力量逐渐递减以至于零的物价变动和贸易数量比较时，使用简法所得的系数为+0.95，而使用长法所得的系数为0.94。依照费希尔的逻辑，简法又好又短。但是，简法所费的时间虽然只等于长法所需要时间的1/5，但已经够麻烦了。

参阅上述论文第198页的注释。

数或它的派生指数作为落后的变数，看看得到的结果是怎样的，必定是很有趣的。如果结果表示，在物价变动和贸易数量之间存在着重要的关系，而且在贸易数量的变动和以后的物价变动之间也存在着重要的关系，那么统计学家几乎已把理论家所认为真的复杂关系表示出来。

各数列的循环、不规则变动的时间次序，不比各数列的长期趋向和季节变动的时间次序固定。表 13 已对这种变动提出一个例子。表 13 第二栏所包括的时间虽然很短，不足以产生最后的结论，可是，“这个表显示了，战后一般商业变动和股票价格变动的时间关系，比战前更密切。当股票价格比商情指数领先 3 个月时，相关系数最大(在 1903—1914 年这段时期中，股票价格领先 4 个月乃至 6 个月时相关系数最大)”。[①] 同样，珀森斯教授发现，表 12A 部分所表示的时间次序，在 1914—1918 年间是不存在的。

大战粉碎了大战以前各种变动之间有规则的关系。[②] 除这种突发事件外，交通和运输的改善也加速了经济过程许多的相互影响。从统计观点来说，这种加速意味着某些时间数列落后于其他时间数列的时间逐渐缩短，也意味着季节变动有了改变。

表 12A、B 两部分表面上矛盾的地方，可能使读者疑惑不解。根据珀森斯教授的观点，在 1903 年至 1914 年纽约银行放款数列、存款数列属于最后变动的一组的数列，纽约银行准备金数列属于仅次于最后变动的一组的数列。而根据汉森博士的观点，在 1902

① 参阅米尔斯：《统计方法》，1924 年纽约版，第 426 页。

② 参阅珀森斯：“一般商情指数”，载《经济统计评论》，1919 年 4 月，初刊第 1 卷第 116 页。

年至 1908 年，这三个数列却属于最先变动的一组的数列。从商业变动具有循环性质的理论来说，调和这两个相反的结果并不困难。调查循环重演事件，一个人可以从任何一点开始，一直追溯上去。第二个调查研究者可以从第一个调查研究者所停止的那一点开始，继续调查研究，也会得到同样满意的结果。上述两个权威不过各选不同的起点来分析时间次序。把珀森斯教授的最后一组和最先一组连接起来，就得到汉森教授的起点。把汉森教授的最后一组和最先一组连接起来，就得到珀森斯教授的终点。

还有一点，已经在讨论时间数列的相关系数时提及。[①] 这一点非常重要，又常被忽视，因此应在这里重提一下。两个数列的时序先后，有时在商业循环各阶段中各不相同。例如，一个数列可能在不景气阶段过去以后比第一个数列先恢复起来，而在繁荣阶段以后比另一个数列后衰微下去。在这种情况下，依照平常方法计算出来的相关系数，会把很重要的两个相反时序隐藏在平均数之中，不易辨识。为提防这种情况的发生，在计算相关系数决定时间关系以前，必须细心研究绘画的曲线，看看在循环的过程中，各种变动的时间先后有没有改变。如果有变更的话，那就可以对复兴阶段和衰落阶段，以及繁荣阶段和不景气阶段，算出相关系数。

最后，在研究时间次序时，我们应该回忆上节所说的下列两点：探究对第二个经济过程起作用的第一个经济过程的特殊状态；探究第二个经济过程中由于受到第一个经济过程的影响而出现的

① 参阅本章第四节之 1。

特殊状态。同经济统计学家一样，经济理论家往往倾向于从年代的先后来论证因果关系，而不深入地研究因果的影响是怎样施展的。现在来说明轻率地下结论的危险：一种活动往往比另一种活动先衰落，因此看起来它的衰落好像是第二种活动衰落的原因。但是，第一种活动在量上的变动，可能受到第二种活动在增长速度上的变动的支配。在这种情况下，如果把第二个时间数列变为第一个数列的派生数列的形式，就可看出第二个时间数列增长率的变动，经常是比第一个时间数列的变动先发生，并且把因果关系的推论颠倒过来。商业循环的特点中，没有一个比各个过程循环变动表面上的时间次序更容易引起人们的误解，也没有一个其他特点要求调查研究者把理论上的知识和统计上的技巧更巧妙地结合起来。①

① 一个具体的例子，可以使这种工作所牵涉的争论的性质变得更明显。可以把卡尔·卡尔斯坦一篇叫做“哈佛大学商情指数——一个新的解释”的论文（载《美国统计协会杂志》，1926年12月）拿来作为例子。

上述哈佛大学指数，将在下节详细叙述。它共包含三个曲线。A 曲线代表投机的变动，B 曲线代表一般商业的变动，C 曲线代表贴现率的变动。A 曲线首先变动。B 曲线比 A 曲线落后6个月，它们之间的相关系数，战前为+0.77，战后为+0.73。C 曲线比 B 曲线落后4个月，它们之间的相关系数，战前为+0.80，战后为+0.36（根据卡尔斯坦）。

关于这些指数所代表的各种活动的因果关系，卡尔斯坦提出了几个新的工作假设。(1)他认为 A 曲线所代表的有价证券价格的变动，主要是以“货币”数量为转移。在商业萎缩的时候，这项货币就由企业方面流入证券市场去投资，在商业活跃的时候，这项货币就从证券市场提出供商业使用。(2)这个因果关系的重要，不在于那一月中由商业方面流入证券市场的货币有多少，或由证券市场流到商业方面的货币有多少，而在于通过过去若干月的净流入和净流出，积聚在证券市场的货币共有多少，正像银行的存款余额是由一个时期中所有存入额和提出额累积的结果一样。(3)依

六、商情指数

到现在为止，我们或对各个时间数列一个一个地进行统计上的分析，或把它们配合成对进行统计上的比较。在调查长期趋向和季节变动时，在隔离循环、不规则变动时，在改变时间数列的形式时，在计算循环、不规则变动的标准差时，调查研究者都是把时间数列个别地拿来研究。在计算相关系数时和研究领先落后时，调查研究者则是把两个数列合在一起来研究。

就商业循环理论来说，统计方法和统计结果的价值，主要在于深入研究各个过程的变动和各个过程的相互关系。但统计学家还订有另一个计划——把代表各个经济过程的时间数列合并编成一般商情指数，这种计划可供理论家使用。如果真的能够编成这种

(接上页)照这种假设，B 指数的变动，应该在 A 指数变动之前，而不应该像哈佛大学的解释所说的那样在 A 指数变动之后。(4)此外，一般商业和投机的因果关系也是倒转的关系。萎缩的商业有刺激证券市场活动的趋向，活跃的商业有阻碍证券市场活动的趋向。(5)贴现率既受商业方面资金需求的影响，又受证券市场资金需求的影响。商业方面的需求，多半比证券市场大三倍。

卡尔斯坦对考验这些假设所做的计算表明，如果把 B 指数的累积颠倒过来，使它对 A 指数有两个半月的领先，B 指数和 A 指数的相关系数，战前时期便为＋0.94，战后时期便为＋0.96。同样，把 A 指数、B 指数累积起来，一个加权 1，一个加权 3，便得一个和 C 指数的相关系数，战前时期为＋0.85、战后时期为＋0.94。

由于这些系数显然比哈佛大学经济研究委员会所得的系数高，卡尔斯坦认为他对哈佛大学三指数之间的因果关系和年代关系的解释，在理论上比哈佛大学的解释有理，并且对商情预测提供了更优良的基础。

卡尔斯坦所得的结果，在没有加以仔细的检查以前不能看作是绝对正确的。这就使得他的论文可以用来作为本书的论点的一个例证。

指数，对于解决许多理论问题当有帮助。

要知道商情指数究竟是指什么，要知道商情指数能够说明和不能够说明商业循环的哪些方面，我们必须拿几个主要商情指数作为例子加以研究，由简单的指数开始，然后逐步进入构造比较复杂的指数。

1. 若干商情指数

(1)贝弗里季"国家波动图"，英国，1856—1907 年

在早期企图使用图解方式来说明非常现象即工业活动的循环变动的作品中，威廉·贝弗里季爵士的"国家波动图"算是一种，它是在 1908 年编制的，现在把它翻印出来。它共包含七种变数——对外贸易、银行贴现率、失业人数、结婚率、受救济院救济的贫民、啤酒消耗、新注册公司的资本。威廉爵士把工会的失业报表放在中心地位，但把数字颠倒过来，"使得 2.5%的失业人数数字变为 97.5%的就业人数数字，等等。穿过该曲线各个最低点(1868 年、1879 年、1885 年、1894 年、1904 年)的线，把这曲线分成为若干长短不同的起伏线，这些起伏线就是代表各个连续的工业循环。各个起伏线的顶点在 98 左右，低点在 89 和 94 之间。本图的要点是：同样的线把所有其他曲线分成相应的起伏线"①。

除把一切不是按百分数表示的数列化成按人口计算的数列外，没有对资料做任何其他调整。七条曲线的变动，当然有所不同，但这些不同只在于细微的地方。威廉爵士对商业循环下结论

① 参阅贝弗里季：《失业是工业上的问题》，第 2 版，1910 年伦敦版，第 41 页。

说:“经济统计的观察几乎可以无限制地推广下去,而处处碰到相似的现象……如果说,除死亡率外,在一切主要的社会记录、经济记录里,都找得到国家总波动对有关过程的重要影响,只有公债票价格和小麦价格的记录找不到这种影响(或是作为原因或是作为迹象),这种说法并不是言过其实的。”①

统计学家有了这么好的展望,有了这么多的材料可以使用,就想得到比若干单独曲线更适应于分析工作的计算结果。物价指数既能把许多商品的价格变动编成单一的数列,那么,能否得到一条单一的曲线来表示商业循环呢?由于商业循环包括的时间只有几年,一年似乎是过大的测量单位。

(2)珀森斯的“美国一般商情指数”,1903—1914 年

珀森斯教授于 1919 年使用比以前更为精细的技术,编制一个比较简单的商业循环图。他首先使用上述方法,把许多按月的时间数列的循环、不规则变动隔离起来,用那些和已经修正季节变动的长期趋向的纵坐标以百分数表示的离差来表示这些变动。由于各数列离差的幅度参差不齐,而这些参差又和他的目的没有关系,珀森斯于是把各数列的循环、不规则变动化为它们的标准差。然后他对各数列以这样形式表示的变动的发生时间做了精细的研究,使用相关系数判断哪些数列同时变动,哪些数列落后于其他数列以及落后的时间的长短。最后,他把同时变动的数列平均起来。这样他把 13 个数列组成三个指数。他把这些指数作为“一般商情指数”。他把第一个指数叫做“投机指数”,

① 参阅贝弗里季:《失业是工业上的问题》,第 2 版,1910 年伦敦版,第 50、51 页。

图 9　贝弗里季爵士的“国家的波动图”

英国，按年的，1856—1907 年

根据《失业是一个工业上的问题》(伦敦，第 2 版，第 44 页)一书中的图复制

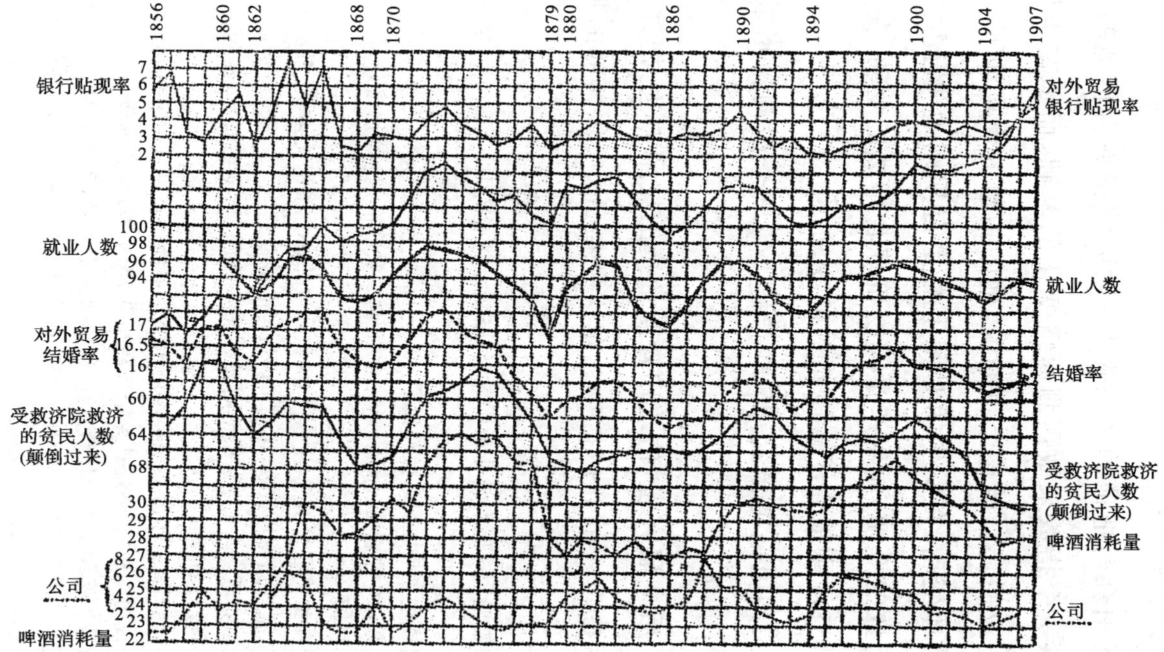

图左端各尺度分别表示：英格兰银行现行贴现率百分比，工会报告表所载的就业人数百分比，英格兰和威尔士每 1,000 人结婚的人数，英格兰和威尔士每一万人中受救济院救济的人数，按加伦计算的啤酒消耗量，新登记公司的名义资本额(按人口计算的英镑数)。对外贸易的曲线，没划有尺度。所有数字，都是关于英国的数字，不属于英国的数字，都有说明。

把第二个指数叫做“生产量和物价综合指数”，把第三个指数叫做“纽约金融指数”。①

虽然珀森斯把他的图叫做“一般商情指数”，但他的主要目的在于提供一个指数来做预测商情变化的基础，而不在于使用图表来描述商业循环。就这个目的说，他的指数的优点如下：战前投机指数的循环变动，在发生的时间上总是有规则地先于生产量和物价综合指数的变动，而生产量和物价综合指数的变动，在发生的时间上又是有规则地先于金融指数的变动。②

(3)美国电话电报公司“和常态比较的一般商情指数”，美国，1877年到现在

若干后期研究者，仿效珀森斯教授的技术方法，把许多时间数列合并编成单一的商情指数。在这种指数中，包括的时期最长的

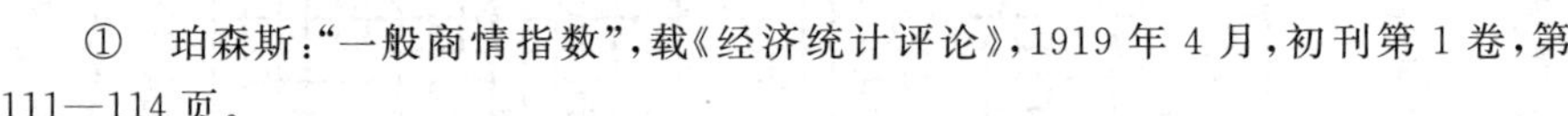

① 珀森斯：“一般商情指数”，载《经济统计评论》，1919年4月，初刊第1卷，第111—114页。

合并组成这三个曲线的数列如下：

投机指数：10种铁路公司债券收益，工业股票价格，20家铁路公司股票价格，纽约银行票据交换额。

生产量和物价综合指数：生铁产量，纽约以外地方票据交换额，布拉斯特里批发物价指数，劳工统计局物价指数，纽约市内银行准备金。

纽约金融指数：4—6个月票据贴现率，60—90日票据贴现率，纽约市内银行的放款，纽约市内银行的存款。

关于战后时期即1919年到现在所用的本图的修正图式，参阅克腊姆：“关于一般商情指数的说明”，载《经济统计评论》，1925年，第7卷增刊，第226页。

珀森斯最近又编制了一种新指数，也包括三个曲线，和他的第一个指数相似，但所涉时期较长。参阅他的“1875—1913年一般商情指数”这篇论文，载《经济统计评论》，1927年1月，第9卷，第20—29页。

② 参阅上述珀森斯论文，第114页。在本节2之(4)“预测序列”中，曾引用珀森斯对于这种落后的最近论述。

图 10　珀森斯的"一般商情指数"

隔月平均数,1903 年到 1914 年 6 月

摘自《经济统计评论》,1919 年,4 月,初刊第 1 卷,第 112—118 页

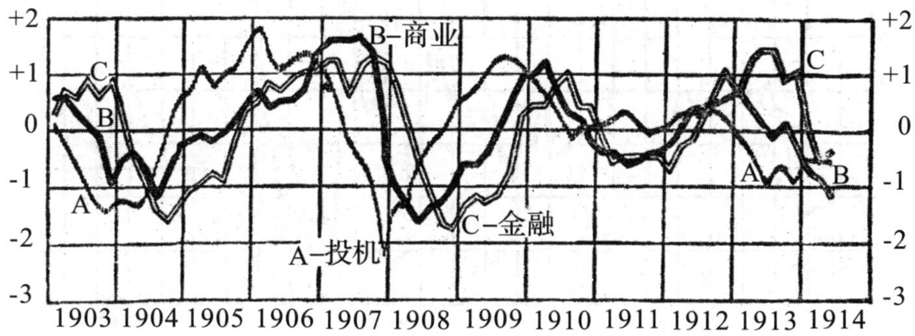

为美国电话电报公司统计室所编的自 1877 年到现在"和常态比较的一般商情指数"。在使该图按月地回溯到 1877 年的这个工作中,电话公司的统计家不得不利用任何能够找到的材料。从 1877 年到 1884 年,生铁产量构成唯一可加利用的数列。1885 年起才增加两个其他数列,那就是纽约以外地方票据交换数额和熔铁炉容积。1892 年起把布拉斯特里批发物价指数加进去。后来,又于 1903、1909、1913、1919、1921 等年改变指数的内容。编制指数者认为:"数列的多少以及权数的改变,没有什么关系,因为在商业循环中,所有的数列是一起变动的。"①

① 《绘制"一般商情"曲线的方法》,美国电话电报公司统计室编制,纽约 1921 年 7 月 8 日版(未刊印)。

图 11　美国电话电报公司“和常态比较的一般商情指数”

按月的，1877 年到现在

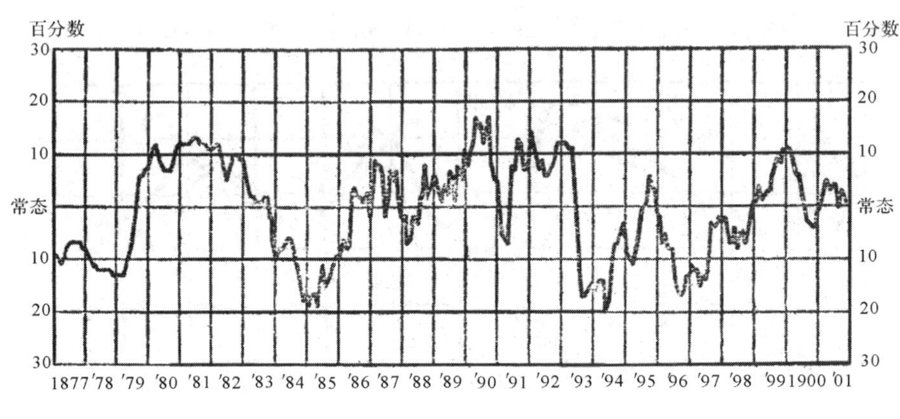

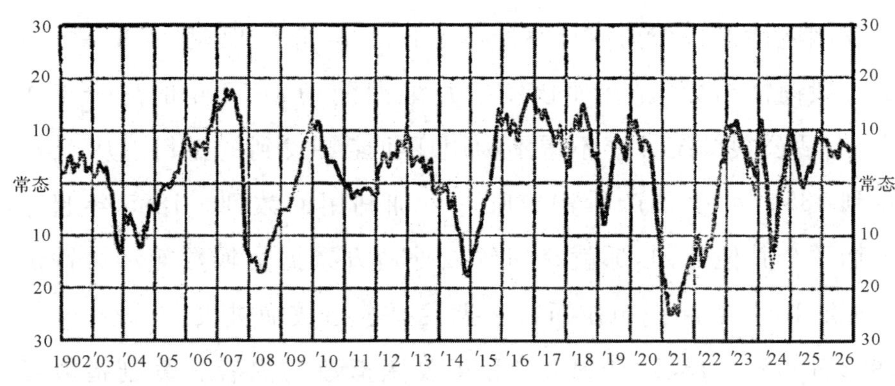

……1925 年 2 月不再使用旧的数列。

——新的数列(1923 年 1 月至 1926 年 12 月)与旧的数列部分地重复。

* 指数所包含的项目有所改变。

最后，在 1922 年 4 月，他们决定不再使用一切包含价格因素的资料，并且增添几个新的数列。在发表这一指数时，罗蒂上校做了如下的说明：“……它没有包括计量农业活动和零售业的项目，这些项目只间接地从货运项目和票据交换项目反映出来。它仅仅包括极少数非农业原料项目。因此，这个指数主要是计量制造活动和商品移动的指数。可是，尽管有这些缺点，这个指数仍可以说是最接近于‘适合多种用途’的单一商情指数的要求了。”①

在编制这个指数时，消除长期趋向和季节变动，使用循环、不规则变动的标准差的倍数来表示这种变动，对具有这种形式的各个数列分别加权，权数的大小按照各数列代表商业情况的程度，最后把各个加权的数列加起来。

(4)斯奈德“贸易数量指数”，美国，1919—1925 年

美国电话电报公司的统计学家希望他们的指数包括尽可能长的时期，而纽约联邦准备银行的斯奈德先生编制他的头一个指数时希望尽可能彻底地反映一个短的时期的情况。关于 1919 年至 1923 年这个时期，斯奈德竟然找到了 56 个按月的数列，这些数列各别地反映贸易数量的各种变动。斯奈德把这些系列分为 28 组，然后又把 28 组分为五大类：生产活动、最初分配、对消费者的分配、一般商情和金融。在处理材料时，斯奈德用相应的物价指数来除用金元表示的数列，从而消除他的研究时期中的猛烈物价波动。必要时他计算出长期趋向和季节变动。他把循环、不规则变动作

① 罗蒂：“统计对于商业活动的控制”，载《哈佛商业评论》，1923 年 1 月第 1 卷，第 159、160 页。经过 1922 年的修正后，该指数包括的项目以及这些项目的权数如下：

	权数		权数
生铁产量	20	棉花消费量	10
未发货订单(美国钢铁公司)	10	羊毛机器活动力	10
对于货车的需求	10	纸张产量	10
货车载运量	5	木材产量	5
净吨里数	5	皮革产量	5
煤炭产量	5	动力产量	5

为长期趋向的百分数来表示。他按照各数列所代表的成分在全国贸易中的相对重要性分别赋予各数列大小不同的权数。他没有把以百分数表示的和长期趋向的离差化为它们的标准差的倍数。他只按离差的原状把它们平均起来。对五大类的每一类和对 28 组的每一组斯奈德各编制了一个指数。这些指数可以和全部数列的总指数相比较。图 12 就是斯奈德的经过修改并延长到 1925 年的主要计算结果。[①]

---

① 参阅卡尔·斯奈德:“新的贸易数量指数”,(《美国统计协会杂志》,1923 年 12 月,第 18 卷,第 949—963 页)和斯奈德:“修正的贸易数量指数”(同上杂志,1925 年 9 月,第 20 卷,第 397—404 页)。

修正的指数所包括的 28 个数列以及它们的权数如下:

	权数
生产活动	
生产资料	9%
消费资料	8%
就业人数	6%
汽车	2%
建筑许可证	4%
	29%
最初的分配	
每列货车载运商品的数量	5%
每列货车载运其他东西数量	2%
批发贸易	8%
出口贸易	3%
进口贸易	2%
粮食出口	1%
巴拿马运河	1%
	22%
对消费者的分配	
百货公司销货数	8%
联号商店销货数	3%
联号食品杂货店销货数	6%
通信订购销货数	3%
人寿保险公司	2%
房地产转移	2%
广告	2%
	26%

图 12　斯奈德贸易数量指数

美国,按月的,1919 年到 1925 年 4 月

Ⅰ　　　　　　　　　　Ⅱ

贸易总量　　　　　　　(a)最初分配(组权数 22%)

(组权数 100%)　　　　　(b)贸易总量

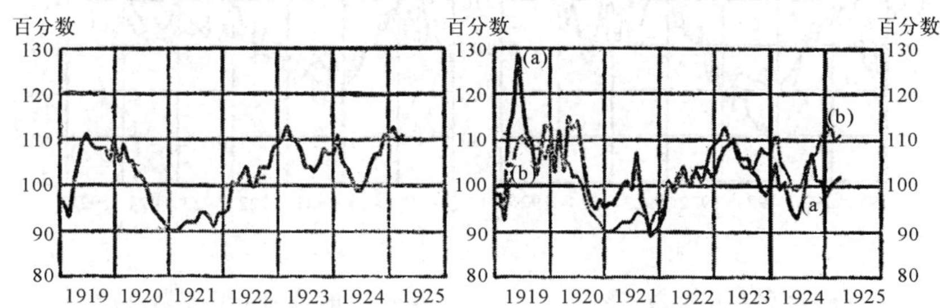

(接上页)

一般商情		金融事业	
纽约以外的负债账项	8%	新发行的有价证券	2%
纽约市内的负债账项	5%	股票销数	2%
邮政收入	1%	谷物销数	1%
电力	2%	棉花销数	1%
未发表的数列	1%		6%
	17%		100%

我写好本章后,斯奈德把他对这方面所有的著述,汇集成卷:《商业循环和商业管理》,1927 年在纽约出版。

Ⅲ

(a)生产活动(组权数 29%)

(b)贸易总量

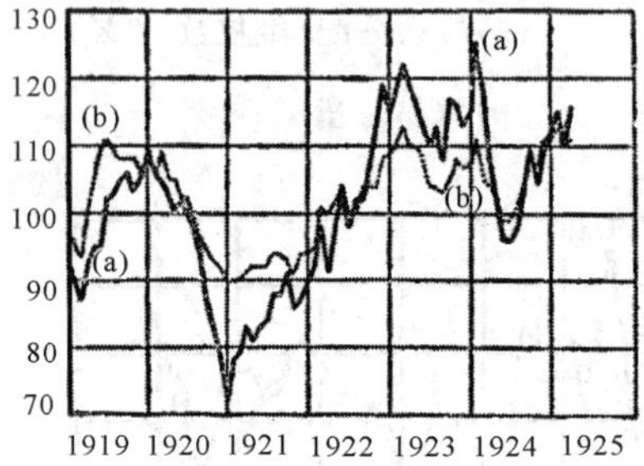

Ⅳ

(a)对于消费者的分配(组权数 26%)

(b)贸易总量

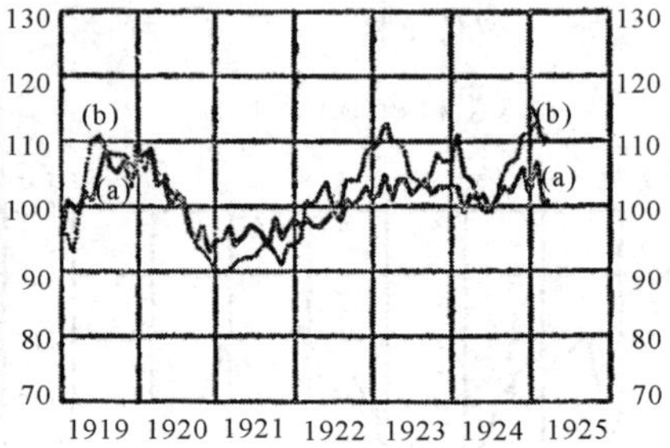

Ⅴ

(a)金融(组权数 6%)

(b)贸易总量

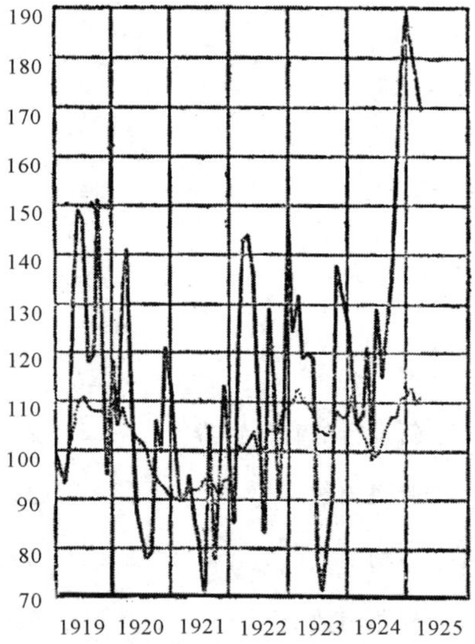

Ⅵ

(a)一般商业(组权数 17%)

(b)贸易总量

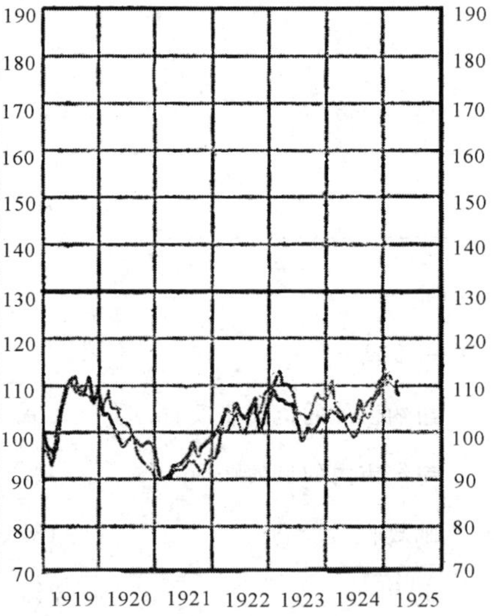

(5)珀森斯"贸易指数",美国,1903—1925 年

珀森斯教授 1923 年编制的贸易指数,是包含很多年的美国电话公司指数和包含很多过程的斯奈德指数的可贵的对比材料。珀

森斯的数列,“是以揭示1903年以来美国的贸易、运输、制造活动和工业就业情况的每月混合变动为目的”。他所使用的技术方法,就是编制三条曲线的“一般商情指数”的方法的修正。由于可以利用的材料,在他所包括的时期的各个阶段不尽相同,而经济情况又有改变,因此他把指数分为三个部分,即1903—1915年、1915—1919年和1919—1923年三部分。这三个部分在时间上是首尾重复的。第一次世界大战以前,珀森斯使用了包含价格因素的材料(纽约以外地方票据交换和进口货物价值),他认为这没有妨碍。但自1915年起,他把以金额表示的数列全部除去。① 图13就是

① 参阅珀森斯:“美国贸易的一个指数”,载《经济统计评论》,1923年4月,初刊第5卷,第71—78页。

他所使用的材料和方法如下:

	使用的数列	权数	平均数的性质
1903—1915年	纽约以外银行票据交换数额		以百分数表示的和修正了季节变动的长期趋向的纵坐标的离差的简单算术平均数,这些离差用标准差来表示。平均数用8.62来乘,8.62是纽约以外银行票据交换额的标准差。
	商品进口		
	主要铁路的总收入		
	生铁产量		
	工业就业人数		
1915—1919年	铁路运货净吨里	2	以百分数表示的和修正了季节变动的直线趋向的离差的加权算术平均数
	生铁产量	1	
	原棉消费量	1	
	工业就业人数	2	
1919—1923年	铁路全部载运量	6	以百分数表示的和修正了季节变动的直线趋向的离差的加权算术平均数
	生铁产量	1	
	钢块产量	1	
	原棉消费量	1	
	工业就业人数	3	

他的计算结果。

图 13　珀森斯贸易指数

美国,按月的,1903—1926 年

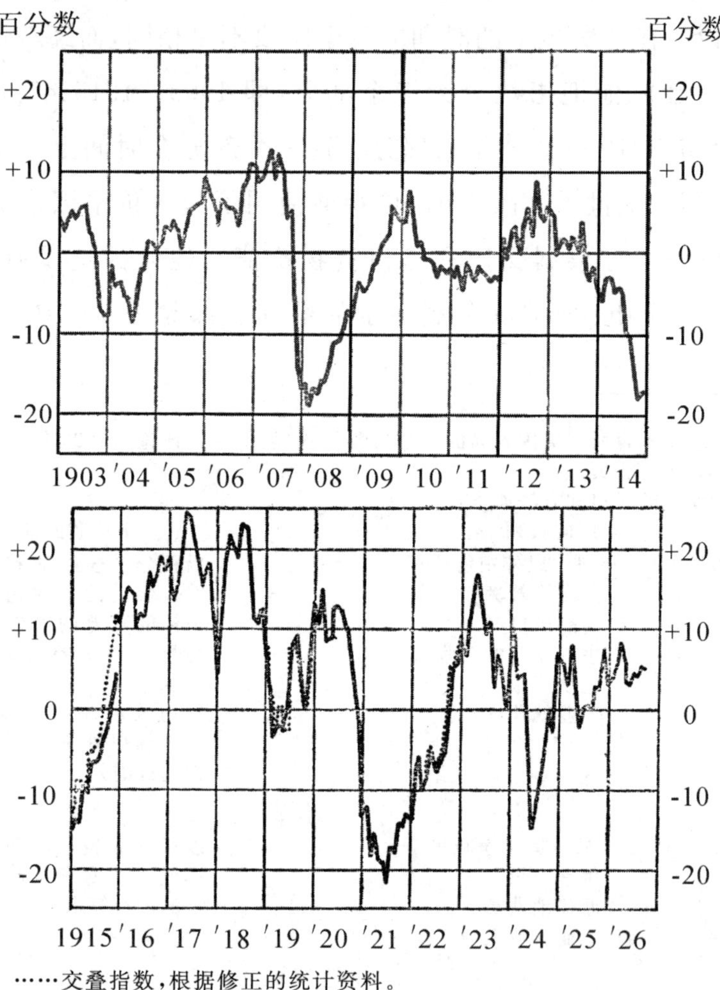

……交叠指数,根据修正的统计资料。

(6)托马斯的"英国商业循环季指数",1855—1914 年

英国和德国也有像上面所述的美国数列那样的商业循环指数。

托马斯博士编制的英国指数，是以百分数表示的、和修正了季节变动的长期趋向的离差的平均数，这些离差以标准差的单位表示。这个指数所包括的数列，由 1855—1880 年的两数列增至 1887—1896 年的六个数列，后又增至 1897—1914 年的七个数列。图 14 表示 60 年每一季的平均数。①

(7)阿克斯、弗林合编的“德国一般商情指数”，1898—1914 年

这个指数是由三条曲线构成的隔月指数，所涉及的时期是 1898—1914 年。它和珀森斯的“美国一般商情指数”相类似，由爱默生·阿克斯和哈罗德·弗林二人根据九个代表“投机”、“商业”、“金融”的变动的数列编成。计算的结果是以百分数表示的和修正了季节变动的长期趋向的离差的平均数，这些离差以标准差位表示。关于时间次序，投机指数先于商业指数，而商业指数又先于金

① 该指数所使用的数列如下：

英国生产品的出口总价值(每月各个项目的平均数)，1855—1914 年。

失业的铸铁工的百分数(化成就业的百分数)，1885—1914 年。

铁路货运营业收入，1881—1914 年。

索尔贝克批发物价指数，“一切原料”，1885—1914 年。

地方银行票据交换额，曼彻斯特、伯明翰两城，1887—1914 年。

失业百分数——“一切职业”，1887—1914 年。

在工作的铸铁炉(每月各个项目的平均数)，1897—1914 年。

在本指数还没发表以前，托马斯博士欣然把它交给国家经济研究局处置(“英国商业循环指数”，《美国统计协会杂志》，1926 年 3 月，第 21 卷，第 60—63 页)。托马斯博士所著的《从社会的角度来看商业循环》，把构成这个指数的七个数列的图作为卷头插图。

珀森斯、西耳柏林和贝弗里季合制了另一个“英国经济情况指数”。该指数也是以三条曲线组成，跟上述的(2)和下述的(7)两指数相似。它包括的时间，由 1902 年起到 1914 年止。它是每季的指数。参看《经济统计评论》，初刊第 4 卷增刊，1922 年 6 月，第 158—189 页。

图 14　托马斯的“英国商业循环”的指数

按季的，1855 年到 1914 年 6 月

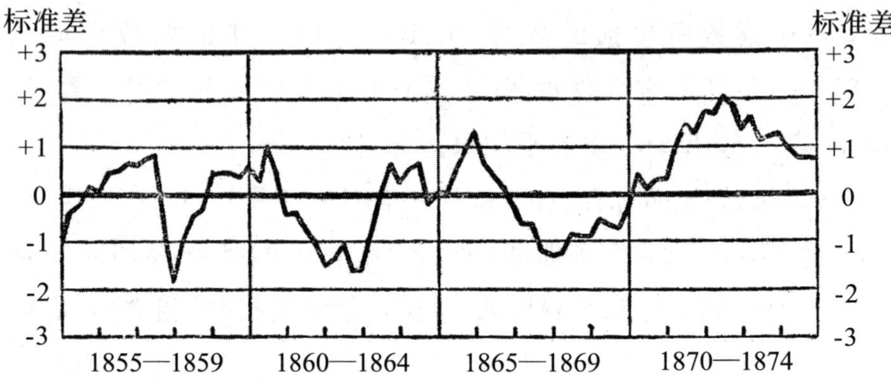

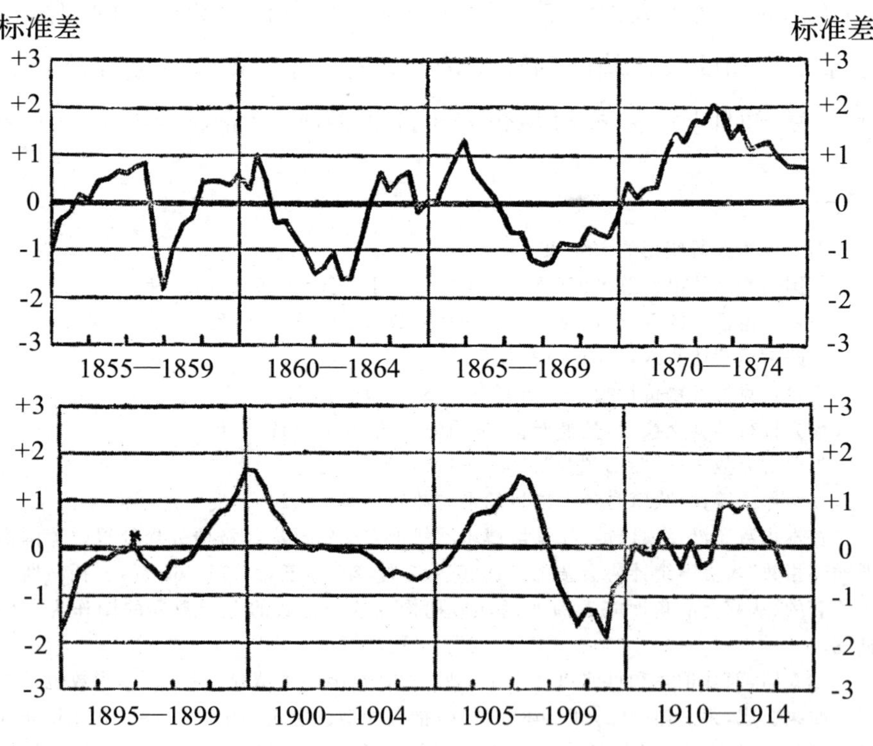

＊绘制曲线所用的项目有所改变。

融指数——这些关系和珀森斯所发现的美国情形相似。① 这三条的单曲线见图 15。

图 15　阿克斯和弗林合编“德国一般商情指数”

I

经过整理的德国经济情况指数。A-投机，B-商业，

C-金融。隔月指数，1898—1914 年

（循环）

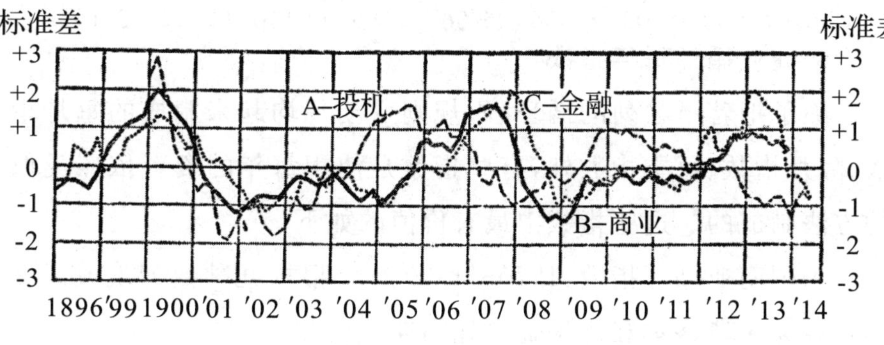

① 参阅阿克斯和弗林：“德国一般商情指数，1898—1914 年”，载《经济统计评论》，1925 年 10 月，第 7 卷，第 263—287 页。

构成本指数的三条曲线的数列如下：

投机：工业股票价格

商业：10 种商品价格指数，和商业数量指数平均，由下列数列组成：

生铁产量

国内票据印花税收入

出口商品价值

进口商品价值

金融：柏林公开市场贴现率

德国国家银行贴现和放款数额

债券价格

Ⅱ

商业活动的数量，每月指数，1898—1914 年

(8)商业循环每年指数

除了把若干数列的循环、不规则变动平均起来制成的每月指数、隔月指数、每季指数外，有些指数是使用每年的资料依照类似的方法制成的。这些指数中最有价值的如下：

美国商业循环指数，1870—1920 年。根据九种数列编成。编制者威廉·奥格本和道乐赛·托马斯。

英国商业循环指数，1854—1913 年。根据七种数列编成。编制者道乐赛·托马斯。

英国、德国、意大利的工业综合指数，1870—1917 年。分别根据五种数列、四种数列、两种数列编成。编制者哈里·季洛姆。①

虽然每年的指数对某些用途很适用，在得不到间隔较短的时期的资料时也可以用作研究商业循环问题的参考，但它对发展的

① 关于这些指数的详细编制方法和结果，参阅下述各著作。奥格本和托马斯："商业循环对于某些社会情况的影响"，《美国统计协会杂志》，1922 年 9 月，第 18 卷，第 324—340 页。重印在下列一书第 53—77 页，表略。托马斯：《从社会的角度来看商业循环》，1925 年伦敦版，第 12—19 页，第 166—188 页。季洛姆：《移民和商业循环》，国家经济研究局出版，1926 年纽约版，第 175 页。

趋势往往会做出错误的指示。在商业活动在一年内急剧地由高潮降至低潮而次年又恢复得很慢的情况下，每年的平均数可能使调查研究者认为头一年相当繁荣而第二年非常萧条。这样，每年的指数不但使循环变动看不清楚，而且可能歪曲这种变动的真相。此外，商业循环的期间很短，12 个月这样大的单位，绝不能作为测量商业循环的满意单位。因此，我们可以把每年的指数撇开不谈。

(9)斯奈德的"美国商业票据交换额指数"，1875—1924 年

还有"单一因素"的指数，就是用一个数列制成的指数。这种数列所代表的经济过程，受着这么多类型的经济活动的影响，它本身在或多或少的程度上变成了一般趋势的代表。斯奈德使用统计案例说明了他接受这种指数的理由。

编制了 1919—1923 年包括许多数列的贸易数量指数以后，斯奈德又想求得方法使这些指数能和以前各年的计算结果相比较。他认为，既然纽约以外地方的票据交换记录可以逐月回溯到 1875 年，那么如果能够把物价波动的影响消除，就可以把这种记录作为基础。当然一切使用支票成交的货物的价格——批发和零售货物的价格、有价证券价格、房地产价格、劳动价格，等等——的变动，都会对票据交换数额产生影响。对于主要种类的价格，斯奈德可以找到相当良好的指数，或自己编制相当良好的指数。问题是怎样对这些指数加权，使得它们可以成为"一般价格水平"指数，并且使用这个指数把票据交换数额转变为货物交易数量变动的记录。依据他的判断标准，最好的加权方法是，在把它应用于"外埠借方账目"时，能够产生和他的 1919—1923 年贸易数量指数最接近的曲线的方法。经过多次的试验后，他断定：如果他的批发物价指数

用 2 加权，工资支付综合指数用 3.5 加权，表示生活费用的成分的数列用 3.5 加权，租金指数用 1 加权，并且不把有价证券价格包括在内，那么计算的结果是最好的。①

斯奈德发现，使用根据这种方法编制成的“一般价格水平指数”来除“包埠借方账目”，可以求得跟他的 1919—1923 年“贸易数量指数”十分相符的曲线。于是他认为，可以使用“外埠票据交换额”代替“外埠借方账目”，着手计算，一直计算到 45 年以前为止。编制这么长时期的一般价格水平每月指数，就需要大胆地使用零碎的材料。1900 年以前，连批发物价指数也没有按月的记录，而生活费用、工资、薪水、租金等记录更为简略。但斯奈德不怕困难，利用他所能搜集到的最好材料使用内推法进行计算。结果，他发布了从 1875 年到 1924 年的每月指数。②

有了物价指数，他接着就编辑了来自《公众》杂志和《商业、金融周刊》的关于外埠票据交换数额的记录，并使用物价指数中的相应项目来除每月票据交换总额。他对所计算得到的数列配合以抛物线趋向，他认为这个数列是表示贸易数量变动的数列。以百分数表示的、和修正了季节变动并按三个月移动平均数修匀的趋向的离差构成了“商业票据交换数额指数”。该指数正像图 16 所表示的那样。③

① 应当注意，这些权数，跟我们的批发贸易数量、零售贸易数量以及工资支付等资料会使我们想起的权数，大不相同。参看第二章，第五节。

② 参阅卡尔·斯奈德：“1875 年以来一般价格水平的新指数”，载《美国统计协会杂志》，1924 年 6 月，第 19 卷，第 189—195 页。

③ 参阅斯奈德：“50 年来商业票据交换数额的新指数”，载《美国统计协会杂志》，1924 年 9 月，第 19 卷，第 329—335 页。

图 16 斯奈德"商业票据交换额指数"和弗里基的"外埠票据交换额指数"

美国，按月的，1875—1926 年和 1875—1914 年

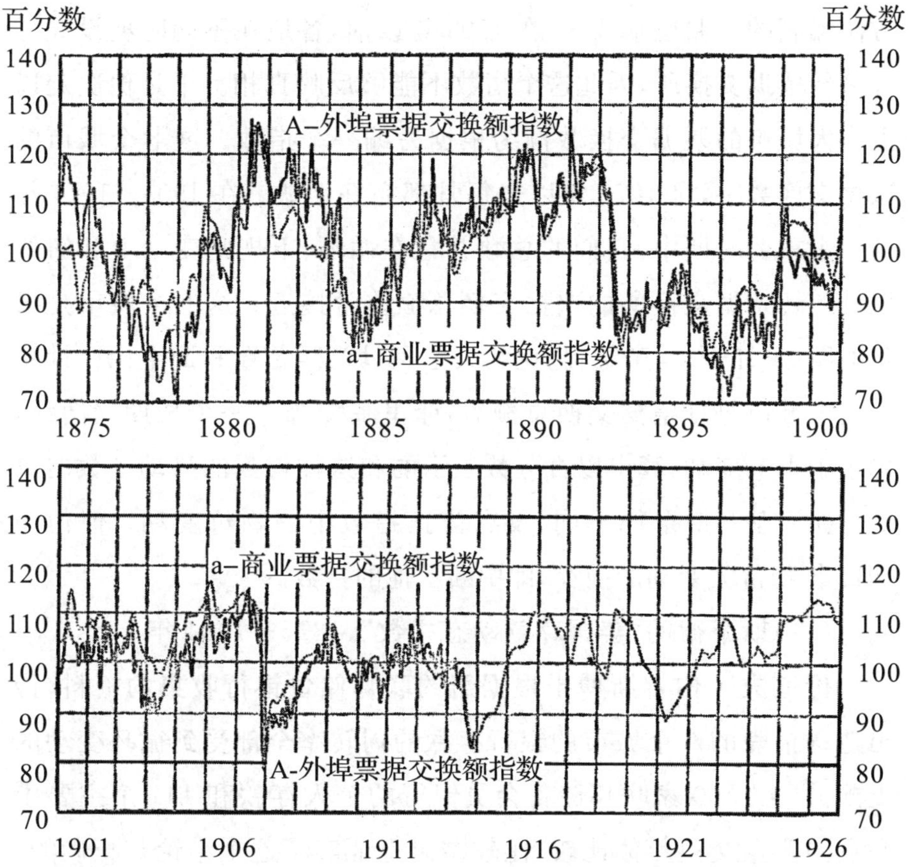

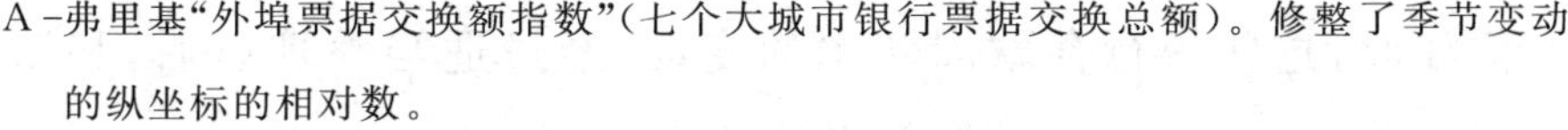

A -弗里基"外埠票据交换额指数"（七个大城市银行票据交换总额）。修整了季节变动的纵坐标的相对数。

B -斯奈德"商业票据交换额指数"（纽约以外地方银行票据交换额，1878—1918 年；纽约以外地方借方账，1919—1926 年）。修整了季节变动和物价变动的趋向的纵坐标的相对数的三个月移动平均数。

* 指数所包含的项目有所改变。

(10)弗里基的“美国外埠票据交换数额指数”,1875—1914 年

图 16 附有第二个票据交换指数,那是根据爱德温·弗里基的方法编制的。弗里基认为,在 1903 年以前,各地在不同时期设立了许多新票据交换所,因此这个指数不能够反映真相。于是他决定以七个大城市的票据交换数额为根据另编一个指数。这七个城市的票据交换数字,自 1875 年以来每月都完好无缺。在 1903—1914 年这一个重要时期中,它们的总数并且在循环、不规则变动上和纽约以外一切票据交换所的票据交换总额非常接近。这七个城市是巴尔的摩、芝加哥、辛辛纳提、克利夫兰、费城、匹兹堡和旧金山。计算出七个城市每月票据交换总额后,弗里基配合了一个长期趋向线,修正了季节变动,算出以百分数表示的和这样得到的移动基数的离差。弗里基和斯奈德不同,没有修正指数中的物价变动。但他于 1914 年物价大变动的前夕,即中断了他的指数。①

(11)斯奈德的“美国存款动态指数”,1875—1924 年

伦道夫·伯吉斯博士根据纽约联邦储备银行收集的资料,指出造送报表的八个城市的银行存款的周转率全部受到循环变动的支配。② 以 760 家联邦储备会员银行的个人存款和 141 个主要中心点的票据交换数额比较,比较结果也证实了这个结论是正确的。不但如此,这些银行存款周转率的变动,经过适当整理以后,和斯奈德 1919—1923 年贸易数量指数的变动十分相符。

这些事实向斯奈德提示,银行存款周转率构成了另一个商情指

① 参阅爱德温·弗里基:“纽约以外地方银行票据交换数额”,载《经济统计评论杂志》,1925 年 10 月,第 7 卷,第 252—262 页。

② 参阅第二章第四节之 4。

数。他决定按月算出这种指数，一直算到1875年，并把这个指数来和他的票据交换数额指数对比。他使用了国内票据交换总额和所有国家银行的个人存款数字。国家银行存款数字从前是每年不定期地发表五次，现在每年发表四次。斯奈德使用内推法制成每月个人存款表，以每月票据交换总额来除每月个人存款数额，使用七年移动平均数作为趋向，算出他的比率和这个趋向的以百分数表示的离差，通过消除季节变动来校正这些百分数，最后以三个月移动平均数来修匀他的曲线。这样他得出一个存款动态指数。他认为这个指数和他的票据交换数额指数很符合，图17是这两个曲线的比较。①

图17　斯奈德的"存款动态指数"与"商业票据交换额指数"的比较

美国，按月的，1875—1926年

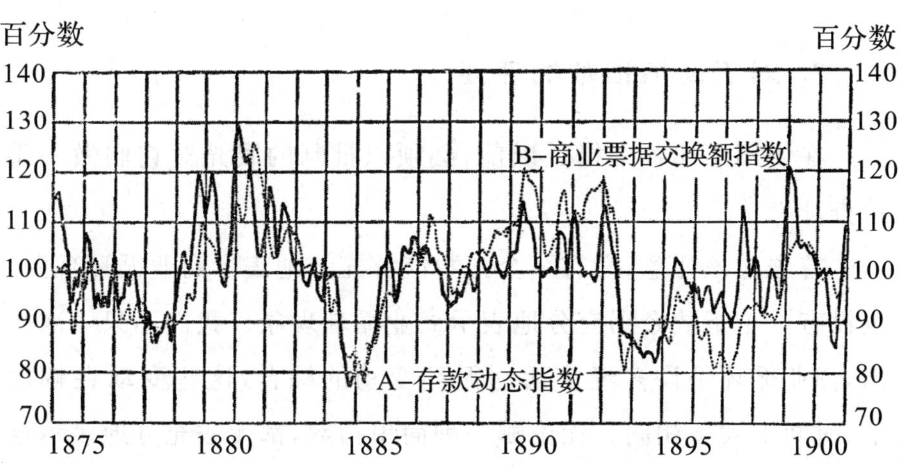

① 参阅斯奈德："商业活动的新指数"(《美国统计协会杂志》，1924年3月，第19卷，第36—41页)和"存款动态作为测量商业活动的标准"(《经济统计评论》，1924年10月，第6卷，第253—259页)。

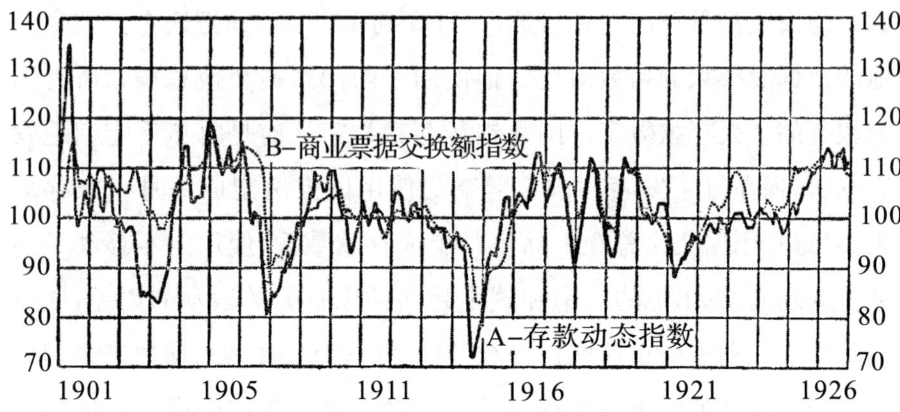

A-存款动态指数：修整了季节变动的三个月移动平均数和移动的平均趋向。

B-商业票据交换额指数（纽约以外地方银行票据交换额，1875—1918年；纽约以外地方借方账目，1919—1926年）：和修整了季节变动与物价变动的趋向的离差的三个月移动平均数。

2. 对于商情指数的评述

在使用上述各个指数以前，必须以批判的眼光对它们做一番检查。

首先应该注意，没有一个指数能够充分地表示商业循环现象，也没有一个指数企图充分地表示商业循环现象。我们不只一次指出，商业循环是许多经济活动循环变动的综合，这些变动在幅度上、时间上大不相同。无论哪一种简单指数，都无法充分地表示这样复杂的现象。真正的商业循环图，一定含有无数的纵横交错的复杂曲线。当然，在这种图上，某些地方曲线密集地挤在一起，某些地方曲线稀疏地散在各处，这样浓淡的色调，可以给人深刻的印象。如果把斯奈德在编制贸易量指数时所用的27个数列或27组数列绘在一张尺度很大的图上，或可使人产生和上述印象相似的印象。

图 18 的复杂情况，会使任何研究这个图的人感觉到，商情指数不能描绘出商业循环现象，即使能够忠实地把商业循环描绘出来，它的价值也是有疑问的。在讨论物价变动问题时，我们学会了如何使用由单一的时间数列反映许多不同变动的结果的指数。这些指数不能充分说明我们所需要知道的关于物价变动的一切问题。可是，就是对那些想放弃物价指数而去研究由物价指数缩编成为若干平均数的各个物价变动数列的研究者，物价指数也是不可少的工具。商业变动远较物价变动复杂。物价变动不过是商业变动中的一种要素，混杂于就业、收入、消费、生产、运输、贸易、金融等变动中，正因为整个商业变动是这样复杂的，所以我们才需要一种或数种方法简单地表示一切变动的总趋向。当然这种“一般商情指数”可能使我们发生误解，就像物价指数可能使疏忽的人误解一样。但是，只要我们记住它们的局限性，它们同样能帮助我们更透彻地理解商业变动的情况。它们不能免除我们对个别数列相互关系做更精细的研究，但它们会补充我们从深入研究得到的知识，并且能够帮助我们总结这种知识。

现有的指数能否满足我们的需要？它们能否正确地表示商业循环的一般趋势？我们怎样改善这些指数呢？

研究商情指数最恰当的办法，似乎是确定指数的用途，说明哪些材料和方法最适合于这种用途，然后以这些材料和方法为标准来评价现有的指数。但这种办法等于假定商业循环指数只适用于某一种用途，而这个用途是那么明确，除使用一些理想的材料和理想方法外，其他材料和方法都不适用。这种假定不切合于我们所

图 18　一个商业循环，美国，1919—1921 年，由这商业循环的 27 个组成成分绘成的图来表示的

这些成分中的 12 个是斯奈德在贸易数量指数中用来代表生产活动和最初分配的数列

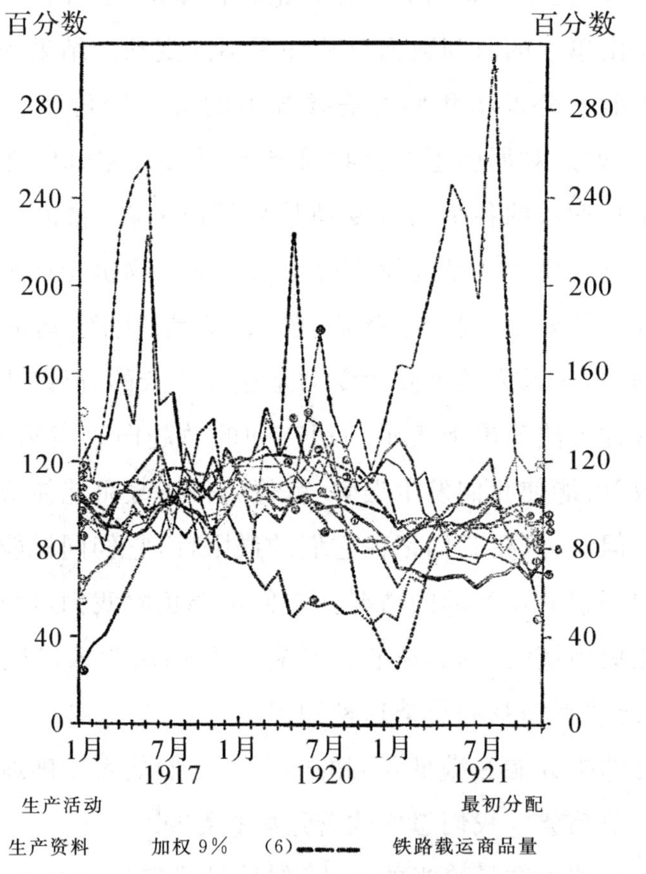

生产活动

(1) 生产资料　加权 9%

(2) 消费资料　加权 8%

(3) 就业人数　加权 6%

(4) 汽车　加权 2%

(5) 建筑许可证　加权 4%

最初分配

(6) 铁路载运商品量　加权 5%

(7) 铁路载运其他物品量　加权 2%

(8) 批发贸易　加权 8%

(9) 出口贸易　加权 3%

(10) 进口贸易　加权 2%

(11) 粮食出口　加权 1%

(12) 巴拿马运河　加权 1%

图 18(续)　一个商业循环，美国，1919—1921 年，由这个商业循环的 27 个组成成分绘成的图来表示的

这些成分中的 15 个是斯奈德在贸易数量指数中用来代表“对消费者的分配”、“金融”、“一般商业”的数列

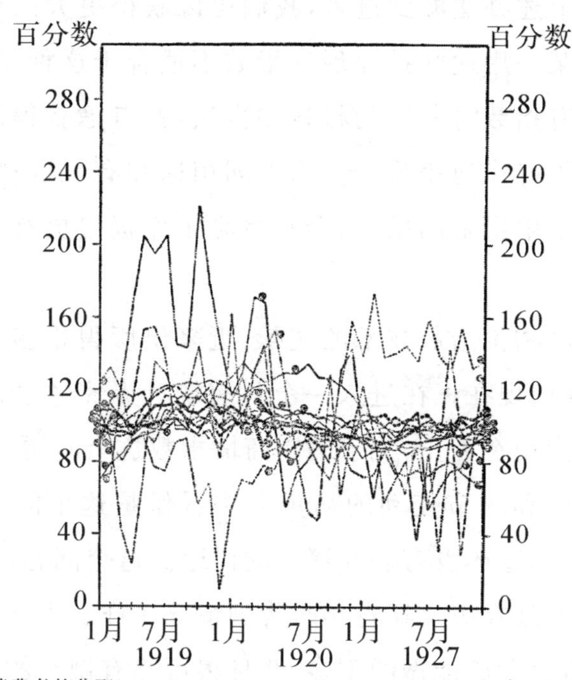

对消费者的分配

(13) 百货商店　加权 8%

(14) 联号商店　加权 3%

(15) 联号食品杂货店　加权 6%

(16) 通信订货　加权 3%

(17) 人寿保险　加权 2%

(18) 房地产移转　加权 2%

(19) 广告　加权 2%

金融

(20) 新的有价证券　加权 2%

(21) 股票销量　加权 2%

(22) 谷物销量　加权 1%

(23) 棉花销量　加权 1%

一般商业*

(24) 纽约以外的借方账目　加权 8%

(25) 纽约市内的借方账目　加权 5%

(26) 邮政收入　加权 1%

(27) 电力　加权 2%

* 这个组中一个数列(加权 1%)无法搜集

研究的问题,正像不切合于批发物价指数的编制一样。毫无疑问,编制我们所研究的指数的统计学家,在编制这些指数时,目的各不相同。而这些指数中的每一种自然都有它的用途。

如果把上述办法颠倒过来,我们可以获得更大的成就。我们将不先提出某一用途并批评现有指数不适合于这种用途,而是先研究编制现有指数时所用的材料和方法,并考虑获得的结果具有什么意义和可以作何用途。关于不同用途和有限资料的讨论,比从某一定义引申出来的推论,会给将来工作提出更有实际价值的建设性建议。

讨论编制物价指数技术的文献,近来出版得很多。这种文献告诉我们,我们现在正在进入一个只有统计专家才会感到舒适愉快的领域。到现在为止,关于编制商情指数这个问题,除非我们把消除长期趋向和季节变动的初步方法看作是这个问题的项目之一,否则这个问题还没有展开深入的讨论。这个问题的现状,正像物价指数问题处在杰文斯青年时代的情况一样。由于很少东西可作为南针,所以我所能做的不多,并且很可能有做错的地方。

上面的分析,使我们得到了以下的主要结论:编制商情指数时所使用的各种方法,它们所产生的不是对同一变量的各种不同的量度,而是各不同变量的一些指数。如果我们清楚地知道和各指数有关的变量是什么变量,我们就能够说明各个指数适合于哪些用途了。

(1)商业金额指数

和指数有关的变量中,包罗最广但性质最简单的乃是商业交易金额。我们把这个金额作为一个国家中逐月交换价值的总数。

它不但包括一般商品，而且包括房地产、有价证券、借出和偿还的资金、利息、租金、从体力劳动到专门性指导的各种服务、运输、栈租、广告。质言之，每一按价交换的商品，每交换一次即计算一次。

计量这个变数的唯一量度，就是它本身的总价值。美国现在已经有了能据以确定各种支付金额的大小的资料。我们甚至可据以粗略地估计它达到了若干亿元。其实，我们已经在第二章举出了这些估计的每年的数字。①

除这些粗略的估计外，我们可以增加一个关于每月支付金额变动的指数，这个指数是由银行借方账项、零售销货量、薪工分配、娱乐收入等数列组成的。我们可以说：如果慎重地加以挑选，同时注意它们的相对重要性和重复的地方，可以从这些数列求得局部总数，这个局部总数逐月的变动，大抵和全部总数逐月的变动相符。

如果我们对这些数字有充分的信心，进一步运算下去，我们可以把每月指数和支付总数的每年估计数字结合起来，并且说我们约计了每月的总数。最后，如果我们能够获得足够长的时间的资料，我们可以消除各数列的长期趋向和季节变动，并用 10 亿元的单位或百分数的方式提出计算的结果来表示交易金额的循环、不规则变动。

上面评述的商业指数中，只有一种和交易金额有直接关系，那即是弗里基的 1875—1914 年美国七个城市银行票据交换额数列。可是，按术语来说，弗里基的计算结果并不是指数，而是在一个移

---

① 参阅第二章第五节之 4“企业之间的支付量”表 9。

动基数基础上计算出来的一系列相对数(修整了季节变动的长期趋向纵坐标每月等于100)。弗里基把这些相对数叫做"以银行票据交换额的变动来表示的每月商业活动指数"①。银行票据交换额直接表示的商业活动只是支付的数目。

在银行借方账还没编制以前,这种局部支付记录,无疑是表示贸易金额最好的东西。但是,即使把纽约市略去不计,我们也不能肯定地说,银行票据交换额所提供的关于支付总数循环、不规则变动的印象是否是正确的印象。因为,票据交换额变动的幅度,大概比以硬币和钞票为手段的支付数量的变动幅度为大。此外,我们必须记住,支付数量和逐月交换货物的货币数额并不一致。很多清算的支票,是用对刚刚购买的货物的"现金"支付。少数清算的支票,是用以预付将来交货的价款。大多数交换的支票,是用以偿付过去收到的货物的价款。② 很多的交易可以说是经过三种手续。首先买方付下订单或买卖双方订立将来执行的合同。然后由卖方运出订购货物或履行合同事项。再后即执行支付。如果使用的是借入资金,情况便更复杂。借进和偿还资金,使得由于一定买卖行为而引起的交易金额更见扩大。关于各种买卖的数量、交货日期落后于订货日期的平均时间以及付款日期落后于交货日期的平均时间,我们所掌握的材料是不多的。一个十分完备的交易金额指数,至少要包括三条曲线。一条表示每月承担的约束,一条表示交付货物的金额,一条表示付款的数额。我们有把握画的只是第三条曲

---

① 参阅弗里基:"纽约以外地方银行票据交换数额",1875—1914年,《经济统计评论》,1925年10月,第7卷,第252页。

② 参阅第二章第四节之5"货币数量说和商业循环"。

线，但我们必须记住，我们画不出的其余两条曲线代表很重要的实际过程。这些过程和银行票据交换额所代表的过程比较起来，在发生的时间上一定不相同，在变动的幅度上可能也不相同。

研究家之所以很少注意到贸易的金额，一定是因为他们认为商业活动的其他方面更为重要。几乎一切商业指数都是在战时的物价革命使贸易金额发生了剧烈变动以后才编制的。下面即将说到，连弗里基也认为，把他的数列在1914年以后继续编下去是不值得的。经济学者虽然对计量物价变动很有兴趣，但他们并没有想根据交易金额而只想根据交易货物的数量来计量物价的反作用。

(2)贸易数量或生产数量指数

像贸易金额一样，贸易数量也是一种确定的量。它所包括的是一个国家在一定时期内以下列实物单位计算进行交换的一切货物：劳动时数，租赁建筑物的立方尺数，买卖的有价证券的数目，铁路货运的吨里数，印刷广告的面积行数，等等。这是想象得到的，一个人可以开出一张用这些单位表示的每月交换货物清单。如果要从各月清单计算出可以互相比较的各月总数，就必须给每件货物以货币表示的价格。如果各月的价格毫无变动，总数即使以10亿元的单位表示，也会表现出以金元价值加权的贸易数量的变动。

虽然我们缺乏材料来约计，甚至粗略地约计美国每年买卖成交的货物的清单，但我们可以根据现在发表的数列，编制一个很有趣的贸易数量的总指数。这种总指数在性质上和美国劳工统计局的批发物价指数可能相似。劳工统计局批发物价指数表示以固定实物数量加权的、时时变动着的物价，贸易数量指数表示以固定价格加权的、时时变动着的实物数量。有了这数种数列，我们可以消除数列中的长期趋向和季节变动(假使有这些变动的话),从而编制贸易数量的循环、不规则变动的指数,这种指数可以金元为单位来表示,也可以它的修整了趋向的价值的百分数来表示。

现有的贸易数量循环、不规则变动的指数,却不是按照这种简单方法编制的。编制这些指数的统计学家,并不是从贸易指数着手,确定它的趋向,而是从分别确定各时间数列的趋向着手,把原始数字化为其趋向的相对数,加权这些相对数,计算它们的算术平均数。斯奈德的1919—1925年贸易数量指数,珀森斯的贸易数量指数的后两部分(1915—1919年和1919—1923年两部分),都是按这种方法编制的。因此,它们不是贸易指数,像它们的名称所表示的那样。它们实际上是时间数列的以百分数表示的和已加修整的趋向的离差的加权算术平均数。在物价指数中和它们相似的,可算是一种新型的物价指数——在基数基础上计算出来的相对价格的加权算术平均数(修整了季节变动的长期趋向的纵坐标等于100)。

现在一般承认,就大多数用途来说,作为物价指数,相对数的加权算术平均数,没有像那些从使用具体数量来加权的实际物价总数计算出来的相对数那么有用。[①] 如果我们要编制一个指数表示贸易具体数量的变动,我们可以大胆地应用这个结论而且说:综合形式的指数,一般是比相对量的加权平均数有用。但是,我们可

① 当然相对数的平均数也有优点,但我认为本章正文所下的结论是正确的。关于各种形式的物价指数的优劣,参阅费希尔:《指数的编制》,1922年,波士顿和纽约版;杜鲁门·凯利:《统计方法》,1924年纽约版,第13章;米尔斯:《统计方法》总结了各主要结论,见该书1924年纽约版,第207—221页。

否做以下的推论：使用综合方法来编造贸易数量的循环、不规则变动的指数，比使用加权和平均上述指数各个构成数列的相对数的方法更好？

从他们的公式来说，这两个方法所得到的结果，显然是不一致的。[①] 在这两个方法的抉择方面，物价指数的讨论不能提供很大

① 使用综合方法编制的长期趋向的离差的指数，公式如下：

$$\frac{\sum q_1 p_w}{T_1} \tag{1}$$

q_1代表在“1”时间内买卖的货物的数量，p_w代表用作权数的固定价格，T_1代表$\sum q_1 p_w$在1时间内的修整了的长期趋向的纵坐标。如果配合在一切构成数列和配合在各个构成数列的总体的趋向都是直接或者都是单一类型的曲线，那么我们便可以把上述长期趋向本身看作是各个构成数列的趋向的总体（这些数列中的每一个都使用适当价格加权）。这样公式便变成如下：

$$\frac{\sum q_1 p_w}{\sum t_1 p_w} \tag{2}$$

使用固定价值（v_w）加权的相对数的平均数制成的一种相似指数，其公式如下：

$$\frac{\sum \left(\frac{q_1}{t_1}\right) v_w}{\sum v_w} \tag{3}$$

但用作权数的价值是数量和价格的积。因此我们可以把$q_w p_w$代替v_w，而把公式写成如下：

$$\frac{\sum \left(\frac{q_1}{t_1}\right) q_w p_w}{\sum q_w p_w} \tag{4}$$

如果q_ω等于t_1，那么(4)便和(1)一致。这就是说，只在应用于相对数的价值权数中所使用的数量等于进行计算时修整了长期趋向的纵坐标的条件下，这两个方法才能产生同样的结果。在使用两个方法把同样材料制成的两个指数所涉及的时期中，上述同样的结果，很可能发生一次，但很少发生两次。

当使用的趋向线不使总体的趋向的纵坐标和各个构成数列的趋向的纵坐标的总数相等时，上述两个方法就不一定产生一致的结果。这是统计实践上经常碰到的情形。但两种结果的差异可能不大。

的帮助。因为这个讨论所涉及的问题是，同一变数在不同时期中相对价值的比较，而我们的问题是要比较同一变数在同一时期中的两个值：一个是把个别数列和已修整的趋向的离差加以平均所得的值，另一个是计算全组数列和已修整的趋向的离差得来的值。[①] 但是如果只从大处着想，我们可以做一抉择。计算容易，特别是了解容易，表明综合方法比较优良。这个方法只需计算一个趋向和一系列季节变动，而平均相对数法，则有多少个构成数列就需要计算多少个趋向和多少系列季节变动。贸易数量的综合指数比较容易想象，因此贸易趋向、贸易的季节变动以及它和修整了季节变动的趋向的离差也容易想象。至于要想象由这种方法计算得到的许多系列的离差的加权平均数所说明的究竟是什么，那就比较复杂了。最后，我们需要贸易数量指数，同时也需要贸易数量的不规则循环变动指数。综合方法既给了我们第一种指数，又给了我们第二种指数。相对数平均数提供第二种指数，而不能提供第一种指数，虽然作为一个补偿，能提供出一切构成数列的不规则循环变动，这对我们也很有用。理想的办法，似乎是依照劳工统计局处理物价数列的方法来处理我们的数量数列，也就是说，以加权的各组数列编制一般指数，同时分别发布各个别数列的相对数。当

① 例如，相对价格的算术平均数的时间偏向和各种加权办法的时间偏向，不成为我们的问题的一部分。“循环测验”即便在这里应用得着，也不能按普通方法应用。“因子互换”测验可以使用，但不产生什么结果，因为那两种方法都不能通过这种测验。凯利所用的可靠性测验很恰当：可以把若干资料分成两种例样，使用两种方法分别编制指数，看看哪一对指数表示较高的相关系数。但这方法是很麻烦的方法，如果单用一种资料进行试验，可能没有什么结果。

这个问题的研究，为数理统计学家提供了一个有丰富收获的希望的研究领域。

然，还要发布各组数列和它们的修整了的趋向的循环、不规则离差的指数以及一切构成数列和它们的修整了的趋向的循环、不规则离差的指数。①

编制贸易数量指数时，使用循环、不规则变动的标准差来表示这些变动，这种做法是不适当的，因为和这些指数有关的各单位货物的循环、不规则变动各不相同。使用共同尺度来表示指数中一切数列的变动从而把不同的变动幅度隐蔽起来，这种做法使计量总数量的变动成为不可能。这样制成的数列，如果它的构成的材料始终如一，便对表示循环、不规则变动的发生时间，以及本数列所表示的各个循环的相对幅度，还可能有作用。但对于比较贸易

① 要检测这两个方法是否相符，我所知道可以实行的方法如下：

爱德蒙·戴伊使用 33 种表示各种货物产量的时间数列编制 1899 年以来美国“一切制造业生产量指数”。他把这些数列分为 10 个工业组。

(1)他对每一组的数列各编一个“未修整的指数”。他把这些指数的构成数列的每年项目化为基数的相对数，而以 1909 年的生产量作为 100。然后他加权这些相对数，算得它们的几何平均数，并且根据户口调查的资料做某些校正，这些资料和我们这里不相干。最后他加权各个组指数，把它们的几何平均数作为“制造业生产量的未修整指数”。

(2)在计量制造业的循环变动时，戴伊回到原始的 33 种数列。他先对各数列配合一趋向线，把实际数字作为相应的趋向价值的百分数来表示。然后他计算了 10 个工业组各别的平均数(这次是算术平均数)，加权这些组平均数，最后计算它们的算术平均数，把这些平均数作为“修整的指数”。

戴伊认为第二个方法有两个缺点：决定 33 种原始数列的趋向线，不容易选择时期和线；计算工作又很繁重。由于有这两个缺点，戴伊寻找了其他比较简单的方法。

(3)这个方法是直接对“未修整的指数”配合一个趋向线，把它的每年数值化为这个趋向的相应纵坐标的百分数。在 1899—1919 年的 21 年中，方法(2)与方法(3)所得的结果的差异，任何年都没有超过百分率尺度三点。据戴伊判断，简法的优点是肯定的。我的意见，简法不但就逻辑上说较胜一筹，就实践上说，也比其他方法好。

参阅爱德蒙·戴伊：“生产量指数”，《经济统计评论》，1920 年 11 月和 12 月，初刊第 2 卷，第 310、311 页，第 332—337 页，第 362—365 页。

数量的变动与生产、失业、物价或其他变数的变动幅度,可以说没有什么价值。

要得到靠得住的贸易数量指数和贸易数量的循环、不规则变动指数,我们需要从各方面收集有代表性的样本。就美国来说,即使在最近几年,材料也不是很丰富的。农民所做的交易报道得很不充分。我们有理由推测,连我们能够编制的最完善的总数,所表示的变动和实际也有些出入,因为根本没有在这些总数中表示出来的那几类贸易,特别是许多独立小商店的零售买卖,大概变动不大。斯奈德 1919—1925 年的指数和其他指数比较起来确是包罗最广的指数。

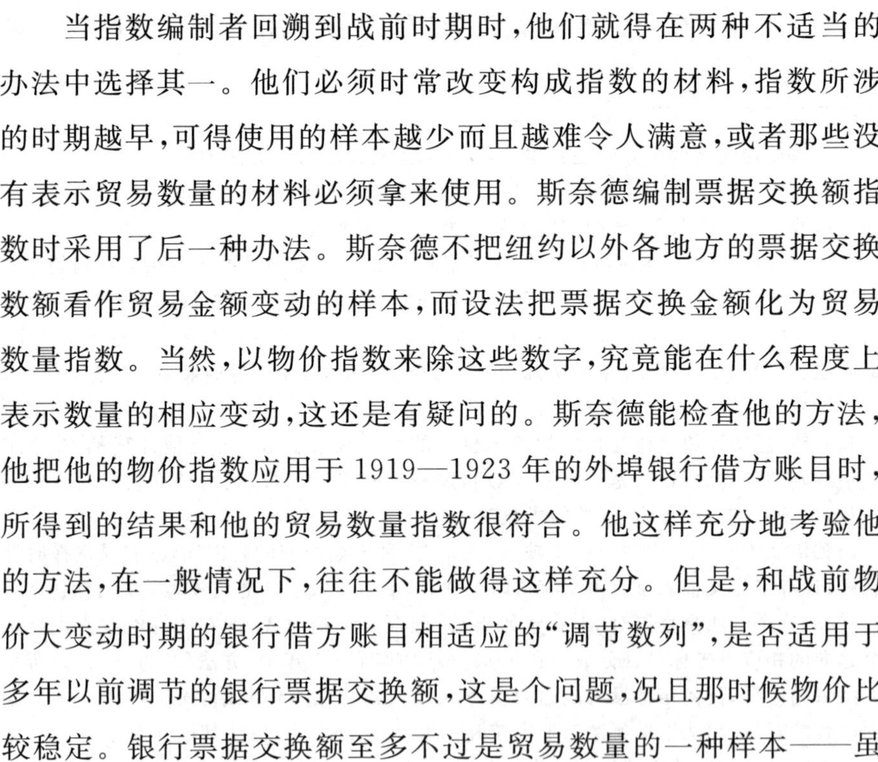

当指数编制者回溯到战前时期时,他们就得在两种不适当的办法中选择其一。他们必须时常改变构成指数的材料,指数所涉的时期越早,可得使用的样本越少而且越难令人满意,或者那些没有表示贸易数量的材料必须拿来使用。斯奈德编制票据交换额指数时采用了后一种办法。斯奈德不把纽约以外各地方的票据交换数额看作贸易金额变动的样本,而设法把票据交换金额化为贸易数量指数。当然,以物价指数来除这些数字,究竟能在什么程度上表示数量的相应变动,这还是有疑问的。斯奈德能检查他的方法,他把他的物价指数应用于 1919—1923 年的外埠银行借方账目时,所得到的结果和他的贸易数量指数很符合。他这样充分地考验他的方法,在一般情况下,往往不能做得这样充分。但是,和战前物价大变动时期的银行借方账目相适应的“调节数列”,是否适用于多年以前调节的银行票据交换额,这是个问题,况且那时候物价比较稳定。银行票据交换额至多不过是贸易数量的一种样本——虽然是个最好的样本。①

上面所说的编制贸易数量指数和贸易数量的循环、不规则变动指数的方法,也适用于生产量指数的编制。所谓生产量,不仅包括有形有体的东西的生产量,也包括这些服务性事业:制造、运输、保管、分配等。这个事实提示了生产量指数应该以"增加价值"为基础。例如,如果我们有了关于零售的鞋的数量和金额、批发的鞋的数量和金额、制造的鞋的数量和金额、制鞋者所用的皮革的实物单位和价值,以及原皮制成的鞋皮等资料,我们就可以把这些人的生产量包括在生产量指数之内。我们可以从零售的鞋的数量着手,使用零售商对批发价所增加的平均价值来加权零售商的手续费,然后使用同样的方法依次进行加权,一直到原皮为止。当然,为使计算结果能够表示生产量的变动,我们必须不改变用作权数的"增加价值"。根据广泛的资料依照这种方法编制的生产量指数,可以包括贸易量指数所包括的大多数交易,但两种指数的权数就会大不相同。例如,在贸易指数方面,零售的鞋的数量,要使用零售价格的金额加权,而不使用零售商的赚头加权。两个指数都会达到几十亿元的金额,但贸易指数所表示的金额要比上述金额大得多。在时序上也会有差别。贸易指数的目的,在于记录已经完成的交易;而生产量指数的目的,在于记录已经提供的生产性服务。制造商在卖出货物之前已经从事制造,商人自进货的时候到送交最后消费者的时候,一直对社会提供生产性服务。在商业循

① 指数编制者也怀疑,使用不固定的材料和调节的银行票据交换额编制出来的长期指数是否可靠。我们不能不加以注意。但我们必须指出,上述批评只是对资料本身提出的,而不是对那些设法利用过去记录的人提出的。

环理论上，这种时间关系极其重要。

我们要有三种贸易金额指数，分别表示承担的约束、转让的货物和支付的货款。同样，我们也要有三种以实物表示的生产量指数——一种表示订购的货物，一种表示提供的生产性服务，一种表示交付的货物。此外，上述三种指数还应该分别表示每种企业中零售商的作用、批发商的作用、消费资料和生产资料制造商的作用、原料生产者的作用、工业设备制造者的作用，以使我们最低限度的需要得到满足。在一切这些工作上，应该采用充分的样本和综合的方法，并应该使用按照原始幅度的循环、不规则变动的数字，而不应该使用以标准差单位表示的循环、不规则变动的数字。

(3)一般商情指数

下面评述的指数中，大多数所涉及的是一般商情，而不是贸易金额或贸易数量。一般商情的概念，不像贸易金额和贸易数量的概念那么明确。它不相当于金元数额、货物清单以及我们能够清点的任何东西。在本质上它不是一种总数，而是相对数的综合。我们可以说目前零售销售以金元计算比上月或去年大，失业百分数比以前低，钢的生产吨数比以前多，铁路货运比以前拥挤，物价比以前高，“银根比以前紧”，等等。我们也可以把这些变数和我们从这些变数的长期趋向和季节变动求得的标准一一加以比较。但是，当我们把这些变数合在一起时，我们既不是计量什么数量，也不是计量什么数量的变动，我们只是随时总结我们对某些变数的一些价值的观察，使用这些变数的另一些价值作为标准来衡量。并且，这些变数在原始形式下是不能比较的。说得更准确一些，这些变数分属于不能互相比较的类别，如价格、各种实物数量、价值、比例等类。

当然，在时间数列是以相对数、以百分数表示的和趋向的离差或标准差的倍数表示时，合并或平均任何种类的时间数列都不致发生技术上的困难。商情指数常常把不可比较的数列合在一起。美国电话电报公司指数在一个时期包括了布拉斯特里物价指数、生铁生产吨数、纽约以外各地方银行票据交换额，虽然它现在所使用的材料性质是比较相同的。珀森斯在绘制"一般商情指数"的一条曲线时，除其他数列外，也使用了上述三个数列。托马斯在编制英国指数时，比珀森斯更进一步，把失业百分数和以价格相对数、实物单位及英镑表示的数列合并起来。

可以为这种做法做这样的辩解：商业循环的现象，包括价格、实物数量、金额、百分率（例如，银行准备金对即期债务的比例）等的变动。这四个类型的变数不但同时存在，并且互相起作用。统计学家在把这些变数的变动的各个量度合并一起时，他不过企图把若干真实的、互相起作用的变动的结果，用一系列的数字反映出来。任何能够把商业循环想象为许多过程的综合变动的人，应能了解根据样本的变动编制出来的指数所具有的意义。只限于一种类型的变动的指数（例如价格变动、贸易金额变动、实物生产量变动等）的意义的确更为明确。它们虽有明确这个优点，但却失之于狭窄。假使一个指数没有包括各种类型的商业活动，它便不能称为"一般"指数。

如果考虑到"一般商情指数"所使用的数列的加权方法，就可以把这个难于理解的问题弄得十分明白。想象得到，即使是对于不能比较的各类别的数列，我们也可以从一切商业数列和贸易金额之间的关系上找到一个合乎逻辑的根据进行加权。[①] 但我们真的想要这种加权方法吗？我们当然不是想编制一个一般商情指数来间接地表示贸易金额的变动。上面已说过，商情本身不是货物或价值的总体，而且我们用来编制指数的数列的重要性并不是从它们对于任何能够计算的东西所起的作用得来的。但是，我们能用什么其他方法来确定各个数列都有机会对计算结果起作用呢？

实际上，统计学家对这一问题并不感到多大踌躇。他们通常果断地把原始数字变为用百分数表示的和它们的长期趋向的离差，用标准差单位表示各组离差，并按这种方式来计算各个数列的算术平均数。有时他们使用约计权数，但更多的时候，并不如此。[②] 把各组离差化为它们标准差的倍数，这一方法本身就是这

① 许多数列是这个总体的部分——银行借方账项、铁路收入、薪工支出、进出口价值等等。当价格数列用贸易数量来乘时，价格数列就变成这个总体的部分。当贸易数量数列和生产量数列用价格来乘时，贸易数量和生产量数列就也变成这种部分。甚至百分率也是这样。例如，我们可以把失业百分率和薪工支出联系起来，把银行准备金的比例和金融交易量联系起来。要在这个基础上把加权方法弄得更精细，这需要很大的技巧和许多纯凭推测的估计。不但资料不完全，并且还有许多重复的地方。特别是在银行借方账目和其他方面，有许多重复的地方。可是，尽管如此，这项工作并不是做不到的。

② 例如，美国电话电报公司的一般商情指数某一时期是用下列数列和权数编制的：

	加权
外埠清算	25
生铁产量	20
铁路货运业务	15
破产企业家数	10
铜产量	5
棉花消费量	10
煤炭产量	5
商品价格	10
	100

样一种加权方法，它使各个数列都能够按照以标准差表示的可变性的大小程度来对计算结果起作用。把不同权数应用于这些倍数的方法，就使各个数列按照调查研究者对于这些数列的重要性大小所估定的比例对计算结果起作用。这就是说，作为平均数组成要素的这些数列的原来差别消失了，但新差别又出现了。统计学家没有设定单一的标准来评定各个数列重要性的差别，但他们对于一系列数列中哪几个数列是比较重要的商业指标，哪几个数列是不太重要的商业指标，不难取得一致的意见。同时，统计学家对于评定各类商业指标的相对重要性必然是相当任意的这一点也不难认同。对于某些数列，统计学家认为，使用同一的权数，和使用不同的权数所得的计算结果并没有差别。

当然，上述对于实践上使用的加权方法的一致意见，并不能令人满意地解决编制商情指数的问题，但是可以说是差不多解决了这个问题。现在所迫切需要的，是对加权方法做进一步的研究。

很明显，依照上述方法编制的指数，如果它所根据的是大量的性质繁杂的数列，而不是小量的性质单纯的数列，这种指数就能更好地反映一般商情。有人定下这个规则：一个指数只可包括那些同时发生循环、不规则变动的数列。如果编制指数者的目的，仅仅在于揭示商业变化中的循环成分，那么这种规则当然是适用的。如果他的目的是编制一般商情指数，这种规则就不适用了。因为，我们已经看见，某些经济过程的循环、不规则变动，如何有系统地、大大地落后于其他经济过程的循环、不规则变动。任何数列，如果仅仅因为它在时间上和其他数列不同，于是就排斥了它，认为把它包括进去，就会使指数不能很明显地表示出循环，这就等于为求匀称起见而把商情指数弄歪曲了。既然不违背上述原则而又忠实于事实的唯一办法，就是不去编制单一指数，而仿效珀森斯的榜样去编制具有三条、四条或五条曲线的指数，把尽可能多的数列包括进去，但按照变动发生的时间相同这一标准，把各数列分成若干组；那么，排斥不呈现循环性特征的数列，就不符合反映一般商情的目的。

假定包括许多经济过程的变动的一般商情指数不是不合理的，我们还要答复这样一个问题：这种指数有什么作用呢？我们至少可以这样说，这种指数有下列作用：只要它是用一致的材料和一致的方法编制成的，我们就可以用以比较各连续循环的持续时间、幅度及其各阶段的特点。所包括的材料的范围愈广，所涉及的时间愈长，这种比较愈有意义。这种指数对于高深的理论研究，并没有很大的价值。上面已经说过，它们不计量大小度。对于扩大研究范围，它们固然很有作用，但由于它们必须涉及很长的时间，这种作用又降低了，因为在很长的时间中，可利用的材料不多，并且材料的性质前后又不一致。①

① 米尔斯曾经指出，在使用标准差计量趋向线的循环离差的单位时，就不能按照平常的方法解释标准差。常态分配的标准差是具有一定的意义的。我们知道在常态分配里，百分之若干的案例，和平均数的离差，可能比标准差多若干倍，或比标准差少很多。我们也晓得，一个随机观察超过一定离均差的可能性是多么巨大。常态分配的这些明确规则，大致可以应用于广泛种类的实际分配，但时间数列长期趋向的离差的分配，往往会违反这些规则。

(1)在常态频数分配里，一个等于六个在平均数以下的标准差的离差，在 10 亿次中可能发生一次。这样的离差，常常因罢工、铁路禁运、战争、恐慌等类的骚动而在长

(4)预测序列

珀森斯教授和他的共同工作者所制关于英、美、德三国的包含三条曲线的图,虽然是叫做一般商情指数,但这个图却主要是作为预测序列而编制的。这就是说,编制这个图时,选择各条曲线所包含的数列的标准,乃是看每一条曲线中各数列的循环、不规则变动是否有规律地同时发生,以及一条曲线中各数列的循环、不规则变动是否有规律地先于或后于其他曲线中各数列的循环、不规则变动而发生。我们用以评价这种指数的原则,和用以评价一般商情指数的原则,应该有所不同。

编制预测序列,不能指望使用编制一般商情指数时所能利用且应包括在一般商情指数中使其成为"一般"性的商情指数的一切材料。很少数列是这般有规律地领先或落后于其他数列,使人们可以做出可靠的预测。但我们却可以提出这种观点:材料的贫乏,不足以构成预测序列的缺点。与其牺牲不确切性来换取广泛性,不如将数列严格地限于那些在时序上表示最接近于完全的规则性

(接上页)期趋向的离差中发生。

(2)特别在投射趋向的离差中,常常发现上述非常的离差。例如,哈佛大学经济研究委员会的刊物使用了比标准差大15.5倍的正离差来表示劳工统计局1920年12月的批发物价指数,使用了比标准差大10.6倍的负离差来表示布拉斯特里1921年7月的物价指数。达到或超过标准差4.5倍的离差,在这个可贵的资料里是屡见的。在常态分配里,这么大的离差100万次中只会发生3次。

(3)这类非常的离差,在某些数列中,比在其他数列中更为常见。因此,使用数列标准离差计量单位时,就难以完全避免曲解我们的平均数。

总而言之,珀森斯教授认为或然误差概念不适用于时间数列。这项主张,即使对使用标准差计量配合趋向的离差不适用,似乎对使用标准差计量投射趋向的离差也可以适用(关于这项主张,参阅本章第四节之1"时间数列相互关系及其危险性"中的第2条注释)。

的数列。如果所要预测的究竟是什么,无关紧要,那么这种意见可以认为是正当的。严格地说,从一个包括三条曲线的图中,我们只能推断出落后曲线所代表的那些数列的变动。在实践用途和理论用途上,这整个工作重要性的大小,要依我们预测其变动的曲线是代表重要的活动还是代表不重要活动的而定。

至于哪种技术方法可以用来编制预测序列,只能依据结果来判定。可以把原始材料变为总体,也可以把原始材料看作一定基期的相对数,还可以把原始材料计算成为已经修整的趋向的离差。只要结果能够明显地表现出时间次序的规则性,把原始材料改变成为哪一种形式都可以。珀森斯教授的方法很适用,许多调查研究者已承认它是模范方法。

应用珀森斯教授方法的主要困难,就是不容易获得那些在变动的时间性上保持相当有规则关系的指数。关于1903—1914 年的指数,珀森斯教授发现:"第一,B 曲线(商业)的循环、不规则变动平均比 A 曲线(投机)的循环、不规则变动落后 8 个月。第二,C 曲线(贴现率)的循环、不规则变动平均比 B 曲线落后 4 个月。第三,C 曲线平均比 A 曲线落后 12 个月。要做得详尽,必须查明 A 曲线(即投机)在一个循环中起变动的时候,和 C 曲线(即贴现率)在前一个循环中起变动的时候平均落后多久。计算的结果表明:投机落后于贴现率的时间的长短,极其无定,平均是 6—12 个月……"①

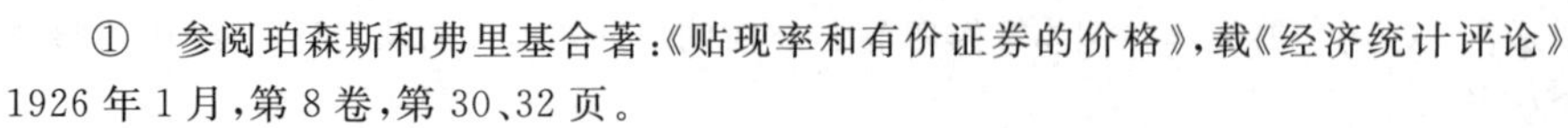

① 参阅珀森斯和弗里基合著:《贴现率和有价证券的价格》,载《经济统计评论》,1926 年 1 月,第 8 卷,第 30、32 页。

这些平均数字，是由计算那产生对比的两指数之间的最高相关系数的落后时间而获得的。最高系数不是非常的高。*B* 曲线对 *A* 曲线的最高系数是＋0.81。*C* 曲线对 *B* 曲线的最高系数是＋0.83。*C* 曲线对 *A* 曲线的最高系数是＋0.74。*A* 曲线对 *C* 曲线的最高系数是－0.67。此外，每对曲线都表明一个或两个其他的落后所产生的系数差不多和最高系数一样高。[①] 这当然意味着哈佛大学序列的三个指数，在时间关系方面不够有规则，不能用以可靠地预测在一个循环中发生的且成为两个循环之间的过渡的那些相继的变动。这个序列可以称道的地方是："虽然落后的时间——一条曲线的变动后于另一条曲线的变动的时间——长短无常，但它比循环本身的时间长度一致得多。不但如此，仔细研究了两条曲线在预测时存在着的关系，我们就可以在一定程度上预先知道落后时间的久暂的变化。"[②]

---

① 在上面所引的论文里(第 30 页和第 32 页)，珀森斯教授列举的全部系数如下：一般商情指数的 *A*、*B*、*C* 三曲线之间的相关系数。隔月的指数，1903 年到 1914 年 6 月

相关的曲线	落后的月数								
	0	2	4	6	8	10	12	14	16
B 跟着 *A*………	…	…	0.72	0.80	0.81	0.76	…	…	…
C 跟着 *B*………	…	0.75	0.83	0.81	0.76	…	…	…	…
C 跟着 *A*………	…	…	…	…	…	0.69	0.74	0.71	0.62
A 跟着 *C*………	－0.29	－0.44	－0.58	－0.63	－0.67	－0.65	－62	…	…

关于"修正指数"的 *A* 曲线和 *B* 曲线、*A* 曲线和 *C* 曲线、*B* 曲线和 *C* 曲线之间的落后，克腊姆教授在"战前的一般商情指数"这篇论文中(《经济统计评论》，1920 年 1 月，第 6 卷，第 19 页)，列示了稍为不同的计算结果。但因珀森斯教授使用了得自我所看到过的最后一期《经济统计评论》中所载的旧指数的计算结果，我就仿效了他的榜样。参见珀森斯"一般商情指数，1875—1913 年"，《经济统计评论》，1927 年 1 月，第 9 卷，第 26 页。

② 克腊姆："一般商情指数的说明"，《经济统计评论》，附录，1925 年 9 月，第 7 卷，第 223 页。

3. 商情指数说明了商业循环的哪些方面

挑选一些指数,类分为若干种,以有关的经济过程的性质作为分类标准,这样的做法,不但可以部分地总结上面的评论,并且可以给下面的建设性比较做好准备。挑选的指数,全属同一国家的指数,全是每月指数,全涉及很长时期。它们的结果,都很容易互相比较。

关于交易金额的指数

爱德温·弗里基的"外埠票据交换额指数",美国,1875—1914年。

七个城市的银行票据交换额(作为纽约市以外各地方的票据交换额的样本)的相对数(严格说来不是指数)。它是根据基数计算的,以修正了季节变动的长期趋向的每月纵坐标作为100。

使用支票的交易,包括许多类型的经济活动,但不足以代表一般小交易,尤其不足以代表农村中的交易。不把纽约市包括在指数内,便降低了指数对于金融交易和投机交易的代表性。有时某一天中交换的票据所涉及的交易,有的是偿付许多年前的旧债,有的是贷出许多年以后才归还的放款。票据交换比较与其关联之商品交换,平均大约落后几个星期。

关于交易数量的指数

卡尔·斯奈德"商业票据交换额指数",美国,1875—1914年。

全部外埠票据交换额的相对数(严格地说不是指数),使用"一般物价水平"的指数加以"调节",以基数为基础进行计算,长期趋向的每月纵坐标等于100,修正长期趋向中的季节变动,并用三个月移动平均数修匀长期趋向。

上面对于由外埠票据交换额代表的商业活动所说的一切，这里也可以适用。当然，一个以金额表示的总数用物价指数来除后究竟在什么程度上能够表示物量的变动，这是有疑问的。

沃伦·珀森斯"贸易指数"，美国，1903—1923年。

第一部分，1903—1915年。

贸易物量和贸易金额的混合指数。

以基数为基础算得的七种数列的相对数的简单算术平均数（修正了季节变动的长期趋向的每月纵坐标等于100）是用各数列的标准差的倍数来表示的。算术平均数是用外埠票据交换额的标准差(8.62)来乘的。

第二部分和第三部分，1915—1919年，1919—1923年。

单是贸易物量指数。

四种数列(1915—1919年)的相对数的加权算术平均数和五种数列(1919—1923年)的相对数的加权平均数，以基数为基础来计算，修正了季节变动的直线趋向的每月纵坐标等于100。

关于一般商情的指数

美国电话电报公司所编的"和常态比较的一般商情"指数，美国，1877—1925年。

在1877—1884年这个时期中，这个指数所包含的数列，只有生铁产量一种。在这个时候，该指数所涉及的是生产的数量。1922年，一切以金额表示的数列，全部不用。由那时候起到现在，该指数所涉及的是生产数量和贸易数量。在1885—1921年这个时期中，该指数所涉及的是一般商业状况。

根据基数计算的相对数的加权算术平均数（修正了季节变动

的长期趋向的每月纵坐标等于100)用标准差的倍数表示。最后,上述算术平均数(以百分数表示的构成数列的标准差的近似加权平均数)用10来乘,变为百分数的形式。

卡尔·斯奈德的"存款指数",美国,1875—1924年。

各国家银行的个人存款和全部票据交换额的比例的相对数(严格地说不是指数),以基数为基础计算,长期趋向的每月纵坐标等于100,已修正季节变动,并用三个月移动平均数加以修匀。

把这个有趣的数列划归一般商情数列项下是最适当的。把纽约市票据交换额(以及纽约市存款)包括在该数列之内,这就使有价证券买卖交易在这数列里面所占的地位,比在弗里基和斯奈德的外埠票据交换额的相对数里面所占的地位重要得多。

上面所述数列,没有一个可以算作指数,因为它们所包罗的资料都不够广泛。它们都仅仅涉及一种或几种经济活动,而这些经济活动,又在很大程度上是不相同的。各数列所使用的资料的代表性是有疑问的。隔离循环、不规则变动的方法,也欠精密。在这些数列中,两种数列的性质,逐期不同。三种数列是相对数,衡量一个变量围绕着它的修整了的趋向而做的变动。两种数列表示这种相对数化为标准差单位以后的算术平均数。由此可见,这些数列的性质绝不是相同的。

如果这些由不同的人、用不同方法、从不同资料反映不同情形的数列在很大程度上是相似的,那必定是因为在许多经济活动中商业循环表现得十分相似,许多时间数列相当准确地表示了循环变化的情形,以及使用不同的编制方法没有使结果发生很大的不同。至于各数列有不同的地方,我们可以推断那是由于制法的不同使结果稍有不同，或由于资料有种种靠不住的地方，或由于各数列所涉及的活动，其变动的性质各不相同。所有这些解释以及其他解释，大概可以适用于一切不同的地方。

因此，在比较涉及的时期最长的美国五种按月商情指数的同时，我们也得检查构成这些指数的统计材料，检查隔离循环、不规则变动的方法，检查不同经济活动有相似循环的假设。当然，如果能够对这些东西分别地加以检查，那是更合我们的意思的。但是，我们现在只好把它们合在一起来检查。此外，我们还得检查一个国家在50年左右的时间中所发生的商业循环在持续时间和幅度方面是否有一定的规律。

(1)"锯齿形"的商情指数

按照上述五种指数，商业循环的形态，不是由不景气的低点不断地上升到繁荣的顶点，然后复由繁荣的顶点不断地回降到新的最低点。这些指数所表示的形态是急剧移动的形态。连斯奈德使用移动平均数修匀的两条曲线，也是由锯齿形的环节构成的。

从计算结果，我们知道这些指数平均每隔三个月，或每隔两个月，甚至不及两个月，即变更方向一次。[①] 我们不能断定是不是完全由于不规则的影响不能互相抵消而产生了这样频繁的次要的不规则变动。可能部分地是由于把时间性不同的数列合在一起加以平均，结果产生了这些变动。也许是因为循环变动本身，不断地产生小障碍，又不断地克服小障碍。

① 下表列示了详细的情形。

美国五种每月商情指数曲线(1877—1922年)变向的频数

在繁荣快达到极点或不景气已达极点的时候，方向回转会比较多地发生。而在上述两点中间的过渡时期中，方向不常回转。图 11 到图 17 表示，商业循环有最高限度和最低限度，这两个限度都有些伸缩性或不规则性。在这两个限度之间，商业缓慢地上升或平稳地下降。但在快达到最高限度或最低限度的时候，商业的升降总是急剧的。经过了一段时间后，商业会才恢复缓慢的升降。

(2)逐月的变动

上述五种指数的第二种相似特点，是它们逐月变动的幅度。表示逐月变动的"点"，或是长期趋向纵坐标的相对数，或是这些相对数化成为百分数后的平均数，或是由"外埠"票据交换额的标准差乘这些相对数之后计算出的平均数。实际上，各个指数使用尺

(接上页)

	各曲线变向的次数				
	由上升到下降或由下降至上升	由上升到水平、由下降到水平或由水平到上升、由水平到下降	变向的总次数	包括的月数	曲线变向的月数的比例
1877—1922					
电话电报公司指数	178	134	312	550	57%
弗里基票据交换额指数*	222	59	281	456	62
斯奈德票据交换额指数	103	87	190	552	34
斯奈德存款指数，1903—1922	127	141	268	552	49
1903—1922					
珀森斯贸易指数	95	61	156	238	66
电话电报公司指数	91	39	130	240	54
弗里基票据交换额指数*	69	18	87	114	60
斯奈德票据交换额指数	36	86	121	240	50
斯奈德存款指数	47	69	116	240	48

* 只到 1914 年为止

度所代表的距离都是相同的。

图 19 使用各数列所包括的案例的总数的百分数来表示逐月变动的分配。[①] 如经济资料所示，这些变动是非常匀称的，非常集

① 本图所用的资料如下：

五种商业活动指数中逐月变动的频数分配

各个指数都是以尺度上的一点为单位，尺度是表示和修整了的趋向的离差。各指数所用的尺度有点差别。参阅正文。

以百分数为计算基础

逐月变动的方向和大小	电话电报公司指数 (1877—1925)	弗里基票据交换额指数 (1875—1914)	斯奈德票据交换额指数 (1875—1923)	斯奈德存款指数 (1875—1923)	珀森斯贸易指数 (1903—1924)
+17		0.2			
+16		0.2			
+15		0.2			
+14		0.2			
+13		0.6			
+12		0.2		0.2	
+11				0.5	
+10	0.2	0.6			
+9		0.8		0.3	0.4
+8	0.3	1.9	0.2	1.2	0.7
+7	0.8	1.7		1.7	1.5
+6	1.2	4.0	0.5	1.9	1.5
+5	3.2	5.2	1.7	2.2	2.7
+4	3.6	5.0	2.2	4.1	6.1
+3	7.2	7.7	6.2	6.1	7.6
+2	12.8	10.5	10.4	11.3	12.2
+1	14.3	7.3	18.3	11.6	13.3
0	17.5	8.8	24.0	13.8	13.3
−1	13.5	7.3	16.9	15.0	11.8
−2	9.0	7.3	8.5	9.9	7.6
−3	6.5	8.4	6.0	8.2	6.5
−4	3.7	5.0	2.1	4.6	6.1
−5	2.6	4.6	0.9	3.1	2.7
−6	1.7	4.4	0.9	1.5	1.9
−7	0.5	2.5	0.3	1.0	0.4
−8	0.8	1.3	0.5	0.7	2.3

中在中心趋向的周围的。这种情形在斯奈德票据交换额指数中表现得最明显，而在弗里基指数中表现得最不明显。这两个数列所具有的这种差别，大概是由于下述两个原因：①斯奈德使用三个月移动平均数修匀他的指数，这样就使极端变动的幅度缩小并使次要变动的次数增多。②弗里基使用的资料只包括七个城市，而斯奈德使用的资料却包括纽约以外的全部票据交换额。各数列的分配，都向左方伸出一些，这就是说，最剧烈的下降，超过了最剧烈的上升。突然的下降，通常是在危机时期发生的，而最大的上升，通常是在复兴时期发生的。最大的下降，有的时候也在循环的其他阶段中发生，作为对突然下降的反应。[①] 除斯奈德存款指数外，其他指数里，下降的次数都比上升的次数来得少，但下降的程度，平

（接上页）

－9	0.2	2.1	0.2	0.7	0.4
－10		1.0		0.2	0.4
－11	0.2	0.2			
－12		0.2	0.2		0.7
－13					
－14		0.2			
－15				0.2	
－16					
－17	0.2				
－18					
－19		0.2			
……					
－27		0.2			
	100.0	100.0	100.0	100.0	100.0

＋　表示上升
－　表示下降

① 各个数列中逐月变动最大的日期，也很有趣。像上表那样，“＋”表示上升，“－”表示下降。对商业年表记忆不大清楚的读者，可以使用下章所列的“商情摘要表”来说明本表。

均却比上升的程度来得大。[①]商业紧缩的过程，似乎比商业扩张的

（接上页）

电话电报公司指数		弗里基票据交换额指数		斯奈德票据交换额指数	
−17	11 月，1907	−27	11 月，1907	−12	8 月，1893
−11	8 月，1893	−19	6 月，1884	−9	3 月，1884
−9	11 月，1890	−14	7 月，1881	−8	9 月，1876
				−8	11 月，1907
				−8	12 月，1907
−10	6 月，1886	+17	11 月，1880	+8	6 月，1881
+8	7 月，1891	+16	6 月，1881	+6	11 月，1875
+8	8 月，1894	+15	10 月，1875	+6	11 月，1879
				+6	5 月，1890

斯奈德存款指数		珀森斯贸易指数	
−15	7 月，1901	−12	1 月，1921
−10	6 月，1901	−12	6 月，1924
−9	8 月，1875	−10	11 月，1907
−9	6 月，1880	−9	12 月，1907
−9	5 月，1907		
−9	9 月，1914		
+12	4 月，1901	+9	3 月，1918
+11	12 月，1880	+8	7 月，1919
+11	12 月，1898	+8	11 月，1922
+11	12 月，1900	+7	2 月，1904
+9	2 月，1876	+7	10 月，1912
+9	7 月，1897	+7	12 月，1919
		+7	12 月，1924

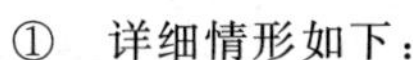

① 详细情形如下：

五种商情指数逐月上升、下降的次数和平均大小度

	次数			上升点的平均	下降点的平均
	上升	无变动	下降	大小度	大小度
电话电报公司指数	256	103	228	2.5	2.7
弗里基票据交换额指数	222	42	215	4.0	4.2
斯奈德票据交换额指数	231	141	213	2.0	2.2
斯奈德存款指数	241	81	264	3.0	2.8
珀森斯贸易指数	121	35	107	2.8	3.3

过程更短促、更激烈。我们不久就可明白，为什么斯奈德存款指数所表示的情形恰恰和这相反。大多数逐月变动，无论是上升还是下降的变动，其幅度都不太大，超过所使用的尺度两点的仅有不及一半的变动。仅仅 1/10 的变动的幅度超过上述尺度五点。和这种情形不同的只有弗里基指数。①

图 19　五种商业活动指数逐月变动的频数分配

弗里基票据交换额指数(1875—1914 年)

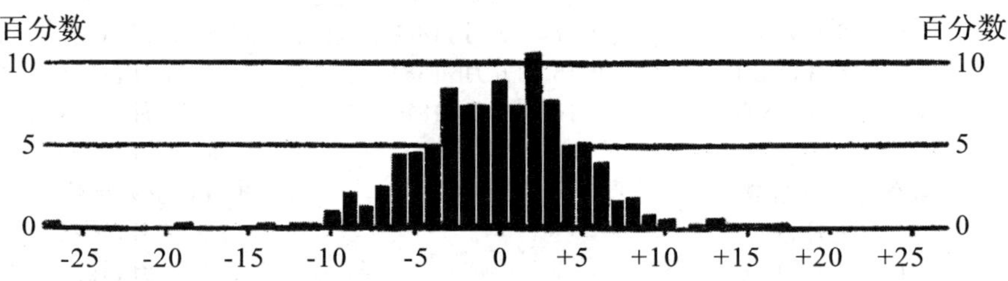

斯奈德存款指数(1875—1923 年)　　珀森斯贸易指数(1903—1924 年)

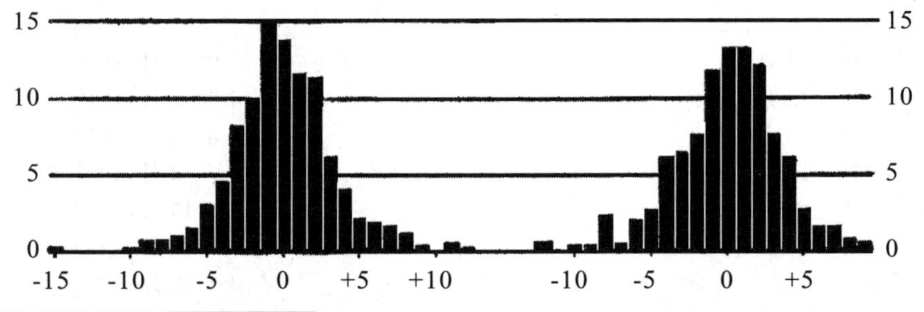

① 下列详细情形也很耐人寻味。

在一定极限内五种商情指数逐月变动的百分数

	±1 点	±2 点	±5 点	±10 点
电话电报公司指数	45.3%	67.1%	93.9%	99.6%
弗里基票据交换额指数	23.4%	41.2%	77.1%	97.4%
斯奈德票据交换额指数	59.2%	78.1%	97.2%	99.8%
斯奈德存款指数	40.4%	61.6%	89.9%	99.1%
珀森斯贸易指数	38.4%	85.2%	89.9%	99.4%

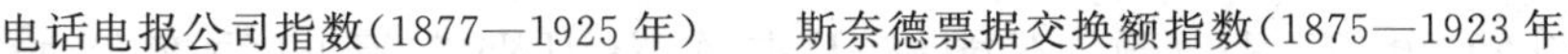

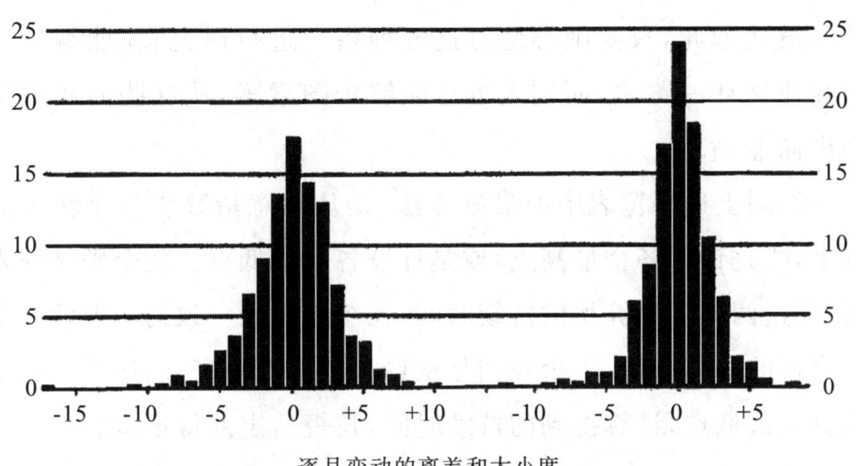

逐月变动的离差和大小度

(3)关于使用商情指数来识别商业循环的问题

锯齿形的商情指数，使我们非常难以计算在一定时期内商业循环的次数。那些在 1882 年、1893 年、1907 年、1917 年、1920 年结束的不容易忘记的循环，在各曲线上都显得非常突出。但在各个曲线里，若干时期，例如 19 世纪 80 年代末期、19 世纪 90 年代中期、20 世纪 10 年代初期、1910—1913 年、1923—1924 年等所发生的循环变动，却不容易识别出来。虽然上述五种指数对于主要变动和次要变动的不同，表示得很一致，但要想从这些曲线中研究出一个原则，规定指数的哪种变动才构成一个循环，却是不容易的。在不很显著的循环中，有时繁盛时期的某些指数处于基线以下(56 次中有 2 次)；而在另一些循环中有时停滞时期的某些指数却在基线以上(55 次中发现 2 次)。常常有两个或三个最高点，也常常有两个或三个最低点。有的时候，情况会使人设想不规则变动支配着循环性因素。商业循环的持续时间,也不很一致,不能够用来作为识别有疑问的案例的标准。虽然如此,只要细心地对这五种指数进行研究,就能编出一个商业循环一览表,而别人也总能够按图索骥,从这些曲线中识别出商业循环。

编制上述一览表中的最好方法,是从注意指数中各个转折点着手,或是计算各个最高点,或是计算各个最低点。就个别循环来说,凭这两方法计算得的持续时间,长短不是很一致的。但就一个相当长的时期来说,不论我们是从最高点算至最高点,还是从最低点算至最低点,计算得到的持续时间,长短一定差得不多。

我们可从表 14 看出,自 1878 年到 1923 年,美国一共经历了 13 次循环。这些循环都可从上述各指数中看得出来。表 14 列示了各曲线最高点和最低点的日期,这些日期也就是各曲线上标明的日期。如果手画一条曲线,把各曲线的锯齿形修匀,使得各个循环都只有一个最高点和一个最低点,这样就可以使各曲线上的日期彼此相当一致。这种做法是妥当的方法,但最高点往往不止一个,把这一事实揭露出来,是有很大的好处的。

(4)各商情指数之间的时间关系

表 14 所做的各种比较中,最简单的就是上述五种指数达到转折点的时序。我们要用单一的日期来代替复顶点和复低点,这样才能把上述时间次序明白地揭示出来。所使用的方法并不是根据什么原则,它不能减少各曲线之间的差异。这个方法是:把最高点放在那些表示一定波动的最高点的各月份当中,对于最低点的日

期，也使用同样方法加以确定。[①] 把最高点、最低点这样单纯化以后，日期的问题便不难处理了。

表 14　1878—1924 年美国商业循环最高点、最低点的日期

根据五种商情指数

	电话电报公司商情指数	弗里基票据交换额指数	斯奈德票据交换额指数	斯奈德存款指数	珀森斯贸易指数
最低点…	1878 年 12 月至 1879 年 4 月	1878 年 12 月	1878 年 5 月	1878 年 6 月、12 月	
最高点…	1881 年 6—8 月	1881 年 6 月	1881 年 8 月	1881 年 2 月	
最低点…	1885 年 2 月、5 月	1884 年 11 月	1885 年 4 月	1884 年 11 月	
最高点…	1887 年 3 月	1887 年 6 月	1887 年 6 月	1886 年 11 月、12 月	
最低点…	1888 年 3 月	1888 年 3 月	1888 年 3 月	1888 年 2 月	
最高点…	1890 年 5 月、10 月	1890 年 7 月	1890 年 7 月	1890 年 6 月	
最低点…	1891 年 5 月	1891 年 3 月	1891 年 3 月	1891 年 1 月、2 月	
最高点…	1892 年 2 月	1892 年 6 月 1893 年 1 月	1893 年 1 月	1893 年 2 月	
最低点…	1894 年 6 月	1893 年 8 月	1893 年 10 月	1894 年 10 月	
最高点…	1895 年 10 月	1895 年 10 月	1895 年 12 月	1895 年 6 月	
最低点…	1896 年 10 月	1897 年 5 月	1897 年 3 月	1897 年 4 月	
最高点…	1899 年 12 月 1900 年 2 月	1899 年 3 月	1899 年 6 月	1899 年 2 月	

① 如果有两个最高点，分别发生在相邻的两个月份中（例如 1916 年 10 月和 11 两月），为了避免小数点，我们采取了后一个月份的最高点。同样，当处理 1890 年 5 月和 7 月的最高点时，我们把最高点安排在 8 月，而不安排在 7 月。在表 14 的 111 个转折点中，共有 23 个双最高点或复最高点，23 个双最低点或复最低点。

续表

最低点…	1900年11月、12月	1900年9月	1900年9月	1900年9月	
最高点…	1902年9月	1901年5月 1902年9月 1903年7月	1901年6月	1901年4月 1901年5月	
最低点…	1903年12月	1904年5月	1904年7月	1904年4月、5月	1904年7月
最高点…	1907年5月、7月	1907年5月	1906年2月	1906年1月	1907年5月
最低点…	1908年5月、6月	1907年12月	1908年1月	1907年12月	1908年3月
最高点…	1910年1月、3月	1910年3月	1910年4月	1910年2月	1910年3月
最低点…	1911年4月	1911年10月	1911年12月	1910年9月	1911年4月
最高点…	1913年1月	1912年10月	1913年2月	1912年3月、4月	1912年10月
最低点…	1914年12月	1914年11月	1914年12月	1914年9月、10月	1914年11月
最高点…	1916年11月 1917年1月		1916年12月 1917年1月	1916年10月、11月	1917年5月
最低点…	1919年3月		1919年3月	1919年3月	1919年6月
最高点…	1920年1月		1919年8月、9月	1919年7月	1920年3月
最低点…	1921年4月、5月、7月		1921年3月	1921年3月、7月	1921年7月
最高点…	1923年5月		1923年5月	1923年3月	1923年5月
最低点…	1924年6月				1924年6月

上述各指数没有在同一月份一同达到一定波动的最高点或最低点。那时候所有的四种指数中，三种指数同时达到最高点或最

低点的共有四次。[1] 但无论在什么时候，总有一种数列比其他数列领先或落后一个月或一个月以上。我们似乎不应该设想商业循环具有转折点，而应该设想商业循环具有转折时期。一般地说，在变动剧烈的循环中，转折时期较长，在变动不剧烈的循环中，转折时期较短。如果我们从头一个指数改变趋向的日期开始计算，一直算至最后一个指数改变趋向的日期为止，我们便有长短不同的转折时期，自 1 个月至 17 个月不等如下：1 个月长的转折时期，发生在 1888 年商业达到最低潮的时候；2 个月长的转折时期，发生在 1914 年商业达到最低潮的时候，以及 1890 年、1910 年、1923 年商业达到最高潮的时候；14 个月长的转折时期，发生在 1893—1894 年商业达到最低潮的时候；15 个月长的转折时期，发生在 1910—1911 年商业达到最低潮的时候；16 个月长的转折时期，发生在 1901—1902 年商业达到最高潮的时候；17 个月长的转折时期，发生在 1906—1907 年商业达到最高潮的时候。平均起来，发生在商业达到最高潮的时候的转折时期(8.0 月)，比发生在商业达到最低潮的时候的转折时期(6.1 月)来得长。

和其他指数比较，斯奈德存款指数在 13 次中有 12 次先达到最高点(例外的一次，在 1892—1893 年)。此外，在 13 次中它有 8 次先达到最低点。我们记得，斯奈德的这一指数，是用票据交换总额来除全部国家银行个人存款而编制出来的。在票据交换总额中，纽约市的票据交换额，占一半左右。纽约市的票据交换数额，在很大程度上是以证券交易所交易数量的大小为转移的。证券买

① 这些日期如下：1888 年 3 月、1900 年 9 月、1919 年 3 月、1923 年 5 月。

卖交易，在其他指数里没有什么地位。这样，我们可以推断说，有价证券的交易金额，差不多都是在其他类型的商业未达到最高点之前，跃至最高点，然后开始下降。此外，证券买卖交易，也比其他类型的商业先脱离不景气而恢复起来，但不是那么有规则的。

关于其他指数，平均说来，它们达到最高点和最低点的次序如下：斯奈德票据交换额指数、弗里基票据交换额指数、美国电话电报公司一般商情指数、珀森斯贸易指数。各指数比领先的一个指数落后的时间，一般都是在最高点的时候较长，在最低点的时候较短。①

(5)扩张时期和紧缩时期的长短

由于五种指数从来没有在同一时间一同达到循环变动的最高点和最低点，由于这些指数的时间序列很不固定，且落后的久暂也不固定，因此，算得的各次活动扩大时期和各次活动萎缩时期的长短，在各指数之间互有差异，并且差异很大。表15列示了详细的状况。

这里出现了双重复杂情况——测量现象的指数共有五种，而现象本身之间极不相同。但若把平均数计算出来，情形便接近于一致。根据五种指数中的四种，商业扩张时期，平均持续两年左右(23—25个月)，商业紧缩时期，平均持续一年半强(各指数所表示

---

① 各指数比领先的一个指数落后的时间平均如下：

	电话电报公司指数	弗里基票据交换额指数	斯奈德票据交换额指数	斯奈德存款指数	珀森斯贸易指数
在最低点时	3.7月	3.2月	3.0月	2.4月	4.2月
在最高点时	5.8月	6.1月	4.2月	0.9月	6.5月
落后次数	26	21	26	26	12

的时间，分别为 18 个月、18 个月、19 个月、21 个月）。持续最久的衰落时期多过持续最久的繁盛时期这一事实，使人们对上述平均数更加注意。上面说过，趋向上升的逐月变动比趋向下降的逐月变动次数来得多，但平均大小度却来得小，上述平均数，和这句话正相吻合。美国的一般循环（和典型循环），似乎是由两个长短不同的阶段构成的；一个为期两年，活动日益活跃，一个比上阶段短 4 个月乃至 6 个月，活动日益减缩，但减缩的速率，比上阶段活跃的速率来得慢。

斯奈德存款指数所表示的状况，和上述不同。无论哪一个商业波动，斯奈德存款指数几乎都是比其他指数先达到最高点。斯奈德存款指数在很多的时候也比其他指数先达到商业波动的最低点。由于这个缘故，斯奈德存款指数所表示的活动日益活跃的时间，变得较短，活动日益减缩的时期变得较长。这种情况和我们所知道的关于斯奈德存款指数的组成数列和逐月变动情形告诉我们（但不能证明），金融活动循环和一般商业活动所特有的循环不同。金融活动是由以下两个阶段构成的：一个较短的活动比较迅速地扩大起来的阶段，一个较长的活动渐渐衰落下去的阶段。

上述一切，只适用于美国自 1878 年到 1923 年的五种指数方面。这些概论是否同样适用于其他指数、其他国家、其他时期，还不能确定。由于构成平均数的项目是多种多样的，要等到有更多资料可供利用，才能决定平均数有多大的代表价值。目前要注意这一点：就可变性来说，我们计量商业循环持续时间的尺度，并不亚于由许多其他社会现象构成的尺度。在期限方面，商业循环下降阶段，和商业上升阶段比较起来，其长短更不一致。而商业循环的上升阶段，和整个商业循环比较起来更不一致。关于整个商业循环的持续时间，我们的资料表示了 29.4%的离中系数。①

表 15　美国 1878—1923 年商业扩张和商业紧缩的持续时间，根据五种商业活动指数

以表 14 为基础

商业循环		电话电报公司商情指数 月数		弗里基票据交换额指数 月数		斯奈德票据交换额指数 月数		斯奈德存款指数 月数		珀森斯贸易指数 月数	
		升	降	升	降	升	降	升	降	升	降
1878—1885	升………	29		30		39		29			
	降………		45		41		44		45		
1885—1888	升………	23		31		26		25			
	降………		12		9		9		14		
1888—1891	升………	29		28		28		28			
	降………		9		8		8		8		
1891—1894	升………	9		19		22		24			
	降………		28		10		9		20		
1894—1897	升………	16		26		26		8			
	降………		12		19		15		22		
1897—1900	升………	39		22		27		22			

① 根据表 15 所列的观察，我们计算出下列离中系数(标准差作为相应的算术平均数的百分数)：

	观察次数	平均持续时间	标准差	离中系数
上升时期	55	22.75 个月	8.34 个月	36.7%
下降时期	51	19.82 个月	10.10 个月	51.0%
整个循环	101	42.02 个月	12.37 个月	29.4%

续表

	降………		11		18		15		19		
1900—1904	升………	21		22		9		8			
	降………		15		22		37		36		
1904—1908	升………	42		36		19		20		34	
	降………		12		7		23		23		10
1908—1911	升………	20		27		27		26		24	
	降………		14		19		20		7		13
1911—1914	升………	21		12		14		19		18	
	降………		23		25		22		30		25
1914—1919	升………	24				25		25		30	
	降………		27				26		28		25
1919—1921	升………	10				6		4		9	
	降………		16				18		22		16
1921—1923	升………	24				26		22		22	
最大的上升………		42		36		39		29		34	
最大的下降………			45		41		44		45		25
最小的上升………		9		12		6		4		9	
最小的下降………			9		7		8		7		10
一般的上升………		24		25		23		20		23	
一般的下降………			19		18		21		23		18

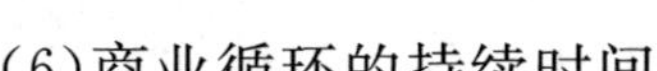

(6)商业循环的持续时间

表16使用两种方法计量美国自1878年到1925年这个时期中的商业循环的持续时间。第一种方法把各个上升时期和随后的下降时期加在一起，第二种方法把各个下降时期和随后的上升时期加在一起。从我们所看到的这些时期的可变性来说，这两种方

法很少会得到一致的结果。我们没有理由说，按照哪一种方法所做的计量更有意义。上述五种指数使用同一方法对同一循环进行计量时往往得到不同的结果，其不同程度，自 2 个月到 18 个月不等，平均约 10 个月。但是，不管是根据哪个指数计算，不管是从最高点算至最高点或从最低点算至最低点，45 年左右的时间已经是很长的时间，足够使算得的商业循环的平均期间大抵相似。这个时期的八个平均数，全是 42 个月或 43 个月。珀森斯指数虽然仅仅涉及 20 年时间，但从最高点算至最高点时，他得到了 38 个月的平均数，从最低点算至最低点时，得到了 41 个月的平均数。

表 16　美国商业循环的持续时间，1878—1925 年，根据五种商业活动指数

以表 15 为基础

		电话电报公司商情指数		弗里基票据交换额指数		斯奈德票据交换额指数		斯奈德存款指数		珀森斯贸易指数	
		月数		月数		月数		月数		月数	
		最低点到最低点	最高点到最高点	最低点到最低点	最高点到最高点	最低点到最低点	最高点到最高点	最低点到最低点	最高点到最高点	最低点到最低点	最高点到最高点
最低点到最低点	1878—1885	74		71		83		74			
最高点到最高点	1881—1887		68		72		70		70		
最低点到最低点	1885—1888	35		40		35		39			
最高点到最高点	1887—1890		41		37		37		42		
最低点到最低点	1888—1891	38		36		36		36			
最高点到最高点	1890—1892		18		27		30		32		
最低点到最低点	1891—1894	37		29		31		44			
最高点到最高点	1892—1895		44		36		35		28		
最低点到最低点	1894—1897	28		45		41		30			
最高点到最高点	1895—1899		51		41		42		44		
最低点到最低点	1897—1900	50		40		42		41			

续表

最高点到最高点 1899—1902		32		40		24		27		
最低点到最低点 1900—1904	36		44		46		44			
最高点到最高点 1902—1907		57		58		56		56		
最低点到最低点 1904—1908	54		43		42		43		44	
最高点到最高点 1907—1910		32		34		50		49		34
最低点到最低点 1908—1911	34		46		47		33		37	
最高点到最高点 1910—1912		35		31		34		26		31
最低点到最低点 1911—1914	44		37		36		49		43	
最高点到最高点 1912—1917		47				47		55		55
最低点到最低点 1914—1919	51				51		53		55	
最高点到最高点 1917—1920		37				32		32		34
最低点到最低点 1919—1921	26				24		26		25	
最高点到最高点 1920—1923		40				44		44		38
最低点到最低点最大	74		71		83		74		55	
最高点到最高点最大		68		72		70		70		55
最低点到最低点最小	26		29		24		26		25	
最高点到最高点最小		18		27		24		26		31
最低点到最低点平均	42		43		43		43		41	
最高点到最高点平均		42		42		42		42		38

我们必须再一次注意这一点:分析的资料不够广泛,而平均数的代表性也有疑问。可是,上述关于商业循环持续时间的计量结果,乃是我们现在能够得到的最精密的计量结果。这些计量结果所涉及的,是我们最感兴趣的国家,也是我们最感兴趣的时期。它们来自五种不同的来源。因此,我们可以详细研究这些度量的分配,把各个指数对各个循环的每一个度量都看作是一次对商业循环的持续时间的观察,不管计量方法是采用从最高点算至最高点的方法,或是从最低点算至最低点的方法。

根据上述方法所做的 101 次观察,散布在 18 个月到 83 个月

的全距之间。[①] 但是，半数的观察，集中在 34 个月和 47 个月之

① 全部持续期间列举如下(根据表 16 编制的)：

对于 1878—1923 年美国商业循环持续时间的观察(按照五种商情指数)

持续月数	观察次数 最低点到最低点	观察次数 最高点到最高点	合计	持续月数	观察次数 最低点到最低点	观察次数 最高点到最高点	合计
18		1	1	45	1		1
24	1	1	2	46	2		2
25	1		1	47	1	2	3
26	2	1	3	49	1	1	2
27		2	2	50	1	1	2
28	1	1	2	51	2	1	3
29	1		1	53	1		1
30	1	1	2	54	1		1
31	1	2	3	55	1	2	3
32		5	5	56		2	2
33	1		1	57		1	1
34	1	4	5	58		1	1
35	2	2	4	68		1	1
36	5	1	6	70		2	2
37	3	3	6	71	1		1
38	1	1	2	72		1	1
39	1		1	74	2		2
40	2	2	4	83	1		1
41	2	2	4		51	50	101
42	2	2	4				
43	3		3				
44	5	4	9				

可以补充两个对于这些系列的集中趋向的度量。

	所做的观察 由最低点到最低点	由最高点到最高点	合用两种方法
算术平均数	42.5 个月	41.5 个月	42.0 个月
四分位数	36 个月	32 个月	34 个月
中数	41 个月	39 个月	40 个月
四分位数	46 个月	49 个月	47 个月

间，这两者间隔的时间约略超过一年。

如果把组距分组，便可以获得更有意义的结果，正像处理频数表时常常碰到的情况一样。我们这里可以使用以下三种方法把月归并成季，或把各月当做一季的最后月份，或把各月当做一季的当中月份，或把各月当做一季的开始月份。这样，我们可以把下列的任何一组作为我们的时间尺度的基础。

第一分组	第二分组	第三分组
22—24 个月	23—25 个月	24—26 个月
25—27 个月	26—28 个月	27—29 个月
28—30 个月	29—31 个月	30—32 个月
等等	等等	等等

正如以下数字所表示的，这三组的分配，彼此相差很大。

	近似主要众数	近似次要众数
第一分组(22—24 个月，等等)	对 34—36 个月做 15 次观察	对 43—45 个月做 13 次观察
第二分组(23—25 个月，等等)	对 35—37 个月做 16 次观察	对 44—46 个月做 12 次观察
第三分组(24—26 个月，等等)	对 42—44 个月做 16 次观察	对 36—38 个月做 14 次观察

从上面可以看出，分组方法如果改变，近似众数的位置也跟着改变，因此，我们必须把三组的数平均起来。在平均的时候，我们可以使用三种不同方法来排列各项目。我们可以把(比方说)26—28 个月这一组距和 27—29 个月以及 28—30 个月这两个组距合并，也可以把它和 25—27 个月以及 27—29 个月这两个组距合并，也可以把它和 24—26 个月以及 25—27 个月这两个组距合并。像从前一样，我们没有理由认为一种排列比其他排列更为适当。因此，我们可以使用按照上述三种方法排列的平均数。按照这种方

法所产生的101次观察的最后分配,其中组频数是从九种不同分组观察得到的频数的加权平均数。所使用的组距的中点为16个月、19个月、22个月等。①

图20表示计算的结果,同时也表示无论对各组观察怎样加以平均,都不能完全修匀不规则的形态。集中在37个月和43个月这两个组距的,还有两个众数。在40个月这一组,有一较低的数把上述众数隔开,这个数恰好是该数列的中位数。

结论是很明显的:在我们指数所说明的时间和国家,各个商业循环虽长短不一,从一年半到七年不等,但大多数商业循环期间是从三年到三年半。商业循环持续时间的长短是不相同的,但商业循环的持续时间都是围绕一个很显著的集中趋向相当有规则地分布着。这种分布和"常态曲线"所表示的那种类型的分布不同,它向时间尺度上端伸出的距离,比向时间尺度下端伸出的距离远一些。

关于商业循环持续时间的问题,我们现在只说到这里。到下一章时,我们再继续谈这个问题,并且对于更多的涉及更长时间的发生在17个国家的商业循环的观察进行分析。

(7)商业循环的幅度

我们的指数都是用与基线的离差百分数来衡量商业变动的幅

① 举例来说,按照这个方法,集中在19个月的组距的平均数,是这样得来的:对16—18个月这一组的观察加权1;对17—19个月这一组的观察加权2;对18—20个月这一组的观察加权3;对19—21个月这一组的观察加权2;对20—22个月这一组的观察加权3。按月来说,这种方法对16个月的观察加权1,对17个月的观察加权3,对18个月的观察加权6,对19个月的观察加权7,对20个月的观察加权6,对21个月的观察加权3,对22个月的观察加权1。

度，这些基线表示修正了季节变动的长期趋向的纵坐标的轨迹。①我们已经看到，编制指数的技术方法在某些地方是不一致的。但我们也看到，在上述各指数中，表示各种现象的数字的平均数，其大小次序是很一致的。的确，差别最大的，乃是使用同样方法编制的两个指数，即斯奈德的票据交换额指数和存款指数。

图 20　对于商业循环持续时间的 101 次观察的频数分配，美国，1878—1923 年

以表 16 为基础

从合并各个分组的观察得到的平均数。参看正文。

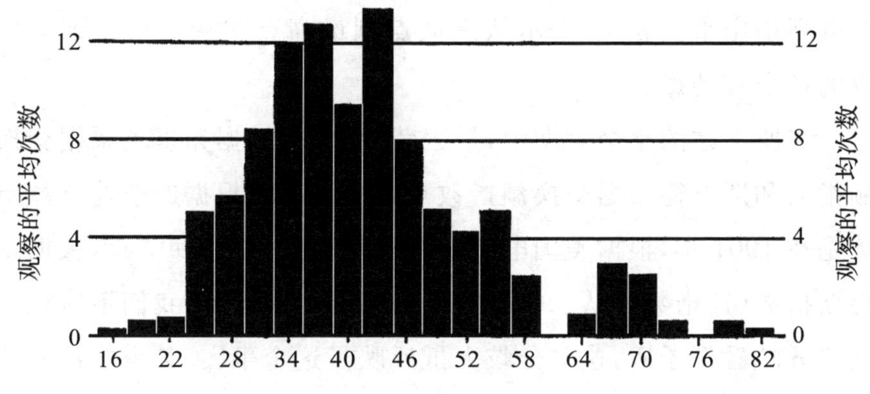

组距的中心月数

数　　值

组距的中心月数	观察的平均次数	组距的中心月数	观察的平均次数
16	0.3	52	4.2
19	0.7	55	5.1

① 斯奈德先计算出和长期趋向的离差然后才消除季节变动的方法，和珀森斯、弗里基以及美国电话电报公司统计学家所采用的方法，差异并不很大。

22	0.8	58	2.4
25	5.0	61	0.1
28	5.7	64	0.9
31	8.4	67	2.9
34	11.9	70	2.5
37	12.7	73	0.7
39	9.4	76	…
43	13.3	79	0.7
46	7.8	82	0.3
49	5.1		100.9

表 17 把各个循环达到最低点和最高点时全部与基线极端离差度列举出来。表 18 表示从最低点到最高点和从最高点到最低点的各个变动量。

在所考虑的整个时期中,最繁荣的时候,根据弗里基票据交换额指数和斯奈德票据交换额指数是在 1881 年,根据斯奈德存款指数是在 1901 年,根据美国电话电报公司指数是在 1907 年,根据珀森斯指数(这指数是从 1903 年开始)是在 1917 年。我们不应该把这些分歧看作矛盾,这些分歧大抵反映了这个事实:各个指数所涉及的过程,确是在这些不同的循环中达到了最高点。

斯奈德 1901 年存款指数所表示的最高点,可以说是最有趣的案例——按照两个票据交换额指数,上述最高点不过是一般的最高点,而按照美国电话电报公司指数,它乃是全部最高点中最低的一个。1901 年纽约证券交易所发生占买北太平洋铁路股票这一事件。纽约在那时候的金融活动,大大超出它的长期趋向,也许比 1878—1923 年这一时期中任何时候超出得更多。受到纽约市票据交换额很大的影响的数列反映了这种情形。外埠票据交换额也因此有所增加。但"一般商业"像电话电报公司数列所表示的那样只微有增加。

最严重的不景气,按照弗里基指数是发生在 1878 年和 1896 年,按照斯奈德票据交换额指数是发生在 1894 年和 1896 年,按照斯奈德存款指数是发生在 1914 年,按照电话电报公司指数和珀森斯指数是发生在 1921 年。这几年无疑是最艰苦的年头,至于各指数对它们的艰苦程度所做的不同的反映,我们可不必过问。

表 17 在各个循环达到最高点与最低点时和五种商业活动指数的基线的离差百分数,美国,1878—1923 年

	电话电报公司指数		弗里基票据交换额指数		斯奈德票据交换额指数		斯奈德存款指数		珀森斯贸易指数	
	最低点	最高点	最低点	最高点	最低点	最高点	最低点	最高点	最低点	最高点
1878 最低点…	−13		−29		−14		−14			
1881 最高点…		+13		+27		+26		+30		
1884—1885 最低点…	−19		−20		−19		−23			
1886—1887 最高点…		+9		+19		+11		+7		
1888 最低点…	−7		−3		−4		−7			
1890 最高点…		+17		+22		+21		+14		
1891 最低点…	−7		+4		+3		−1			
1892—1893 最高点…		+14		+20		+18		+13		
1893—1894 最低点…	−20		−17		−20		−18			
1895 最高点…		+6		−2		−3		+3		
1896—1897 最低点…	−17		−29		−20		−11			

续表

1899 最高点…		+11		+10		+7		+21		
1900 最低点…	−4		−11		−5		−15			
1901—1902 最高点…	+6		+8		+15		+34			
1903—1904 最低点…	−14		−11		−2		−17		−9	
1906—1907 最高点…		+18		+15		+16		+19		+13
1907—1908 最低点…	−17		−22		−12		−20		−19	
1910 最高点…		+12		+8		+6		+11		+8
1910—1911 最低点…	−3		−8		−2		−7		−4	
1912—1913 最高点…		+10		+8		+3		+5		+9
1914 最低点…	−18		−17		−17		−28		−18	
1916—1917 最高点…		+17				+10		+13		+25
1919 最低点…	−8				−2		−6		−3	
1919—1920 最高点…		+13				+9		+11		+15
1921 最低点…	−25				−10		−7		−22	
1923 最高点…		+10				+11		+6		+17
最低………………………	−3	+6	+4	−2	+3	−3	−1	+3	−3	+8
最高………………………	−25	+18	−29	+27	−20	+26	−28	+34	−22	+25
平均………………………	−13.2	+12.0	−14.8	+13.5	−9.5	+11.5	+13.4	+14.4	−12.5	+14.5

表 18　美国 1878—1923 年商业循环从最低点上升到最高点以及从最高点下降到最低点的幅度，依照五种商业活动指数

		电话电报公司指数		弗里基票据交换额指数		斯奈德票据交换额指数		斯奈德存款指数		珀森斯贸易指数	
		升	降	升	降	升	降	升	降	升	降
升	1878—1881 ……………	26		56		40		44			
降	1881—1884、1885 ………		32		47		45		53		
升	1884、1885—1886、1887…	28		39		30		30			
降	1886、1887—1888 ………		16		22		15		14		
升	1888—1890 ……………	24		25		25		21			
降	1890—1891 ……………		24		18		18		15		
升	1891—1892、1893 ………	21		16		15		14			
降	1892、1893—1893、1894…		34		37		38		31		
升	1893、1894—1895 ………	26		15		17		21			
降	1895—1896、1897 ………		23		27		17		14		
升	1896、1897—1899 ………	28		39		27		32			
降	1899—1900 ……………		15		21		12		36		
升	1900—1901、1902 ………	10		19		20		49			
降	1901、1902—1903、1904…		20		19		17		51		
升	1903、1904—1906、1907…	32		26		18		36		22	
降	1906、1907—1907、1908…		35		37		28		39		32
升	1907、1908—1910 ………	29		30		18		31		27	
降	1910—1911 ……………		15		16		8		18		12
升	1911—1912、1913 ………	13		16		5		12		13	
降	1912、1913—1914 ………		28		25		20		33		27

续表

升	1914—1916、1917 ………	35				27		41		43	
降	1916、1917—1919 ………		25				12		19		28
升	1919—1919、1920 ………	21				11		17		18	
降	1919、1920—1921 ………		38				19		18		37
升	1921—1923 ……………	35				21		13		39	
最小………………………………		10	15	15	16	5	8	12	14	13	12
最大………………………………		35	38	56	47	40	45	49	53	43	37
一般上升…………………………		25		28		21		28		27	
一般下降…………………………			25		27		21		28		27

表 19　1878—1923 年美国商业最剧烈、最缓和的循环变动日期，根据五种商情指数

	电话电报公司指数	弗里基票据交换额指数	斯奈德票据交换额指数	斯奈德存款指数	珀森斯贸易指数
最大的上升	1914—1917 1921—1923	1878—1881	1878—1881	1900—1901	1914—1917
最大的下降	1920—1921	1881—1884	1881—1885	1881—1884	1920—1921
最小的上升	1900—1902	1893—1895	1911—1913	1910—1912	1911—1912
最小的下降	1899—1900 1910—1911	1910—1911	1910—1911	1886—1888 1895—1897	1910—1911

如果把五种指数所表示的各个最繁荣时期、最不景气时期、最缓和的繁荣时期、最缓和的不景气时期列成一表，就可以使人们对这些时期有最清楚的印象。在 1878—1923 年整个时期中，如果我们所考虑的是外埠票据交换额的话，那么最大的"大景气"是在 19

世纪 70 年代长期不景气后面的大景气；如果我们把纽约票据交换额包括在全国票据交换额以内，那么，最大的景气就是以 1901 年北太平洋铁路股票占买风潮而告结束的大景气；如果我们所考虑的是贸易指数，那么最大的景气就是在世界大战时候或在世界大战结束后的大景气。同样，商业最萧条的时期，就是跟着大景气后面的萧条时期，因为连斯奈德存款指数也表明，1881—1884 年商业的下降，比北太平洋铁路股票占买风潮发生以后的商业的下降还要剧烈。另一方面，最缓和的扩张时期，就是 1895 年、1902 年、1912—1913 年结束的扩张时期，而最轻微的不景气时期，就是 1886—1888 年、1900 年和 1910—1911 年的不景气时期。1895—1897 年商业的下降也是轻微的，但这是由于商业在以前并没有很大的扩张，而不是由于本次不景气是不严重的。从其他资料所得到的关于 1878—1923 年间的主要循环和次要循环的情形，和上述十分符合。

五种指数之间最大的不同，在于以下一点：斯奈德票据交换额指数表示商业的循环变动越来越缓和，而其他指数却没有同样的反映。和斯奈德指数一样，弗里基票据交换额指数也表示商业的循环变动有越来越缓和的趋向，但没有表示得像斯奈德指数那么明显。反之，其他指数都没有表示这种令人兴奋的趋向。如果我们特别注意 1878—1923 年这一时期中最剧烈的循环（包括斯奈德存款指数中 1900—1904 年的循环）并且把表 18 所列的上升点和下降点合并起来，我们就会得到以下结果：

表 20　各个剧烈商业循环的上升幅度和下降幅度合并一起的幅度，根据五种商情指数

以表 18 为基础

商业循环	电话电报公司商情指数	弗里基票据交换额指数	斯奈德票据交换额指数	斯奈德存款指数	珀森斯贸易指数
1878—1885	58	103	85	97	
1891—1894	55	53	53	45	
1900—1904	…	…	…	100	
1904—1908	67	63	46	75	54
1914—1919	60		39	60	71
1919—1921	59		30	35	55

从各种表的表面看来，我们必须下这样的结论：自 19 世纪 80 年代初期以来，外埠票据交换额的循环变动大大地减少了，但外埠票据交换额变动的减少，没有使其他的商业变得更稳定。[①] 可是，我们不能从外埠票据交换额变动的减少而推定对外埠票据交换额起作用的任何一种商业过程已经变得更稳定了。在斯奈德指数、弗里基指数所包括的年代中，零售交易已经较广泛地以支票作为支付手段；租金、薪水甚至工资的支付也已广泛地使用支票。这些种类交易的循环、不规则变动的幅度，比很早已经使用支票来进行的批发交易的循环、不规则变动的幅度要小得多。此外，包括一切外埠票据交换额的斯奈德数列，由于新的票据交换所的设立，有了越来越稳定的趋向。从上述以及其他商业指数所表示的相反的迹象看来，如果以外埠票据交换额的循环变动已经减少为理由，而说

① 电话电报公司指数所采用的数列虽然常常变更，但它对这一点所提供的证明也不能认为是不值得考虑的。这些变更的用意主要是使平均数趋于稳定。

商业循环已比 40 年前趋于缓和，这是很轻率的说法。许多迹象表明，1920 年的危机和 1921 年的不景气是相当严重的。

作为总结，我们把我们对商业循环最高点、最低点的极端幅度所做的 101 次观察另编一个频数表。① 这里又面临这样的问题，怎样把观察分组使得它们的意义能够更明显地表现出来。我采用相距五点的距离，作为离差之间的尺度，把各个观察分为五组如下：集中在 0、5、10、……点的离差；集中在 1、6、11、……点的离差；

① 这些观察排列如下：

以点表示的和基线的离差的尺度		观察次数		以点表示的和基线的离差的尺度		观察次数	
最低点	最高点	最低点	最高点	最低点	最高点	最低点	最高点
＋4	－4	1		－16	＋16		1
＋3	－3	1	1	－17	＋17	6	3
＋2	－2		1	－18	＋18	3	2
＋1	－1			－19	＋19	3	2
0	0			－20	＋20	5	1
－1	＋1	1		－21	＋21		2
－2	＋2	3		－22	＋22	2	1
－3	＋3	3	2	－23	＋23	1	
－4	＋4	3		－24	＋24		
－5	＋5	1	1	－25	＋25	1	1
－6	＋6	1	4	－26	＋26		1
－7	＋7	5	2	－27	＋27		1
－8	＋8	2	4	－28	＋28	1	
－9	＋9	1	3	－29	＋29	2	
－10	＋10	1	4	－30	＋30		1
－11	＋11	3	5	－31	＋31		
－12	＋12	1	1	－32	＋32		
－13	＋13	1	5	－33	＋33		
－14	＋14	3	2	－34	＋34		1
－15	＋15	1	3				
					总额	56	55

集中在2、7、12、……点的离差;集中在3、8、13、……点的离差,集中在4、9、14、……点的离差。在这些分组里,当循环达到最低点时,最大离差的分配,都有两个近似众数。观察分组一有变动,这两个众数或两个中的一个就会改变位置并改变它们的相对重要性。另一方面,当循环达到最高点时,最大离差的五列分配都会逐渐上升到单一众数,然后又逐渐下降。即使观察分组变动,这个众数只一次改变位置。我们所分析的观察如果具有代表性,商业循环的最高点和商业循环的最低点相比,更是有规则地分布在它们的集中趋向的周围。

把最低点、最高点的分组加在一起,我们得到了五种总分配,这些总分配没有最高点的分配那么有规则,但肯定比最低点的分配更有规则。在两个案例里,近似众数共有两个,其中隔着一个较低的组距。在一个案例里,两个毗连的组距有了同样的最高众数。在其他两案例里有了和最高点的分配的众数位置相符的单一众数。

要显示上述各分配的特征,最好的办法也许是把五分组的平均数算出来。表21是这种计算的结果。在各指数和趋向线离差的尺度上每一点都做了观察,每组观察五次。在计算这些组合的平均数时,我使用以下的尺度,即把各个组合集中于趋向相差2点、7点、12点等等的离差的周围。由于有两个最低点比趋向线高一些,有两个最高点比趋向线低一些,因此尺度中第一组合最低点集中在+8的周围,而最高点集中在−3的周围。

我们即将看到,最低点的平均分配,仍然存在着两个众数。首级众数出现在集中于比趋向线低17%左右的组合,次级众数出现在集中于比趋向线低一7％左右的组合。中间的组距，即12％，是最高点最集中的点。从合并最高点和最低点所得到的频数分配，在以下各点，即和趋向值离差7％、12％、17％等点，数值几乎相同。

总而言之，从以上对于和趋向的最大离差的观察，看不出两种不同类型的商业循环的迹象——主要类型和次要类型或剧烈类型和缓和类型。当然，有的商业循环是相对重要的，有的商业循环是相对不重要的，正如各民族的人有高的有矮的一样。但是当商业循环的最高点和最低点的一切离差合在一起时，我们所看到的是许多合在一起的同质的现象，而不是混合一起的异质的现象。不过，现有资料的数量，还不足以使我们对这个问题下肯定的结论。

表18是关于各个循环由最高点转向最低点和由最低点转向最高点的以百分数表示的变动的幅度。如果我们按照上述方法分析这个表的数字，我们就可以得到新证据证明上面所说是对的。当然，同样的材料，构成这个表和我们刚刚使用的表的基础，但我们不再按照以前的做法，计算和基线的离差，而是把各个离差用两种新的方法合并起来：先把一个在最低点的离差加在下一个在最高点的离差上（不管是正号或负号），然后把后者的离差加在一个在下一个最低点的离差上，等等。这种对于资料进行重新分组的做法，对于判断复众数所表示的特点是发生这些众数的数列所偶有的特点还是固有的特点，大有帮助。

这里我还是采用相距五点的尺度，把各分组分别集中于趋向值的下列变动：2％、7％、12％，等等；3％、8％、13％，等等；4％、9％、14％，等等；5％、10％、15％，等等；6％、11％、16％，等等，并把这些分组平均起来。在上述分组中，多数都有两个众数。但是，组的分法一有变更，众数就会改变位置，而且，五组加以平均时，众数就减少了。

这样，表示最后计算结果的表22，使我们得到了从表21所得的相同的印象。从最高点下降到最低点的图表示，在34%那一点，出现一个不是很密集的次级众数，在这个次级众数和首级众数之间，隔着一个组距，比表21更宽的组距。从最低点上升至最高点的图表示，在19%和29%两点，存在着几乎相等的频数，而且在34%和39%之间，频数呈现着轻微的增加。但包括下降和上升两趋势的图，频数很快地上升至单一的众数，然后又逐渐下降，在下降过程中仅仅呈现一次小回升。总而言之，我们的循环变动幅度的频数分配，比循环变动持续时间的频数分配更有规则，从这个频数分配看来，所谓有两种或两种以上不同类型的商业循环的说法更是没有根据的。

表21 在美国1878—1923年各个商业循环达到最高点与最低点时五种商情指数和各别的趋向以百分数表示的离差，对于这些离差的幅度所做的111次观察的频数分配

根据表17的资料

五组观察的平均数。参看正文。

以百分数表示的离差尺度 加以平均的各组的中心点		观察次数 实际数目			总数的百分数		
最低点	最高点	最低点	最高点	最低点和最高点	最低点	最高点	最低点和最高点
+8	−8	0.2	…	0.2	0.4	…	0.2

续表

+3	−3	2.0	1.8	3.8	3.6	3.3	3.4
−2	+2	8.6	3.0	11.6	15.4	5.5	10.5
−7	+7	11.4	13.8	25.2	20.4	25.1	22.7
−12	+12	7.8	16.0	23.8	13.9	29.1	21.4
−17	+17	14.2	11.0	25.2	25.4	20.0	22.7
−22	+22	8.0	5.0	13.0	14.3	9.1	11.7
−27	+27	2.8	2.8	5.6	5.0	5.1	5.0
−32	+32	1.0	1.2	2.2	1.8	2.2	2.0
−37	+37	…	0.4	0.4	…	0.7	0.4
总数		56.0	55.0	110.0	100.2	100.1	100.0

	算术平均数	中位数	标准差	离中系数
最低点	12.6	13.5	7.88	63%
最高点	13.0	12.0	7.54	58%
最低点和最高点	12.8	12.7	7.92	52%

频　数　图

以百分数为计算的基础

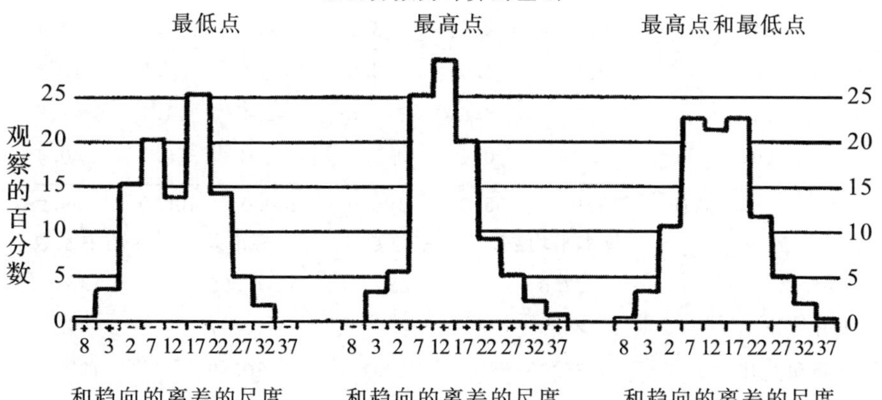

表 22　对于 1878—1923 年美国商业循环从最低点上升到最高点和从最高点下降至最低点的变动幅度的 106 次观察的频数分配，根据五个商情指数编制，按照趋向值的百分比计算

根据表 18 数字

五组观察的平均。参看正文。

上升或下降百分率的尺度	观察的次数					
	实际数目			总数的百分数		
加以平均的各组的中心点	下降	上升	下降和上升	下降	上升	下降和上升
4	0.2	0.8	1.0	0.4	1.5	0.9
9	2.0	2.6	4.6	3.9	4.7	4.3
14	9.8	8.8	18.6	19.2	16.0	17.5
19	11.8	10.0	21.8	23.1	18.2	20.6
24	6.2	8.8	15.0	12.2	16.0	14.1
29	5.6	9.8	15.4	11.0	17.8	14.5
34	6.4	4.4	10.8	12.5	8.0	10.2
39	5.0	5.4	10.4	9.8	9.8	9.8
44	1.2	2.4	3.6	2.4	4.4	3.4
49	1.6	1.0	2.6	3.1	1.8	2.5
54	1.2	0.6	1.8	2.4	1.1	1.7
59	…	0.4	0.4	…	0.7	0.4
总计	51.0	55.0	106.0	100.0	100.0	99.9

	算术平均数	中位数	标准差	离中系数
下降	22.5	23	10.99	43%
上升	25.6	25	10.97	43%
下降和上升	25.5	24.2	10.89	43%

频数图

以百分数为计算基础

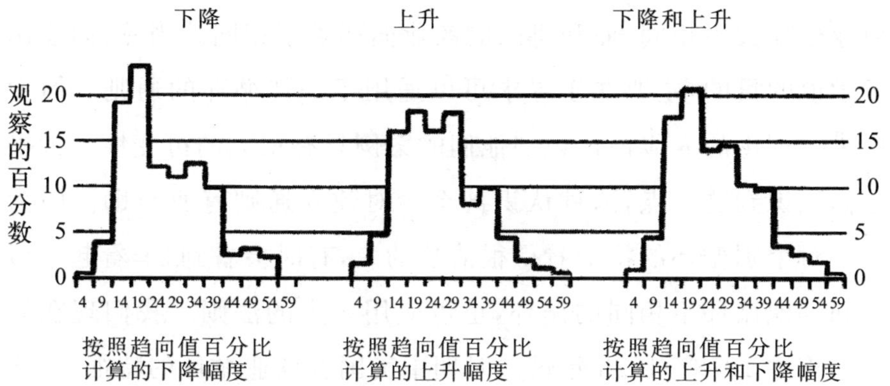

下降　　上升　　下降和上升

观察的百分数

0 5 10 15 20

4 9 14 19 24 29 34 39 44 49 54 59

按照趋向值百分比计算的下降幅度　　按照趋向值百分比计算的上升幅度　　按照趋向值百分比计算的上升和下降幅度

从研究商业循环的幅度，可以看得很明显，商业循环给国家带来的损失是非常巨大的。如果按长期趋向的纵坐标的百分数计算，1878—1923 年这个时期中，美国商业循环最高点到最低点的下降，在斯奈德票据交换额指数平均在 1/5 以上，在其他指数平均在 1/4 以上。全部观察的总平均是 25.5%。在极端的例案里，这些下降超过了趋向所指示的水平的 35%、45%，有时甚至超过了 50%。也许，编制这些指数所依据的资料，过分重视那些特别容易感受商业循环危险的活动。这是另一个需要对复杂的资料进行研究的问题，不过，如果在这里做这个研究，反而会引起混乱。可是，尽管有了上述的偏差，即使不考虑到失业和商业道德的败坏所引起的工作效率降低，也不能认为不景气对国家的危害是不重大的。

(8)各个商业循环的特征

当我们使用各种方法分析各个循环的时候，尽管所用的统计记录是不充分的，我们也可以发现迹象，说明各个循环都有自己的特征，或说得更准确一点，各个循环各具有一系列特征。如果我们更深入地研究，扩大所研究的时间和空间范围，就可以加深上述的印象。严格地说，每个商业循环都是历史上的独特事件，和以前的商业循环大不相同，而和将来的商业循环更不相同。当然，商业循环学说的目的，主要在于寻求可以适用于一切循环的通则。但专门讲究理论的人应该认识到他们的案例具有很大的可变性。如果他们认识到这一点，这种认识甚至会对建立通则有所帮助。因为一个对个别循环的特征看得很清楚的人，有时会看到，乍看起来似乎和其他循环不相同的循环，也可应用一定的法则。我们现在简单地陈述 1878—1923 年这一时期中美国各商业循环的特征，这样做法，既可以增进我们对于商业循环的一般理解，又可以帮助我们进行将来的研究。

①1878—1885 年的商业循环，是跟在一个特别长、特别严重的不景气时期的后面出现的。这个循环一经开始，商业就很快恢复；繁荣在很高水平上持续得非常之久；衰落并不急剧；不景气时期拉得很长。唯一的金融紧张季节，不是发生于这个循环转向下降的时候，而是发生于不景气的后期，即所谓"1884 年的危机"。

②就 1878—1885 年循环来说，扩张的时期肯定地比萎缩的时期来得短。但就 1885—1888 年的循环来说，情形恰恰相反。在这个循环里，衰落并不剧烈，没有严重的金融紧张，不景气是很缓和的。

③就 1888—1891 年的循环来说，繁荣的程度大于前一个的繁荣但不及 1881 年的繁荣。1890 年发生衰退。跟着发生的是一个比 1882 年或 1887 年更严重的金融紧张，但困难的症结似乎是国外的因素，和伦敦的巴林兄弟公司的倒闭有关。不景气时期甚至

比前一个循环的不景气时期还短、还缓和。非常好的收成，使不景气突然结束。1891 年世界小麦收成不佳，但美国小麦却丰收。于是美国农民出售了大量小麦，所卖的价格，在当时可以算是很高的。“运谷”铁路公司和农业区的粮食商，和农民一样走运。他们的幸运对商业活动的早日恢复起着有力的推进作用。

④下一个扩张时期（1891—1893 年）比我们指数所表示的各个以前的扩张时期都短。它以 1893 年的大恐慌而告结束。这个恐慌是美国商业史上最长、最剧烈的危机。虽然这次商业波动的最高点不高，但它的最低点却是很低的。

⑤1894—1897 年的变动，可以说是不显著的循环。虽然它的上升以及下降幅度和表 18 所表示的平均幅度相去不远，但由于以前和以后的最低点是很低的，所以这次波动的最高点还没达到我们五个指数中两个指数的基线，而仅仅比另两个指数的基线高一些。

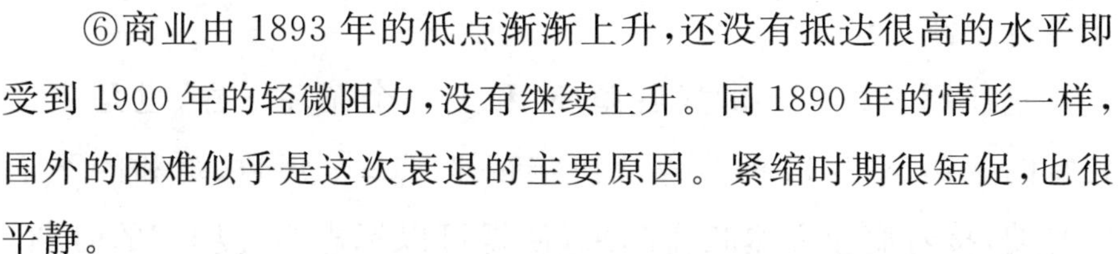

⑥商业由 1893 年的低点渐渐上升，还没有抵达很高的水平即受到 1900 年的轻微阻力，没有继续上升。同 1890 年的情形一样，国外的困难似乎是这次衰退的主要原因。紧缩时期很短促，也很平静。

⑦1900—1904 年的循环，包括 1901 年的北太平洋铁路股票占买事件，也包括 1903 年的“富人恐慌”。像斯奈德存款指数所表示的那样，在金融业方面，变动的幅度是很大的。但其他商业所受影响较小。按照美国电话电报公司的指数，这个循环是我们表中最缓和的循环，而根据斯奈德存款指数，它却是最剧烈的循环。

⑧1904—1908 年的循环变动，也许比这一时期中任何其他循

环更符合理论著作里的一般商业循环的概念。1905年，商业摆脱了1904年的不景气状态，大大好转起来，接着繁荣两年，然后于1907年秋季又遇到严重的危机，并于1908年转入新的不景气状态。所有习见的循环现象都按着典型的次序相继出现，并且这些现象都表现得非常明显。

⑨和⑩两个后来的循环(1908—1911年和1911—1914年的循环)是很缓和的循环。在1908年不景气之后，商业虽然大大复兴，但没有进入大景气的状态。1910年衰退并不剧烈，1911年的不景气也不严重，1912—1913年的扩张不久就转入衰退阶段。但上述第二个循环的不景气阶段，受到1914年7月末世界大战爆发的影响，变得非常强烈。这一循环以这次不景气而告结束。

⑪当然，1914—1918年的战时循环，具有一些与众不同的特点——物价有很大的变动，生产方向有很大的转变，劳动力奇缺，投资资金充斥，到这个循环将结束的时候，政府以空前的规模对商业进行干涉。

⑫1918—1921年的战后循环，和上一个循环一样，也是非常独特的。1918年11的月停战协定带来了一个短暂、缓和的不景气时期，接着商业突然旺盛起来，使得可以标志为“复兴”的时期，变得非常地短。物价的变动，和上次循环一样，也是非常激烈的。就工业来说，这个循环的危机阶段是非常严重的。虽然联邦储备体系很成功地支持住了金融的紧张，但后来的不景气是美国所经历的各个不景气中最严重的一个。一个体会到美国的经济活动怎样受到大战的影响(从大战爆发使人们完全丧失信心的时候起到工业在战后恢复到和平状态时止)的人，一定会对大战仅仅轻微地

改变了商业循环的平常过程感到惊讶。一个不知道大战何时发生的人,不能通过检视我们的五种指数推断出大战的日期,但从主要由物价数列编成的指数里,大战的日期却可以很清楚地看出来。

⑬在1921—1924年的循环过程中,美国商业渐渐回复到比较安定的状态。虽然物价的变动仍然比1878—1914年剧烈,但物价体系达到了新的平衡。商业从1921年的不景气渐渐恢复过来以后,在1923年年初有一段短短的活跃时期,随即停滞下来,于1924年头几个月又呈现好转,但不久又转入了一个更严重的衰退时期。

⑭1924年年中的最低点,可以看作是另一循环的开始。这段文字就是在这个循环的末后阶段写的。

七、需要把理论、统计和历史综合起来

对商业循环的这项研究工作一开始,统计工作就显得极其必要。最先证明有这个必要的,是那些不根据统计对各种学说进行评述的人们,这是很少人会想象得到的。这些学说指出,商业循环涉及许多过程,从而提出了基本上属于量的性质的一系列问题。各理论家所强调的循环变动的原因中,哪几种是最重要的?这些原因直接、间接的影响有多大?什么变动同时发生?别的变动是按照什么先后次序和隔了多少时间才跟着上述变动发生?循环变动的规则性是怎样?所有这些显然都是需要仔细观察(在市场中对于各种过程所做的长时期、有系统的观察)的问题。质言之,这种观察就是统计观察。的确第一章末已经提出了这个观念:整个

研究可能从根据常识探讨原因的研究，转变到研讨若干复杂变量相互关系的半算术性质的研究。

不但如此，在第二章讨论发生商业循环的经济组织时，我们发现我们时时面临着量的问题。从讨论家庭为自己生产的“实际”收入部分和使用货币购买的部分这一节起到讨论各国经济组织的差异那一节止，我们都遇到了关于多少和若干次的问题。

但是，在本章研讨了商业循环研究者特别关心的统计资料和统计方法后，我们觉得能从统计方面得到的帮助是很有限的。在过去30年，在收集统计资料和利用统计资料方面，进展是很快的。但是，想完全根据统计来建立研究商业循环的方法，这个目标还不是很快就能达到的。

就技术上说，我们用以决定时间数列的长期趋向和季节变动的方法还是粗浅的。到现在为止，还没有人成功地把不规则变动和循环变动隔开。虽然上面已经指出粗略地隔离不规则变动和循环变动的方法，而且在第五章里还要更详细地讨论这个方法，但使用这一个方法只能得到平均数，并且这个方法仅仅适用于包括很多个循环的数列。凭视觉研究图表的方法以及使用相关系数的方法，都不能满意地判定各个变动之间的关系。应该怎样表示时间数列，使得它们之间的最重要关系能够显露出来，统计学家虽然已经提出了这个问题，但还没有加以解决。统计学家也还没有做多少有系统的工作来计量各个过程所特有的循环、不规则变动的幅度。他们比较注意时间序列的问题，但得到的结果，既不广泛，也不完全可靠。最后，我们还没有商业循环指数，也没有编制这种指数的计划。我们只得使用偶然搜集到的关于这种过程偶尔有的长期的统计记录编成指数来代替上述指数。

更严重的限制就是统计资料的贫乏。关于第一章中评述的各学说所认为非常重要的各种过程，我们没有一种令人满意的资料。批发物价、对外贸易、银行业务、铁路运输、纽约金融市场和有价证券市场，这些东西是美国报道得最详尽的东西。可是，研究这些东西的人，发现了许多问题，这些问题不能从资料中找到答案。关于利润、储蓄、订货和其他约定履行的义务、消费品和工业设备的生产、付给消费者的收入以及消费者如何花费这种收入等，我们所有的材料是非常零碎的。在某些方面，其他国家所拥有的资料，比美国完善，例如英国的失业报告、德国的国内汇票税收入。但大体说来，外国的记录没有美国那么多。

为尽量克服上述障碍起见，国家经济研究局曾有系统地搜集了英、美、德、法的经济统计资料和社会统计资料。国家经济研究局希望不久把这些统计资料刊印出来，供研究社会科学的人使用，每种数列都附有说明，附有注释，如有可能，把全期的数列分月或分季编制出来。搜集的资料，非常详尽地涉及一切类型的经济活动和社会变化的主要征象。这些资料的编者(索普和维拉得)邀请外国专家和他们合作，希望遗漏和错误可以尽量减少。国家经济研究局还在编辑各种新的数列的资料。这些资料可以帮助说明商业循环的特征。马考莱博士对于1857年以来债券收入和利率的研究，季洛姆的论文“移民和商业循环”，沃尔曼博士对于劳动市场的精密调查，米尔斯博士对于各种物价变动的相互关系的深入研究，库兹纳兹博士对于长期趋向的研究，这些都可以提供重大的帮助。我们以前所做的失业问题的研究和金博士还继续在做的收入估计有时也可以使用得着。我们将尽我们所能，给我们的研究提供一个确切的计量基础。我们通过利用搜集得来的一般统计资料和国家经济研究局以及其他机构所做的专门研究来致力于这种工作。

我们还有另一种资料。这种资料的性质，是介于统计与随机观察之间的。它是一批商业年鉴，新近由国家经济研究局发表。通过对于许多报告、定期刊物、小册子孜孜不倦的搜集和精密的比较，索普博士探索了在一个很长时期中、很广大地区的商业循环的进程。没有任何人曾经研究过这样长的时期、这样广大的地区的循环，只有极不完全的统计涉及了这样长的时期、这样广大的地区。我们从索普博士有系统的记录，可以知道各个文化不同的国家近来商业循环的显著特征，也可以知道和我们关系最密切的国家早期商业循环的显著特征。这些年鉴为研究各国商业变动的关系提供了最好的机会。这些年鉴使我们能够大略地计量商业循环的持续时间，而这种计量，经应用到更多的案例时，可以补充和扩展上面从商业指数得出的结论。我们下一步的工作，就是利用这个新的资料。

正如我们从评述商业循环的学说而明白统计的必要一样，我们从评述统计明白了研究经济历史的必要。当然，我们所做的历史概述必须是简短的，正像我们所做的学说概述一样。当我们完成了历史的概述以后，我们不想去详细讨论商业年鉴的缺点，因为这是不言而喻的。

我们应该大胆正视处理同一问题的三个不同方法——理论方法、统计方法、历史方法——的缺点。虽然我们必须用批评的眼光对待一切方法和资料，但我们可以把批评用于建设性方面。刚才所说统计的缺点，不应该阻止我们去使用图表，而应该指引我们怎样去处理图表。第一章所简单说明的学说，虽然都是讲得通的，并且各自认为已经把商业循环的重要原因指出来，但种类这样繁杂，似乎令人无所适从。可是，每一种解释都可以使我们得到有价值的提示。可以肯定的是，我们的统计和简明的商业史两者都不能使我们可以不需要那种经济理论家所依赖的推论。要尽可能得到关于商业循环的知识，我们必须把所有能从理论、统计和历史中学得的东西结合起来。

第四章　商业年鉴的贡献

一、国家经济研究局搜集的商业年鉴

第一章提到的对商业循环问题有贡献的几个理论家，特别是图干-巴拉诺夫斯基、鲍尼兴和勒斯居尔，都很注意危机和不景气的历史。同样，第二章提到的几个统计学家（例如珀森斯和他的同僚），有时也对一年的商业情况做了概述，从而补充时间数列。但是，这一类历史所叙述的主要是所讨论的一些偶然性事件中共有的东西，而且这一类概述只限于几个国家比较短的时期。可是，就理论来说，所需要的乃是循环出现的景气和不景气现象的系统记载，这种记载要包括发生这些现象的一切国家，目的是弄明白这些现象的循环出现的特点。假如我们在第二章里对商业循环产生情况所提出的见解是正确的，那么，要做出像上述那样近乎完善的叙述性记录，似乎是不难的。

国家经济研究局虽然不能够完全地执行这个任务，但它设法编辑了比从前更详尽的记录，这种记录我们可以叫做"商业年鉴"。索普博士主持这种记录的编辑工作，他从收藏资料丰富的纽约公立图书馆搜索了系统地说到或顺便地提到各国商业情况的官方文件、报告、小册子、杂志以及书籍。由于几个外国学者慷慨的帮助，他得到了这一方面更多的材料和专门知识。[①] 按照索普博士的计划，对于记录所涉及的每一年和每一个国家，都需要把现代作家对以下四个方面的意见做个摘要：(1)工商业和劳工情况；(2)市场需求借款、有价证券和外汇的情况；(3)农业生产和农产品价格；(4)不属于经济范畴的事变，如政治事件、瘟疫或地震等，这些事变对于商业似乎有显著的影响。索普博士根据他所能搜集的有关这四个方面的材料，简要地提出了自己对于有关国家每年所经历的商业循环阶段的意见。

就美国来说，这种年鉴追溯到1790年，即美国宪法颁布后的一年。英国年鉴也追溯到136年以前，使得英国记录能够从美国记录开始的日期起和英国记录相比较。由于缺少可以利用的资料来源，或由于经济制度不统一，法国记录不能追溯到1840年以前，德国记录不能追溯到1853年以前，奥地利记录不能追溯到1867年。为了说明近代商业变动在地理上的分布，这个对于一个长时期的研究，除上述五国外，增加了几个其他国家。意大利、荷兰、瑞典和俄国被选定来说明欧洲的不同情况，并把1890年作为这些国家年鉴的起点。接着，三洲中三个使用英语的殖民地——加拿大、澳大利亚和南非联邦——也被选定了。把阿根廷和巴西拿来代表

① 巴黎大学阿夫达利安教授校订了法国年鉴，柏林大学库崇斯基博士校订了德国年鉴，维也纳大学海克博士校订了奥地利年鉴，福莱斯特博士校订了意大利年鉴，莫斯科循环研究所康得拉蒂厄夫、凡斯坦和伊格纳蒂厄夫等博士校订了俄国年鉴，脱兰斯瓦尔大学安特博士校订了南部非洲年鉴。

南美洲，似乎是最适合的。最后，代表东方文化的国家——英领印度[①]、日本和中国——也包括在内。不用说，如果把几个国家的记录追溯到更早一些的时期，并把若干其他国家也包括在内，就能够让挑选的案例的数量增多。国家经济研究局希望，由于无法获得资料而不得不略去的一些时期和一些国家，能够由那些掌握这些国家和这些时期最详尽记录的人来填补空白。

我们所编辑的年鉴，尽管范围是有限的，但是可观的，而且很可能是有用的，值得单独刊行。在本书里，我们能够从商业年鉴中引用很多的东西，正像我们能够从商业指数中引用许多东西那样。[②]

二、商业年鉴的可靠性

1. 来源和编辑方法

商业年鉴编辑者所使用的材料，并不像统计那么正确，也不像统计那么客观。一个人对某一年商情的意见，往往受到以下因素的影响：他的个人利害关系，他所受到的训练，他亲自做观察的机会和搜集别人观察结果的机会，他归纳的能力，以及他研究资料时

① 在这个时期，印度还是大英帝国的一个部分。——译者注

② 参阅索普：《商业年鉴》，国家经济研究局刊物第八种，1926年纽约版。

本章内容主要是我给索普博士的书所写的“绪论”。由于考虑到本章和前几章的关系，或由于我重新考虑的结果，我曾删去了若干部分，并做了若干修正或补充。国家经济研究局的工作人员，特别是米尔斯博士和索普博士，在分析年鉴的材料方面，曾给我很大的帮助，我再一次在这里表示谢意。

细心的程度。

一个认识到这一点的人，在开始对现代观察者对于一个国家商情的观点进行取样工作时，会感觉到各个观察者所下的结论，相同之处多于不相同之处。在大多数的年份里，商业的发展往往很明显地受某种趋向的支配，以致每一个有头脑的观察者，不管他个人在观察上有什么样的误差，都会受到这种趋向的影响。当然，在各个国家的记录里，有几年的情形却不是这样。当研究者发现他的各个资料有严重矛盾时，他有时候一定会把这种矛盾归因于一个或一个以上的作家的偏见或无能；可是，他更常地发现，这些作家所以意见不相同，是因为他们说的是不同的行业或一个国家不同的地区（即那些有不同环境的行业和地区）。

一个民族的活动，在商业经济基础上越是有明确的组织，商业资料的来源便越多、越可靠，而且在性质上越相似。一方面，各个产业和各个地区更紧密地联系在一起，以致一个产业或一个地区的景气或不景气，在更大程度上，影响到其他产业或其他地区的景气或不景气，而且其他产业或其他地区的景气或不景气，也在更大程度上，影响到这个产业或这个地区。例如，我们不久就可以看到，美国年鉴表明，美国在 20 世纪初叶的商业情况，比美国在 18 世纪末叶的情况呈现着更大的相似性。另一方面，商业报道成为一种专门职业，而且经过了一个发展，这个发展在性质上和近代搜集统计资料的发展能相比拟。其实，这两个发展是互相促进的。自从 19 世纪中叶以来，英国和美国刊行了越来越多的报道商业发展的周刊或月刊，供应擅长于批判的阅者，而其他国家，从晚些时候起，也刊行了这种定期刊物。政府机构，特别是领事馆，也对整个商界提供同样的报道。近年以来,年鉴所包括的各国都有若干种报道,可以互相核对;在这些报道中,有的是国内的报道,有的是国外的报道。即使某些地方缺乏当地刊物,也可以利用英国、法国和美国领事对于世界各角落商情所做的报道。而且,除了上述有关各个国家的定期报道外,还有更多的说明各个时期商情的小册子和书籍。索普博士报告所附的书目提要表明,一个勤恳的商业年鉴编辑者所能够利用的资料来源是多么地繁杂。

正像一个精细的历史家那样,一个精细的商业年鉴编辑者,资料来源越多,就越感到他的工作有其主观的一面。他对大量材料所写的简短总结,受到他的个人观点的影响,影响他的观点的因素包括他的成见、他的见闻、他的知识的局限性、他所受到的技术训练以及其他影响到他鉴别各种资料的个人特性。即使根据同一的资料来源,两个年鉴编辑者所做的概述也不会相同。他们的概述,在大多数的年份里差别不大,但在他们同时代人认为商业情况很纷乱不容易判别的年份里,两个年鉴编辑者对整个情况可能有很不相同的印象。

从统计上处理社会问题的最大危险也许是,数字一经制表刊印,许多人就把这些数字看作是权威的数字。提供原始数字的现场统计工作者,对于他们所提供的看来好像是精密计算结果的代表性,常常采取慎重的保守态度。可是,那些从来没有根据调查访问来填写过调查表,没有研读过工厂工资账,没有审核过企业账目或者没有估定过商品存量价值,而整天关在办公室内的统计工作者,对于他们所要分析的表格,却有过分相信的倾向。就商业年鉴来说,它还没有得到不应该有的信任。但是,我们可以在这里指出，商业年鉴编辑者，在对各国各年下结论时所使用的简短词句，跟统计提要一样，不可能完全没有偏差，我们这样指出，并不是为期过早的做法。同现场统计工作者一样，年鉴编辑者相信，他所记录的项目，误差程度各不相同；但是，也和现场统计工作者一样，对于这种误差的程度，年鉴编辑者觉得没有把握来做估计。

2. 商业年鉴和商业指数的比较

幸而我们有一个方法，能够客观地检验美国国家经济研究局所编的商业年鉴中的两个样本。我们从上章已经知道，关于美国和英国很长时期的商业情况，我们有统计指数。如果这些指数是名副其实的，那么这些指数所表示的经济活动变动过程，和我们年鉴所描述的商业变动过程就会相似。

虽然索普博士和他的助手在编辑年鉴时，曾在一定程度上使用了统计表，而那些把观察结果写出来的作家(这些观察结果乃是索普博士和他的助手的部分资料来源)，也使用了统计表，但是，我们不能下结论说，年鉴和商业指数一定是吻合的。因为，编制指数时使用的数字所涉及的经济活动范围，比那些根据领事报告、伦敦《经济学家》杂志、拉法罗维奇氏《财政评论》等编写的一年商情评述中所涉及的范围窄得多。而且，就领事、杂志编辑或年鉴编辑者在下结论时所使用的统计资料来说，这些资料都是未经修整或只经轻微修改的资料。相反，编制商业指数的统计学家，却按照第三章所说的方法，把他们所使用的数列加以一系列的改造。他们计算出长期趋向，并且消除了长期趋向；他们往往还会消除季节变动；在某些情况下，他们也会设法消除价格变动的影响。在合并几个数列时，他们可能把各个数列的变动化成标准差单位，并且尽可能“加权”其平均数。最后，他们往往还会“修匀”他们的曲线。

这些做法和金融编辑者的做法是大不相同的。金融编辑者只对那些来自许多城市和许多产业部门的报告加以思考，并对整个商业过程做出大略的结论。统计计算比较客观，而且比较精确，但统计计算所处理的数字是比较有限的，并且是在比较狭窄的范围内使用比较机械的方法来处理数字。

从熟悉编制商业情况这两种类型总结的人看来，很明显，把商业年鉴和商业活动统计指数加以比较，不但是对指数的检验，而且是对商业年鉴的检验。统计指数编制者一般都注意他们计算的局限性，把这种局限性指出来，而且极想把自己的计算结果和他人的调查结果相比较。他们认为：①原始数字具有不同程度的偏差；②消除长期趋向、季节变动和价格变动影响等方法都远不是完善的方法；③一个数列在消除长期趋向、季节变动和价格变动影响后所遗留的剩余变动，不但包含循环变动，而且也包含该数列所特有的不规则因素的影响。即使一个统计学家握有比较丰富的原始材料，他也不能说，他的计算结果是商情变化十分准确的记录。他所能做出的在他看来最完善的计算结果只是近似的，他的计算结果受到原始材料的误差及其方法的不可靠性的限制。

但最大的局限性是，那些想把研究范围包括一个很长的时期的统计工作者所能找到的适合于他的目的的时间数列并不很多。能追溯到大战以前时期的一般商情指数或交易额指数，必须按照这样的方法来编制：或是只记录一个类型的经济活动，如卡尔·斯奈德氏“商业票据交换额指数”，或是把表示各类数列的变动的数

字加以平均(这些数列本身是时常变动的),如美国电话电报公司的"一般商情指数",或珀森斯教授的"商业指数"。

没有一个类型的交易行为,能够代表商业活动的一切重要形态,连纽约以外的各个城市的票据交换这一范围很广泛的交易类型,也不能代表商业活动的一切重要形态。那些没有票据交换所的城市使用支票支付款额的变动,以及使用硬币、纸币支付款额的变动,在幅度上和时间上,跟票据交换额所经历的变动可能是不相同的。但这只是对于票据交换额是否忠实地反映总支付额的变动有所疑问。远为重要的是:在一个时期中,使用支票支付的款额所经历的变动,无疑跟货物生产量、运输量或消费量所经历的变动是大不相同的,而且跟雇用人数、收入支付额和消费品购买额的变动也是不相同的。可是,后几个过程也是商业的一个部分,正像用支票付账一样。

从平均各数列数字制成的指数,所代表的经济活动范围是比较广泛的。可是,可以包括在这些指数内的经济活动乃是碰巧在一个长时期内有统计记录可以查考的活动,而不是统计学家在着手编制指数时所要选择的活动。而且,各时期所能利用的数列,种类一有变动,早几年的指数和后几年的指数是否可以互相比较,便成为严重的问题。最后,把性质极不相同的数列如物价指数、输入品价值和生铁产量吨数等加以平均制成的综合指数,在解释这种综合指数时,有很多棘手的问题。

所以,商业年鉴和一般商情指数,是从不同角度来对待记录商业活动变动的问题。这两者各有优点和缺点。我们不能期望这两者都完全相符。当它们不相符合的时候,我们不能说,这种矛盾一定意味着一个是错的或两个都是错的。这种矛盾可能只意味着，年鉴和指数所反映的各个经济活动的变动的形式，并不是完全相同的。但是，如果我们发现两个计算结果大体上是一致的，那么我们对于年鉴和指数的可靠性就有更大的信心，而且会认为偶然的矛盾提示了一些真实问题，研究这些问题，我们可能得到新的知识。

下面的图把年鉴和英美主要的一般商情指数来做比较。在记载年份的一栏里，简短地叙述年鉴所说到的商情，然后在这些叙述的上面画了指数曲线。[①] 这些曲线表示那些上升到移动基线之上和下降到移动基线之下的循环变动，是根据所使用的时间数列的长期趋向每月纵坐标来画的(在必要消除季节变动时曾对长期趋向做了修整)。由于在计算时把这些纵坐标作为 0 或作为 100，因此它们在图上成为一条水平线，这条水平线可以叫做基线。

在研究这些图时，我们应该记住以下事实：这些图并不能正确地评价反映商业变动的统计方法的作用，也不能正确地评价商业年鉴的作用。大家知道，统计平均数不能准确地表现平均数所根据的整列数字。正由于这样，那些用以概述年鉴的简短词句，并不能准确地反映索普博士的记录。如果个别地研究那些用来编制商情指数的数列，同时阅读更详尽的年鉴，那么所能学得的东西将比

---

① 关于图 21 所使用的两个美国指数的编制方法，读者可参阅罗蒂："统计对于商业活动的控制"，《哈佛商业评论》，1923 年 1 月，第 1 卷，第 154—166 页；卡尔·斯奈德："50 年票据交换额的指数"，《美国统计协会杂志》，1924 年 9 月，第 19 卷，第 329—335 页。

美国电话电报公司首席统计员西摩尔·安德鲁先生和纽约联邦储备银行斯奈德先生给我们提供了上述两个数列近来新添的项目，我们在这里表示谢意。

这些图所表示的多得多。把比较限定在这两套材料最抽象的、最象征性的总结，从而测验这两套材料是否相符，这似乎是不公平的。

就美国的图来说，年鉴和两个统计指数是吻合的。这两者没有大的矛盾。具体地说，年鉴表示，在1875—1924年这段时期内，有13次商业衰退，有的是一般的，有的是严重的。这些衰退，在上述两个统计指数上，都是以曲线的下降来表示的。在年鉴认为是一般衰退时，曲线轻微地下降，但在年鉴（比较详尽的年鉴）把它说成是危机或恐慌时，曲线会突然下降。[①] 而且，这两条曲线共同证明以下一点：除年鉴所说到的那些衰退外，没有其他衰退时期。关于各个循环的其他阶段，情形也是相似的。当年鉴报告商业复兴时，曲线上升了；当年鉴报告景气时，曲线所围绕而升降的水平明显地高于曲线在前一个或后一个不景气时期所围绕而升降的水平；当曲线报告不景气时，曲线是比较低的。

这两个记录的主要不同之处是：年鉴只笼统地用不同字眼表示了各个循环所达到的景气和不景气程度，而曲线必然是以和水平基线的一定距离来表示景气和不景气程度。最后，美国的图表示，商业评论者在使用景气和不景气二词时，受到了最近的体验的影响。可是，统计指数却不受这种主观上的摇摆不定的影响。不过，英国的图里更明显地反映了这一点，这在说到英国的图时再来讨论。

① 关于年鉴中用来表示从景气到不景气的各个过渡的不同性质的这三个名词的用法，读者可参阅本章第三节之4，即"'危机'和'衰退'"。

图21　年鉴和两个统计指数（1875—1925年）所表示的美国商业变动

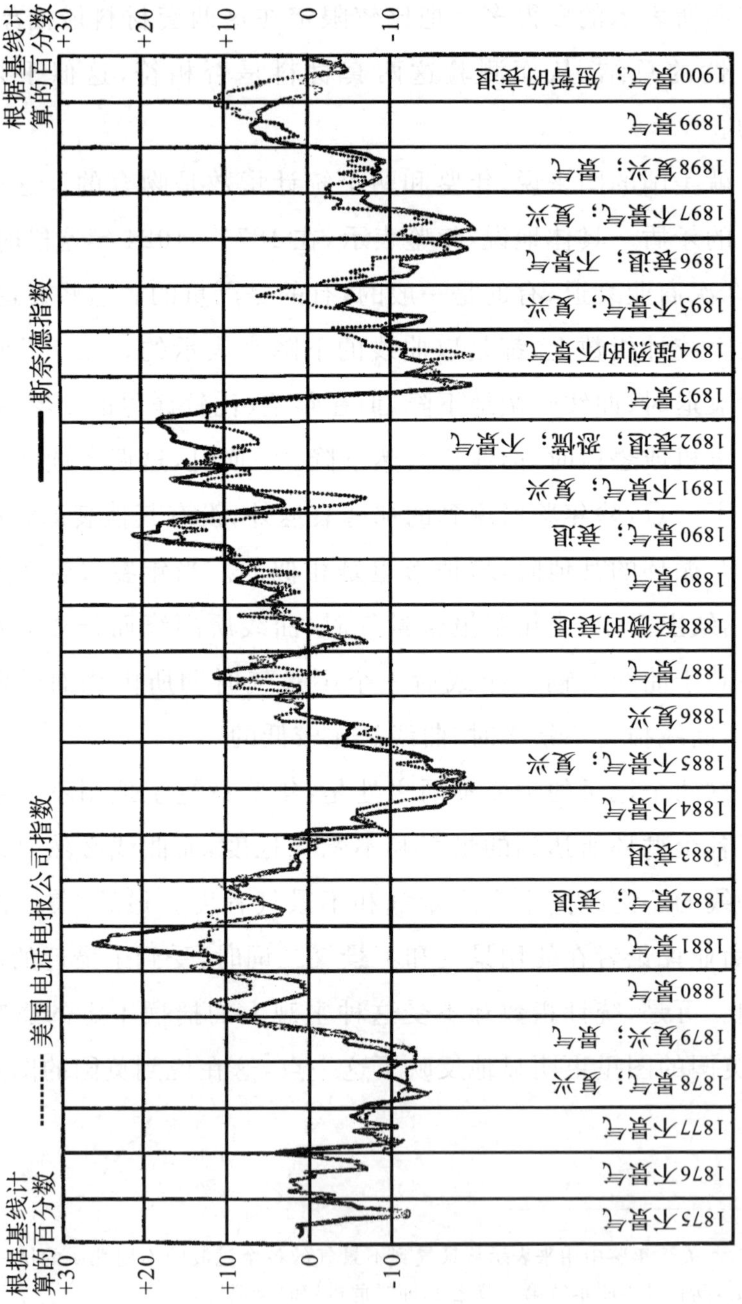

……… 美国电话电报公司指数　　—— 斯奈德指数

根据基线计算的百分数：+30　+20　+10　0　-10

1875不景气
1876不景气
1877不景气
1878景气；复兴
1879复兴；景气
1880景气
1881景气
1882景气；衰退
1883衰退
1884不景气
1885不景气；复兴
1886复兴
1887景气
1888轻微的衰退
1889景气
1890景气；衰退
1891不景气；复兴
1892衰退；恐慌；不景气
1893景气
1894强烈的不景气
1895不景气；复兴
1896衰退；不景气
1897不景气；复兴
1898复兴；景气
1899景气
1900景气；短暂的衰退

*制成曲线的项目有所改变。

图21(续)　年鉴和两个统计指数(1875—1925年)所表示的美国商业变动

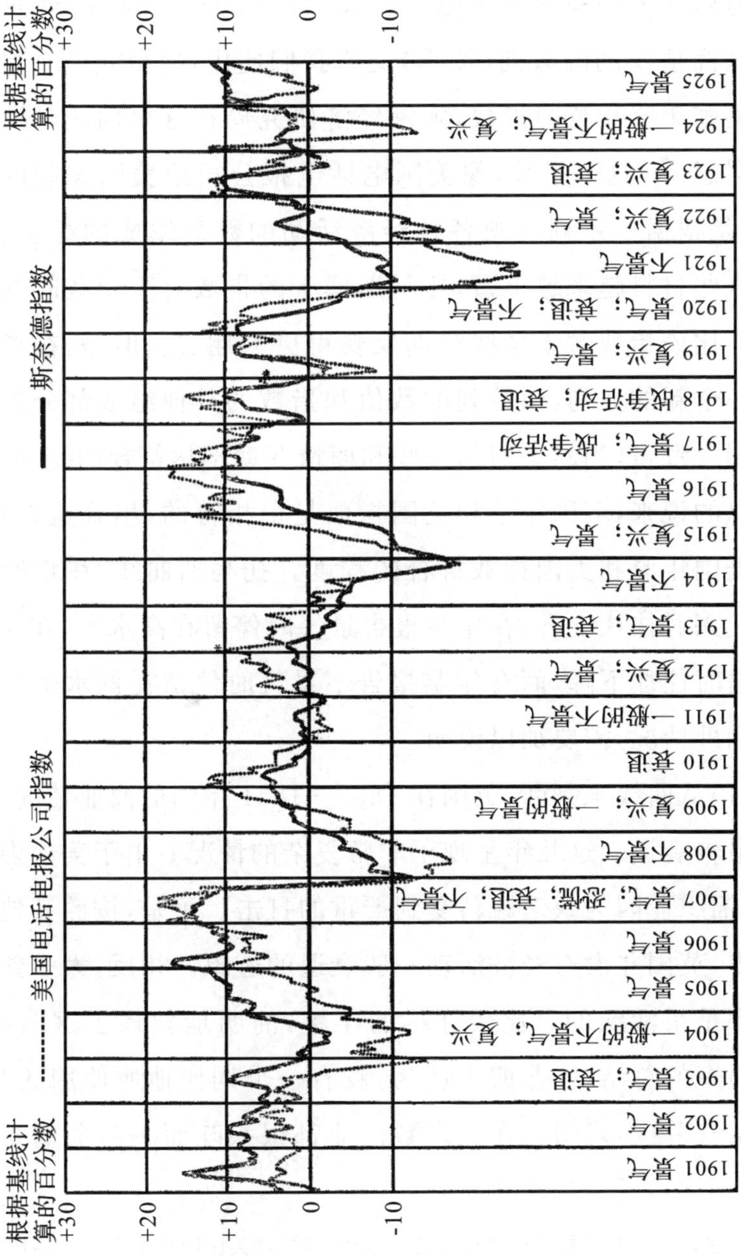

┈┈┈ 美国电话电报公司指数

—— 斯奈德指数

根据基线计算的百分数

+30　+20　+10　0　-10

1901 景气
1902 景气
1903 景气；衰退
1904 一般的不景气；复兴
1905 景气
1906 景气
1907 景气；恐慌；衰退；不景气
1908 不景气
1909 复兴；一般的景气
1910 衰退
1911 一般的不景气
1912 复兴；景气
1913 景气；衰退
1914 不景气
1915 复兴；景气
1916 景气
1917 景气；战争活动
1918 战争活动；衰退
1919 复兴；景气
1920 景气；衰退；不景气
1921 不景气
1922 复兴；景气
1923 复兴；衰退
1924 一般的不景气；复兴
1925 景气

*制成曲线的项目有所改变。

道乐赛·托马斯博士把未发表的说明1855—1913年这一时期英国商情变动的数列(按季)交给我们使用,使得我们有机会来比较英国年鉴和英国指数,国家经济研究局在这里向托马斯博士表示谢意。[①] 这个指数,像美国电话电报公司给美国编制的指数那样,是根据一系列反映各种经济活动的数列编成的综合指数。由于这些材料越来越丰富,托马斯博士的指数对于晚些时期的英国商情比该指数对于早些时期反映得更为翔实。但是,在指数中引用一个新的数列,该数列的数值和指数的其他组成部分的平均数不相一致,这当然会引起一些和商情变动不尽符合的变动。

总的说来,英国年鉴和英国指数是很相符的,尽管这种符合,不及美国年鉴和美国指数符合的程度。托马斯曲线,在年鉴报告商业复兴时往往上升,在年鉴报告景气时停留在高水平,在年鉴报告衰退时往往下降,而在年鉴报告不景气时停留在低水平。但有一些例外情况,需要加以说明。

(1)从曲线来判断,英国在1860—1861年间的商业情况,年鉴应该报告衰退。这几年呈现了非常复杂的情况。由于美国内战的结果,棉织业因为缺乏原料受到严重的打击。可是,按照其他行业的报告,英国并没有经济活动一般衰退的迹象。相反,大多数产业似乎都是很活跃的。比较详尽的年鉴,简明地叙述了这些事实。至于简短的总结,索普博士认为,没有一个词比他所使用的“不平衡的景气”更为确切。在大多数产业都很兴旺而一两个重要产业

① 参阅道乐赛·托马斯:“英国商业循环指数”,《美国统计协会杂志》,1926年3月,第21卷,第60—63页。

由于特殊原因而产生萧条的条件下，他使用了这个词句。托马斯博士所使用的19世纪60年代的统计数字，是棉业占很大比重的数字。因此，它的曲线是急剧地下降的。大多数涉及这几年的其他英国数列(国家经济研究局搜集的)都证实了指数所表示的情况，而没有证实商业评论家所下的断语。在我们以后的统计资料研究工作中，我们必须承认统计资料所一致表示的循环。可是，硬要把我们对于现今评论家的意见所做的解释适应于现有数字，这是掩盖困难而不是克服困难的做法。

(2)关于1874—1875年的情况，年鉴报告了不景气，而托马斯曲线，尽管下降，还是位在基线的上面。至于1881、1897—1898年和1910—1911年，年鉴报告了“一般的景气”或“景气”，而托马斯曲线只略低于基线或略高于基线。统计记录和年鉴的差异，可能是由于托马斯所使用的资料的缺点，也可能由于消除长期趋向技术上的困难。不过，这种差异也可能表示年鉴所特有的一个缺点。每个人在判断现今商业情况时，都会受到现今的情况和不久以前的情况相比较的影响。当商业在几年时间内(像英国商业在19世纪70年代初期那样)特别地好但以后却变为清淡时，评论家一定会说商业萧条了，尽管这个时候的交易额还是很大的。同样，在商业经过一个困难时期以后，评论家一看到商业趋于活跃，就认为这是景气。简单地说，人们对于商情的推断，可以说是一种社会现象，这种现象往往受到商业循环的影响。我们的年鉴总结了近人对商业情况的观点，因此它反映了他们在使用名词上观点的改变。

上面的比较所涉及的时期和国家，是商情报道已经很发达的时期和国家。美国和英国早期的一些年鉴以及那些组织上没像英

图22　年鉴和道尔赛·托马斯博士的英国循环季指数（1855—1914年）所表示的英国商业变动

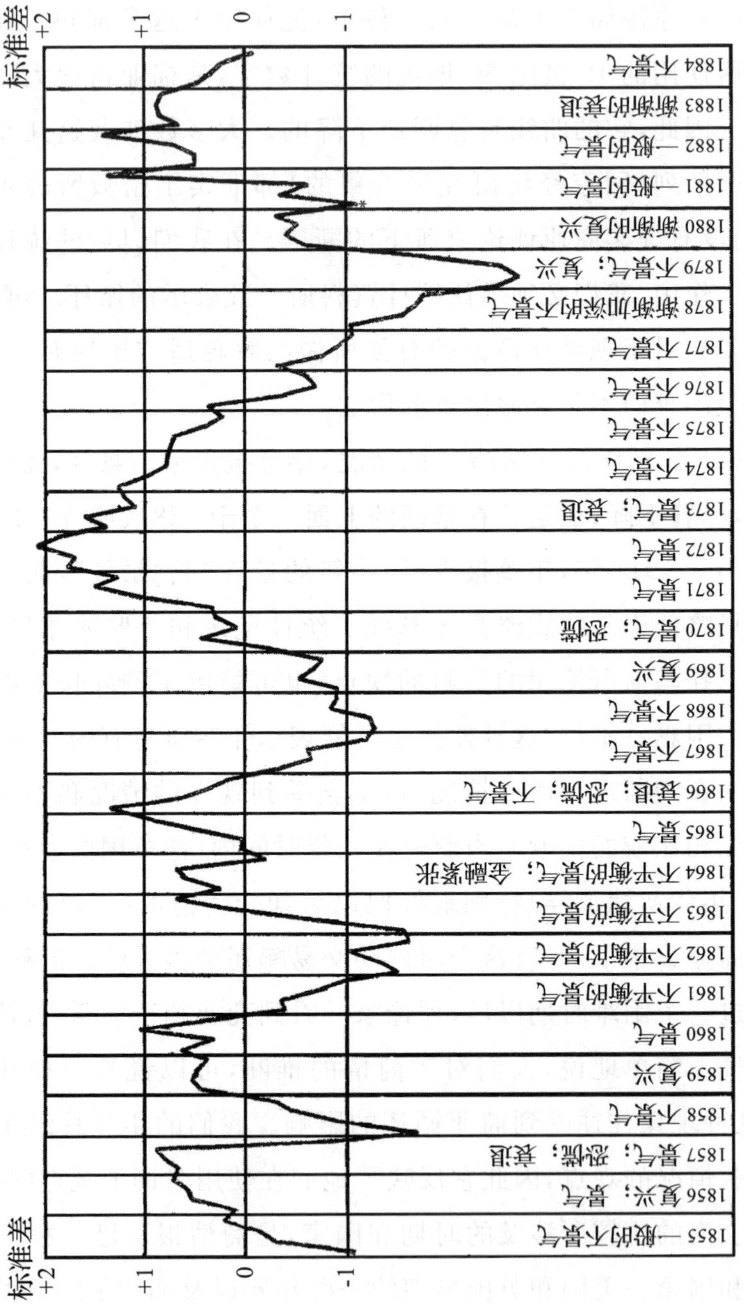

标准差

+2
+1
0
-1

1855 一般的不景气
1856 复兴；景气
1857 景气；恐慌；衰退
1858 不景气
1859 复兴
1860 景气
1861 不平衡的景气
1862 不平衡的景气
1863 不平衡的景气
1864 不平衡的景气；金融紧张
1865 景气
1866 衰退；恐慌；不景气
1867 不景气
1868 不景气
1869 复兴
1870 景气；恐慌
1871 景气
1872 景气
1873 景气；衰退
1874 不景气
1875 不景气
1876 不景气
1877 不景气
1878 渐渐加深的不景气
1879 不景气；复兴
1880 渐渐的复兴
1881 一般的景气
1882 一般的景气
1883 渐渐的衰退
1884 不景气

*制成曲线的项目有所改变。

图22（续）　年鉴和道尔赛·托马斯博士的英国循环季指数（1855—1914年）所表示的英国商业变动

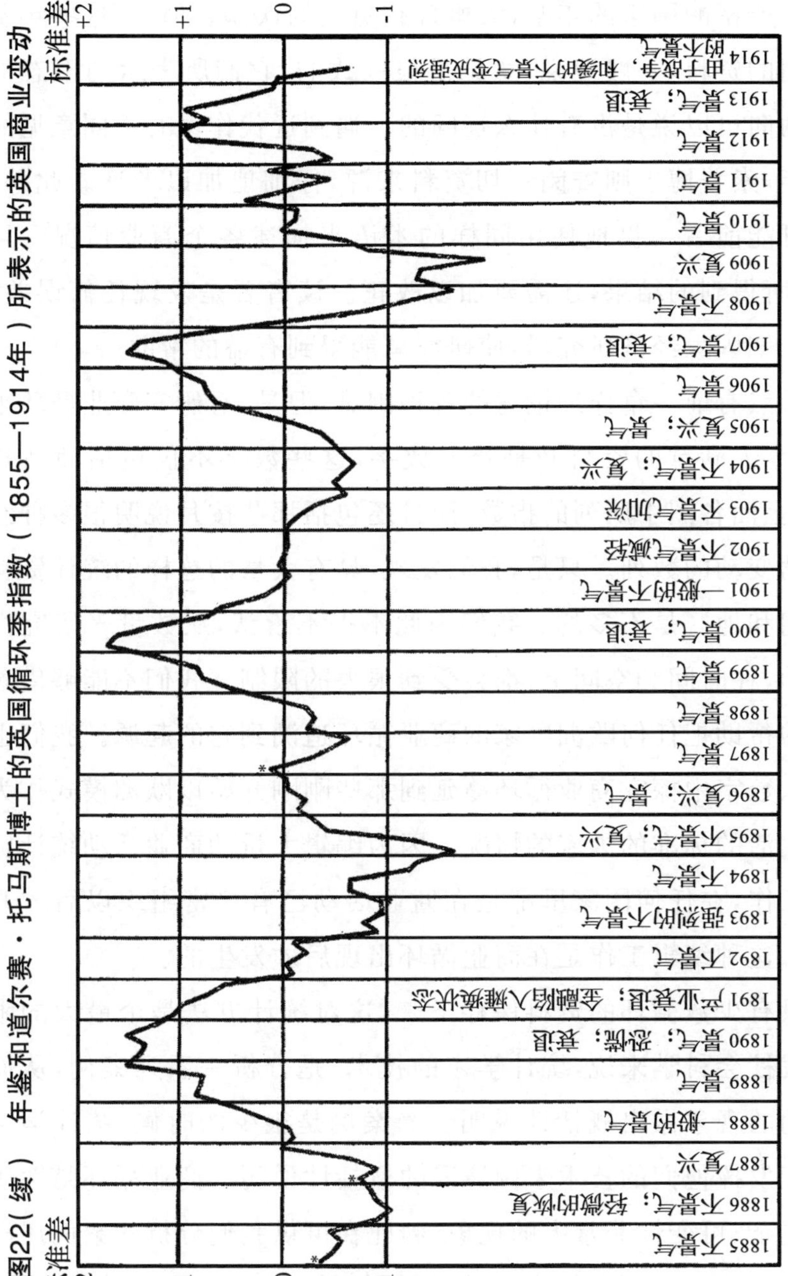

*制成曲线的项目有所改变。

美那样严密的国家的年鉴，大概含有更大的误差。但是，这些年鉴所使用的资料，一般地说，意见是很一致的，它们所表示的事态的一般动向可以说是没有什么疑问的。遇到近代作家有不同意见的那些年，索普博士则查阅一切资料来源，仔细地加以考证。此外，他尽可能前后一贯地使用同样的术语来描述各个商业情况。可是，他所得到的结果，还需要加以改正。读者要是发现任何误差，务望告知国家经济研究局，使研究局能得到有益的帮助。

虽然有前一章详细论述的各种困难，但是，对研究商业循环来说，最令人满意的资料乃是统计数字，这些数字不仅包括商情指数，如上面各图中所列的指数，而且还包括那些按月说明很多种经济活动变动的数列。只是，我们发现，具有大量的这样的统计资料的时期和地区是不多的。我们因此不得不承认，从数量来研究商业变动，在时间和空间上，都会受到很大的限制。我们不能够借着数字的帮助把任何欧洲国家的商业循环追溯到它的起源。我们也不能从数字中探究商业循环蔓延到那些刚刚开始以欧洲模式作为经济生活的标准的国家的情况。因为编辑大量的商业活动统计资料的工作，在任何国家里都是在商业活动已有严密组织以后才开始的。这种编辑工作是在商业循环出现后才发生的。

只有少数循环的资料保存下来，这对统计方法是个最大的限制。就社会科学来说，统计学家的技术，是分析一系列案例，从而对变动的现象做出概括性说明。当案例是很少的时候，统计学家便不能发挥他们的技术来做稳妥的概括性说明。商业循环是性质非常复杂、可变性非常大的现象，因此在可供我们分析的案例还没增加到比现有案例多得多以前，根据统计对商业循环所做的推断只能作为试验性的推断。

在这种情况下，我们最好从商业年鉴学得我们所能学得的东西。在像美国和英国这样的国家里，它们的商业年鉴所涉及的循环数目，至少比好几个统计数列所涉及的循环数目多一倍。在统计还停留在摇篮时期的国家里，这些国家的年鉴也能给我们提供一些关于发展过程的情况。当然，叙述性说明不可能很准确，但年鉴总是使用"大概"、"大抵"等字眼来叙述，年鉴把商业趋向的转折点划分出来，而且大略地比较不同国家在同一时期的景况。就年鉴补充统计分析而不是和统计分析相抗衡来说，从时期比较长和范围比较广的年鉴记录来探讨商业循环特征，自有它的价值。的确，正像前一章快结束时所说的那样，关于商业循环的一些基本问题，通过研究年鉴而能得到的答案，要比分析现有统计资料而得到的答案明确得多。

三、商业变动的循环性质

1."商业常态"是想象的产物

从年鉴所叙述的长时期、广泛的经验，可得出以下极概括的结论："商业常态"事实上并不存在。"商业常态"一词，在经济学说论述中和在商人谈话里，都是很常见的。可是，历史记载表明，实际情况和这想象的产物是不相符合的。

如果"正常"一词被解释为具有"通常的"、"普通的"、"在没有严重'干扰因素'的条件下存在的"等意义，那么年鉴所表明的唯一正常情况，乃是变动的形态（这在使用“商业常态”一词的人看来不是这个词语所指的意思）。从 1790 年的英国到 1925 年的中国，从瑞典到澳大利亚，各个有关的统计表都显示出不断的变动。在一个国家的记录里，往往连续数年使用“景气”这一词来形容商业情况，而“不景气”一词也往往连续使用。在不甚简短的概述里，这两个词语总被加上了那些表示景气或不景气正在增大或正在减少的形容词，即使在统计表里，也往往被加上这样的形容词。

假如“正常”所意味的，不是通常发生的东西，而是我们认为应该发生的东西，这同样也是一种臆造（尽管这种臆造是很有用的）。要想决定商业循环中哪一阶段最能增进社会福利，要想寻找方法来延长这个阶段的期间并缓和那些背离这个阶段的趋向，这些企图都是对的。不过，如果具有这样的意思，那就应该使用一个在意义上不像“正常”那样不明确的词语。

当然，经济理论家所说的“常态”（和分析时所假定的情况相符的状态），在历史记载中是找不到的。我们不可以认为，一个移动的“商业常态”是存在的，一切背离这个形态的趋向都会自己改正过来。即使真的需要有这个概念，也得使用意义比较明确的经济平衡一词来表达这个概念。

还有一个纷乱的原因，也就是避免使用这一词的另一个原因，那即是商业循环统计者随便地使用“正常”一词。有的时候，商业循环统计者意思是说长期平均数，但却使用“正常”一词；有的时候，意思是说长期趋向纵坐标所表示的动向，但却也使用“正常”一词。

2."循环"一词的使用

年鉴说明,商业是不断发生变动的,但年鉴也说明,任何国家中商业扩张和商业紧缩的交替不总是很有规则的。这样来说,把这些变动说成商业"循环",是不是适当呢?

这当然是一个有关专门名词正当用法的问题。在1922年,卡内基学会会长约翰·梅里安召集了一个"循环会议",在这个会议上,几个科学部门的代表讨论了他们所研究的各种循环现象。为了避免误会,与会的人认为有必要做出一个对气象学、植物学、地质学、古生物学、天文学、地理学和经济学都能适用的循环定义。在这一方面首先发言的是克莱门茨博士,他对循环所下的定义,经过讨论,得到了其他与会的人的赞许。克莱门茨博士说:"在一般科学上循环一词,是表示循环发生失常的现象——超过正常状态和不及正常状态的现象交替地发生。这种超过和不及的程度,往往是可以准确地计量的。循环一词和一定的时距未必都有关系,但一定的时距是天文循环所常具有的特征。除大家所熟悉的日的循环、月的循环和年的循环外,还有一个大家最熟悉的循环,那就是太阳黑点的重复出现,对于太阳黑点的重复出现,循环一词几乎是普遍地使用的。上面所述提供了有力的证明:循环一词的意义,在于它的重复发生,而与时距无关,因为太阳黑点的循环期,从1788年以来长短不一,从7年到17年不等。同时,自从1833年以来,黑点由最小到最大,时间是3年到5年不等,而黑点由最大到最小,时间是6年到8年不等。因此,把循环一词用于一切可以度量的重复发生的现象,并把周期或周期性一词用于那些有一定

时距的重复发生的现象，我们这样做似乎是适当的，不过我们得承认，在这两者之间并没有明确的界线。”①

我们的年鉴明白无疑地说明了商业活动中“各个阶段的循环”，而这种循环是“可以度量的”。因此，我们有充分的理由，按照经济学以外的其他科学的惯例，把“循环”一词用来表示商业变动。但“周期性”一词，我们在说明商业循环或危机时不应该使用，因为两个危机之间的时距是很不规则的。这种时距长短的不一致，比太阳黑点循环期长短的不一致大得多。不久我们就要看到这一点。

3. 商业循环的阶段

商业活动中循环发生的各个阶段，有的时候只分为两个阶段：不景气和景气。通常认为这些循环发生的阶段，有以下三种：景气、危机和不景气。② 但是，假如认为从景气到不景气的过渡，是个单独的阶段，那么，从不景气到景气的过渡，似乎也应该认为是个单独的阶段。这样来说，一个循环就有景气、危机、不景气和复兴四个阶段。③ 珀森斯更进一步地把那从景气到不景气的过渡分

---

① “循环会议的报告”，《地理学评论》，特别增刊，1928 年 10 月，第 13 卷，第 657、658 页。

② 参阅沃格尔博士在他的《国民经济发展过程学说和危机问题》一书中对于循环所做的叙述。见《国民经济发展过程学说和危机问题》，1917 年维也纳版，第 31、32 等页。

③ 约翰·米尔斯早在 1876 年就认为有四个阶段并且分别地加以说明。参阅米尔斯：“信用循环和商业恐慌的来源”，《孟彻斯特统计学会会报》（1867—1868 年）第 5—40 页。

为“金融紧张”和“工业危机”，这样就得到五个阶段。①

在包括简短时距的统计资料越来越多地编制出来的时候，循环的阶段越来越能够进一步地区分下去。而且，由于这方面的知识越来越多，而这种知识的实际应用越来越显得重要，上述比较精细的区分可能有它的必要性。可是，就现在来说，四个阶段已够满足系统研究的需要。把“金融紧张”和“工业危机”分为两个阶段，虽然是根据时序的先后，但却掺杂着逻辑上的理由，因此，对于有时序先后关系的循环来说，这种区分方法似乎会引起一定程度的纷乱。我们不久就要举出金融紧张不在循环从景气过渡到不景气的阶段内发生的例子，而且工业衰退往往在事先没有金融紧张迹象的条件下发生，例如美国在1923年的情况。不过我们在这里说到这些问题，就牵涉到一个需要单独讨论的问题。

4.“危机”和“衰退”

近期刊行的书，对于商业危机有两种完全不相同的看法。第一种看法的例子：阿夫达利安教授认为，危机是个“交叉点，景气通过这个交叉点转入不景气”②。第二个看法的例子：鲍尼兴教授认为，危机是“经济生活的根本性变动，它给很多企业家带来了财产和收入的损失，或带来了完全的经济破产”③。

① 参阅珀森斯教授载于《经济统计评论》上的各篇论文和《一般商情的度量和预测》一书，1920年纽约版，第34页。

② 阿夫达利安：《生产过剩所产生的周期性危机》，1913年巴黎版，第1卷，序言，第vi页。

③ 鲍尼兴：《经济危机》，1921年巴黎版，第31页。

由于危机有上述两个不同的定义，所以各书所承认的危机次数也有所不同，因而它们对于两个危机之间的平均时距也有不同的主张。在阿夫达利安之前，勒斯居尔教授就已把危机看作是景气和不景气的交叉点。他把1913年的危机列在他的书中的历史部分。可是，鲍尼兴却认为，在1907和1920年之间并没有危机发生，因为勒斯居尔自己也说，在1913年没有流行性倒风。[①] 图干-巴拉诺夫斯基更进一步强调了危机的强烈性，因而把危机时期一览表缩短了。他说，危机是在景气当中“像大风暴那样突然发作，给社会带来了破产、失业、穷困等等”。由于他对危机有上述的看法，他当然要说，英国在1873、1882、1890、1900年和1907年，避免了危机（虽在这些时期里，英国商业的发展中“仍像从前一样明显地”出现“工业循环”现象）。[②]

这两种看法中，哪一种更适合于商业循环的讨论呢？这是很容易决定的。在这种讨论里，最为重要的是商业活动中某些阶段的循环。从景气转变到不景气这一过渡时期乃是有规则的循环发生的阶段中的一个，不管它是否具有像鲍尼兴所说的“经济生活的根本性变动”的特征，不管金融紧张是否存在。

虽然这种转变的存在没有什么疑问，但是，对于要不要保留危机一词来描述这样的转变，却有很大的疑问。因为，危机这一词语往往使人像鲍尼兴和图干-巴拉诺夫斯基那样联想到金融紧张。

---

① 勒斯居尔：《生产过剩所产生的一般的、周期性危机》，第3版，1923年巴黎版，第2页和238—253页；鲍尼兴，同上书，第43、44页。

② 图干-巴拉诺夫斯基：《英国工业危机》，1913年巴黎版，第34、150、152、166、167、174等页。

在看不出有什么紧张情况的时候，把上述转变叫做危机，这样做会造成混乱。仔细地研究年鉴就能看到，完全没有紧张情况的转变是常常发生的(这种转变也许多于剧烈性的转变)。而且，现在有令人兴奋的迹象表明，和缓的转变越来越多于剧烈的转变了。

更令人惶惑的是，按照年鉴的报告，很多次的金融紧张不是在景气过渡到不景气的时间内发生的，而是在循环的其他阶段发生的。“金融紧张”和“交易所恐慌”是“大景气”中常常发生的现象，这些现象往往是在商业扩张阶段结束前一两年发生的。此外，还有若干次金融紧张，在不景气中发生，这些金融紧张，虽然没有像其他金融紧张那样被人们牢记在心里，但并不是不重要的。可以从年鉴中举几个这样金融紧张的例子：法国 1861 年的金融紧张，德国 1877 年的金融紧张，英国 1878 年的金融紧张，阿根廷 1891 年的金融紧张，澳洲和俄国 1892 年的金融紧张，意大利和荷兰 1893 年的金融紧张，美国 1896 年(以及 1819 和 1884 年)的金融紧张，南非 1898 年的金融紧张，日本 1901 年的金融紧张，中国 1912 年的金融紧张。年鉴所采用的资料来源往往使用了“危机”或“恐慌”等词语来描述这些夹在不景气当中的事件，有的时候，它们把“危机”作为不景气的同义词使用。

所以，在描述商业循环的这一阶段时，“危机”是个不恰当的名词。即使要保留这个名词的话，也得像勒斯居尔和阿夫达利安那样，对它下一个没有鲜明色彩的定义，只作为景气和不景气的交叉点。可是，把通俗词语作为专门术语来使用，这种做法曾引起很多的误会，人们在过去已有过这样的痛苦经验。科学作家们不能期望读者一听到术语学家的话，就能把旧的观念一下子肃清，并且把新的观念建立起来。

补救“危机”一词含义不明确的一个方法，是在使用这个词时加上限义性形容词。例如，约瑟夫·基钦把危机区分为大的危机和小的危机。可是，他所说的大危机，有时只是一些和缓的转变，许多作家根本不同意把这种转变叫做危机。例如，基钦把美国1822和1899年（把这个危机的时期定为1900年更为适当）的危机以及英国1913年的危机都看作大的危机，其他作家就不同意。[①] 因此，他的大危机的概念，对于不是专家的读者所造成的混乱，比不使用形容词所造成的混乱还要大。如果要使用形容词来补救这一词语含义不明的缺点的话，最好的办法，似乎是使用一对与含义不明之处直接有关的形容词。因此，像“和缓的危机”和“严重的危机”这种词语，如果没有很多既不能叫做和缓又不能叫做严重的危机的话，那么在像商业年鉴这样的叙述性著作里使用时，不但含义分明，而且是稳妥的。

但是，没有一套形容词，能够使“危机”成为商业循环第四阶段的适当名称。我们不能够说，“不景气、复兴、景气、和缓的或严重的危机”。我们只好在两者之中选择一个：或是保留“危机”一词，对它下个新的定义；或是使用一个和“复兴”相对应的词语来代替“危机”（“复兴”一词用以表示循环的向上转变）。后一办法，似乎是两个不好办法中比较好的一个，这特别是因为我们在理论上和实际上越来越关心到理论家不大注意的那些从景气过渡到不景气

① 参阅基钦：“经济因素的循环和趋向”一文中的“大危机日期”，《经济统计评论》，1923年1月，初刊第5卷，10—16页。

的轻微转变。

本书因此把商业循环分为四个阶段，即不景气、复兴、景气和衰退。我们没有废弃危机一词，但像使用“恐慌”和“大景气”等词语那样，我们使用危机来表示强烈的程度。各个商业循环都含有衰退的阶段，这种衰退可能具有危机的特征，也可能不具有危机的特征。如果发生了一个危机，这个危机可能蜕变成为恐慌，也可能不变成恐慌。所有关于商业循环的旧的书籍和大多数新近出版的书籍，所讨论的主要是危机、恐慌和严重的不景气，而这类年鉴却力图扩大范围，把轻微的衰退和商业呆滞时期也包括在说明的范围内。

就唤起读者对于轻微衰退的注意来说，我们的确已经说了很多——我们希望我们并没有说得过分地多。我们的目的，在于把一切具有商业一般萎缩征象的现象，哪怕是几个月的、没有达到严重程度的萎缩，也都列作衰退。这样的例子在美国 1888 年、1900 年和 1923 年的年鉴中都可以找到。其他的例子，是意大利在 1900 年、美国在 1803 年和 1854 年的衰退，以及 1918 年停战以后上面所说的 17 个国家中的大多数国家所经历的短暂的商业萎缩。另一方面，只有几个商业部门呈现萎缩现象就不列作衰退，例如，上面所提到的英国在 1860—1861 年的情况以及 1870 年普法战争所引起的伦敦金融紧张。

5.“景气”和“不景气”

关于用来表示商业循环其他两个阶段的名词，也许可以做出和上面稍微不同的评述。在比较年鉴和商情指数时，我们曾经注意到,“景气”和“不景气”这两个词语本身在意义上是反复不断地变动的。这两个词语的意义是相对的,而不是固定的。一个循环中比较活跃的阶段叫做景气,而不太活跃的阶段叫做不景气;可是,这两个阶段也许都是很轻微的转变。我们不应该认为,在各个循环的景气阶段或不景气阶段中,商业情况几乎都是同样的,即使在同一个国家里也不是同样的。在各个循环的不景气阶段中也是如此。

这两个词语意义的相对性,在第三章论述商情指数时就已提到,但在那里说得很少。商业循环的最高点,有的时候只比指数图的基线稍微高一些,有的时候是在基线的下面,但这种情况不很多,至于最低点,情形也是相似的(当然要做必要的更改)。就统计来说,景气和不景气都是变量,在相当大的全域里,比较有规则地分配着。①

我们也许能够从量的观点来对景气和不景气下个定义,例如,如果一些指数比它们修整过的趋向高出了百分之几,商业就是繁荣的。这种从质量到数量的转变,也许将来会被认为是一个既可以实行又是人们所企盼的办法。我们也许可以使用其他具有明显的相对性的词语来代替景气和不景气。例如,我们可以说,商业扩张阶段和商业萎缩阶段,或商业上升阶段和商业下降阶段。当然,上述两个提法,是完全不相矛盾的。可是,我们现有的商情指数,还不十分完备,而且所涉及的时间和空间在范围上不够广泛,我们

① 参阅第三章第六节3之(3):“关于使用商情指数来识别商业循环的问题”和第六节3之(7):“商业循环的幅度”。

不能够凭着这些指数来对景气和不景气的程度做满意的计量。第二个提法,并不会引起这样的困难,因此本章时常加以使用。替代的词语所可能引起的误会,看来是很小的,尽可以置诸不问。很少人会认为景气和不景气是确定的形态。当这些词语在商业循环方面的应用严重地越出含糊的通俗用法的范围时,以这些词语的学术性意义来提醒使用者,可能防止这些词语的滥用。

6. 商业循环的相同之处和不相同之处

从年鉴所述,可以得出一个重要结论:不景气、复兴、景气和衰退,在各个地方、各个时间,都是循环发生的;但也可以得出另一个结论:在一整列循环变动中,没有两个循环是完全相同的。各个商业循环,在其整个期间上各不相同,在其各个阶段的期间上也各不相同;各个商业循环在它们所涉及的产业范围和地理范围上各不相同;各个商业循环在强度上各不相同;各个商业循环在它们突出的特征上各不相同;各个商业循环在它们从一个国家蔓延到另一个国家的速度和一致性上各不相同。

上面对商业循环相同之处和不相同之处混杂在一起的情况的叙述,似乎会引起人们的困惑。但是,当我们看人们的脸,或考虑人们的品质,或研究任何社会现象时,我们也会遇到基本相同而个别地方不相同的这种混杂现象。在所有这种场合下,上述的不相同之处表明,概念上的一些困难是不可掩饰的,而解释上的困难也尚未克服。不过,在很久以前,人们发现,尽管各株松树在大小、形状、位置、颜色、粗度和硬度上各不相同,但他们却能有个松树的概念;尽管松树、枫树和棕榈树各不相同,而且很难把灌木和乔木区分出来，但他们却能有个树木的概念。而且，在最近一百年内，人们发明了一种研究那些围绕一个集中趋势而上下的各种变动的方法。这个方法揭露出这一事实：变动中存在着从前还没发觉的一致性。

这样来说，我们不能够把各个循环的不同之处作为怀疑这些循环是否真正地构成一种现象的理由。但是，因为这些不同之处是存在的，我们就得小心，不要使用那些仅仅适用于下列问题的概念和分析方法：在一定种类的各个个体中不存在不同之处或所存在的不同之处可以明确地加以区分（像几何学所讨论的问题）；或所存在的不同之处，对于考虑中的问题无关紧要（像物理和化学的某些分支所讨论的问题）。商业循环研究者应该尽可能明晰地把各个循环所特有的不同之处刻画出来，尽可能精密地计量，并找出这些不同之处是怎样围绕它们的集中趋势而分配着。虽然年鉴在形式上并不是数量的研究，但在处理这种统计问题时，在一定程度上，是可以使用的。

四、商业循环的期间

1. 现今对于商业循环平均期间的各个估计

在商业循环的许多不同之处中，最引起人们注意的，是期间的不同。不用说，商业循环的发现者过分强调了商业循环在期间方面的一致性，像他们强调其他方面的一致性一样。这些发现者受到一个重要经济学说的影响，都想到“正常的”循环，因而把他们的问题弄得简单化(直到现在,这种做法还是很普通的)。现在举一个极端的例子:在1867年,约翰·米尔斯说:“信用循环”以十年为期,包括三年商业日趋萧条的时期、三年商业日益蓬勃的时期、三年商业过分膨大的时期和一年危机。① 连早期的统计工作者,也受到“正常性”的蛊惑,急切地来证明“危机的周期性”,像1815、1825、1836、1847、1857年和1866年等危机日期所提示的那样。由于他们想要证明危机的周期性,因此他们在选择材料和处理材料上都有偏差。杰文斯是个正直的人,可是,在1875年,当太阳黑点循环期被推算为11.1年的时候,他就根据索勒耳德·罗杰斯的《英国农业和物价史》计算出物价变动的周期为11年。在太阳黑点循环期被修改为10.45年的时候,他又把英国各个危机的平均期间改为10.466年。② 为了得到后一计算结果,他故意把“1810—1811年的商业大失败”从他所编的危机一览表中勾去(因为这个商业大失败和他的十年期数列是不相吻合的),他还把1873年的危机略去,而且插入了其他作家没有发现的1878年危机。③

杰文斯从两个危机相隔的时间来计算循环的期间,并且把那

① “信用循环与商业恐慌的由来”,《曼彻斯特统计学会会报》,1867—1868年,第5—40页。参阅杰文斯在《政治经济学入门》一书中关于一个循环的图(《政治经济学入门》1882年纽约版,第121页)。

② 杰文斯在发现3年、5年、7年、9年周期(甚至13年周期),像11年周期那样,都能和罗杰斯教授的数字相符合以后,就把他的第一篇论文收回来,不将它发表。参阅杰文斯:《关于通货和财政的研究》,1884年伦敦版,第207、225页。

③ 参阅杰文斯三篇有关危机的论文,这些论文在他的《关于通货和财政的研究》一书里重印出来,特别可以参阅第200、203、225、233等页。

些在大景气以后的金融紧张或在长期不景气以前的衰退都列为危机。他的这种计算方法，在理论作家中间，还是普遍使用的。这些理论作家的计算结果，并不是很一致的。图干-巴拉诺夫斯基把7年和11年作为商业循环的最短和最长时间，并把10年作为平均期间。鲍尼兴说："在正常情况下"，循环期间是9—11年，但他又认为，存在着"商业循环正常期间约为10年的趋势"。卡塞尔把1873、1882、1890、1900年和1907年列为欧洲的危机年，并把1873、1882、1893、1903年和1907年列为美国的危机年。他没有把平均数计算出来，但就他所列举的日期来说，商业循环是以4年和11年为最短和最长的期间，而8年半是平均期间。拉文顿认为平均期间是8年。

和上述计算方法有点不同的，是从两个不景气相隔的时间来计算循环期间的方法。奥托·莱特纳，曾把美国从1808年到1921年的各次不景气时期记录下来。按照他的记录，美国在这个时期共有18次不景气。他的记录没把"小的"不景气包括在内，按照他的记录，各次不景气相隔的期间从3年到12年不等，而平均期间是6年8个月。乔治·赫尔认为不景气并不是定期的，他曾计算出，美国在1814年到1907年中曾发生17次"工业危机"。他所计算出的不景气日期和莱特纳的不景气日期有点不同，按照赫耳的计算，两个不景气相隔的时间是1—11年，平均时距为6年弱。

除上述外，我们可举出两个年数相同的计算结果，但是使用完全不相同的方法来计算的。庇古从英国失业人数报表计算出工业变动两个最高点相隔的时间和两个最低点相隔的时间，由这种计算,他求得商业循环的平均期间为 8 年弱。亨利·穆尔也算出了“原始经济循环”和“派生经济循环”的标准期间是 8 年,但他是用数列的周期分析法得到这个结果的。①

其他统计学家近来得到了和上面所述完全不相同的结论。例如,克腊姆教授曾对 1866—1922 年间纽约商业票据各月利率做了周期分析。他发现利率有 30—40 个月发生一次变动的迹象(但这种迹象似乎不是绝对可靠的)。同时,约瑟夫·基钦在对英国和美国 1890—1922 年的银行票据交换额、利率和批发价格做了分析以后,提出意见说,商业的循环变动是由若干平均期间为 40 个月的小循环以及若干由两个或三个小循环组成的大循环组成的。② 自从这两篇论文在 1923 年 1 月刊行以来,“40 个月循环期间”学说受到统计学家很大的欢迎。40 个月也是美国 1878—1923 年间各个商业循环的中位数(这是从五种商情指数计算出来的,在第三章里已经说过),但各个循环的平均期间是 42 个月。

2. 根据年鉴的度量

那些从度量各个危机年代或各个不景气年代之间的间隔时期

① 参阅图干-巴拉诺夫斯基:《英国工业危机》,1913 年版,第 247、248 页;鲍尼兴:《经济危机》,1922 年版,第 42 页;卡塞尔:《社会经济理论》,1924 年版,第 508 页;阿夫达利安:《生产过剩所产生的周期性危机》,1913 年版,第 1 卷,第 8—14 页;拉文顿:《商业循环》,1922 年版,第 14 页;莱特纳:《商业不景气史》,1922 年版,目录表;赫尔:《工业不景气》,1911 年版,第 54—57 页,以及年代表(50、51 等页);庞古:《福利经济学》,1920 年版,第 804 页;穆尔:《原始的经济循环》,1923 年版,第 15、64 等页。

② 参阅克腊姆:“商业票据利率的循环”,《经济统计评论》,1923 年 1 月,初刊第 5 卷,第 17—28 页;约瑟夫·基钦:《经济因素的循环和趋向》,同上,第 10—16 页。

而得到的各个结果之间的不相符之处，无须加以精密的考究。这种不相符之处，一半是由于各个度量所涉及的国家和时期有所不同，一半是由于对个别变动要严重到怎样程度才可叫做真正危机或真正不景气这一点有不同的意见。假定各个作家对于怎样构成一个循环的看法都是对的，那么我们可以认为他们对个别地方和个别时间所做的度量大抵是对的。任何一个人，如果愿意的话，都可以根据现有的年鉴，对用上述方法求得的任何平均数和变动限度加以确认或提出异议。

可是，任何细心研读年鉴的人，不管他对循环下什么定义，都会怀疑许多 6 年、8 年或 10 年的循环是否有一致性。拿卡塞尔所列举的美国危机年（1873、1882、1893、1903 年和 1907 年）作为例子。也许有人会说，年鉴证明了他的观点是正确的，尽管他把 1903 年列入而把 1886 年略去的原因是不明的。这里有个重要之处，就是 1882—1893 年的循环有 1890 年的衰退隔在中间，而 1893—1903 年的循环有 1896 年和 1900 年的衰退隔在中间。

关于这个时期中美国各个循环的长短的意见分歧，主要不在于商业扩展和商业萎缩的事实，而是哪些扩展和萎缩可作为商业循环来看待。早期作家认为只有突出的现象，如严重的危机以及两个危机之间比较长的间隔时期等，需要加以说明。在现今的理论性著作里，这一传统仍占着统治地位。但是，由于商业循环这一方面知识的增加，由于人们想更有效地利用这种知识来说明逐月的发展，更深入地研究商业循环问题，不但成为可能，而且是有益的。我们不否认大变动的更大重要性，但我们感到，在研究中很多时间是花在比较小的变动上面（理论家忽略了这些小变动）。上述的发展使得使用衰退概念来代替危机概念这一做法变得明智，同时也使得承认那些往往可从长期变动中划分出来的短期变动也变得明智，这种改变就把理论家通常所估计的美国循环的典型期间缩减了大约一半。

作为例证，我们根据美国年鉴编制了美国 1790 年以来的衰退一览表。在这个表里，各个衰退都附有说明强烈程度和主要特征的词句。在不景气当中出现的金融风波，不作为衰退来对待，不过那些通常被列为危机的金融风波，在表里另加附注。在这个时期的较早几年里，只注意北部各州的商业情况；有的时候，南部和西部这两个农业区的情况和北部是很不相同的。由于年鉴几乎使我们不可能精密地确定衰退的日期，因此下表所列各个循环期间只按年计算，不及一年的作为一年。

表 23　美国商业衰退和商业循环的大约期间(1790—1925 年)

		循环期间（按年计算）			循环期间（按年计算）
1796*	金融危机（春季）		1865	衰退（第二季）；	
1802	衰退（年初）	6		内战结束	5
1807*	衰退（年末）	6	1870	衰退（1 月）	5
1812	短暂的衰退（6 月）；		1873*	强烈的恐慌（9 月）	4
	对英战争	5	1882	衰退（年末）；1884 年*	
1815*	跟着和平而来			的金融恐慌	9
	的危机（3 月）	3	1888	轻微的衰退（年初）	5
1822	一般的衰退（5 月）	7	1890	金融危机（秋季）	3
1825*	恐慌（秋季）	3	1893*	严重的恐慌（5 月）	2

续表

1828	衰退(夏季)	3	1896	衰退(年初)、金融紧张	3
1833	衰退、恐慌(秋季)	5	1900	短暂、轻微的衰退(春季)	4
1837*	恐慌(春季)	4	1903*	金融紧张(春季)	3
1839*	恐慌(10月)	3	1907*	严重的危机(秋季)	4
1845	短暂的衰退(5月)	6	1910	一般的衰退(1月)	2
1846	一般的衰退(年初);对墨西哥战争	1	1913*	衰退(夏季)	3
1847*	衰退、金融恐慌(11月)	2	1918	停战协定签订以后的衰退(11月)	5
1853	衰退(最后一季)	6	1920*	严重的危机(五月)	2
1857*	衰退(晚春);恐慌(8月)	4	1923	一般的衰退(夏季)	3
1860	衰退(年末);内战将要发生	3			

备注:加上 * 号的年是指公认的危机年。其他常被列为危机年的是 1819 年(商业不景气中的金融紧张)和 1890 年。在某些表里,1903 年的"富人恐慌"被略去了。

为了说明通常计算循环期间的方法,我们把公认的美国的危机日期打上了星号,任何把本书所列举的危机日期和别的书所列举的危机日期来相比较的人,都会看到不同的计算方法,例如,有的书把 1837—1839 年列为一个危机期间。但是,按照我们所列举的日期来计算,在 1796—1920 年间,共有 14 次循环,其期间从 2 年左右(1837—1839 年)到 16 年左右(1857—1873 年),而平均期间是 $8\frac{6}{7}$年。如果我们把这里所列举的危机略去一些或归并一些,我们就能把循环期间的平均数提高;如果我们把某些别的衰退列作危机，我们就能把这个平均数降低。这样，可以容许的不同意见的范围是很大的。

假如我们不去区别各个危机的严重程度，而把所有衰退都算上，那么像上述不确定性的范围就会小些，但不确定性还是存在的。确定商业变动方向的变更，比确定变动的严重程度来得容易。如果另一个人根据我们最详尽的年鉴来编制衰退一览表，所列举的日期，可能和我们所列举的有点不同；如果又有一个人根据原始材料来编新的年鉴，所提出的衰退日期可能更不相同。但是，各个计算结果大体上似乎是确定的。

把两个衰退之间的间隔时期算作商业循环，注意到转变的方向，并把不及一年的作为一年，我们得到以下的结果：

大约 1 年的循环 1 个(1845—1846 年)
大约 2 年的循环 4 个
大约 3 年的循环 10 个
大约 4 年的循环 5 个
大约 5 年的循环 6 个
大约 6 年的循环 4 个
大约 7 年的循环 1 个(1815—1822 年)
大约 8 年的循环 0 个
大约 9 年的循环 1 个(1873—1882 年)

在 127 年中，总共有 32 次循环，平均期间是 4 年左右。最普通的循环期间是 3 年左右；这些循环期间，2/3 是 3—5 年。

这些计算结果可以和另一个国家相似的计算结果相比较，对于这个国家我们有包括 136 年的年鉴。在我们的计算结果里，列在鲍尼兴英国危机一览表中的年都打上星号来表示通常对于循环年表的看法。鲍尼兴所列举的16个日期，把英国1793—1920年的127年区分为15个循环(平均期间是8年半左右)。如果这个危机一览表中加上了1913年，就有16个循环，其期间从4年左右到13年左右不等，而平均期间是8年左右。应该把1913年列入危机一览表，正像应该把鲍尼兴所认为没有带来严重的金融紧张的转折点的某些日期列入危机一览表一样。

如果以衰退为划分界限，那么，就有22个循环。也许我们应该把以下衰退也加上去：拿破仑第一次退位以后1814年的衰退；1861年由于棉织业受到美国内战的影响而发生的衰退；金融紧张非常显著的1864年的衰退；1870年由于普法战争金融市场混乱而发生的衰退；1897年和1911年由于经济活动向上趋势受到阻抑而发生的衰退。但是，就现有的商情报表看来，在这些年份里商业并没有呈现一般下降的趋向。即使把这些衰退也包括在内，英国商业界所遇到的衰退的次数看来也比美国在同时期内所遇到的衰退的次数少。因此，一般来说，英国的循环比美国的循环长。按照表里所列举的日期来计算，英国的平均期间是5年9个月，而美国的平均期间是4年。

美国的平均数不能作为商情预测的规准，英国的指数更不能作为商情预测的准则。在表23或表24里，很难找出各个循环期间的规则性。当我们把英国循环按照它们的期间列成频数表时，我们就可以看出，英国循环的期间不像美国那么密集。以下是英国从1793年到1920年的循环：

为期约2年的循环2个(1829—1831年和1918—1920

年）

为期约 3 年的循环 1 个（1807—1810 年）

为期约 4 年的循环 5 个

为期约 5 年的循环 2 个

为期约 6 年的循环 4 个

为期约 7 年的循环 2 个

为期约 8 年的循环 3 个

为期约 9 年的循环 1 个（1873—1883 年）

为期约 10 年的循环 2 个（1837—1847 年和 1890—1900 年）

在英国，4 年期循环是最普通的；在美国，3 年期循环是最普通的。在英国循环中，1/2 是 4—6 年期的，而在美国循环中，2/3 是 3—5 年期的。

表 24　英国的商业衰退和商业循环的大约期间（1790—1925 年）

		循环期间（按年计算）			循环期间（按年计算）
1793	跟着 1792 年* 金融风波而来的衰退（二月）		1854	衰退（一月）；克里米亚战争	7
1797*	恐慌（二月）	4	1857*	金融恐慌（十一月）	4
1803	衰退（五年）；战争复发	6	1866*	严重的金融危机（第一季），奥弗伦—葛奈倒闭	8
1807	一般的衰退	4			
1810*	严重的危机（七月）	3	1873*	衰退（年末）	8
1815*	跟着战争结束而		1883	缓慢的衰退，在 1883	

续表

	来的危机(秋季)	5		年初开始,也许是在	
1819*	衰退(春季初)	4		1882* 开始	9
1825*	春季发生衰退;接着		1890*	跟着 1889 年 11 月的	
	发生金融恐慌	6		金融危机而来的衰退	8
1829	衰退(第一季)	4	1900*	衰退(夏季)	10
1831	衰退	2	1907*	衰退(秋季);金融紧张	7
1837	跟着 1836 年* 金融恐		1913	衰退(最后一季)	6
	慌而来的衰退(年初)	6	1918	由于签订停战协定而	
1847*	金融恐慌(四月);			产生的衰退(十一月)	5
	衰退(夏季)	10	1920*	严重的危机(第二季)	2

加上 * 号的年份是指鲍尼兴在《经济危机》一书所承认的危机(《经济危机》,1922 年巴黎版,第 43 页)。大多数权威作家,可能要把 1913 年也包括在内,其原因和鲍尼兴把 1882 年和 1990 年列在危机年一览表的原因是一样的,但这些年份并不具有金融紧张的特征。

把同一的分析方法应用到其他三个国家(关于这三个国家,我们有追溯到 19 世纪 60 年代、50 年代和 40 年代的年鉴),我们发现,这些国家的循环期间是介于英国和美国之间的。这些国家的循环的平均期间如下:

1838—1920 年(82 年)

法国,15 次循环,平均期间 5 年半。

英国(1837—1920 年),12 次循环,平均期间约 7 年。

美国(1837—1920 年),22 次循环,平均期间 $3\frac{3}{4}$ 年。

1848—1925 年(77 年)

德国,15 次循环,平均期间 5 年。

英国(1847—1920 年),11 次循环,平均期间 $6\frac{2}{3}$年。

美国(1847—1923 年),19 次循环,平均期间 4 年。

1866—1922 年(56 年)

奥地利,10 次循环,平均期间 5.6 年。

英国(1866—1920 年),8 次循环,平均期间 $6\frac{3}{4}$年。

美国(1865—1923 年),15 次循环,平均期间将近 4 年。

3. 根据年鉴而做的度量的频数分配

下面的图表系统地总结了我们所搜集的关于各个循环期间的资料。表 25 是跟表 23 和表 24 同样性质的表。表 25 表示 15 个国家的衰退日期,这些是索普博士根据年鉴尽可能正确地确定的日期。表 25 也表示各个循环的大约期间,不及一年的按一年计算。图 23 是表 23、表 24 和表 25 的图示。图 23 使用不同长度的线,把上面所说的各个国家的循环期间按年表示出来。

表 25　15 个国家的商业衰退期间(从各个不同的年份到 1925 年)

		循环期间(按年计算)			循环期间(按年计算)			循环期间(按年计算)
法国			1882	年初	6	1866	6 月	9
1838			1890	年初	8	1870	7 月	4
1847	年初	9	1900	夏末	11	1873	秋季	3
1854	3 月	7	1908	年初	7	1878	年初	4
1857	秋季	3	1913	夏初	5	1880	年初	2
1860	秋季	3	1918	11 月	5	1882	夏季	3
1867	年初	6	1920	夏季	2	1890	年初	8

续表

1870	7月	3	德国			1900	8月	10
1873	年初	3	1848			1904	夏季	4
1876	年初	3	1857	秋季	9	1907	夏季	3
1913	夏季	6	荷兰			1888		
1918	11月	5	1891	年初		1893	年初	5
1922	夏季	4	1901	年初	10	1900	秋季	7
1925	夏季	3	1907	秋季	7	1907	秋季	7
奥地利			1913	年末	6	1913	下半年	6
1866			1917	年初	3	1918	11月	5
1869	年末	3	1920	秋季	4	1920	秋季	2
1873	夏季	4	意大利			1924	春季	4
1884	年初	11	1888	年初		南非		
1892	年初	8	1900	春季	12	1890	9月	
1894	年初	2	1907	最后一季	8	1895	秋季	5
1900	年初	6	1913	下半年	6	1899	10月	4
1908	年初	8	1918	10月	5	1903	年初	3
1912	秋季	5	1920	年初	1	1913		10
1918	10月	6	阿根廷			1918	年末	5
1922	秋季	4	1890	第一季		1920	秋季	2
俄国			1892	秋季	3	澳大利亚		
1891	年初		1900	年初	7	1890	1月	
1899	第三季	8	1903	年初	8	1901	1月	11
1904	2月	5	1911	年初	3	1903	1月	7
1908	年初	4	1913	年初	2	1913	1月	5
1914	年初	6	1920	12月	8	1914	秋季	2
1917	3月	3	巴西			1920	11月	6
1923	10月	7	1889	11月		1924	1月	3
1925	年末	2	1896	年初	6	印度		
瑞典			1900	秋季	5	1889		
1892	年初		1907	秋季	7	1896	夏季	7

续表

1901	年初	9	1912	年末	5	1900	夏季	4
1907	秋末	7	1918	11月	6	1907	秋季	7
1913	秋季	6	1920	秋季	2	1914	8月	7
1917		4	1924	下半年	4	1918	11月	4
1920	夏季	3	加拿大			1920	5月	2
日本			1914	春季	7	1900	5月	3
1890	1月		1918	11月	5	1906		6
1894	8月	5	1920	3月	1	1910		4
1897	秋季	3	中国			1920	年中	10
1905	9月	8	1888					
1907	春季	2	1897		9			

我们可以把这些图表所汇集的关于商业循环期间的观察结果看作是历史研究的资料或看作是一个理论问题的资料。就前者来说，我们要问：我们已经有了年鉴的那些国家和那些时期的商业循环，这些循环的期间究竟是怎样的呢？就后者来说，我们要问：根据上述的抽样观察，我们对于商业循环的期间可以做怎样的臆测呢？

作为历史资料，我们的观察结果，可能含有一些不正确的地方。我们把商业衰退看作是跟着扩张时期而来的大部分产业经济活动衰落的现象，在这一个前提下，我们设法找出某些国家在某些时期所发生的各个衰退，并断定这些衰退的日期。以各个衰退日期为基础，我们计量了各个循环的大约年数。最后，我们根据上述度量计算出平均数。在做这些计量的时候，我们可能会有差错，我们可能略去了一些衰退，可能把一些不适合于我们衰退定义的现象也列为衰退。我们可能在计量或计算平均数时有了差错。可是，只要我们所企图的只是报告过去所发生的事情，我们就得竭力注意我们的工作是否做得准确。历史记录是固定的，它有它的特点和重要性。在研究历史记录时，我们绝不可妄加推测。

假如我们把我们的观察结果看作是对一般商业循环期间做理论性结论时所根据的资料，那么一个比较难解的问题和若干其他问题就出现了。在这一方面我们不仅要问我们的观察结果是否符合事实，而且还要问这些观察能否代表所度量的现象。我们的观察是否做得很多？这些观察是否彼此互无关系？我们应不应该抛弃对下列循环的观察：我们认为由于那些和商业活动没有有机联系的因素的作用而缩短或加长的循环？

图 23　按照年代次序排列的商业循环的大约期间

1873—1876
1876—1882
1882—1890
1890—1900
1900—1908
1908—1913
1913—1918
1918—1920

英国

1793—1797
1797—1803
1803—1807
1807—1810
1810—1815
1815—1819
1819—1825
1825—1829
1829—1831
1831—1837
1837—1847
1847—1854
1854—1857
1857—1866
1866—1873
1873—1883
1883—1890
1890—1900
1900—1907
1907—1913
1913—1918
1918—1920

德国

1848—1857
1857—1866
1866—1870
1870—1873
1873—1878
1878—1880
1880—1882
1882—1890
1890—1900
1900—1904
1904—1907
1907—1913
1913—1918
1918—1922
1922—1925

奥地利

1866—1869
1869—1873
1873—1884
1884—1892
1892—1894
1894—1900
1900—1908
1908—1912
1912—1918
1918—1922

俄国

1891—1899
1899—1904
1904—1908
1908—1914

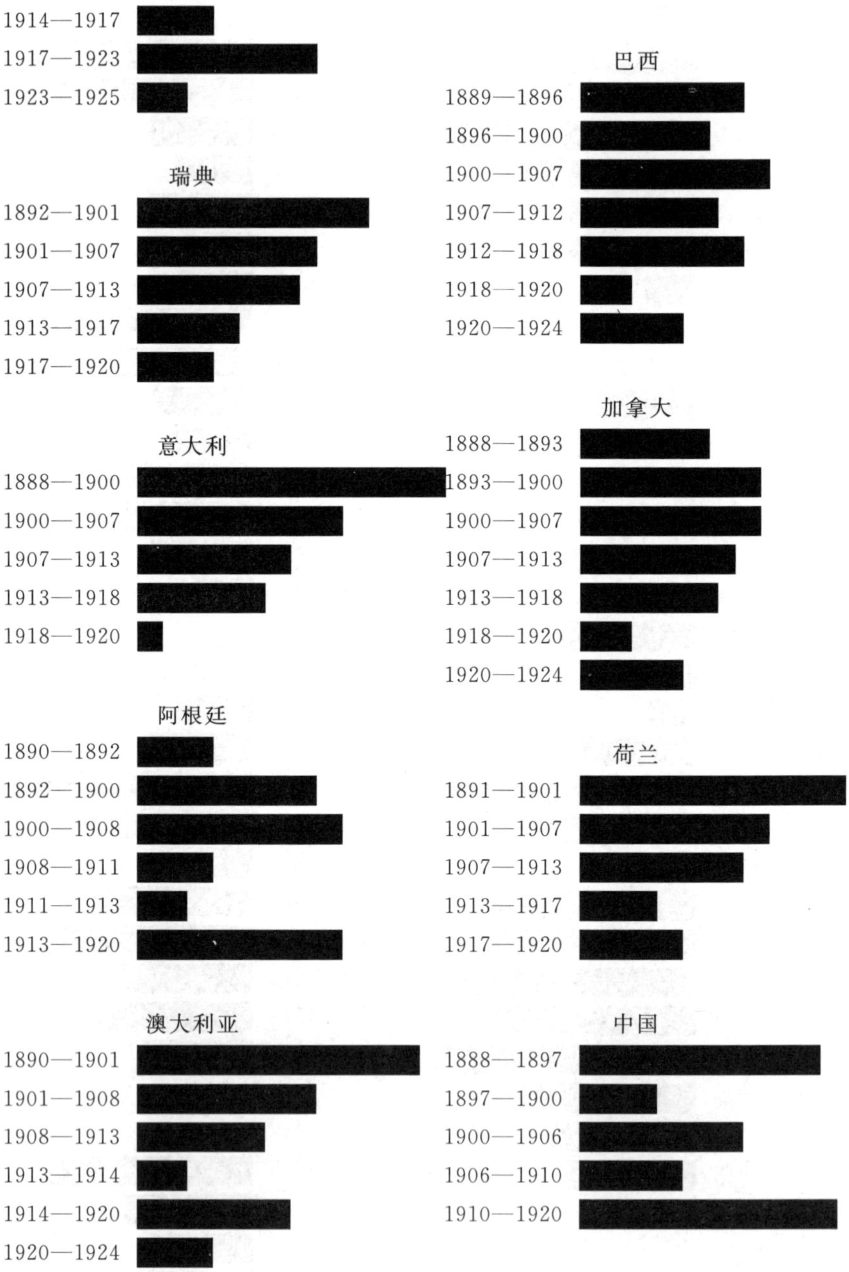

1914—1917
1917—1923
1923—1925

瑞典

1892—1901
1901—1907
1907—1913
1913—1917
1917—1920

意大利

1888—1900
1900—1907
1907—1913
1913—1918
1918—1920

阿根廷

1890—1892
1892—1900
1900—1908
1908—1911
1911—1913
1913—1920

澳大利亚

1890—1901
1901—1908
1908—1913
1913—1914
1914—1920
1920—1924

巴西

1889—1896
1896—1900
1900—1907
1907—1912
1912—1918
1918—1920
1920—1924

加拿大

1888—1893
1893—1900
1900—1907
1907—1913
1913—1918
1918—1920
1920—1924

荷兰

1891—1901
1901—1907
1907—1913
1913—1917
1917—1920

中国

1888—1897
1897—1900
1900—1906
1906—1910
1910—1920

按照这里所使用的循环这一术语的意义来说(一个国家在商业活动中所遇到的景气、衰退、不景气和复兴的循环),过去所发生的商业循环的总数大概不到一千次。因为商业循环是某种形式的经济组织所特有的现象,而即使在西欧,这种经济组织成为占优势的组织,也不到二百年,在其他地方则为期更短。而且,如果我们的资料是可以信赖的话,那么循环期间平均是五年。我们所计量的 166 个循环,在循环总数中占了重大的部分。如果我们编制挪威、比利时、瑞士、丹麦、西班牙、新西兰和智利等国的商业年鉴,我们可能得到像那些已经列在图表里的那么满意的观察结果。我们也许能够找出希腊、埃及、土耳其、几个巴尔干国家、墨西哥以及其他一些西班牙语系南美国家的商业循环。无疑,在我们所研究的 17 个国家中,对于大多数这些国家的研究,可以追溯到更早一些时期。可是,即使我们把我们的研究推广到所有商业循环迹象还不十分显著的地区,商业循环的数目也不是很多。假使我们采用一个严格的标准,那么我们就不能够推广研究的范围,而且还要剔

除上面所包括的某些国家的循环。中国的变动是否应该看作商业循环,这是个还没确定的问题。中国的变动充其量只代表那些和外国有大量交易的沿海城市的情况。此外,我们对于初期美国的观察结果也是有问题的,即便理解到这些观察结果所涉及的只是原来的 13 州中有高度组织的几州。

我们所做的观察不是彼此互无关系的。我们可以看到,每个国家的商业循环期间都会影响到其他国家的商业循环期间,也受到其他国家商业循环期间的影响。而且,那些影响到商业循环期间的非商业因素,往往会对几个国家产生同样的结果。举一个例子:在我们所研究的 17 个国家中,7 个在世界大战结束时都有两年期的循环。我们的 166 个观察,很多都是联系在一起的,因此它们围绕着集中趋势而分布时,不像它们各自独立时那么有规则。

假使我们想尽可能地找出未来的商业循环可能有的期间,那么我们就该丢弃一些观察结果。若干循环的期间是由那些将来大概不起作用的因素决定的,这些循环的观察结果,我们应该放弃。如果任何一个国家的资料呈现循环期间变更的显著迹象,那么这个国家的后期资料就为预测提供了一个比前期资料或整列资料更可靠的规准。但是,我们不应该忽视那些似乎已被战争、内乱、异常的收获情况或其他因素所缩短或加长的循环,除非我们认为这些"干扰因素"在将来不会重复发生。即使那些认为商业循环"倾向"于有一个标准期间的人,在研究了我们的这些图以后,也会下结论说,他们最好还是采用资料所表示的原来期间。

总之,我们的观察结果,给商业循环期间的研究提供了一个很满意的基础。像一切观察那样,我们观察的正确性是有问题的,但我们的观察是细心地来搞的，而且观察次数多得足以使误差在一定程度上能互相抵消。我们愿意得到更多的案例，但现有的案例可说是所有这种案例中相当大的部分。我们可不必以某些循环的期间受了“干扰因素”的影响为理由而反对任何的观察结果，因为我们所感兴趣的是现实世界所发生的循环，在这个世界里“干扰因素”不断起着作用。假如我们所做的观察是完全互无关系的，我们就能得到比较有规则的分布。可是，就世界的现状来说，循环期间互相依赖，这是各个国家所发生的商业循环的特征。如果我们把所有对过去循环的度量全部排列出来，这个排列在循环的期间上将和我们的抽样大抵相同。将来的循环期间似乎是越来越相互依赖的。我们似乎应该想象，我们的分配表是由若干次少于名义上的次数的独立计量制成的，但所使用的权数总共是 166 个。很多循环是用 1 加权的，而另一些循环所用的权数最高是 7。这些循环在商业关系很密切或受一些同样的非商业因素的影响的国家里，是在相同的日期开始和结束的。

为使我们的资料变成可供分析的形式，我们就得不管各个不同期间的循环的年代次序，把各个循环在频数表里重新安排一下，像我们对英美循环所做的那样(频数表表示各种不同期间的循环的次数)。在表 26 里，我们就是这样做的。但是，个别国家的表，除英美外，是没有什么意义的，因为循环数目是很小的——5—15 个循环。因此，我们把对个别国家的观察归并成组，根据表 26 编制表 27。为便于比较表里 24 个分配起见，我们把所有案例化成百分数。图 4 用图表示这些以百分数表示的分配。

表 26　按年数编制的商业循环频数分配

资料包括 17 个国家。从各个不同年份到 1925 年

（根据表 23、表 24 和表 25）

年数	英国 1793—1920	法国 1838—1920	德国 1848—1925	奥地利 1866—1920	意大利 1888—1920	荷兰 1891—1920	瑞典 1892—1920	俄国 1891—1925
1 年	…	…	…	…	1	…	…	…
2 年	2	1	1	1	…	…	…	1
3 年	1	5	4	1	…	1	1	1
4 年	5	…	4	2	…	1	1	1
5 年	2	2	1	1	1	…	…	1
6 年	4	2	1	2	1	1	1	1
7 年	2	2	…	…	…	1	1	1
8 年	3	1	1	2	1	…	…	1
9 年	1	1	2	…	…	…	1	…
10 年	2	…	1	…	…	1	…	…
11 年	…	1	…	1	…	…	…	…
12 年	…	…	…	…	1	…	…	…
	—	—	—	—	—	—	—	—
总数	22	15	15	10	5	5	5	7
平均年数	5.8	5.5	5.1	5.6	6.4	5.8	5.6	4.9

年数	美国 1796—1923	加拿大 1888—1924	澳大利亚 1890—1924	南非洲 1890—1920	阿根廷 1890—1920	巴西 1889—1924	印度 1889—1920	日本 1890—1920	中国 1888—1920
1 年	1	…	…	…	…	…	…	1	…
2 年	4	1	1	1	1	1	1	1	…
3 年	10	…	1	1	2	…	…	1	1
4 年	5	1	…	1	…	1	2	…	1

续表

5 年	6	2	1	2	…	2	…	2	…
6 年	4	1	1	…	…	2	…	…	1
7 年	1	2	1	…	1	1	3	1	…
8 年	…	…	…	…	2	…	…	1	…
9 年	1	…	…	…	…	…	…	…	1
10 年	…	…	…	1	…	…	…	…	1
11 年	…	…	1	…	…	…	…	…	…
	—	—	—	—	—	—	—	—	—
总数	32	7	6	6	6	7	6	7	5
平均年数	4.0	5.1	5.7	5.0	5.0	5.0	5.2	4.3	6.4

表 27　按大约年数编制的商业循环频数分配(按个别国家、国家集团和时期分类)(根据表 26)

年数	美国		英国		美国和英国		美国、英国、法国、德国和奥地利						年数
							1873 年以前		1873 年以后		全期		
	数目	百分数	数目	百分数	数目	百分数	数目	百分数	数目	百分数	数目	百分数	
1	1	3.1	…	…	1	1.9	1	2.1	…	…	1	1.1	1
2	4	12.5	2	9.1	6	11.1	2	4.3	7	14.9	9	9.6	2
3	10	31.2	1	4.5	11	20.4	12	25.5	9	19.1	21	22.4	3
4	5	15.6	5	22.7	10	18.5	10	21.3	6	12.8	16	17.0	4
5	6	18.8	2	9.1	8	14.8	5	10.6	7	14.9	12	12.8	5
6	4	12.5	4	18.2	8	14.8	8	17.0	5	10.6	13	13.8	6
7	4	3.1	2	9.1	3	5.6	3	6.4	2	4.3	5	5.3	7
8	…	…	3	13.6	3	5.6	2	4.3	5	10.6	7	7.4	8
9	1	3.1	1	4.5	2	3.7	3	6.4	2	4.3	5	5.3	9
10	…	…	2	9.1	2	3.7	1	2.1	2	4.3	3	3.2	10
11	…	…	…	…	…	…	…	…	2	4.3	2	2.1	11
总数	32	100.0	22	100.0	54	100.0	47	100.0	47	100.0	94	100.0	总数

续表

年数	有密切商业关系的国家[1]		比较地互无关系的国家[2]		平均期间是5.5年以上的国家[3]		平均期间是5.2年以下的国家[4]				平均期间是5.0年到5.7年的国家		年数
	数目	百分数	数目	百分数	数目	百分数	数目	百分数	数目	百分数	数目	百分数	
1	…	…	1	2.6	1	1.4	1	1.6	2	2.2	…	…	1
2	4	10.3	5	13.2	5	6.9	8	13.1	12	12.9	11	10.5	2
3	7	18.0	5	13.2	11	15.4	9	14.8	19	20.4	16	15.2	3
4	6	15.4	8	21.0	10	13.7	10	16.4	15	16.1	17	16.2	4
5	4	10.3	6	15.8	7	9.6	10	16.4	16	17.2	13	12.4	5
6	5	12.8	6	15.8	13	17.8	5	8.2	9	9.7	14	13.3	6
7	2	5.1	3	7.9	7	9.6	9	14.8	10	10.8	13	12.4	7
8	6	15.4	2	5.3	7	9.6	5	8.2	5	5.4	9	8.6	8
9	1	2.6	1	2.6	4	5.5	2	3.3	3	3.2	5	4.8	9
10	2	5.1	1	2.6	4	5.5	2	3.3	2	2.2	4	3.8	10
11	2	5.1	…	…	3	4.1	…	…	…	…	3	2.9	11
12	…	…	…	…	1	1.4	…	…	…	…	…	…	12
总数	39	100.0	38	100.0	73	100.0	61	100.0	93	100.0	105	100.0	总数

续表

年数	8个欧洲国家		9个非欧洲国家		5个讲英语的国家[1]		12个非英语国家		所有国家（美国除外）		所有国家		年数
	数目	百分数	数目	百分数	数目	百分数	数目	百分数	数目	百分数	数目	百分数	
1	1	1.2	2	2.4	1	1.4	2	2.2	2	1.5	3	1.8	1
2	6	7.1	11	13.4	9	12.5	8	8.6	13	9.7	17	10.2	2
3	14	16.7	16	19.5	13	17.8	17	18.3	20	14.9	30	18.1	3
4	14	16.7	11	13.4	12	16.4	13	14.0	20	14.9	25	15.1	4
5	8	9.5	15	18.3	13	17.8	10	10.8	17	12.7	23	13.9	5
6	13	15.5	9	11.0	10	13.7	12	12.9	18	13.4	22	13.3	6
7	7	8.3	10	12.2	6	8.2	11	11.8	16	11.9	17	10.2	7
8	9	10.7	3	3.7	3	4.1	9	9.7	12	9.0	12	7.2	8
9	5	6.0	2	2.4	2	2.7	5	5.4	6	4.5	7	4.2	9
10	4	4.8	2	2.4	3	4.1	3	3.2	6	4.5	6	3.6	10
11	2	2.4	1	1.2	1	1.4	2	2.2	3	2.2	3	1.8	11
12	1	1.2	…	…	…	…	1	1.1	1	0.7	1	0.6	12
总数	84	100.0	82	100.0	73	100.0	93	100.0	134	100.0	166	100.0	总数

仅仅近代的循环(从大约 1890 年到 1925 年)

续表

年数	欧洲与非欧洲国家				工业国家与非工业国家				包括美国和不包括美国的总数				年数
	8 个欧洲国家		8 个非欧洲国家[2]		7 个工业国家[3]		7 个非工业国家[4]		不包括美国		包括美国		
	数目	百分数	数目	百分数	数目	百分数	数目	百分数	数目	百分数	数目	百分数	
1	1	2.2	1	2.0	…	…	2	3.2	2	2.1	2	1.9	1
2	3	6.7	7	14.0	5	11.6	8	12.9	10	10.5	13	12.4	2
3	6	13.3	6	12.0	9	20.9	7	11.3	12	12.6	16	15.2	3
4	7	15.6	6	12.0	8	18.6	7	11.3	13	13.7	15	14.3	4
5	6	13.3	9	18.0	5	11.6	11	17.7	15	15.8	16	15.2	5
6	8	17.8	5	10.0	6	14.0	7	11.3	13	13.7	13	12.4	6
7	5	11.1	9	18.0	4	9.3	10	16.1	14	14.7	14	13.3	7
8	3	6.7	3	6.0	1	2.3	5	8.1	6	6.3	6	5.7	8
9	1	2.2	1	2.0	1	2.3	1	1.6	2	2.1	2	1.9	9
10	3	6.7	2	4.0	3	7.0	2	3.2	5	5.3	5	4.8	10
11	1	2.2	1	2.0	1	2.3	1	1.6	2	2.1	2	1.9	11
12	1	2.2	…	…	…	…	1	1.6	1	1.1	1	1.0	12
总数	45	100.0	50	100.0	43	100.0	62	100.0	95	100.0	105	100.0	总数

1. 英国、美国、加拿大、澳大利亚、南非。
2. 不包括美国。
3. 英国、法国、德国、奥地利、荷兰、瑞典、美国。
4. 列在年鉴内的一切其他国家。

图 24 中头六个分段图涉及五个国家，对于这五个国家我们有较长时期的商业年鉴。美国分配的特性显得很突出：集中在三年的众数很明显的呈现出来，像“长钉”那样突出，而比较小的离势也很明显。这种离势是由一个标准和差一个离中系数来表示的；这个标准差是各个标准差中最低的一个，而离中系数是第二低的一个。至于英国分配，2 年期、4 年期、6 年期、8 年期和 10 年期的循环比 3 年期、5 年期、7 年期和 9 年期的循环显得突出，这是个奇妙

的现象。由于观察次数不多(只 22 次),这个特征是否重要,我们不能确定。无论如何,英美分配的不规则性,大体上是相互抵消的,因此图 C 比这个图所根据的整列英美资料显得有规则。

图 24　按大约年数计算的各个国家各个时期商业循环期间的频数分配(以百分数表示)

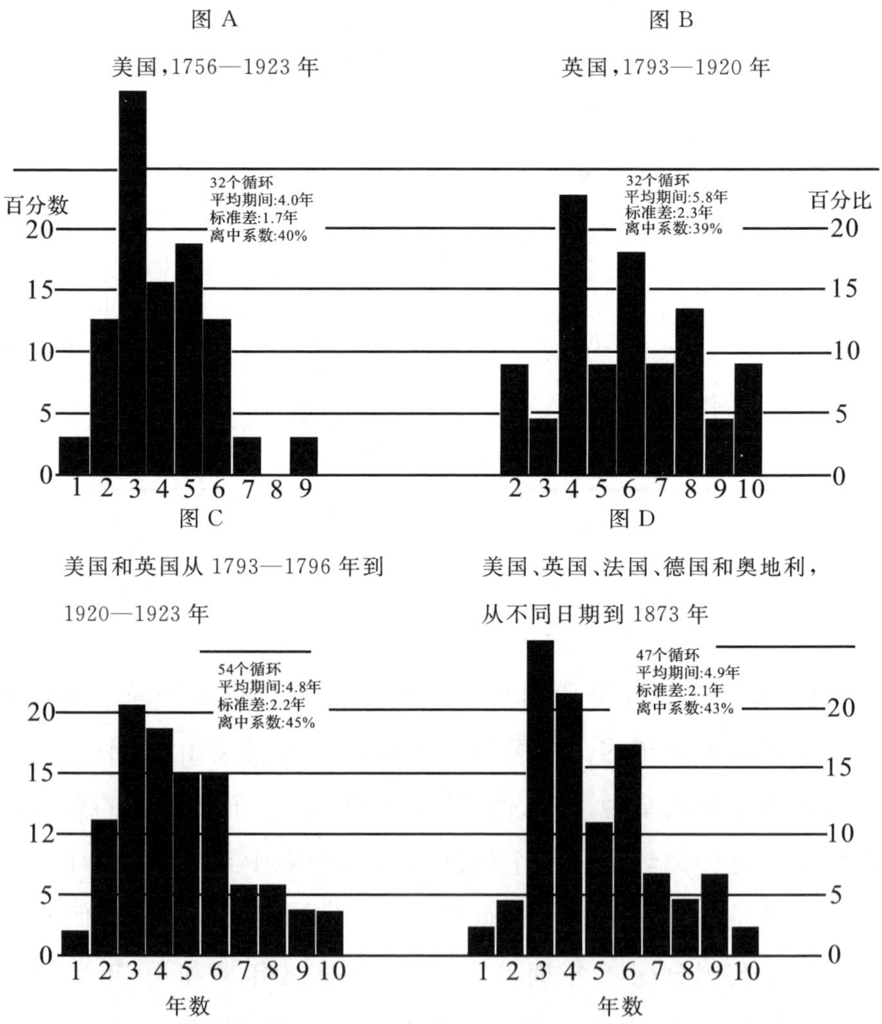

图 A

美国,1756—1923 年

32个循环
平均期间:4.0年
标准差:1.7年
离中系数:40%

百分数

0 5 10 15 20

1 2 3 4 5 6 7 8 9

图 B

英国,1793—1920 年

32个循环
平均期间:5.8年
标准差:2.3年
离中系数:39%

百分比

0 5 10 15 20

2 3 4 5 6 7 8 9 10

图 C

美国和英国从 1793—1796 年到 1920—1923 年

54个循环
平均期间:4.8年
标准差:2.2年
离中系数:45%

0 5 12 15 20

1 2 3 4 5 6 7 8 9 10

年数

图 D

美国、英国、法国、德国和奥地利,从不同日期到 1873 年

47个循环
平均期间:4.9年
标准差:2.1年
离中系数:43%

0 5 10 15 20

1 2 3 4 5 6 7 8 9 10

年数

图 E

美国、英国、法国、德国和奥地利，从 1873 年到 1920—1925 年

图 F

美国、英国、法国、德国和奥地利，全时期

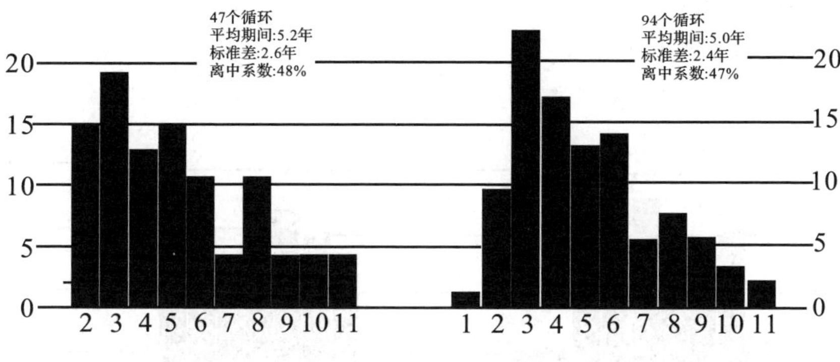

图 G

有密切关系的国家：英国、法国、德国和奥地利，1866—1920 年

图 H

比较相互无关的观察：

英国 1793—1825 年；

美国 1825—1857 年：

德国 1857—1890 年；

俄国 1891—1925；

加拿大 1888—1924 年

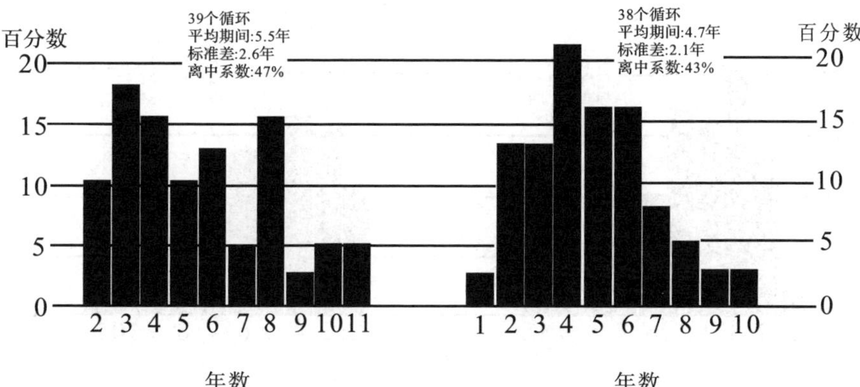

年数　　年数

图 I

循环平均期间是五年半以上的国家：法国、奥地利、瑞典、英国、澳大利亚、荷兰、意大利、中国，从各个不同日期到 1920—1924 年

图 J

循环平均期间是 5.2 年以下的国家（不包括美国）：日本、俄国、南非、阿根廷、巴西、加拿大、德国、印度，从各个不同日期到 1920—1925 年

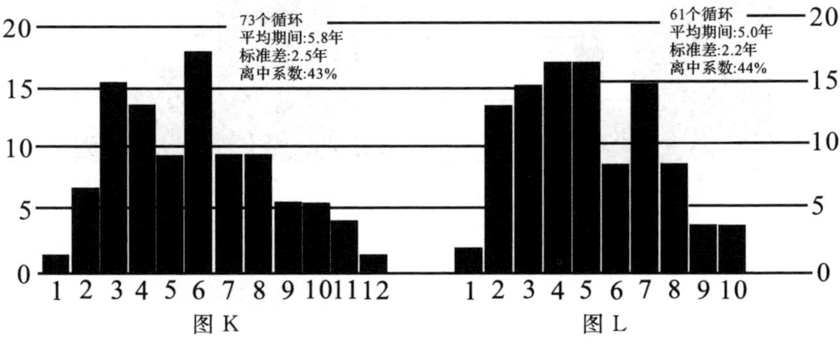

图 K

图 L

循环平均期间是 5.2 年以下的国家：图 J 所列举的国家，再加上美国，从各个不同日期到 1900—1925 年

循环期间是 5.0—5.7 年的国家：南非、阿根廷、巴西、加拿大、德国、印度、法国、奥地利、瑞典、英国、澳大利亚，从各个不同日期到 1920—1925 年

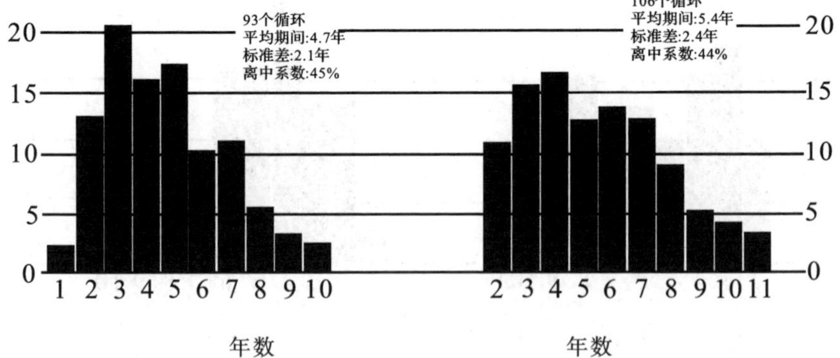

年数

年数

图 M

8 个欧洲国家，从各个不同日期到 1920—1925 年

图 N

9 个非欧洲国家，从各个不同日期到 1920—1924 年

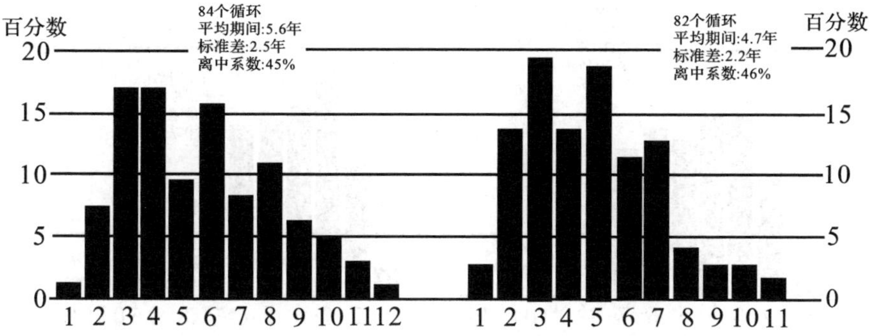

图 O

5 个讲英语的国家：英国、加拿大、澳大利亚、南非、美国，从各个不同日期到 1920—1924 年

图 P

12 个非英语国家，从各个不同日期到 1920—1925 年

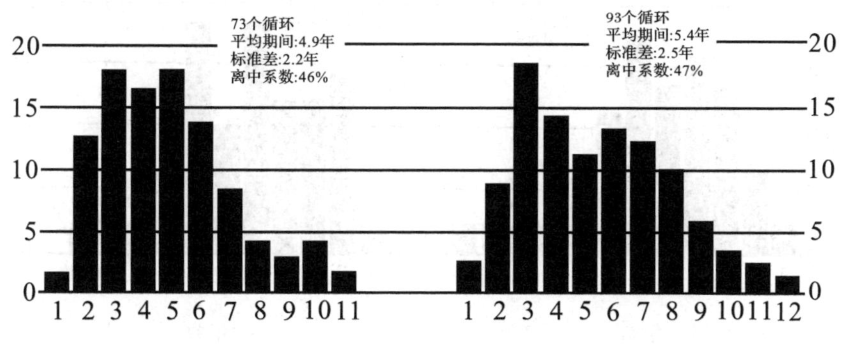

年数　　　　年数

图 Q

所有国家，美国除外，从各个不同日期到 1920—1925 年

图 R

所有国家，从各个不同日期到 1920—1925 年

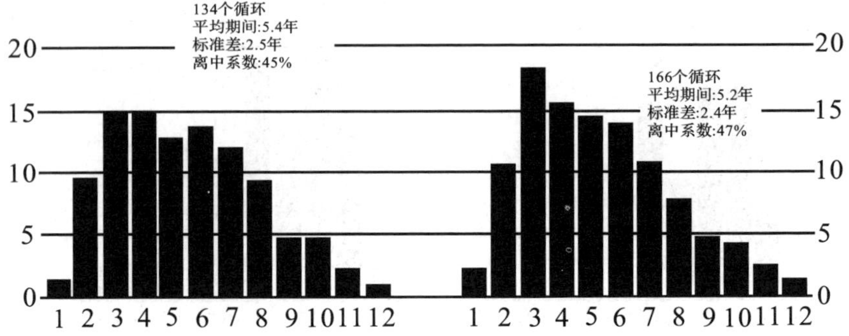

图 S

8 个欧洲国家，从 1888—1992 年到 1920—1925 年

图 T

8 个非欧洲国家(不包括美国)，从 1888—1890 年到 1920—1924 年

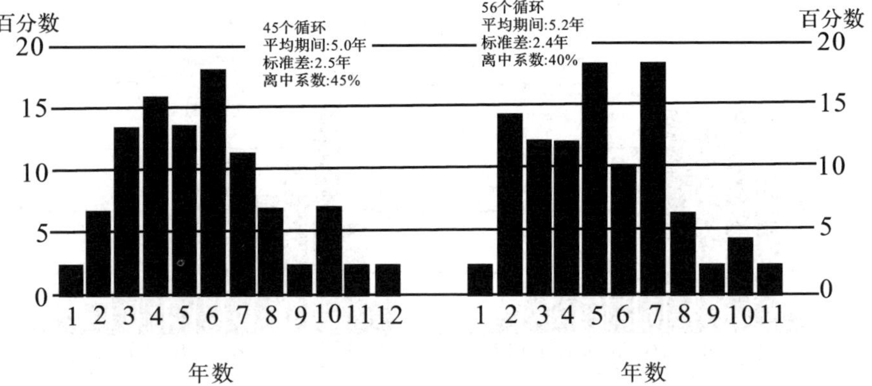

图 U

7 个工业国家：英国、法国、德国、奥地利、荷兰、瑞典、美国，从 1890 年—1992 年到 1920—1925 年

图 V

10 个非工业国家：俄国、意大利、阿根廷、巴西、加拿大、南非、印度、澳大利亚、日本、中国，从 1888—1891 年到 1920—1925 年

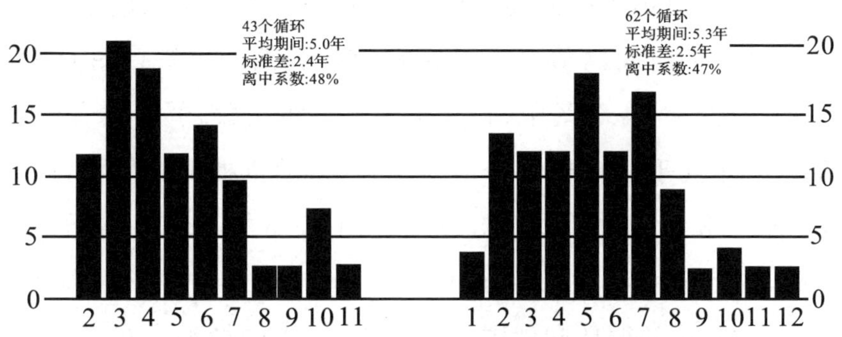

图 W

所有国家，美国除外，从 1888—1892 年到 1920—1925 年

图 X

所有国家，从 1888—1892 年到 1920—1925 年

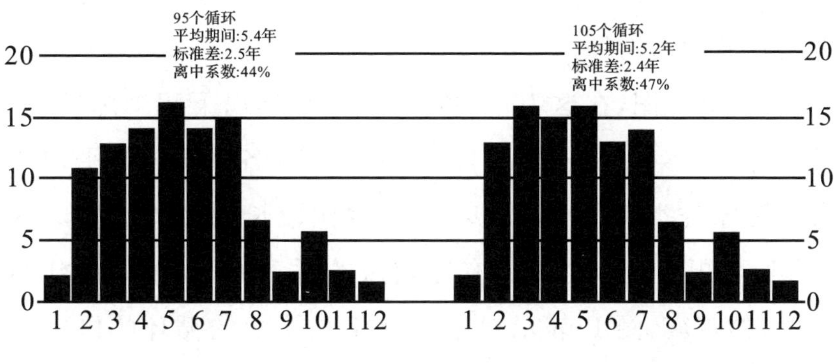

年数　　　　年数

其次，有关法国、德国和奥地利的观察结果，和英国与美国的观察结果合并起来。由于案例比较多，我们可以把前期循环和后期循环相比较。以 1873 年作为分界线，我们把循环分为两组，每

组都含有 47 个观察。从 1873 年到世界大战结束，这些国家的商业景况，特别是欧洲国家的商业景况，都比早一些的年代有了更类似的过程。这就是说，后期的观察比前期的观察有了更密切的关系（可以说是图 E 不像图 D 那么有规则的原因）。为了测验这一点，我们对四个国家的循环另制频数分配，这四个国家就是在我们年鉴所涉及的时间内似乎有最紧密商业关系的国家。图 G 表示上述的分配，在 24 个图中，它是最不规则的分配的一个。我们又自那些必定几乎没有相互关系的观察中，随机抽出相似数目的观察，绘制了和图 G 相似之图，包括英国 1793—1825 年的循环、美国 1825—1857 年的循环、德国 1857—1890 年的循环、加拿大 1888—1924 年的循环和俄国 1891—1925 年的循环。在这两者的比较中，38 个没有相互关系的观察所产生的分配（图 H），比 39 个有相互关系的观察所产生的分配有规则得多。无疑，这两者在规则性方面所形成的对照是很鲜明的，我们不能期望其他这种比较也有同样鲜明的对照。

还有 10 个图，在这 10 个图里，我们根据以下四个标准，把所有观察分类。第一，按照我们年鉴所列举的各个循环的平均期间把各个国家分类。图 I 表示对于具有比较长的循环的国家的观察，图 J 和图 K 表示对于具有比较短的循环的国家（包括和不包括美国）的观察，图 L 表示对于具有不长不短的循环的国家的观察。图 K 和图 L 含有图 I 和图 J 所使用的观察的一部分。第二，图 M 和图 N 把对于欧洲国家和非欧洲国家的观察分别表示出来。第三，图 O 和图 P 把对于 5 个英语国家和 12 个非英语国家的观察表示出来。第四，图 Q 把所有非美洲国家的观察和图 A 的美国分配相比较。图 R 总结了全部资料。

图 24 的最后部分，只限于近代的循环，即在 1890 以后发生的循环。资料按下述标准分类：对于欧洲和非欧洲国家的观察，对于工业国家和非工业国家的观察，对于一切国家的观察（美国除外），对于一切国家的观察（美国包括在内）。

当我们检查全部分配时，我们就会发现这些图的形态和这些图之间的不同之处是研究社会现象时常常遇到的。在这种研究中所抽的案例，如果数目不多，它们是很不规则的，当这些案例含有相互关系的观察时，就更不规则。但当案例增多而观察彼此没有关系时，分配就变得比较有规则，虽然还不是很相称的。

上图所使用的材料，在很大程度上似乎是同质的，只有一个重要的例外（我们已经注意到），那即是，美国循环的分配，在期间方面和其他国家循环的分配是不相同的。这个不相同之处，从图 A 和图 Q 看得最明显。这个不相同之处使得图 O 和图 X 有两个众数（在这两个众数之间隔着一个比较低的数），也使得大多数由美国案例和其他国家案例合成的图都有很高的离中系数。在案例完全采自其他国家的各个图里，往往都有个圆顶，和图 A 的尖顶很不相同。美国观察和其他国家观察的合并往往产生一个集中在三年的众数，但有两次产生双众数（图 O 和图 X）。

即使剔除了 12 个含有美国案例观察的分配，也不会使近似众数的位置变得一致。因为，把这样的 12 个图除去以后，在所剩下的 12 个图中，两个有集中在三年的众数（图 G 和图 P）；另两个有集中在三年和四年的众数（图 M 和图 Q）；其他八个有集中在四年、五年或六年的众数，如果我们可以把集中在五年和七年的双众数也包括在内(图 T)。概括地说,2/3 的其他国家的循环,其期间是从三年到七年。

所有的分配都有比较高的离中系数。换句话说,各个观察并不是很接近于平均数。这些离中系数,在两个个别国家的分配里是最低的(图 A 和图 B),但在根据 1873 年以来的美国、英国、法国、德国和奥地利观察而做的分配里是最高的(图 E)。不过,最低和最高系数(39%和 48%)的差异并不是很大的,而且 45%、46%、47%等系数,在 24 个系数中占了 14 个。

所有的分配图肯定都是偏斜的。在一切分配图里,高于算术平均数的分配多过低于平均数的平配;高于近似众数的分配多过低于近似众数的分配,只有图 T 是个例外。而且,在 16 个分配图里,近似众数是小于算术平均数;在 7 个分配图里,近似众数是等于算术平均数;只有在图 T 中,近似众数明显地是大于算术平均数。一个最重要的分配,即图 W,包括了从 1890 年以来各个国家(美国除外)所有的循环,这个分配近似于对称的分配;但包括更多循环的图,即图 X(包括所有近代循环)、图 Q(包括所有其他国家的循环)和图 R(包括所有循环),无疑是偏斜的,但不是极度偏斜的。

在企图对这些频数分配做解释以前,最好先比较景气和不景气时期的长短,并考虑批发物价长期趋向和商业循环期间方面的长期变动之间的关系。

4. 景气期间和不景气期间长短的比较

索普博士曾对年鉴做了专门性的研究,尽可能确定,在各个国家的记录中，景气时期究竟有多少月，不景气时期究竟有多少月。不用说，在做这种研究时，是需要不断地发挥个人的判断能力的。

在把年鉴和一些商业活动统计指数相比较时，我们曾经指出，近代观察者使用景气和不景气这两个名词的时候，往往受最近的体验的影响。因此，我们不能根据这些材料设定一个严格标准来决定什么构成景气、什么构成不景气，也不能单凭这些材料来臆断什么是景气、什么是不景气。但这一点并不阻碍我们现今的研究工作，相反，它却使这个研究工作更容易进行。因为，我们所要比较的是一个循环中景气阶段的期间和不景气阶段的期间。同一国家中前后发生的各个循环的景气阶段和各不同国家在同一时期发生的各个循环的景气阶段具有不同程度的强烈性，这乃是在实际上和理论上都有深刻意义的问题，但我们现在可不必过问。

索普博士的主要困难是，他所得到的原始资料，很少把循环从一个阶段过渡到另一个阶段的时日指出来。为确定这个过渡的日期，他只得向资料里寻找线索，而资料所提供的线索往往是不明显的。他对各个循环阶段的期间所做的度量，必定比他对各个循环期间所做的度量有更大的误差，因为他是根据衰退阶段来计量各个循环期间的，而衰退阶段乃是人们研究得最透彻的阶段。以此之故，我们最好只去研究他的包括几个或许多循环的平均数，而做出概括的结论。

表 28 表示索普博士制表的方式和意义。由该表可以看出，衰退和复兴阶段合在一起时便占商业循环整个期间的四分之一弱。但由于很难断定，复兴在什么时候转入景气阶段，衰退在什么时候转入不景气阶段，因此我们不应该过分强调上述结论。可是，如果

我们能够相当一贯地断定，复兴在什么时候转入景气阶段、衰退在什么时候转入不景气阶段，那么循环的景气阶段和不景气阶段期间的长短便可以比较了。① 表 28 所表示的是，在 36 年的时期中，景气阶段的平均期间长于不景气阶段的平均期间。在第三章里，从美国商情指数也得到了同样的结论。商业萎缩被判明是“一个比商业扩张更为短促、更为猛烈的过程”。从对 1878 年以来各个循环上升阶段的期间所做的 50 个计量，我们得出 23 个月的近似平均数。相应的下降阶段的平均数是 19 个月左右。②

表 28　17 个国家(1890—1925 年间)商业循环各个阶段期间长短的比较

	月数	百分数
景气月数	2,888	39.3
衰退和复兴月数	1,756	23.9
不景气月数	2,700	36.8
	7,344	100.0

每一不景气年计有 1.07 景气年。

表 29 列举了和上面平均数相似的关于某些国家和某些时期景气和不景气阶段的平均期间。为了得到可相比较的结果，就必须选择若干包括整个循环的时期，而且所选择的各国的时期必须是尽可能相同的时期。因为，任何一个国家的计算结果，在不同的时期是大不相同的。例如，英国和美国在三个不同的时期就有以

① 图 27(在下面)表明，索普用以区分循环的复兴阶段和衰退阶段的季和年。

② 参阅第三章第六节 3 之(2)“逐月的变动”和第六节 3 之(5)“扩张时期和紧缩时期的长短”。

下三个不同的平均数：

		每一不景气年计有若干景气年			每一不景气年计有若干景气年
英国	1790—1925	1.11	美国	1790—1925	1.50
	1890—1913	1.24		1890—1913	1.57
	1890—1920	1.71		1890—1923	1.79

作为对未来展望的指导，那些只包括世界大战各年的平均数，似乎不像 5 个国家在更长时期内的平均数，或 17 个国家在 1890 年左右到 1913 年这一时期的平均数那么重要。

表 29 中开头几个国家的平均数和末尾几个国家的平均数有很大的差别，这个差别表明，政治纷乱和政治安定在很大程度上影响到商业情况。巴西、中国、俄国和南非在年鉴所记载的时期里都有严重的困难。而奥地利由于接近巴尔干火药库，也遇到很大的困难。其他数字本身便能说明问题。但我们必须记住，各个国家的数字只能说明各个国家的情况。瑞典的景气和加拿大的景气，可能是不相同的；所能做的比较，只是瑞典循环中景气和不景气阶段的比较，或是加拿大循环中景气和不景气阶段的比较。即使在这个表所涉及的时期，我们也不能说，一个国家比另一个国家景气，因为这种说法是轻率的说法。而且，这个一览表所列的各个国家的先后次序在一二十年内可能有很大的变动，这是可以想象的。

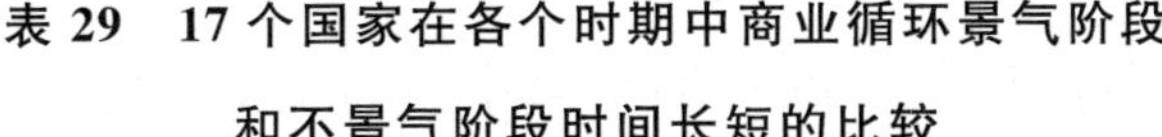

表 29　17 个国家在各个时期中商业循环景气阶段
和不景气阶段时间长短的比较

	时期	每一不景气年计有若干景气年
美国	1790—1925	1.50
英国	1790—1925	1.11

续表

法国	1840—1925	1.18
德国	1853—1925	1.18
奥地利	1866—1925	0.70

	时期	每一不景气年计有若干景气年	时期	每一不景气年计有若干景气年
加拿大	1888—1924	1.86	1888—1913	2.08
美国	1890—1923	1.79	1890—1913	1.57
英国	1890—1920	1.71	1890—1913	1.24
法国	1890—1920	1.70	1890—1913	1.47
澳大利亚	1890—1920	1.69	1890—1913	1.37
瑞典	1892—1920	1.67	1892—1913	1.89
荷兰	1891—1920	1.61	1891—1913	1.59
印度	1889—1920	1.43	1889—1914	1.26
阿根廷	1890—1920	1.07	1890—1913	1.06
日本	1890—1920	1.05	1890—1914	.75
德国	1890—1925	1.03	1890—1913	1.14
意大利	1888—1920	0.98	1888—1913	0.90
南非	1890—1920	0.89	1890—1913	0.66
俄国	1891—1925	0.81	1891—1914	1.09
中国	1888—1920	0.65	1888—1910	0.57
奥地利	1892—1920	0.63	1892—1912	0.73
巴西	1889—1924	0.45	1889—1912	0.29
17个国家		1.14		1.08

景气年对不景气年的比率所以常常变动的一个主要原因，在进一步分析英国和美国的长期记录中就可揭露出来。从各个物价指数，我们知道了，在1790—1920年的130年中，批发物价水平的长期趋向曾改变了四次。美国和英国的各个转变日期几乎是相同的，不过美国的以绿背纸币计算的物体，在内战结束即1865年以前就达到了最高峰，而金本位国家的物体却继续上涨到1873年为

止。所以，这两个国家物价趋向交替地上升和下降的时期共有五个：从1790年到1814年，英美批发物价上升；从1814年到1849年，英美批发物价下降；从1849年到1865年，美国批发物价上升，而从1849年到1873年，英国批发物价上升；从1865年到1896年，美国批发物价下降，而从1873年到1896年，英国批发物价下降；从1896年到1920年，英美批发物价上升。对于上述划分的时期，索普博士计算出景气年数对不景气年数的比率如下：

表30　在批发物价上升和下降的时期中商业循环景气阶段和不景气阶段时间长短的比较(英国和美国，1790—1925年)

英国	每一不景气年计有若干景气年	美国	每一不景气年计有若干景气年
1790—1815 物价上升	1.0	1790—1815 物价上升	2.6
1815—1849 物价下降	0.9	1815—1849 物价下降	0.8
1849—1873 物价上升	3.3	1849—1865 物价上升	2.9
1873—1896 物价下降	0.4	1865—1896 物价下降	0.9
1896—1920 物价上升	2.7	1896—1920 物价上升	3.1

上述计算结果是这样均匀、这样显著，使得我们对以下一点没有疑问：批发物价水平的长期趋向是决定商业循环特征的一个重要因素。这并不是新的结论，但索普博士的数学使这个结论成为更有力、更正确的结论。

最后，研究商业循环景气阶段和不景气阶段期间的长短还能证明一点，就是，一些循环的期间所以很长主要是由于不景气阶段的拉长。在我们所计量的166个循环中，有17个是9年以上的循环。读者也许记得，我们所观察的循环的平均期间是5.2年。索普博士曾对这些长的循环做了特别的研究来判断，商业复兴究竟在什么时候出现，商业扩张时期和萎缩时期究竟是多长。他的计算结果列在表31里。

表 31　九年以上的商业循环的景气阶段和不景气阶段期间长短的比较

年数	国家	循环所涉及的时间	复兴年	不景气月数	景气月数
12	意大利	1888初—1900初	1897	100	30
11	法国	1890初—1900末	1895	60	42
11	奥地利	1873—1884	1880	72	36
11	澳大利亚	1890—1901	1896	62	48
10	英国	1837初—1847.4	1843	68	44
10	英国	1890.11—1900	1895	42	48
10	德国	1890初—1900夏季	1894末	44	51
10	荷兰	1891—1901	1896	48	48
10	南非	1903—1913	1909	60	36
10	中国	1910—1920	1916	60	48
9	美国	1873—1882	1878	57	42
9	英国	1873末—1883初	1880	69	24
9	法国	1838—1847	1840	24	72
9	德国	1848—1857	1853	54	42
9	德国	1857—1866	1860	18	66
9	瑞典	1892—1901	1895	30	60
9	中国	1888—1897	1895	76	12
			总数	944	749
			平均数	55	44

每一不景气年计有0.79景气年。

表29把许多数目加以平均，得到1.14这个比率，即每一个不景气年计有1.14景气年，而表31所得到的比率是0.79。在17个循环中，11个循环的不景气阶段是长于景气阶段。最长的景气

时期是72个月，而最长的不景气时期是72个月、76个月和100个月。这些长的循环的不景气阶段的平均期间比景气阶段的平均期间大约长一年。

5. 商业循环平均期间的长期变动

另一个应该注意的问题，就是表26所提示的各国商业循环平均期间长短不一的问题，特别是：为什么美国商业循环平均期间是四年而在同一时期中，英国商业循环平均期间却是五年零十个月呢？

第二章所提出的假设可能帮助我们解决这个问题，上述的假设是，商业循环和一定的经济组织形式即所谓"商业经济"是有关的。如果这个假设能够站得住的话，那么，经济组织一有发展，商业循环的特征便跟着变更。至少在商业循环一个特征方面，历史已经证明这个推测是对的。严重的恐慌越来越少见了，更常见的是商业衰退。这样来说，两个衰退阶段的平均时距，是不是也逐代有所不同呢？

在商业年鉴绪论中，我加附注说，在索普博士编有长期年鉴的那些国家，商业循环期间的长期趋向，已经有了改变。但我没有把这资料的全部意义指出来。美国国家经济研究局研究员米尔斯博士对这个问题做过一番广泛的研究。他不但对美国、英国、法国和德国的商业循环平均期间在长时期中所改变的趋向提出了试验性的解释，而且对17个国家的商业循环平均期间的长短也提出了试验性的解释。①

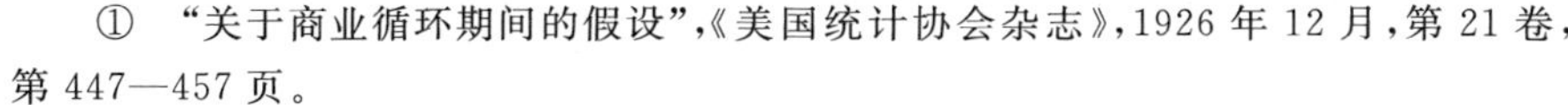

① "关于商业循环期间的假设"，《美国统计协会杂志》，1926年12月，第21卷，第447—457页。

米尔斯博士对他的假设表述如下："一定国家的商业循环期间的长短，是这个国家已经达到的工业发展阶段的一个函数。更准确地说，在现代类型的商业组织发展的初期，商业循环的平均期间比较长些。在现代商业组织迅速地发展着的阶段，就是在现代类型的企业和现代形式的工业组织已经很普遍的时候，商业循环的平均期间比较短些。到了经济变动的速率已经降低而经济状况已经比较稳定的时代，商业循环的期间又增长了。"

为了充分考验他的假设，米尔斯博士感觉他不但需要大量的观察，并且需要一个"客观标准来划分一个国家的各个工业发展阶段，或依据各国发展状况加以分类"。按照本书的观点，对了解商业循环最为重要的经济组织上的要素，不是"工业发展阶段"本身，而是主要依靠赚钱和花钱为生的人有多少，以及由规模宏大的机构经营的企业有多少。不用说，我们没有"工业化指数"，也没有商业经济指数。在这种情况下，米尔斯博士只得按照他的假设，把索普的材料任意地分成若干时期——这是部分根据年鉴的记录、部分根据其他报告文件所做的划分。这样，他把美国工业化开始阶段的时期，定为从美国年鉴开始那一年起到 1802 年止，因为 1822 年后，美国就进入工业迅速变化的阶段。关于英国，他认为年鉴未开始之前，英国即已越过了工业化的开始阶段，它的第二阶段开始于 1793 年而结束于 1831 年，第三阶段开始于 1831 年一直到现在。他认为以下各国处在工业化第三阶段，进展速率在递减中：1831 年以后的英国，1876 年以后的法国，1873 年以后的奥地利，1890 年以后的荷兰和瑞典。他把 1866 年以前的德国放在工业化

第一阶段，而把 1886 年以后的德国放在工业化第二阶段。①

① 米尔斯的全部分类如下：

A. 处于工业化开始阶段的国家

美　国	到 1822 年止	年鉴开始于 1796 年*
德　国	到 1866 年止	年鉴开始于 1848 年
意大利	到 1907 年止	年鉴开始于 1888 年
加拿大	到 1913 年止	年鉴开始于 1888 年
澳大利亚	到 1913 年止	年鉴开始于 1890 年
南　非	到 1913 年止	年鉴开始于 1890 年
中　国	到现在	年鉴开始于 1888 年
印　度	到现在	年鉴开始于 1889 年
俄　国	到现在	年鉴开始于 1891 年
阿根廷	到现在	年鉴开始于 1890 年
巴　西	到现在	年鉴开始于 1889 年

B. 处于经济迅速转变阶段中的国家

英　国	到 1831 年止	年鉴开始于 1793 年
美　国	1822 年到现在	
法　国	到 1876 年止	年鉴开始于 1838 年
德　国	1866 年到现在	
奥地利	到 1873 年止	年鉴开始于 1866 年
意大利	1907 年到现在	
加拿大	1913 年到现在	
澳大利亚	1913 年到现在	
南　非	1913 年到现在	
日　本	到现在	年鉴开始于 1890 年

C. 处于转变速度渐减阶段中的国家

英　国	1831 年到现在	
法　国	1876 年到现在	
奥地利	1873 年到现在	
荷　兰	到现在	年鉴开始于 1891 年
瑞　典	到现在	年鉴开始于 1892 年

* 年鉴开始的日期，就是头一次有记录可稽的商业衰退的日期。如果阶段的开始日期，上表没有载明，那么阶段就是在年鉴开始以前开始的。

根据上述阶段分法，米尔斯博士得到以下结果：

	工业化开始阶段	经济迅速变化阶段	经济比较稳定阶段
观察次数	51 个循环	77 个循环	38 个循环
平均期间	5.86 年	4.09 年	6.39 年
标准差	2.41 年	1.88 年	2.42 年

他认为，如果由 500 万次变动中抽出一次变动，那么结果会得到像第一阶段平均数和第二阶段平均数之间那么大的差异；如果由 100 万次变动中抽出一次变动，那么结果会得到像第二阶段平均数和第三阶段平均数之间的差异。按照这些结果来说，美国商业循环期间所以比较短促，是因为“美国工业化过渡时期特别地长”。

索普记录所涉时期最长的国家，其商业循环的平均期间，无疑已经发生了长期的变动。如果我们的年鉴是可靠的话，就英国来说，这个结论无疑已经被证实了，就法国、美国来说，也很可能被证实了。下表是米尔斯对各个时期中商业循环所算得的平均期间。

英国	1793—1831	9 个循环	平均期间 4.22 年
英国	1831—1920	13 个循环	平均期间 6.85 年
法国	1854—1876	6 个循环	平均期间 3.67 年
法国	1876—1920	7 个循环	平均期间 6.32 年
美国	1796—1822	5 个循环	平均期间 5.20 年
美国	1822—1860	11 个循环	平均期间 3.50 年
美国	1860—1888	5 个循环	平均期间 5.50 年
美国	1888—1923	11 个循环	平均期间 3.20 年

由此可见，英国和法国的循环变长了。美国的循环经历了双重的变化，首先变得较短，其次变得长些，然后又缩短了。

但是，假定这些平均数的确具有统计上的意义，假定这些平均数的确能够扼要地反映过去的经验，那么它们究竟具有哪些理论上的重要性呢？就经验观点来说，这些平均数表明，商业循环期间存在着长期趋向。我们已经看到，使用经验趋向来推测将来或说明问题，只能作为一种试验。但是，趋向如果是从合理的假设中得来的，那么这种趋向便是很有用的。因此我们要再来考虑米尔斯假设的论据，即关于商业循环平均期间与工业化状况之间的关系的论据。

我不相信会有很多经济史学家，在听了米尔斯对工业化三个阶段所下的笼统的定义以后，愿意接受确定 17 个有商业年鉴的国家工业化各阶段日期的任务。即使他们愿意承担这项工作，我也不相信他们对这些日期能得到大体上一致的意见。要想对米尔斯所划定的许多日期提出质疑，这一点并不困难，但要想对这些日期加以证明或提出反驳，这两者都不是容易的。并且，除非先进行下述两项工作，否则详细讨论有关的证据不但大费心力，而且得不到具体结果。这两项工作是：更精细地说明米尔斯的假设，以及设立若干客观标准来估定所能证明的事实的重要性。

如果想进一步理解米尔斯有趣的假设，最好的办法乃是进一步分析经济史中的长期趋向。很少有问题像各国在各时期中的经济发展速度那么有趣、那么重要，也很少有问题像这个问题那样地被人们忽视。兼有统计技巧和历史学识的人，应当能想出有效的方法来使用人们不大知道的资料中的零碎数字以及丰富的叙述性资料，把各主要商业国晚近各经济发展阶段指示出来。如果这种工作得到成功，将对间接说明商业循环各种特点的改变提供很大的贡献。

6. 结论

1. 我们所采用的从一个衰退阶段到另一个衰退阶段来计量商业循环期间的方法，和渐成过去的关于危机周期性的辩论没有深切的关系。但依照旧的方法对年鉴进行度量，其结果也会摧毁周期性假设，正像我上面所认为比较适当的计量方法那样。的确，由危机计算到危机的方法，会使各循环互异的范围，更大于由衰退计算到衰退的方法。如果我们略去 1900 年的和缓衰退时期，径行计算到 1907 年的危机，那么，年鉴中最长的循环——意大利 1888—1900 年的循环——将由 12 年变为 19 年。如果把这种计算方法有系统地应用于一切国家，便可能发现更长的循环。我们不能用截长补短的方法，把一端拉长，一端缩短。最短的循环不能拉长两三年，除非采取极端的方法，像把美国 1837 年和 1839 年这两个危机合并为一个危机的办法。

我也不能同意杰文斯教授和基钦先生所提的观点。他们认为长的循环是两个或三个短的循环的倍数。[①] 如果这种意见是正确的，如果短的循环像这些学者假定的那样，只持续 3 年 4 个月或 3 年半，那么我们的频数图便会有 3 年、7 年、10 年或 11 年的主要的或次级的众数，但没有一个频数图是这样的。有的频数图有这样的众数，即 3 年和 7 年、4 年和 8 年的众数，其中有的是很显著的，有的是不显著的。但也有频数图表示这样的众数，即 3 年和 4 年，

① 参阅斯坦利·杰文斯：《太阳热与太阳活动》(1910 年伦敦版)和基钦："经济因素的循环和趋向"，《经济统计评论》，1923 年 1 月，初刊第 5 卷，第 10—16 页。

3 年和 5 年，3 年和 6 年，3 年和 8 年，3 年、4 年、6 年和 8 年，3 年、5 年和 7 年，3 年、5 年和 10 年，3 年、6 年和 10 年，4 年和 5 年；4 年和 6 年，5 年和 7 年，等等，其中有的是显著的，有的是不显著的。更重要的事实是：案例增多，次级众数并不变得更明显；相反，次级众数将渐渐消失。案例最多的图（图 24*R* 分段图），没有次级众数。

虽然很少现代作家坚持周期性这一假设，但许多作家都提出一个平均数字，用这一平均数字表示商业循环的典型期间。就某些用途说，这种平均数字是适于使用的。但按照现在所得的结果，没有一个平均数字能够切实地表示对实践有巨大意义的商业循环期间。

2. 如果长短不同的循环是有规则地按照一定的次序出现的话，我却没有发现这个规则性。图 23 按照各个循环发生的先后次序列示了它们的期间。从这个图可以看出，要想预测各国下一个循环将持续多久是何等冒险的企图。前一个循环的期间和过去大多数循环的期间，两者都不是可靠的指南。

3. 但是，如果我们不过问各个循环发生的先后，而把我们的观察编成频数表，我们就可看到有点像规则性的现象。案例愈多，就是说，对商业循环期间的独立观察做得愈多，规则性便愈明显。

上面所说的规则性，不是任何一定期间的商业循环占多数的规则性，而是各种不同期间的商业循环围绕中心趋向的规则性。它们的分配形式，很像在很多的生物现象研究方面和社会现象研究方面所发现的分配形式。它不是对称的，而是十分偏斜的。在一切观察分组（这些分组是为着分析而分的），就分配的全域来说，高于算术平均数的分配多于低于平均数的分配。在 2/3 的分组中,近似众数小于算术平均数。

4. 美国商业循环期间,比我们所研究的任何国家商业循环平均期间都短暂。美国的 32 个观察平均为 4.0 年,外国的 134 个观察平均为 5.4 年。在外国循环中,日本商业循环的平均期间最短,计 4.3 年。在美国十个商业循环所涉及的时间段中,日本大约发生了七个商业循环。在美国的分配图里,一个显著的众数出现在三年这一点。在包括外国案例最多的分配图里,上端呈现着圆形,期间三年和四年的案例是同样多,四年以上的案例也很多,显著减少的是从八年以上的案例开始的。

5. 从编有长期年鉴的国家,可以发现商业循环平均期间长期变动的形迹。在英国和法国,期间都增长了。就美国来说,在 1796—1822 年这一时期内,平均期间是 5.2 年;在 1822—1860 年这一时期内,平均期间是 3.5 年;在 1860—1888 年这一时期内,平均期间是 5.5 年;在 1888—1923 年这一时期内,平均期间是 3.2 年。这一事实,使得使用自然现象说明经济变动的理论不适用于商业循环。

关于长期趋向的这些改变以及一定时期中各国平均期间的差异,最有趣的假设就是米尔斯博士的假设。他认为,一个国家在工业化初期,商业循环期间比较长;在经济情况迅速变化的阶段,商业循环期间比较短;在经济变化速度降低的时候,商业循环期间又变得较长。

6. 虽然我们的频数分配没有高斯常态曲线那样相称,但它们的形态向我们提示,要配合"一条对数常态曲线。这种曲线就是高斯氏曲线。在这种曲线里，水平尺度的各个单位（标准差）是参照常比的距离加以调整的，而不是参照常差的距离加以调整的”①。图 24 的 R 部分——包括全部 166 次观察的分配的图——应用了这个试验。图 25 表明，对数常态曲线和资料配合得相当密切。②

图 25　采用德维斯方法把对数常态曲线配合商业循环期间 166 次观察的频数分配

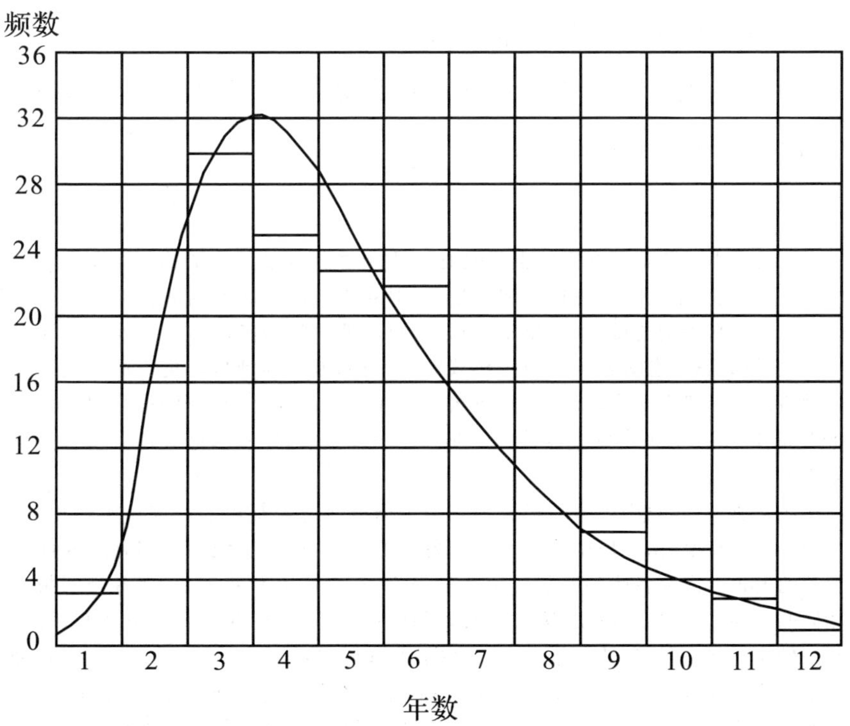

① 参阅德维斯："分配的对数曲线"，《美国统计协会杂志》，1925 年 12 月，第 20 卷，第 467—480 页。索普博士采用德维斯的方法编制了图 25。

② 当 17 个国家现在进行中的商业循环结束的时候，那时候得到的新的观察可能使图 25 的分配有所改变。在这些国家中，3 个国家距晚近发生的衰退已经五年了，另 7 个国家距晚近发生的衰退已经六年了。

从上述事实，我们可以做以下的推断：正像以某些常态曲线充分说明的其他生物现象、社会现象一样，可以把商业循环期间看作许多因素作用的纯结果，这些因素大部分是互相无关的。如果有任何一个或一组突出的因素倾向于产生同一期间的商业循环，那么，也会有许多其他因素以种种不同方式联合起使用，减轻这些突出因素的力量。这个结论对商业循环理论以及对可以用来改善商业循环理论的方法是非常重要的。①

7. 关于构成商业循环的各个阶段期间长短的比较，年鉴提供的结论虽不全面，却很重要。

① 奥斯卡·莫根斯泰恩博士曾把他所写的《各国经济调查的比较》(不久就要在政治学杂志发表)给我看。在这篇文章里，他对我把经济组织不同的社会的商业循环期间合在一起来平均的做法，提出了异议。他说，那种认为经济组织形式与商业循环有密切关系的假设，意味着经济组织形式如果不同，循环变动也必定不同。我既然根据这种假设进行研究工作，却又把经济组织这样不同的社会如现时英国和现时中国、18世纪的美国和20世纪的美国等的商业循环的度量放在一起，这难道可以说是正当的处理方法吗？

像正文所说，我只用中国的报告来表示中国沿海一带都市的情况。类似地，我处理美国早年的年鉴时，只使用北部和东部各州的报告，而没有使用南部各州和西部各居留地的报告。南部各州和西部居留地的报告，在性质上和北部、东部各州的报告是不相同的。到1790年的时候，第二章所述的商业经济，已经在宾夕法尼亚州、马萨诸塞州一带建立起来了(虽然不很发达)。中国沿海都市到1890年也已经建立了这种经济。如果这种观点是对的，我就有理由把这两个社会的经济变动当做商业循环看待。

假定上述是对的，难道不能从这些变动无常的现象的整个度量研究得到一点东西，正像可以从各组的度量研究得到一点东西那样吗？当然人们很容易犯过分重视商业循环期间总平均的错误。我没有过分重视全部度量的算术平均数；我只认为，观察的分配围着它们的集中趋向，这在理论上有很大的重要性。

最后，莫根斯泰恩博士认为，我给索普博士的商业年鉴所写的绪言没有充分讨论商业循环期间和经济组织形式的改变之间的关系。这一点我完全同意。上述书出版后，这个问题已经由米尔斯博士的假设弄得更明白了。米尔斯博士的假设表明，要满意地解决这个问题需要很大的力量。

据一般商情报告，衰退和复兴这两个阶段是比较短的阶段。①这两个阶段合在一起的时间平均仅占商业循环期间的1/4。在其余3/4的期间中，繁荣阶段所占的时间比不景气阶段所占的时间长一些。但是，各国繁荣阶段的月数和不景气阶段的月数这两者的比例，差别很大。即使在同一国家，这种比率在各个循环之间也有很大的不同。因此，只有所包括的时期很长，所包括的国家很多，这种比例的平均才能稳定。也许最有意义的数字是英美两国1790—1925年这一时期中的数字，以及年鉴的所有17个国家在1890—1913年这一时期中的数字。按照上述三个数字，每有一年的不景气，就有1.50年、1.11年、1.08年的繁荣。

英国、美国的记录都表示，繁荣阶段和不景气阶段的长短受到批发物价的长期趋向的影响。自1790年以来，在三次物价倾向上升的时期中，繁荣阶段总是比较长些，不景气阶段总是比较短些。相反，在三次物价倾向下降的时期中，繁荣阶段总是比较短些，不景气阶段总是比较长些。虽然这些结论所根据的对于各个循环的观察，不一定是完全准确的，但随机误差绝不能产生这样一致的结果。

最后，不景气阶段延长的可能性似乎比繁荣阶段延长的可能性来得大。虽然按照从大量循环计算出来的平均数字，繁荣年数稍多于不景气年数，但就全部的循环看来，不景气年数却显著地多于繁荣年数。

①　如果把复兴阶段看作大量统计数列全部上升的阶段并把不景气阶段看作大量统计数列全部下降的阶段，那么这两阶段便将变得较长。本书第2卷将详细讨论这个问题。

评定本节所做结论的价值时，应该记住所使用资料和方法的某些特点。我们没有对观察加以挑选或调节。我们使用了“常态案例”，也使用了“变态案例”(如果这一名词是可用的话)。凡读过年鉴的人，都会注意到战争、内乱、歉收、瘟疫、水灾、地震等是多么频繁地阻碍或促进商业活动。繁荣和不景气交替的趋向，一定是非常固定和有力的趋向，否则各国的经济史绝不会呈现上述繁荣和不景气交替的现象。因为，我们的世界经常存在着力量极其不同的其他因素，而且这些因素又在不一定的时间单独联合地起着支配的作用。

我们的度量是完全根据两个衰退阶段的相隔时间算出的。如果有了根据两个复兴阶段的相隔时间所做的计量互相核对，那自然更为适当。由于商情评述者对于商业循环的上升转向点没有像对于下降转向点那般重视，因此我们没有尝试过这种核对。第二种度量所需要的材料，并不像我们所使用过的材料那么完全、那么可靠。如果第二种度量能够做得像第一种度量那样满意，第二种度量所产生的频数分配，一定会在许多细节上和这里所提出的频数分配有所不同。但我们没有理由相信新的频数分配所提示的主要结论，将和我们所下的结论背道而驰。

计量商业循环，一年是过大的计量单位。使用一年作为计量商业循环的单位，就像使用尺来确定男女老幼身材的分配一样不精细。和时间数列有关的统计工作，常常可以使用月作为单位，月是比较适宜的单位。但使用月作为单位进行商业变动的调查，一般只限于较短时间、较小区域和已经有了丰富资料可以查考的类型的商业。

如想使用每月统计数字确定商业循环的期间，最好是对一个国家的一些循环做多次的计量。美国五种每月商业指数，兼用由最高点算至最高点和由最低点算至最低点这两种方法来计算商业循环期间，这使我们对年鉴里的 12 个循环(或 12.5 个循环，如果我们由 1878 年的最低点算起的话)的期间有了 101 次观察。上述指数有的涉及美国最近半世纪的一部分时间，有的涉及美国最近半世纪的全部时间。图 21 表示由这种方法获得的结果和由年鉴获得的结果相符。因为该图表示统计指数中最有意义的一个指数，即回溯到 1875 年那个指数，它所划定的衰退日期，和年鉴所划定的衰退日期相同。但是，把 1878—1923 年间的 12.5 个循环的 101 度量拿来和 1796—1923 年间年鉴的 32 个循环的 32 个度量比较一下，这也许是值得做的。进行这种比较时，我们把那些原来由每月统计数字制成的每季数字，化为每年数字，按照年鉴某季应归哪一年，我们就把它归到那一年。例如，我们把期间大约两年的循环算作属于集中在 19 个月、22 个月、25 个月、28 个月这四个季的循环——就是说，各季时间从一年半到二年五个月。图 26 表示了这种结果。

图 26 中两组数字显然是很相似的。如果根据指数而做的度量，比根据年鉴而做的度量更集中在三年这一种年数(观察总次数中 42%与观察总次数中 31%的比较)，那是由于这两种资料所涉及的年数多少不同的缘故。如果我们只采取商业指数所涉及的那一部分年鉴，我们便会发现，在 12 个循环中有 5 个循环持续三年，而 5 就是 12 的 42%。同样的解释可以应用于上述两组数字的其他差别。例如，代表一年和代表九年的线的差别是因为 1875—

1925 年这一时期没有像 1790—1925 年那一时期那么长和那么短的循环。

图 26 对于美国商业循环期间的度量的分配(以百分数表示的分配)

根据 1875 年—1925 年的商业指数和 1790 年—1925 年商业年鉴

使用五种商业指数,并由循环的最低点算至最低点和由循环的最高点算至最高点,我们得到 12.5 个半商业循环的 101 个度量。这些度量原是每月的度量,先合并为每季的度量,而后再合并为每年的度量。参阅表 16、图 20 和第三章正文。

关于根据年鉴而做的 32 个循环期间的度量,可参阅表 27。

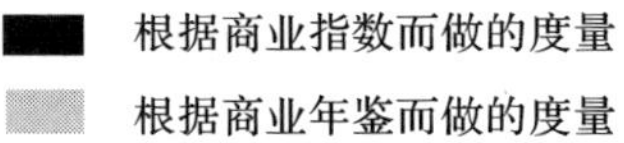

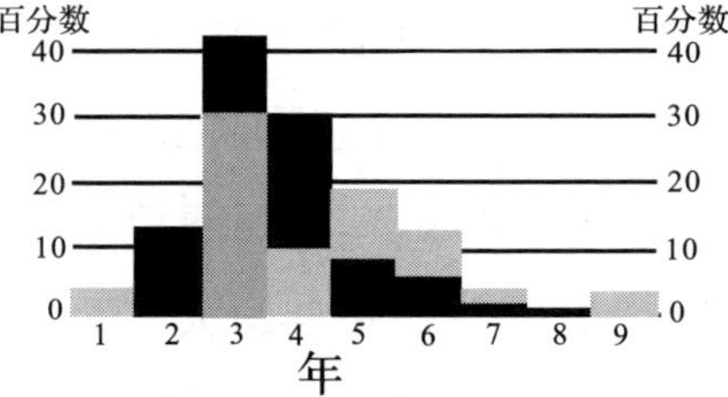

以百分数表示的度量的分配

	根据商业指数而做的度量 1875—1925	根据商业年鉴而做的度量 1790—1925
1年	0.3	3.1
2年	12.1	12.5
3年	42.0	31.2
4年	30.1	15.6
5年	8.4	18.8
6年	6.0	12.5
7年	1.0	3.1
8年	……	……
9年	……	3.1
	100.0	100.0

鉴于上述两组度量的类似,我们不妨这样说:(1)如果指数是由 1790 年编起,它们就不会表示那么多的循环集中于三年这一种年数,并且它们的度量就会表示更大的分散。(2)如果我们能把根据年鉴而做的度量再细分下去,按月计算,并且计算循环时间,不但从衰退阶段算到衰退阶段,而且从复兴阶段算到复兴阶段,那么,我们将发现,即使密集期间没有达到三年半那么长,也会达到 36 个月以上(像图 20 所表示的那样)。

五、商业循环的国际关系

1. 各国商情提要

关于各国经济状况的关系，意见非常分歧。一种很流行的意见认为，由于各国争夺国外商业市场和投资市场的结果，一国的收益便构成另一国的损失。这种意见虽然很少公开发表，但当讨论国家大计时，常常不自觉地流露出来。第二种见解认为，领土狭小的大商业国，如英国、荷兰、比利时、瑞典、挪威等，遇到世界贸易活跃时，商业便繁荣起来，遇到世界贸易停滞时，商业便趋于萧条。至于领土广大的国家，便不必十分关心国外因素——对它们来说，最重要的乃是国内发展情形。还有第三种见解，认为商业暗中正在建立一种“世界经济”或“国际商业联盟”，在这种联盟中，所有联盟国家的商业是同时盛衰的。

不用说，商业年鉴既不证实这些争点，又不否定这些争点。但按照年鉴，现在确有建立“世界经济”的倾向。

为便于比较各国经济境况起见，我们把各国年鉴缩编一表。这个提要由 1790 年英、美两国开始，1840 年增添了法国，1853 年增添了德国，1867 年增添了奥地利，1890 年增添了其他 12 国。这个提要使我们对世界商业情况有了相当明晰的印象，但这个提要所记载的事项，也是像统计平均数那样简括，不能从这些记载看出各国各年的复杂情况。对多数用途来说，索普博士书中所列比较完全的年表比这一提要更为适用。但是，只有关注各国各种各样情况相互制约的结果,才能对各国的异同有比较清楚的印象。这个提要也不够简单,不足以说明自己的内容,它需要我们做分析,做扼要的讲解。凡看过这个提要的人大概都会同意这个观点。

2. 各国商业循环相似的程度

关于本书所讨论的基本事实,商情提要使人们过于相信商业情况长期以来到处都是相似的。依照商情提要的记载,繁荣、衰退、不景气、复兴这四个阶段交替出现的情况,在各国大致都是一样的,在各时期大致也是一样的。但比较详细的年鉴,却很明显地表示:无论在什么地方,经济变动的情形,都不是只限于上述四个循环阶段的交替出现,并且有些国家的经济变动比其他国家的变动更为复杂。20 世纪初期的商业循环对国民生活所起的作用,比 18 世纪末期的商业循环所起的作用更为重要。即使在今天,这种差别还存在于英国和美国与中国、俄国和巴西之间。一个国家的商业组织越严密,越多的人以赚钱和花钱的方式生活,经济活动的循环越显得重要。但是,现在我们姑且把循环变动看作当然的事体,不去考虑循环变动的相对幅度,而去研究一个国家的循环对其他国家的循环的影响。

表 32　各国商业变动提要

	1790	1791	1792	1793
美　国	复兴;景气	景气	景气;金融困难	景气
英　国	一般的景气	景气	景气;金融紧张	衰退;恐慌;不景气
	1794	1795	1796	1797
美　国	不平衡的景气	景气	衰退;不景气	不景气;恐慌

续表

英　国	不景气	复兴	不平衡的景气	衰退；恐慌；不景气
	1798	1799	1800	1801
美　国	不景气	复兴	景气	一般的景气
英　国	不景气	不景气	不景气	不景气；复兴
	1802	1803	1804	1805
美　国	衰退	和缓的不景气	复兴	景气
英　国	景气	景气；衰退	和缓的不景气	复兴
	1806	1807	1808	1809
美　国	景气	景气；衰退	不景气	不景气
英　国	景气	衰退	和缓的不景气	复兴；景气
	1810	1811	1812	1813
美　国	复兴	一般的景气	短暂的衰退；不平衡的景气	景气
英　国	景气；衰退	严重的不景气	复兴	景气
	1814	1815	1816	1817
美　国	景气；金融紧张	景气；恐慌；衰退	不景气	和缓的不景气
英　国	不平衡的景气	大景气；衰退	严重的不景气	不景气；复兴
	1818	1819	1820	1821
美　国	和缓的不景气	严重的不景气；金融恐慌	不景气	不景气；复兴
英　国	景气	衰退；不景气	不景气；轻微的复兴	缓慢的复兴
	1822	1823	1824	1825
美　国	和缓的衰退	复兴	景气	景气；恐慌；衰退
英　国	复兴；景气	景气	景气	景气；衰退；恐慌

续表

	1826	1827	1828	1829
美　国	不景气;复兴	一般的景气	景气;衰退	不景气;复兴
英　国	不景气	复兴	景气	衰退;不景气
	1830	1831	1832	1833
美　国	一般的景气	景气	一般的景气	景气;恐慌;衰退
英　国	渐渐的复兴	衰退;不景气	不景气	复兴
	1834	1835	1836	1837
美　国	和缓的不景气	复兴;景气	景气	景气;恐慌;衰退;不景气
英　国	景气	景气;证券交易所恐慌	景气;金融恐慌	衰退;恐慌;不景气
	1838	1839	1840	1841
美　国	不景气;轻微的复兴	复兴;恐慌;衰退	不景气	不景气
英　国	不景气	不景气	不景气	不景气
法　国	……	……	复兴	景气
	1842	1843	1844	1845
美　国	不景气	不景气;复兴	复兴;景气	景气;短暂的衰退
英　国	不景气	复兴	一般的景气	景气
法　国	景气	景气	景气	景气;证券交易所恐慌
	1846	1847	1848	1849
美　国	衰退;和缓的不景气	复兴;景气;恐慌;衰退	和缓的不景气;复兴	景气
英　国	景气	景气;恐慌;衰退	不景气	不景气;复兴
法　国	景气	衰退;恐慌	不景气;恐慌	不景气

续表

	1850	1851	1852	1853
美　国	景气	景气	景气	景气;衰退
英　国	景气	景气	景气	景气
法　国	不景气	不景气	复兴	景气
德　国	……	……	……	复兴
	1854	1855	1856	1857
美　国	衰退;不景气	不景气;复兴	景气	景气;恐慌;衰退;不景气
英　国	衰退	和缓的不景气	复兴;景气	景气;恐慌;衰退
法　国	景气;短暂的衰退	景气	短暂的衰退	一般的景气;恐慌;衰退
德　国	景气	景气	景气;证券交易所恐慌	景气;恐慌;衰退
	1858	1859	1860	1861
美　国	不景气	复兴	景气;衰退	和缓的不景气;复兴
英　国	不景气	复兴	景气	不平衡的景气
法　国	不景气	复兴	景气;衰退	衰退
德　国	衰退;不景气	不景气	复兴	一般的景气
	1862	1863	1864	1865
美　国	战时活动	战时活动	战时活动	大景气;衰退
英　国	不平衡的景气	不平衡的景气	不平衡的景气;金融紧张	景气
法　国	和缓的不景气	不平衡的不景气	不景气;金融恐慌	不景气
德　国	不平衡的景气	一般的景气	一般的景气	景气
	1866	1867	1868	1869
美　国	和缓的不景气	不景气	复兴	景气;金融困难

续表

英　　国	衰退；恐慌；不景气	不景气	不景气	复兴
法　　国	复兴	衰退；和缓的不景气；证券交易所恐慌	不景气；复兴	景气
德　　国	景气；衰退；不景气	不景气；复兴	复兴	景气；证券交易所恐慌
奥 地 利	……	复兴	和缓的景气	恐慌；衰退
	1870	1871	1872	1873
美　　国	衰退；和缓的不景气	复兴；景气	景气	景气；恐慌；衰退
英　　国	景气；恐慌	景气	景气	景气；衰退
法　　国	景气；衰退；不景气	不景气；恐慌	复兴	衰退；不景气
德　　国	景气；短暂的衰退	景气	景气	景气；恐慌；衰退；不景气
奥 地 利	渐渐的衰退	和缓的不景气	复兴；景气	景气；恐慌；衰退
	1874	1875	1876	1877
美　　国	不景气	不景气	不景气	不景气
英　　国	不景气	不景气	不景气	不景气
法　　国	和缓的不景气	复兴	渐渐的衰退	和缓的不景气
德　　国	不景气	不景气	不景气	缓慢的复兴
奥 地 利	严重的不景气	不景气	不景气	不景气
	1878	1879	1880	1881
美　　国	不景气；复兴	复兴；景气	景气	景气
英　　国	逐渐加深的不景气	不景气；复兴	缓慢的复兴	一般的景气
法　　国	不景气	复兴；证券交易所恐慌	景气	一般的景气
德　　国	衰退；不景气	不景气；复兴	衰退；不景气	重新复兴
奥 地 利	不景气	不景气	复兴	一般的景气

续表

	1882	1883	1884	1885
美国	景气；轻微的衰退	衰退	不景气	不景气；复兴
英国	一般的景气	渐渐的衰退	不景气	不景气
法国	衰退；恐慌	不景气	不景气	不景气
德国	景气；衰退	和缓的不景气	不景气	不景气
奥地利	一般的景气；证券交易所恐慌	景气	衰退	和缓的不景气
	1886	**1887**	**1888**	**1889**
美国	复兴	景气	短暂的衰退	景气
英国	不景气；轻微的恢复	复兴	一般的景气	景气
法国	不景气	复兴	一般的景气	一般的景气；金融紧张
德国	不景气；复兴	复兴	一般的景气	景气
奥地利	不景气；复兴	复兴	景气	景气
	1890	**1891**	**1892**	**1893**
美国	景气；衰退	不景气；复兴	景气	衰退；恐慌；不景气
英国	景气；恐慌；衰退	工业衰落；金融紧张	不景气	剧烈的不景气
法国	衰退；和缓的不景气	和缓的不景气	不景气	不景气
德国	衰退	不景气	不景气	不景气
奥地利	不平衡的景气	景气	衰退	复兴
俄国	一般的景气	衰退；不景气	不景气	复兴
瑞典	景气	景气	衰退；和缓的不景气	不景气
荷兰	一般的景气	衰退	不景气	不景气
意大利	不景气	不景气；恐慌	不景气	不景气；恐慌
阿根廷	衰退；不景气	不景气；恐慌	复兴；衰退	和缓的不景气
巴西	不景气	不景气	不平衡的不景气	不景气
加拿大	和缓的不景气	不景气；复兴	一般的景气	衰退；不景气

续表

南　　非	景气；衰退；不景气	不景气	迅速的复兴	景气
澳大利亚	衰退；不景气	不景气	不景气	不景气；恐慌
印　　度	和缓的不景气	不景气	不平衡的不景气	不景气
日　　本	衰退；不景气	不景气	不景气	和缓的不景气
中　　国	和缓的不景气	和缓的不景气	不景气加深	不景气
	1894	1895	1896	1897
美　　国	剧烈的不景气	不景气；复兴	衰退；不景气	不景气；复兴
英　　国	不景气	不景气；复兴状态维持半年	复兴；景气	景气
法　　国	不景气	不景气；复兴	复兴	一般的景气
德　　国	不景气；复兴	复兴	景气	景气
奥 地 利	衰退；和缓的不景气	和缓的不景气	和缓的不景气	和缓的不景气
俄　　国	景气	景气	景气	景气
瑞　　典	和缓的不景气	复兴	景气	景气
荷　　兰	不景气	不景气	复兴	一般的景气
意 大 利	不景气	不景气	不景气；轻微的复兴	复兴
阿 根 廷	不景气	不景气渐消	复兴	复兴停顿
巴　　西	复兴	一般的景气	衰退；恐慌；不景气	不景气；恐慌
加 拿 大	剧烈的不景气	不景气	不景气渐减	复兴
南　　非	景气	景气；衰退	不景气	不景气
澳大利亚	不景气	不景气；轻微的复兴	急剧的复兴	一般的景气；农业不景气
印　　度	不平衡的复兴	一般的景气	衰退	不景气
日　　本	复兴；衰退	复兴	景气	景气；衰退
中　　国	不景气	复兴	景气	渐渐的衰退
	1898	1899	1900	1901
美　　国	复兴；景气	景气	景气；短暂的衰退	景气
英　　国	景气	景气	景气；夏季的衰退	和缓的不景气

续表

法　国	景气	景气	景气；衰退	不景气
德　国	景气	景气	景气；衰退；不景气	不景气
奥地利	和缓的不景气；复兴	一般的景气	衰退；不景气	不景气
俄　国	景气	景气；恐慌；衰退	衰退；不景气	不景气
瑞　典	景气	景气	景气	衰退；不景气
荷　兰	景气	景气	景气	衰退；和缓的不景气
意大利	不平衡的景气	一般的景气	景气；短暂的衰退	景气
阿根廷	一般的景气	景气	衰退；不景气	不景气
巴　西	不景气加深	不景气；复兴	复兴；恐慌；衰退	和缓的不景气
加拿大	景气	景气	景气；轻微的衰退	复兴；景气
南　非	不景气	复兴；衰退	不景气	复兴
澳大利亚	景气	景气	景气	衰退
印　度	缓慢的恢复	一般的景气	衰退	不景气
日　本	不景气	不景气	加深的不景气	不景气；春季金融恐慌
中　国	和缓的不景气	复兴；景气	景气；衰退；不景气	不景气；复兴
	1902	1903	1904	1905
美　国	景气	景气；衰退	和缓的不景气；复兴	景气
英　国	不景气减轻	不景气加剧	复兴	复兴；景气
法　国	不景气	复兴	一般的景气	景气
德　国	不景气	复兴	一般的景气；衰退	复兴；景气
奥地利	不景气	不景气；复兴	复兴	一般的景气
俄　国	不景气	不景气；复兴	衰退；不景气	不景气
瑞　典	不景气	复兴	一般的景气	景气

续表

荷兰	不景气	不景气	复兴；景气	景气
意大利	一般的景气	景气	景气	景气
阿根廷	不景气；复兴	景气	景气	景气
巴西	和缓的不景气	不景气加深	不景气	不景气
加拿大	景气；金融困难	景气	不平衡的景气	普遍景气
南非	景气	衰退	不景气	不景气
澳大利亚	和缓的不景气	渐渐加深的不景气	复兴	一般的景气
印度	复兴	景气	景气	景气
日本	缓慢的复兴	复兴	景气	景气；衰退；不景气
中国	一般的景气	一般的景气	一般的景气	一般的景气
	1906	1907	1908	1909
美国	景气	景气；恐慌；衰退；不景气	不景气	复兴；一般的景气
英国	景气	景气；衰退	不景气	复兴
法国	景气	景气	衰退；和缓的不景气	复兴
德国	景气	景气；衰退；不景气	不景气	不景气；复兴
奥地利	景气	景气	衰退；不景气	不景气
俄国	不景气；轻微的复兴	复兴	衰退；不景气	不景气；复兴
瑞典	景气	景气；衰退；恐慌	不景气	不景气
荷兰	景气	景气	不景气；复兴	复兴；景气
意大利	景气	景气；衰退	不景气	不景气
阿根廷	景气	景气	一般的衰退	复兴；景气
巴西	缓慢的恢复	复兴；秋季衰退	不景气	复兴
加拿大	景气达于极点	景气；恐慌；衰退	不景气；复兴	复兴
南非	不景气	不景气加深	不景气减轻	复兴
澳大利亚	景气	景气	衰退；和缓的不景气	迅速的复兴；景气

续表

印　度	景气	景气；衰退	不景气	不景气；轻微的复兴
日　本	复兴；景气	景气；恐慌；衰退	不景气	不景气；复兴
中　国	衰退	不景气	不景气	复兴
	1910	1911	1912	1913
美　国	衰退	和缓的不景气	复兴；景气	景气；衰退
英　国	景气	景气	景气	景气；冬季衰退
法　国	景气	景气	景气	景气；衰退
德　国	复兴；景气	景气	景气	景气；衰退
奥地利	不景气	复兴	景气；衰退；不景气	不景气；恐慌
俄　国	景气	景气	景气	景气（证券交易所除外）
瑞　典	复兴	景气	景气	景气；轻微的衰退
荷　兰	景气	景气	景气	衰退
意大利	和缓的不景气	秋季复兴停止	不平衡的景气	一般的景气；衰退
阿根廷	景气	衰退；和缓的不景气	不景气；秋季恢复	衰退
巴　西	景气	景气	景气	不平衡的景气
加拿大	景气	景气	景气	景气；衰退
南　非	景气	景气	景气	不平衡的衰退
澳大利亚	景气	景气	景气	一般的衰退
印　度	复兴	景气	景气	不平衡的景气
日　本	复兴；景气	景气	景气	景气
中　国	衰退	不景气	不景气	不景气
	1914	1915	1916	1917
美　国	不景气	复兴；景气	景气	景气；战争活动
英　国	随着战争，不景气加深	战争活动	战争活动	战争活动
法　国	不景气	战争活动	战争活动	战争活动
德　国	和缓的不景气；复兴	战争活动	战争活动	战争活动

续表

奥地利	不景气	战争活动	战争活动	战争活动
俄国	衰退；恐慌；不景气	不平衡的不景气	战争活动	衰退；不景气
瑞典	衰退；不景气	复兴；景气	景气	衰退
荷兰	衰退；恐慌；不景气	复兴；不平衡的景气	一般的景气	衰退
意大利	衰退；恐慌；不景气	不平衡的不景气	战争活动	战争活动
阿根廷	不景气；恐慌	不平衡的不景气	不景气；缓慢的恢复	复兴
巴西	不景气加深	不景气；复兴	复兴；景气	景气
加拿大	随着战争，不景气加深	不景气；复兴	战争活动	战争活动
南非	衰退；不景气	缓慢的复兴	迅速的复兴	景气
澳大利亚	复兴；衰退	和缓的不景气；复兴	战争活动	战争活动
印度	景气；衰退	不景气	复兴	景气
日本	衰退；不景气	复兴；景气	景气	不平衡的景气
中国	不景气加深	不景气	复兴；景气	不平衡的景气
	1918	1919	1920	1921
美国	战争活动；衰退	复兴；景气	景气；衰退；不景气	不景气
英国	战争活动；衰退	复兴；景气	景气；衰退；不景气	剧烈的不景气
法国	战争活动：萧条	不景气；复兴；大景气	景气；衰退；不景气	不景气，复兴
德国	战争活动；11月的瓦解	不景气	不景气	春季复兴
奥地利	战争活动；混乱	不景气	渐渐的复兴	复兴
俄国	不景气	不景气	不景气	不景气
瑞典	不景气	不景气；复兴	大景气；衰退；不景气	不景气
荷兰	不景气	复兴；景气	景气；衰退；不景气	不景气

续表

意大利	战争活动;轻微的衰退	和缓的不景气;复兴	衰退;不景气	不景气;恐慌
阿根廷	一般的景气	景气	景气;衰退	不景气
巴西	景气;短暂的衰退	景气	景气;衰退;不景气	严重的不景气
加拿大	战争活动:衰退	复兴:景气	景气;衰退	不景气
南非	景气;衰退	复兴;景气	景气;衰退;不景气	剧烈的不景气
澳大利亚	战争活动	景气	景气;衰退	不景气
印度	景气;衰退	复兴;景气	景气;衰退,不景气	不景气
日本	不平衡的景气;衰退	不景气;复兴;景气	景气;衰退;不景气	不景气
中国	不平衡的景气	景气	景气;衰退;不景气	不景气
	1922	1923	1924	1925
美国	复兴;景气	景气;衰退	和缓的不景气;复兴	景气
英国	不景气	不景气	不景气减轻	景气
法国	复兴	景气	景气	景气
德国	夏季恢复停止;瓦解	不景气	复兴;夏季复兴暂时受到阻碍	复兴停止;衰退
奥地利	不平衡的衰退	不景气	不景气;金融紧张	不景气
俄国	不景气;轻微的恢复	复兴;十月衰退	和缓的不景气;复兴	不平衡的景气;衰退
瑞典	不景气;复兴	复兴	一般的景气	一般的景气
荷兰	不景气	不景气	复兴	一般的景气
意大利	不景气	不景气;复兴	一般的景气	景气
阿根廷	不景气	不景气减轻	复兴	景气
巴西	不景气减轻	复兴	一般的景气;衰退	不景气

续表

加拿大	不景气;复兴	一般的景气	衰退;和缓的不景气	复兴;景气
南非	不景气	复兴	一般的景气	景气
澳大利亚	渐渐复兴	复兴;一般的景气	一般的衰退	复兴;景气
印度	不景气	渐渐的复兴	复兴;一般的景气	一般的景气
日本	不景气	不景气	不景气	不景气;复兴
中国	不景气	不景气	不景气	不景气

人们早已认识了巨大的金融危机是有国际性的。例如,按照摘要,1815年、1825年和1837年的危机是英、美所共有的;1847年的危机是英、美、法(从这时候起法国已列入年鉴)所共有的;1857年的危机是英、美、法、德所共有的;1873年的危机是英、美、法、德、奥所共有的,但剧烈程度有所不同。除这些大家所知道的危机外,年鉴还表示,在1882—1884年这一时期中,上述5国的商业一同呈现和缓的衰退。在1890年后编入年鉴的17个国家中,10个国家于1890—1891年间呈现出商业衰退的现象,15个国家于1900—1901年间呈现出商业衰退的现象,15个国家于1907—1908年呈现出商业衰退的现象,12个国家于1912—1913年呈现出商业衰退的现象,11个国家于1918年呈现出商业衰落的现象,14个国家于1920年呈现出商业衰退的现象。此外,在这些世界性商业衰退中,未卷入漩涡的国家大抵都是已经陷入了更严重困难的国家。例如,南非和日本所以能够避免1900—1901年的衰退,是因为它们已经遭遇了不景气。17个国家中得免1920年的衰退的,就是德国、奥地利和俄国。

当然,各国在危机年头和衰退年头的遭遇是不尽相同的。在整个记录中,没有一次危机,其严重程度是到处一样的。例如,在

1873 年，美国、德国、奥地利的危机，比英国、法国的危机严重得多。相反，在 1890 年，伦敦金融比纽约、柏林金融远为紧迫。至于维也纳，直到 1892 年才发现衰退现象。1900 年德国似乎是变动的中心，美国、意大利等国只稍稍受到国外的影响。1907 年美国所遭遇的困难最为严重。最近似世界性危机的也许是 1920 年的危机，但这次危机显然受到了战后调整的影响。可是，很明显，不论哪一个重要商业国发生金融危机，其他国家的金融都会受到影响而跟着紧张起来。甚至像 1882—1883 年和 1913 年那样和缓的衰退，也到处蔓延，把多国卷入漩涡。

表 33　英国、法国、德国、奥地利和美国经历相同和不同商业循环阶段的年数

	包括的时期		年　数			年数的百分率		
	时期	年数	阶段一致	阶段部分一致	阶段相反	阶段一致	阶段部分一致	阶段相反
I								
英国和法国循环	1867—1925	59	32	20	7	54	34	12
英国和德国循环	1867—1925	59	33	22	4	56	37	7
英国和奥地利循环	1867—1925	59	27	21	11	46	36	19
英国和美国循环	1867—1925	59	28	18	13	47	31	22
法国和德国循环	1867—1925	59	27	25	7	46	42	12
法国和奥地利循环	1867—1925	59	19	21	19	32	36	32
法国和美国循环	1867—1925	59	23	23	13	39	39	22
德国和奥地利循环	1867—1925	59	23	24	12	39	41	20
德国和美国循环	1867—1925	59	21	20	18	36	34	31
奥地利和美国循环	1867—1925	59	18	23	18	31	39	31

续表

Ⅱ								
英国和其他四个国家	1867—1925	236	120	81	35	51	34	15
德国和其他四个国家	1867—1925	236	104	91	41	44	39	17
法国和其他四个国家	1867—1925	236	104	89	46	43	38	19
美国和其他四个国家	1867—1925	236	90	84	62	33	36	26
奥地利和其他四个国家	1867—1925	236	87	89	60	37	38	25
Ⅲ								
英国和美国循环	1790—1857	68	21	28	19	31	41	28
	1857—1925	68	33	21	14	49	31	21
英国和法国循环	1840—1882	43	12	17	14	23	40	33
	1883—1925	43	28	11	4	65	26	9
英国和德国循环	1853—1888	36	19	15	2	53	42	6
	1889—1925	37	21	13	3	57	35	8
英国和奥地利循环	1867—1895	29	14	12	3	48	41	10
	1896—1925	30	13	9	8	43	30	27

商业循环的其他阶段也会蔓延，但人们不大注意这一点。19世纪70年代的长期衰退，19世纪80年代变化多端的商业情况，19世纪90年代中期的复兴，1906—1907年的大景气，1912年比较和缓的繁荣，大战期中疯狂的活动，1920年以后的严重不景气，这些都具有国际性，正像危机具有国际性一样。

但是，在任何两个国家同时进行中的商业循环过程，总有一些不同，没有完全相似。要明了各国商业情况的相同和不同程度，最好的办法可以检查一下，在商业摘要中，计有多少年使用同样字眼来形容各国的情况，计有多少年使用相反的字眼来形容各国的情况。检查的时候，我们就可发现很多年份既不使用相同的字眼，又不使用相反的字眼。有的时候，一国商业正在恢复，而另一国商业已经踏进了繁荣阶段；一国商业已经陷入不景气，而另一国却开始呈现萧条状况。也有这种情形，年初情形相同，而年末情形却不相同，或年初情形不同，而年末却很相似。在这种情形下，我们既不能说情形是很相似的，又不能说情形是悬殊的。因此，必须认识到，各国在一定时期所经历的商业循环阶段，共有三种类型的关系——相同的；部分相同的；相反的。我们可以对这些关系任意下个定义，同时制成统计表来表示这些关系。①

表 33 比较了五国自 1890 年以来的商业情况，这五国自 1890 年起都有商业年鉴。从这种比较可以看出，在大多数的比较时期中各国经历商业循环相同阶段的年数多于经历相反阶段的年数。该表也许没有充分反映出各国关系的密切程度，因为它没有考虑到领先和落后关系的改变如何使一国的商业情况影响到和它相比较的国家的商业情况。从英国的国际商业地位和国际金融地位来

① 在准备下表的资料时，索普博士所用的标准如下：
相同的关系包括：

1. 两国经过循环相同阶段的年份。

2. 两国至少共同经过两个相同循环阶段，而其中一国已经进到了第三个阶段的年份。例如，一国经过景气和衰退两阶段，其他一国经过景气、衰退和不景气三阶段。

部分相同的关系包括：

两国各经过循环的两个相连接阶段中的一个的年份。例如，一国经过复兴阶段，另一国经过繁荣阶段；一国经过衰退阶段，另一国经过衰退和不景气阶段。

相反的阶段包括：

两国发生相反阶段的年份，不管中间的阶段是什么阶段。例如，一国经过繁荣、衰退和不景气三阶段，另一国经过不景气和复兴两阶段。

本表把战时活动作为繁荣来解释。

本表不考虑各国衰退现象的相对严重性。

看，一个人可以料想得到，英国商业循环和其他国家商业循环的相互关系一定比其他国家之间的商业循环的相互关系更为密切。英国商业循环和法国或德国商业循环最为相似。美国和奥地利商业循环差别最大。

从上表第三部分可以看出，随着时代的演进，各国的商业循环阶段大体上已经越来越相似。战时各国经济关系的中断以及战后这种关系的迟迟不恢复，使各国同时经历同一循环阶段的过程受到阻碍。但在大战期中，差不多相同的非商业因素在各交战国中起着作用，而这些因素对那时候各交战国商业循环的影响也差不多是相同的。这些非商业因素从1914年以后起着非常大的作用。自1918年以来，各国经济景况已变得非常不同。不过，商业势力又开始施展作用，使各国情况趋于一致。

我们可以采用一种更有意义的方法，把年鉴已经包括了17个国家以后所记述的各国商业循环的关系指出来。这是因为1890年以后商业循环已经具有一种国际模式，这种模式很简单，容易记在心里，可以把它应用到各种情况。这种模式可以概括地叙述如下：

第一个循环，1890—1891年到1900—1901年

1890—1891年衰退阶段，1891—1895年不景气阶段，1895—1896年复兴阶段，1896—1900年景气阶段，1900—1901年衰退阶段。

第二个循环，1900—1901年到1907—1908年

1900—1901年衰退阶段，1901—1903年不景气阶段，1903—1904年复兴阶段，1905—1907年景气阶段，1907—1908年衰退阶段。

第三个循环，1907—1908年到1913—1914年

1907—1908 年衰退阶段，1908—1909 年不景气阶段，1909—1910 年复兴阶段，1910—1913 年景气阶段，1913—1914 年衰退阶段。

第四个循环，1913—1914 年到 1918 年

1913—1914 年衰退阶段，1914—1915 年不景气阶段，1915 年复兴阶段，1915—1918 年景气阶段，1918 年衰退阶段。

第五个循环，1918 年到 1920 年

1918 年衰退阶段，1919 年年初非常短暂的和缓的不景气阶段，1919 年发展得很快的复兴阶段，1919—1920 年景气阶段，1920 年不景气阶段。

第六个循环，1920 年到——（未结束的循环）

1920 年衰退阶段，1921—1922 年严重的不景气阶段，1922—1923 年复兴阶段，1924—1925 年和缓的景气阶段。

在这个时期，17 个国家中，以下的 6 个国家有了 5 个循环，现在它们正处在第 6 个循环中：英国、法国、荷兰、瑞典、意大利、中国。以下的 5 个国家有了 6 个循环，现正处在第 7 个循环中：奥地利、南非、澳大利亚、阿根廷、印度。5 个国家有了 7 个循环，现正处在第 8 个循环中，这些国家是德国、俄国、加拿大、巴西、日本。1 个国家有了 10 个循环，现正处在第 11 个循环中，这个国家是美国。

这样，1890 年以来，我们研究的国家所经历的循环，没有一国少于 6 次，即这时期中国际性循环的次数。多数国家所经历的循环，都比 6 次多一两次。那些经历较多循环的国家，都是由于在两个国际性衰退阶段的中间插入了国内性衰退阶段，而不是由于没有卷入国际性循环的旋涡。最惊人的例子是：每次国际性衰退，美国都参

与在内,但在 1893、1896、1903、1910 年和 1923 年,美国另有了国内性衰退。如果一个国家得免于一个国际性衰退,那通常是因为它刚刚经历了国内性衰退。例如,1900 年国际性衰退开始时,日本和南非已经陷入了不景气状态。南非和中国所以得免于 1907 年国际性衰退,也是由于同样的原因。同样,欧洲各个中立国家于 1917 年发生衰退,因此得免于 1918 年的衰退。

约在 1907 年以前的意大利、俄国、南非、中国等国商业循环的形态,和国际模式最不相同——这些国家都是经济落后、农业占优势的国家。反之,工业、贸易、财政非常发达的国家的商业循环,就和国际模式的商业循环差不多一样——英国、法国、德国(到 1919 年为止)、瑞典、荷兰就属于这一类国家。澳大利亚和加拿大在这方面比欧洲列强稍差一些。大战前十年的奥地利循环已经很接近于西、北邻邦的循环。甚至英属印度和日本的循环,也已经和欧洲型的循环没有很大差别了。

总结 1890 年以来各国商业循环的关系,还有一种方法可以使用,那就是把表 32 中的各项记载,由上至下浏览一遍。36 年中没有一年 17 个国家是同处于同一循环阶段的。但是,在 1893、1899、1906、1908、1912、1916、1920、1921 等年,各国的情况差不多是一致的。至于其他各年,性质相似的记载大抵比性质相反的记载多得多。

图 27 用图解方式表示了这些事实。在 1890—1925 年的任何一年中,由该图的上端直到下端的不规则白带形线和黑带形线,没有一年是完全连续的。可是,各国商业境况很明显有倾向于一致的趋势。

图27 各国商业循环概观，1790-1925年

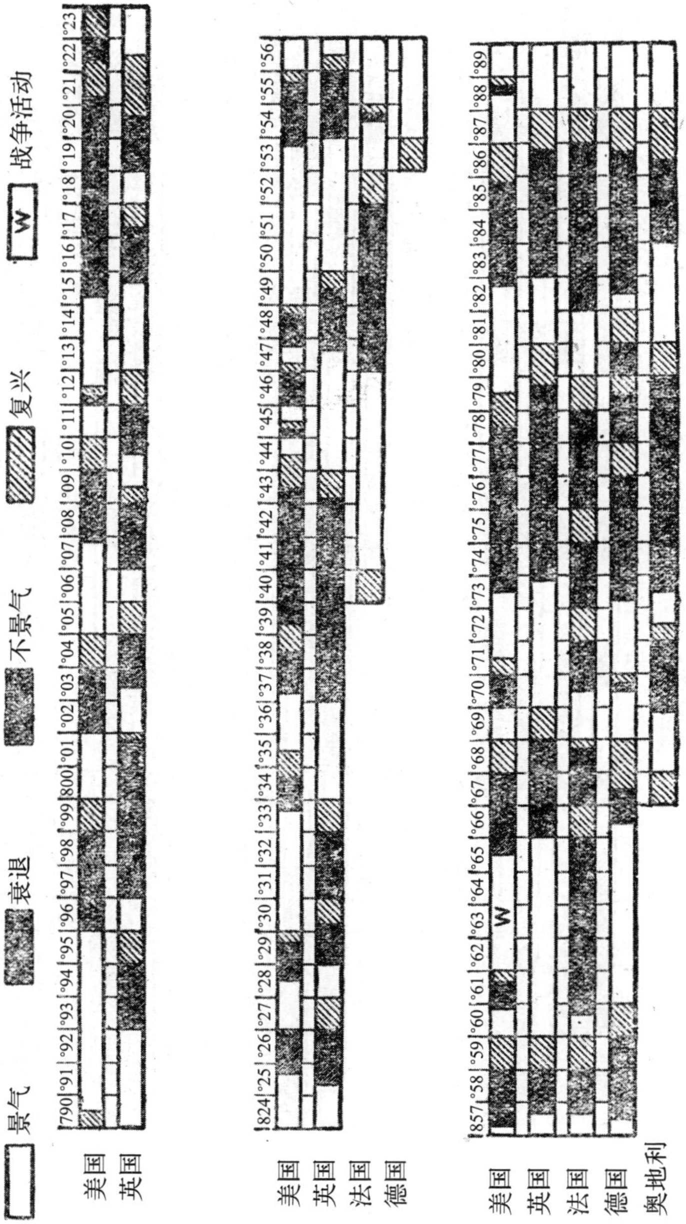

景气　衰退　不景气　复兴　W 战争活动

1790—1823：美国　英国

1824—1856：美国　英国　法国　德国

1857—1889：美国　英国　法国　德国　奥地利

景气　衰退　不景气　复兴　W 战争活动

美国
英国
法国
德国
奥地利
俄国
瑞典
荷兰
意大利
阿根廷
巴西
加拿大
南非
澳大利亚
印度
日本
中国

1890 '91 '92 '93 '94 '95 '96 '97 '98 '99 1900 '01 '02 '03 '04 '05 '06 '07 '08 '09 '10 '11 '12 '13 '14 '15 '16 '17 '18 '19 '20 '21 '22 '23 '24 '25

3. 商业循环的国内外因素

各国所以有同时经历同一商业循环阶段的倾向，可能是由于一种宇宙因素每年都对世界各地发挥大体上相同的作用。我们的年鉴不能帮助我们说明这个大胆的假设。但年鉴提出了几种比较平稳的解释，这些解释不但说明了为什么各国的商业循环一般是彼此相似的，并且说明了为什么在若干方面它们是不相同的。这些比较平稳的解释与宇宙因素的假设没有矛盾，但却是独立的假设。

不管经济活动的循环变动是基于哪一种原因，年鉴指明，凡经济组织已经发展到和西欧经济组织相似的社会，这些原因便起着积极作用。商业循环在各国经济上起着什么程度的作用，似乎是和各国经济组织的发展程度有密切关系的。

经济组织的一个特征，就是把广大地区中的经济活动统一起来、调和起来。虽然年鉴的资料不很充实，包括的时期也不很长，但它显示了两种趋向：一种是互相贸易的地区有越来越扩大的倾向，一种是各地区经济有越来越统一的伴生趋向。例如，按照美国年鉴，在宪法颁布以后的几十年中，北部、南部、西部的经济境遇常常是大不相同的；到了后来，这些不同就渐渐减少了。虽然美国各州的商业情况，总是有些差别，从来没有同盛同衰的情况，而且这些差别，特别是在各个农业地区之间，有时是很大的；可是，按照年鉴，现在美国人民的境遇，同1790—1820年这一时期中美国13州和边区人民的境遇相比，却一致得多，尽管现在美国人口比从前大得多，所散布地区也比从前广阔得多。

年鉴证明，上述关于美国的结论，对全世界也是适用的。商业上错综复杂的关系，在牵涉的地区越来越广大的同时，也变得越来越紧密和巩固。从年鉴可以看到，美国以外的少数国家也存在着这种双重倾向。在各国的相互关系上，年鉴非常明显地反映出这种双重倾向。除因农业收成临时发生变化外，美国各地区商业几乎达到了统一的地步。同样，世界的商业在世界大战暂时破坏国际联系之前，除因临时政治、社会或农业事故外，似乎也快要达到统一的地步。

仿照欧洲方式而组成的社会的经济境遇之所以有倾向于一致的趋势，就是因为商业循环的各阶段，无论在什么地方开始形成，都会使和这地方有商业关系的其他地方形成同样的商业循环阶段。

一个国家如果繁荣起来，便会多买其他国家的产品；这样，这些国家的商业就更加活跃。繁荣还会使国内商人、资本家、工程承包者不必那么积极地争取国外中立市场。这样，那些国内生意比较清淡的国家的商人、资本家、工程承包者便有更多机会在这些中立市场做生意。此外，繁荣和因此而产生的乐观心理和优厚利润会刺激国内外投资，而资本输出又可扩大输入资本的国家的贸易。在商业情况恶化的时候，便没有上述刺激因素可言。只要一个重要商业中心发生严重的危机，更快、更严重的结果就会接踵而来。企业纷纷要求贷款，利息率就很快跟着上涨；此外，这个中心也不能像从前那样对其他商业中心贷款了。如果拥有国际分支机构的企业被人怀疑无力履行义务，许多地方便会提出清算的要求。破产所带来的损失会使全世界的企业机构受到影响。不景气和复兴的情形也是这样富于感染性的。不论不景气或复兴现象在什么地方发生，它总会影响到其他地方的商业，结果使一切和这一变动中心有贸易关系的地区都发生不景气或复兴现象。

而且，这些关系不是片面的。每个国家的商业情况，不但对其他国家的商业情况起作用，而且也受其他国家商业情况的影响。由于一切有商业关系的国家彼此互相影响而产生的许多作用和反作用，商业循环越来越趋于一致。

当然，一定地方的商业情况会在什么程度上影响到其他地方的商业情况，这要看这个地方的贸易和金融在国际上处于什么地位而定。相似地，最不容易受到其他地方商业情况的影响的社会，像中国内地这种地区，它的经济活动主要是自给自足的。最容易感受其他地方商业情况和影响的社会，像英国这种地方，它主要是依靠国外市场、国外投资和国外供应来源的。此外，就后一类型的国家来说，国外利益越分散，世界情况便反映得越切实，这一点也是很明显的。

以上分析说明了为什么相同循环阶段有同时在各国发生的趋向，同时也指出了这种趋向所碰到的障碍。

如果一国的人民，自己互相贸易、互相借贷，不与外界往来，这个国家的经济变动，便有独特的性质，和一般不同。那些主要依靠自产的农产品为生活的农业社会，因天灾原因所受到的损失，往往比和外界有广泛贸易联系的农业社会大得多，但世界商业的脱节对它们影响不大。就是在农民偏重商业的国家，我们看到了它们自有独特的情况，这种情况随国内外的气候情况而变动，而和采矿业、制造业、运输业、批发业、金融业完全不同。[①] 当然,农业的情况也会影响到一般情况。例如,农业原料和粮食价格的变动,农民购买力的增减,这些都对其他产业的繁荣有影响,其影响程度的大小,要看农业在全国贸易中所占的比重而定。因此,一个国家的农业在全部产业中所占的成分愈大,就长期来说,这个国家的商业循环便愈不同于国际模式的商业循环,因为,两大农业国的收成情况绝不会年年相似。最会使商业情况趋于一致的农业发展乃是农户数目的减少以及转向工业的农民人数的增多。根据索普博士为商业年鉴写的序文,农户数目的减少是世界普遍现象。

由农民、小手工业者和小商人组成的国家在工业方面大规模的发展,虽然会使这个国家的经济活动和其他国家的经济活动联系起来,但在发展的过程中,却可能插入这样一个阶段,即国际势力似乎减退而国内势力变得重要起来的阶段。这种国家最初所经营的一些矿山、工厂、铁路、银行,大概总是外商经营的,依靠外国资本,甚至也依靠外国市场。在这个时候,这个新兴的古国得到外国承认的企业,一定会对国外金融、贸易的变动特别敏感。如果新的企业在这一时期中办得成功,本国人民一定会学习新的方法,消费新的产品。和属于外商的企业一起,本国人民办理的企业,将一天一天增加起来,从国内吸收资本,并大部分在国内推销产品。过了一些时候,外国资本家可能把他们所办的企业,大部分卖给本地商人。在这个阶段,这个国家的商业,似乎就摆脱了国外势力的控

① 从某方面来说,主要农产品"世界市场"的扩大,甚至会使农业风险增加。例如,加拿大境内小麦歉收,不一定会使国内小麦价格上涨,补偿歉收的损失。

制，而这个国家的商业循环，将和国际模式更不相同。但是，如果这个国家经济生活近代化的过程继续发展下去，一直到大部分人口都受到影响，那么，它又将渐渐和世界情况一致了。这些种类的变动，大概可以部分地（仅仅是部分地）说明俄国年鉴奇怪的特点。那就是，俄国的商业循环，在年鉴开始的头几年间，还比沙皇统治时代的末后时期更接近于国际模式。① 中国的商业循环，在不久的将来也可能经历相似的阶段。

除经济组织、农业人口比例、收成情况等因素的差异外，还有很多更明显的因素，使各个循环各具不同特点，无论这些循环是属于同一国家的循环，还是在不同国家中同时发生的循环。在各国商业史中，战争和政变起很重要的作用，并且它们的作用是非常不稳定的。年鉴所揭示的许多不同商景，似乎就是由这些因素所造成的。可是，我们看到了世界大战却有使交战国、中立国商业情况趋于一致的作用，至少在大战初期是这样的。但各国战后的余波，却各不相同。纵使我们不能够从各国的商业循环中看到税制、国内改良计划、商务规章的变动的影响，我们也会发现币制、银行制度、国内外关税制度的变动的影响。除这些政治因素外，国民进取心和节约习惯似乎也对商业变动的次数和强度有影响。其他可能起作用的因素是管理投资方法的变更、产业的整合、劳动的组织、社会保险的发展等等。但是，如果再把相对重要性无从计量的因素列举下去，那是没有什么意义的。

① 关于俄国的商业循环和西欧的商业循环之间的关系，读者可参阅派伏兴：《商业危机》，1925 年莫斯科版。库兹纳兹博士把派伏兴教授分析的概要交给我，我在这里表示谢意。

在自然领域、政治领域、科学领域中无数的发展,一一都会影响到商业活动,这个结论似乎是很明显的。同时,在商业领域本身中的发展,也会对商业活动起作用。这些发展很少是以同一形态、同一规模在各国同时发生的。因此,不难体会为什么商业循环在许多方面因国而异。可是,关于造成各国商业循环的不同原因的相对重要性,现在还是不能确定的。我们的最后意见可能是这样的:那些暗中使商业情况趋于一致的商业势力必定是非常强大的,否则许多国家的商业循环绝不会有同样的模式。商业年鉴表示,近年来各国的商业循环越来越接近一个国际模式。由此可见,国际势力的作用正在增强。

第五章　结果与计划

一、商业循环的概念

1. 商业循环概念的发展

在初期研究商业循环的人看来，说明他们叫做“商业危机”这一个引人注目的事件，是个迫切的问题。他们不但把研究范围局限于商业变动的危机阶段，而且还局限于怎样说明上。危机已经是众所周知的事件，何必枉费心力来做精细的事实调查呢？为什么还需要对繁荣做说明呢？

采取这种研究方针的一个结果，是使讨论集中在各个对立的理论是否有确实根据，而不是集中在商业变动的特征上。参加讨论者根据常识，有时也援引证据，互相辩驳。但即使援引证据，他们的目的也常常是在于辩证而不是在于实证。还有第二个结果：讨论往往离开了经济理论的主要部分而变成一种“专业”。因为，如果把危机从不断的变动过程中单独抽出来，危机似乎就是非常现象了。作为非常现象，危机在理论家的理论领域中便不占主要地位，而仅仅占次要地位。在进行所谓主要经济问题的讨论时，往往在“其他条件不变”的概括假设下，把商业活动变动和其他一些问题撇开不谈。虽然把经济原则应用到实际问题的某些权威著述，也花了若干章篇幅讲述危机的原因，但这些问题在纯理论方面是没有地位的。关于这个问题的著作，大部分是属于专论的性质，并且许多这类作家的经济学识是很肤浅的。直到 1898 年，庞巴维克还认为，在讨论经济学说的著作里，危机学说，无论已写成书的或未写成书的，应该放在最后一章或倒数第二章。① 大多数经济学家，听到相反的见解，即研究商业变动时产生出来的各种思想可给经济学说开辟一个新的途径，仍会感到惊讶。②

约翰·韦德在 1833 年偶然发表的观点，含有比较广泛的概念。他说，包含“轮流出现的繁荣和不景气时期”的“商业循环”，“最近 70 年中”一直在英国发生着。③ 那时候可能还有其他的人，也想到商业变动是循环的。这种见解很快地蔓延开来。尤格拉尔认为这一见解是他创造的。他在 1860 年企图说明“繁荣、危机、清算这三个时期”的关系时，指出“这些时期总是以一定的次序一个跟着一个出现的”。此外，他还积极从事于事实的调查。他主要是把对物价、利率、银行存款余额的变动的分析作为他的结论的根

---

① 参阅庞巴维克对伯格曼的《国民经济危机学说史》的评论，《国民经济、社会政治、行政机构杂志》，第 7 卷，第 112 页。

② 参阅吕维的评述。他说：不能使用纯粹经济学内的“变动方法”来处理循环变动问题。要处理循环变动问题，就要像处理其他问题一样，创立一个动态学说，在这个学说里，将使用循环变动的概念来代替均衡的概念。“什么是循环学说的一般可能性”，《世界经济文献》，1926 年 10 月，第 24 卷，第 165—197 页。

③ 参阅第一章第三节。

据，同时援引1696年以来的危机历史来做补充。[1] 他的著作标志着商业循环研究的重要转捩点。可是，他虽然体会到讨论商业循环的需要，他还是把他的书叫做《商业危机论》。今天的许多作家（特别是欧洲作家）不但在选择他们著作的名称时仿效尤格拉尔的先例，而且也仿效他的另一个先例，把危机理论的范围推广到繁荣、不景气、复兴的讨论。[2]

尤格拉尔死去以后，商业循环的概念有了许多的变更，大多数这些变更是由于更大规模、更深入地进行尤格拉尔所进行的研究的结果。尤格拉尔意见中隐约的含义现在已经变得很明显。尤格拉尔所忽略的事体，已经受人重视了。分析时间数列的更完善方法，已经发明了。尤格拉尔不会了解的一些名词，已经成为习用的名词了。不论从形式还是从实际看来，整个讨论都和从前不相同了。可是，我们即使不能从尤格拉尔的字句看出许多新的见解，也可以从他著作的字里行间看出许多新的见解。

尤格拉尔不明白这一点：介于两个危机中间，往往有两个或两个以上轮流出现的繁荣和不景气阶段。现今写作危机问题的作家，也没有深刻地领悟到这个重要事实。只当人们分析时间数列或细心阅读商情评述时，这个事实才明显地浮现出来。危机问题理论家之所以忽视这些短的循环，当然是因为这些循环没有包括传统意义上的危机。一个著述“商业危机”问题的人，可能想到商

① 必须细读尤格拉尔的《商业危机论》（第2版，1889年巴黎版）才会理解他的长期努力。本书所引词句摘自该书第21页。

② 例如，可参阅鲍尼兴关于危机理论应涉及的范围的评述，载《经济危机》，1922年巴黎版，第28页。

业循环，并且打算讨论商业循环，但他的资料所揭示的循环中相当大的部分他却看不出来。为避免走入迷途，那些自认为是绝对按照他们的资料进行研究的统计工作者，抛弃了整个讨论中最习用的名词。他们把繁荣转入不景气的过渡时期叫做衰退。从这一点来推断，他们所认识的循环必定比讨论危机问题的书所述的循环来得短。他们不认为七年或八年的循环是典型的循环，而认为三年、四年的循环是典型的循环。但他们也想明了较长的和较短的循环是怎样围绕这个众数而分布着。他们还想明了各国各时期循环的平均期间是怎样不同。

尤格拉尔至少在口头上认为危机是具有"周期性的"。他的著作的全名是：《法国、英国、美国的商业危机与商业危机的定期出现》。但是，他自己写的这三个国家的危机史，却表示这些国家中两个危机相距的时间都是没有规则性的。研究理论的作家，往往仿效这种不正确的先例，在书名上称之为定期性的危机，而在书内却说危机发生的日期极其无定。① 统计学家则避免使用那些在其他科学中意味着时间上有严格规则性的名词。他们发现，繁荣、衰退、不景气、复兴这些阶段总是按照一定次序接连发生，循环不已。

---

① 参阅以下各书的书名和各书中所引用的各节文字：阿夫达利安：《生产过剩所产生的周期性危机》，1913 年巴黎版，第 1 卷，第 8—14 页；鲍尼兴：《经济危机——一篇关于周期性经济危机形态和理论的论文》，1922 年巴黎版，第 42—45 页；勒斯居尔：《生产过剩所产生的一般的周期性危机》，第 3 版，1913 年巴黎版，第 1—288 页（特别注意他所列举的各个危机的间隔时间）；波利：《人口的流动、资本的形成和周期性危机》，1902 年格丁根版（参阅该书附录内的统计数字，特别可以参阅第 89—90 页）。

这也许是另一个我们必须加以说明的用词上的矛盾。理论家对于理论上他认为是"正常"的事物，并不希望它在历史上是正常的。

像上面所说的那样，他们的一个主要目标，在于寻找商业循环及其构成阶段的期间是怎样变化的。但是，到今天为止，评论家还有时把“循环”和“周期”混为一谈，认为著述商业循环问题的人都相信商业变动是有定期性的。

韦德毫不犹豫地说到“这一个”商业循环。尤格拉尔有时也使用类似的法文词语。[①] 最近出版的商业循环著作中，有的叫做“这一个”商业循环，有的叫做“这一个”贸易循环。[②] 初期使用这些名词的人，可能认为这些名词所包含的不正确意义是对的。韦德可能认为商业循环是个单一变动，或一连串的由繁荣变为不景气、再由不景气变为繁荣的单纯变动。也许那些把商业循环归因于单一因素的人现在时常还有这种想法。但是，现在讲到“这一个”商业循环的人，大都不是指一种现象，而是指一系列互相关联的现象。这是近来著作的显著特点：它们越来越强调各种过程循环变动的幅度和时间性。统计没有提供什么东西来直接证实“这一个”商业循环的存在。统计所提供的乃是千百个时间数列循环变动的证据。要从统计资料编造出表示商业活动“一般趋向”的单一指数，这的确是不容易的。甚至连想象编造这种指数也是不容易的。[③] 可是，调查研究者越彻底地分析商业循环就越需要一个普通名词来形容整个变动。

① 例如，尤格拉尔在他的《商业危机》(第 2 版，第 17 页)中说：“这一个危机牵涉到整个世界所有商业活动的地区。”

② 例如，托马斯把她的著作叫做《商业循环的社会观》，拉文顿用《贸易循环》作为书名。

③ 参阅第三章第六节之 2“对于商情指数的评述”。

可是，我们使用的字眼，却向我们施了诡计。我们对一系列表面上互相关联的现象仅仅有了模糊概念，就想给它一个名称。这个步骤虽然是必要的，却很危险。名词的确定性会对我们遮蔽了知识的不确定性。如果名称是由其他用途上已经习见的字眼拼成的，我们可能认为它的含义是确定的。我们可能假定我们已经认识了我们所命名的事物，开始说明这些事物。其实，我们在这时候应该先去了解这些名称所指的究竟是什么。①

在本书的开头已经讲述了上述的一切。它说明我们为什么没有在那里把商业循环的定义举出来。它说明为什么即使在学说的评述中我们只强调商业循环的特点，并指明应该调查什么事实、应该怎样研究这些事实。它说明我们为什么使用了很长的篇幅来讲述经济组织、统计方法和商业年鉴。它说明我们为什么在本节讨论商业循环概念的演变。即使在现在，我们所能做的也只是下一个暂定的定义，使用该定义来学习更多东西——大抵这个定义随着知识的增长，需要不断修改。

2. 商业循环的一个暂定的概念

我们曾从经济理论家、经济统计家、商情评论家的视角观察商业循环，以此来了解商业循环究竟是怎么一回事。每一派的工作者都有助于我们了解其他派别的工作者所没有看到的特点或认为是理所当然的特点。把三派工作者的观察结合起来，我们才能够

① 把“这一个商业循环”作为本书书名，比把“商业循环”作为本书书名，似乎更容易使我们陷入上述的危险。因此在本书里，我宁愿使用后一名称。说“商业危机”无疑比说“这一个商业危机”更为妥当。

对商业循环具有充分的认识，帮助我们进行将来的研究工作。

(1)从商情报道得来的概念

按照一种方法处理的商情报道，所给我们的关于商业变动的印象是非常混乱的；按照另一种方法处理的商情报道，所给我们的关于商业变动的印象，却是非常简单的。当我们很吃力地读完金融新闻和领事报告所报道的商业事件时，除了一些细节以外，我们可能得不到总的印象。但是，通过细心的计划和勤劳的工作，我们可以把这些报道整理成为这样的形式，使它能够反映广大地区和数十年的情况。这样，细节就渐渐消失，商业发展的显著特征就清楚了。在这些显著特征中，一个最显著的特征乃是迟早会发生的变动之典型状态——一切可称有商业史的国家所共有的典型状态。在许多国家，情况总是这样：商业活跃时期，都是以衰退的出现而告结束，接着商业转入萧条时期，但过了若干时日，商业日呈起色，不久又变得很活跃。这些循环发生的事件就是人们说到商业循环时心目中所有的事件。许多商情报道者通力合作而积渐地集成的记录，充满了这些事件的例子。

但商业历史给我们提示的不止是概念的空架。

①商业历史一般以国家为单位，但商业历史很明白地指出：某一繁荣或不景气的波浪，不一定会把一个国家的一切部分都卷入旋涡；此外，这种波浪有时会波及整个商业世界。各次波动所涉及的地域是这样的不一致，使得我们不能把商业循环和任何地理单位或政治单位联系起来。为便于讨论起见，我们还是按照我们资料所采用的老方法，来考虑(例如)日本的循环、瑞典的循环、巴西的循环。由于各国的商业循环记录各有它们的特点，这种办法更

说得通。但是，我们必须认识到，商业循环现象是国际现象，不但许多国家都有这种现象，而且任何一个国家在任何时候普遍流行的商业情况，会使其他和这个国家有重要贸易关系的国家都发生同样情况。另一方面，我们还要认识这一点：在经济组织不很完全的大国，各地区之间的循环变动，有时会大不相同，甚至会比两个邻国之间的循环变动更不相同。

②一个国家内的繁荣或不景气的概念，一般只是笼统的概念。详细的观察很少发现这个国家所有的企业都是很活跃的或都是很萧条的。一般说来，商情报道者对于商业一般状态的意见明显地是一致的。但有的时候，他们所描述的情况，是这样混杂，使得我们很难看出总的趋向是怎样的。有的时候，商情报道者对普遍流行的情况表示相同的意见，同时也都认为某些企业的情况和一般情况大不相同。换句话说，商业史的读者可以认为商业循环是由若干阶段构成的，每一个阶段都是各种产业中非常复杂情况的综合——这些情况从来没有完全相同，有时极其不相同。

③商业史所写的商业循环的另一个特征，就是各个商业循环的强烈程度各不相同。各作家所述的，有疯狂似的恐慌、有平静的衰退、非常大的景气、和缓的景气、陷入瘫痪状态的商业、停滞的商业、突然的复兴、疲缓的恢复。对于这些形容词以及它们的许多变式，无法做精确的解释。甚至要想把各个循环或某一时期各国发生的循环按照它们的剧烈程度划分等级，也不可能，更不必说测量它们的个别剧烈程度了。可是，我们也不可怀疑这一事实：商业循环的强度是不一致的，有的是剧烈的变动，有的只是一般的变动。如果我们完全按照这些资料，我们的商业循环概念就不能包括危

机，因为变动如果只是一般变动，就没有什么阶段可以适切地叫做危机阶段。

④关于商业循环波动的长度，商业历史给了我们比较明晰的印象。我们能够推算出介于两个衰退阶段之间的时间的长短。但也有不容易确定的情形，因为上述的工业复杂状况，有时使人很难断定某种困难是否普遍到可以称为衰退状态。但这种情况并不很多，对计算结果影响不大。

根据我们的记录，有的循环仅仅比一年长一些。另一方面，也有长到 11 年或 12 年的循环。但大多数的循环，都是 3—6 年。如果把很多观察集合在一起，那么各个度量虽然未必很均匀地围绕它们的中心趋向而分布，但必定是有规则地围绕它们的中心趋向而分布着。

按照那些用来编制商业年鉴的资料，情况似乎是这样的；复兴阶段和衰退阶段都比繁荣阶段和不景气阶段来得短；繁荣阶段平均比不景气阶段长一些；在物价呈现长期上升趋向时，和其他时期比较，繁荣阶段比不景气阶段来得更长；在物价呈现长期下降趋向时，情形恰恰相反；时间拉得很长的循环，大半是由于不景气阶段拉得很长，很少是由于繁荣阶段拉得很长。

⑤一个人如果把一个国家的商情记录一年一年地读下去，他必定会对商业循环的连续性产生深刻的印象。我们可以把繁荣、衰退、不景气、复兴这些阶段的任何一个阶段看作一个循环的起点和另一个循环的终点。但比较明智的说法似乎是，商业循环既没有起点也没有终点。另一种说法更为妥切，就是商业循环是一个不断的运动，这个运动按照固定的先后次序经历几个阶段，其速度

有的时候是慢的，有的时候是快的，在一些国家是慢的，在另一些国家是快的。

⑥现代商情评论家曾对商业变动的原因说了许多未经深思的话。我们不能把这些话归纳到商业循环的暂定概念中去。但我们曾经把下面一段话归纳到商业循环概念中：商业循环是非常敏感的现象，受到许多非商业因素的影响；在这些因素中，影响最显著的是战争、政变、歉收、瘟疫等。

⑦最后，处在不同经济发展阶段的国家的商业年鉴以及同一国家的各时期的年鉴，都表明这一点：商业循环和一定形式的经济组织是分不开的。所涉及时代比上述年鉴更长的经济史也证实了这一点是对的。[①] 虽然英国、荷兰、法国、德国南部、意大利北部很早以前就已经出现了经济危机和金融危机，但近世纪初期和中世纪末期的危机，与现代的衰退不同，多半是起因于非商业因素，而且影响的范围也比较狭隘。具有规则性的、不断相继发生的、影响到大众经济生活的商业循环，要等到一个国家大部分人民已经以赚钱和花钱过生活的时候，才会在这个国家的经济史上占显著的地位。此外，商业循环还有跟着经济组织的发展而变更的迹象。最剧烈的变动现象，已经控制得住了。恐慌转变成为危机，而危机又转变成为衰退。商业循环的平均期间，可能在经济发展的一个阶段变得较短，而在另一个阶段又变得较长。总而言之，只有在经济活动已经在这里叫做商业经济的基础上组织起来的时候，我们才可以把繁荣、衰退、不景气、复兴这些循环发生的现象看作经济

① 参阅第二章第一节“商业循环和货币使用在历史上的关系”。

活动的特点。

因此，通盘考虑现代各种报告文件后所得到的商业循环概念，首先是：商业活动的变动是有规则地循环的。此外还有以下各点：这些变动是组织在商业基础上的国家所特有的变动；所有这种国家都有这些变动；这些变动具有在各国同时呈现同一阶段的趋向；这些变动一个跟着一个，没有间歇，各种非商业因素都会影响这些变动；这些变动所表示的趋向是变动的主要趋向，而不是变动的一切趋向；这些变动虽然在强度上和期间上各不相同，但不同程度并不很大，我们可以认得出这些变动是属于同种类的现象。

(2)从商业循环学说得来的概念

研究了各家商业循环学说以后，商业循环的这一概念有没有改变呢？我们把这些学说一一加以研究，便会发现，它们和商情评述一样会引起纷乱。但是，我们可以按照处理商情评述的方法来处理这些学说。第一章介绍了一些学说，我们可以把这些学说和第四章所摘述的历史事实互相参照。使用了处理史实的方法处理学说以后，我们可以问：关于商业循环现象，所有这些学说告诉了我们什么呢？

首先，这些学说也强调循环变动是非常复杂的。但各学说所揭露的复杂情况，和商情报告所揭露的复杂情况有所不同。商情报告所报道的是各地方、各产业的商业状况，而各学说所讨论的是各个过程——在一切产业和一切构建在商业基础上的社会进行的过程或对这些产业、这些社会起作用的过程。

在那些和循环变动有密切关系，人们曾经用来说明商业循环的各个过程中，下列几个过程已经得到了我们的注意：

银行业务——特别是扩充和紧缩放款的过程，这些过程对信用通货的增减起很大作用。此外还有贴现率的变动、银行准备金额的变动。后一种变动可能是由于人们在使用硬币和纸币上的变动而引起的，也可能是由于银行为维持偿付能力所采取的措施引起的。

储蓄与投资跟建筑工程数量，送入市场的消费资料的供应量、零星购买数量的关系。

调节货物供求的过程。这个过程或影响到商业上承担的义务，或受下列因素的影响：(1)一切商业计划的不确定性；(2)消费资料边际效用和货币边际效用的变动，以及工业设备需求和运用情况的变动。

把货币收入分配给消费者以及消费者对货币的使用这两种活动跟产销货物过程的关系——可以从下列各角度来考虑这个关系：物价变动对于社会各阶层的收入和购买力的影响；公司储蓄和个人储蓄对消费资料需求的影响；供给企业所需要的流动资金而不把一般购买力降低到市场货物供应量以下的困难。

通过经营产业营利这一过程被认为会使人们对需求量发生幻想，会使零星购买方面的小变动发展成为巨大生产变动，会使企业的资本价值有的时候估得很高有的时候估得很低，这个资本价值，就是人们据以评定企业经济地位的标准，也就是银行家决定放款政策所根据的标准。

兴办新企业或使营业方法发生大变革。

一般的“进步”，这个过程是现代的一个特征，使各种因素的增长不能保持互相适应的速度。

除上述过程外，有的学说还要求我们注意以下各点：

乐观和悲观交替的出现。一个作家认为乐观产生悲观，悲观又产生乐观，永无休止。另一个作家认为这种心理变动是由生殖率、死亡率、疾病率的变动所引起的。

气候的循环变化。这种变化之所以对商业起着作用，据第一种分析是因为它影响收成，据第二种分析是因为它影响健康和思想情况，据第三种分析是因为它使那些使用有机材料的工业的周期变动不同于使用无机材料的工业的周期变动。

上述各派学说，当然不是像这些学说的首创者所宣称的那样，都具有确实的根据。的确，如果一派学说真正地说明了循环变动的主要原因，那么，其他对立学说便没有说出主要原因。但我们可以把各派学说全部归纳到商业循环实际的概念中去，因为我们可以想象繁荣、衰退、不景气、复兴这四个循环发生的阶段牵涉到上述所有经济过程的循环变动，同时也受到心理状态和气候情况的影响。我们不可以把我们的观察局限于各学说所根据的过程和情况。在实际工作中，我们必须准备研究所有和商业变动有密切关系的现代生活的特点。但我们必须批判地对待商业循环的一切因素，不论这些因素是他人提出的还是我们自己发现的。这个说法也意味着：尽管我们认为商业循环牵涉到许许多多的过程，但我们并不能马上就断定，起作用的原因共有多少。可是，如果有这样的迹象，在一系列过程中一个因素直接或间接对循环变动起作用，我们尽可下这样的判断。

尽管商业循环学说的研究，使我们的概念得到重大的补充，但这种研讨对说明商业年鉴所提示各点并没有大的帮助。因为经济

理论家所说明的商业循环，和商业历史学家所记录的商业循环是不相同的。理论家不大注意同一国家各个循环的不同地方，也不大注意不同国家同时出现的商业循环的不同地方，他们只对订立一般原则感兴趣。他们所设想的是一个理想的或典型的循环，这个循环在想象上以真的循环为模范，综合了它们的真正主要特征。如果他们留心检验他们理想的循环是否和实际循环相符，那么，这种方法也不是不可行的。现代理论家中，有的已经公开、仔细地做了检验，有的也已经私下地做了充分的测验，但为节约读者时间起见，他们没有把测验公开出来，免得读者对他们的论证进行繁重的评价工作。无论如何，理论家集中注意一个理想案例这一事实，并不意味着他们否认了现象是繁多的。但是，他们撇开许多现象不加考虑，使得他们所认为的基本的现象能够更显著地浮现出来。

但是，大多数商业循环学说和得自商情评述的概念，在两个方面大不相同。我们已经在第四章讨论了这两个方面，并且在上节也提到了它们，但这里必须重提一下：①多数理论家把危机看作一切商业循环的一个阶段，虽然少数理论家给“危机”下的定义相当于“衰退”；②多数理论家认为循环是等于两个危机之间的间隔时间，并且不把和缓的衰退看作危机，这样就使商业循环的典型期间变得比我们所认为的典型期间长了一倍左右。商业年鉴和统计分析在这两方面所提示的概念都比对立的理论概念更有助于我们的研究工作。

我们也不能把许多理论家的下列见解包括在我们的实际概念内：商业循环是经济平衡反复地遭到破坏和重新恢复的现象。那些以经济势力倾向于树立固定平衡这一定理为出发点的研究者，可能设想的主要问题是：为什么这个倾向有时出现有时却不出现。我没有采取这个出发点。因此，我没有责任来决定如何可以使经济活动的循环变动和平衡理论调和一致，或决定如何可以使平衡理论和事实不相抵触。

但是，这并不解决问题。讨论危机问题的人，不论他采取什么方法，总会想到势力平衡这一方面去。如果他的说明集中在单一过程，他更会想到上述方面去。"储蓄过度"、"生产过剩"、"消费过少"、"利率上升到从经济上说是不合理的高度"、"过分乐观"、"过大生产力"——这些词句都含有平衡被破坏了的意思。这些词句可能是有意识地也可能不是有意识地应用了一个普通经济定理。但当我们把问题扩大到包括许多过程和商业循环的一切阶段的时候，平衡观念对解释整个运动便不像解释个别阶段那么有用。如果我们是依照簿记学而非机械学的意义（像第二章所说的那样）来解释平衡，我们便可以把一系列因素或与其对立的一系列因素或力量互相比较，看看目前哪一系列因素或力量占优势，并且研究这种优势所产生的后果。但是，如果我们所必须研究的体系包括不能划分为两个对立系列的因素——货物数量、价格、总金额等类，那么我们能使用哪种有效方法想象这个体系的平衡呢？如果我们能把各因素都化为货币值，这也许是做得到的，但在进行过程中，我们就不免掩盖了许多很重要的质的区别。虽然我们能使问题中的不同质因素——通过它们与预期利润的关系——互相关联，但我们不能够把它们加在一起就得到说明问题的结果。

（3）从统计分析得来的概念

我们搜集的各项统计资料像我们搜集的商业年鉴一样，而不像我们所搜集的学说。由于和它们打交道的是历史上的商业循环，即在某时期中，某些国家中发生的商业变动，因此，我们可以利用统计资料来检验那些从商情评论中求得的概念。这些检验日益明确地证实了下列观念：商业循环是持续不断的过程，各个商业循环在强度上、期间上及其构成阶段的强度和期间上各不相同，正像大多数社会现象的变化的特征一样；同时发生于互相存在贸易关系的国家中的循环，多倾向于同一模式；商业变动的过程，往往由于非商业因素的作用而改易方向。

另一方面，我们所搜集的统计资料，却像我们所搜集的学说而不像我们所搜集的年鉴。因为它们针对的是经济过程，而不是不同产业的前途。因此，认为商业循环是各经济过程变动的极复杂的综合，这一种得自理论的看法，可以依靠统计弄得更加清楚。虽然统计针对的是历史上的循环，但是在一定限度内，我们可以把统计所提供的不同情况合并起来，以检验关于历史循环中哪些特征是典型性的特征，哪些是偶然性的特征的理论概念。

除证实从年鉴和学说得来的概念的某些因素以外，我们所搜集的统计资料还使我们不能不注意到两个因素。它们在商业年鉴和某些学说中虽不十分明显，但都可以探究出来。

时间数列表明：各经济过程所特有的循环变动，在幅度上和发生时间上是各不相同的。此外，时间数列还大致表明了这些变动在幅度上的不同程度以及这些变动时序的先后。

其次，时间数列表明，大多数（不是全部）经济过程的循环变动是和许多其他类型的变动（主要长期趋向、次级长期趋向、季节变动、不规则变动）合在一起的。

统计家想出了划分长期趋向和季节变动的特殊方法，使我们对循环变动能得到更清楚的看法。但在孤立这些数列中的不规则变动这一方面，统计家的成就还是很小的。因此我们不得不使用充其量只能表明结合在一起的各循环、不规则变动的材料。但即使在这种情形下，我们也已经可以按照各数列变动的规则性和一致性把它们分组。有的数列的变动，无论是和缓的或剧烈的，都没有呈现规则性。但很多数列却表现出相当有规则的循环变动。它们的变动彼此既很相符，又和年鉴所表示的变动的性质相似。这使我们对于我们的基本概念——按着繁荣、衰退、不景气、复兴这样的顺序进行的循环——具有信心。

3. 对于两点批评的考虑

阿瑟·亚当斯对于我们概念中的一个要素提出了不同意见。他认为："把循环变动看作连续的变动是错误的看法……各个循环在很大程度上和它前一及后一循环是分离的、相异的。在一个循环的结束和另一个循环的开始之间，可以间隔很长的时间。"亚当斯援引美国所经历的循环来证明他的论点："美国从 1893 年起一直没有繁荣时期，一直到 1905—1907 年工业大扩展时期才首次出现繁荣局面。接着，在 1907 年的恐慌以后也没有繁荣时期，直到 1915—1920 年世界大战造成的工业大扩张时期才再一次出现繁荣。"和亚当斯所说的相反，我们的年鉴及用以与年鉴相对照的商情指数都表明，在 1893 年和 1907 年之间，美国有一个不大显著的循环，这个循环以 1890 年年初的衰退而告结束。还有第二个商业较活跃的时期，它于 1900 年结束，那年商业呈现了很轻微的衰退迹象。又有第三个扩张时期,它以1903年的“富人的恐慌”而告终。我们的年鉴和指数还表明,在1907年和1920年之间,美国一共经历了三个循环,这三个循环分别以1910年、1917年、1918年的衰退为分界点。

可是,亚当斯和我们的分歧,多半只是名词上的分歧,而不是关于事实的分歧。因为亚当斯承认,在1893年和1905年之间,以及1907年和1915年之间,“物价、信用和利润都有一些变动”。但是,他认为:“这些延续仅数月的轻微变动是微不足道的,不足以称为循环变动。”我们称为变动不很大的循环,亚当斯称为“商业平衡动荡不定的时期”[①]。按照他的名词,除非繁荣阶段发展成为“大景气”,否则所有变动都不能说是商业循环。

只要我们记住事实,上述两个不同名词中,无论使用哪一个,都是无关紧要的。无论采取哪一个观念,我们都必须面临这个问题:为什么有些复兴发展为高度、长期的繁荣,另一些却发展为短暂、和缓的繁荣。但是,如果一个人不怕麻烦地计量长时期中许多时间数列所经历变动的幅度,他就会发现他的观察是这样围绕它们的中心趋向而分布的,使得他没有理由可以说商业循环和亚当斯所谓“动荡不定的商业平衡”是两种不同类型的现象。[②] 如果我们把一切循环都看作属于同一类型的现象,并且研究这种现象在幅度上、期间上和其他可以计量的特征上所特有的变动,我们的研究便是更有计划、更有步骤的研究。

---

① 参阅阿瑟·亚当斯:《商业循环经济学》,1925年纽约版,第195、197、213页。

② 参阅第三章第六节3之(7)“商业循环的幅度”。

费希尔教授对我们的整个概念是否正当表示怀疑。并且他还怀疑所谓“这一个”商业循环究竟是不是神话。他的主要论点如下：“如果商业循环所指的，是这一统计事实，即商业围绕它的中心趋向而上下变动着，那么，循环的存在确是不可否认的——不但商业有循环，任何统计数列都有循环。假定我们画一条均匀的曲线代表人口的一般趋向，人口的实际数字有时必然升至这个平均趋势线之上，有时必然降至这个平均趋势线之下……同样，气候状况也必定围绕通常的气候情况而变化着；一个人在蒙特卡罗城的赌运也必定围绕一般赌运而变化着。这样，难道就谈得到‘人口循环’、‘气候循环’、‘蒙特卡罗循环’吗？”

“我看不出相信‘这一个’商业循环，有更多的理由。商业循环也不过是围绕通常商业情况而变动的变动。可是，循环变动被认为比平常的变动更富于内容。循环变动意味着相似性质的变动有规则地相继发生，构成一种周而复始的变动，因此我们就像对月亮的圆缺、海潮的升降、波浪的起伏、钟摆的摆动一样，可以根据过去的情形预测未来的变动，并且可以相信将来的变动也会采取过去变动的形式。我们绝不能这样来预测气候的转变或一个人在蒙特卡罗的赌运。难道我们能够这样来预测商业变动吗？只要商业是受物价变动的支配，我们就不可能预测商业变动。”①

费希尔教授以如此激烈的方式怀疑商业循环研究者的基本概念，这对他们帮助很大。如果我们现在详细讨论这个争论，就得把

① 参阅费希尔：“我们的不稳定金元和所谓商业循环”，《美国统计协会杂志》，1925年，6月，第20卷，第191、192页。

以前各章所述的和以前各节总结的许多事实重述一遍。这是办不通的。但把这一怀疑必须面对的各类事实重提一下，却是很恰当的。

即使把经济时间数列化为与修正了季节变动的长期趋向的以百分数表示的离差以后，在某些情况下，有的数列变动看起来还是很不规则的，正像气候变动、“蒙特卡罗赌运”变动一样。但是，这种说法不能适用于许多数列。举几个例子：如果把生铁产量、失业百分率、银行票据交换额、建筑许可证的变动用图来表示，这些图一定不会像气候变动图、黄金运输量变动图、洋薯收获量变动图那样不规则。没有一个数列的变动是非常有规则的。但是，尽管统计学家还不能够把时间数列中他们所谓“循环”变动和“不规则”变动隔开，许多时间数列的变动却不是偶然的。不但如此，许多数列不仅个别地呈现出有规则的循环、不规则变动，而且彼此之间在时间性上、期间的长短上和变动的幅度上都呈现出相当有规则的关系——经济理论家曾指出许多这种关系。最后，这些相互关联的变动，和商业年鉴所述长期延续、广阔蔓延的繁荣、衰退、不景气、复兴等阶段的循环，在时间上和方向上是吻合的。

商业循环问题研究者目前研讨的问题就是确定这个序列循环变动的规则性，尽力掌握其特征、原因和结果。他们谈论循环变动，而不说周期变动。这正是因为前一名词不包含循环有严格的规则性的意思。对他们说来，“循环观念”确是“比单纯的变动性更有内容”；但循环概念并不包含周期性。任何以固定时间表为基础进行商情预测的人，都不是在应用上述商业循环研究者的概念，而是在违反他们的概念。他们所知道的商业循环还不足以帮助他们进行商情预测。但是，他们并不因此灰心，他们反觉得必须更加努力。

有能力的判断家都不会怀疑以客观方式研究经济变动的必要。费希尔教授自己就是这一方面的杰出学者之一。但他认为如果把这个美国叫做“商业循环”、英国叫做“贸易循环”的广泛问题再细分一下，它在其他名称之下会更有发展。也许可能找到一个较少受到误解而同样适当的名称。如果能够找到这个名称，我们自当采用这个名称。但像“经济波动”、“工业变动”、“商业变动”、“危机理论”这些空洞名词，绝不适合眼前研究工作的需要。因为我们知道各派调查研究者都自认为已经从时间数列中发现了许多不同类型的变动：长期趋向、“长期波动”、次级趋向、生产循环、贸易循环（两个危机之间的变动的最普通名称）、商业循环、季节变动、不规则变动等。在这些类型中，经得起精细检验的都会变成经济统计学家和经济理论家深入研究的对象，或变成对统计学和经济理论都有兴趣的学者深入研究的对象。知识越增长，便越需要明确的名称来表述和区分各类型的变动。但如果在没有找到更适当的代替名称以前，就把目前广泛地用来表述上述各变动中最为人认同的变动的名称弃去不用，所引起的误会，可能比使用“循环”这个名称所引起的误会更大。另一方面，其他科学也普遍使用这个名称来形容反复发生的但不是定期的现象。这可以使富有理智的人们习惯于这个名称的意义。[①] 避免误会最好的办法也许是：听到人们谈及循环时，评论家要注意这些人所指的究竟是什么。

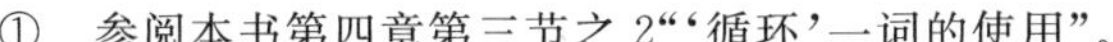

① 参阅本书第四章第三节之2“‘循环’一词的使用”。

4. 商业循环的定义

在系统地研究商业循环问题时，应该对上面各章从分析商业年鉴、理论假设、统计资料所引申出来的特征，一一加以考虑。但最好能找到一个简短定义扼要描述这些特征：把讨论中的普通类型现象表示出来的特征；把商业循环和其他可能和商业循环混淆的现象区别开来的特征。

商业循环是有组织的社会的经济活动的一种变动。“商业”这个形容词把变动限定于贸易活动的变动。“循环”这一名词把不是有规则地周而复始的变动排除出去。

可能和商业循环混淆的现象共有四种：①在两个“危机”之间发生的商业状况的变动；②对商业社会的小部分经济活动起作用的变动；③年年发生的波动；④比较不确定的次级趋向和“长期波动”。商业循环和第一种变动的区别，在于商业循环仅仅包含一个上升和下降或一个下降和上升的波动，而两个危机之间的变动往往包含两三个这种波动。商业循环和第二种现象的区别，在于商业循环所包含的现象更为广泛。商业循环和第三种现象的区别，在于商业循环不是年年发生的。商业循环和第四种现象的区别，在于商业循环的期间较短。

依照上面的分析，商业循环的一般状态和特殊状态如下：商业循环就是商业活动上升和下降反复出现的循环，凡具有高度发展的商业组织的社会，其大部分经济活动都受到商业循环的影响；商业循环不能分为变动幅度和循环本身变动幅度大约相等的若干不同阶段；商业循环的平均期间，在经济发展程度不同的社会，从三年到六七年不等。

有相互关系的社会现象(或自然现象)很难区别得十分精密而毫无引起疑问的余地。我们的年鉴和统计所表示的变动,其中确有无法加以类分的。如果上面提出的定义,能够把讨论中的现象所有特有的东西明白地表示出来,那就够了。

二、初步工作计划

本书第二卷的任务,就是以容易了解的词句说明我们所想象的商业循环。第二卷所讨论的商业循环,将不是历史循环,也不是纯凭臆想的循环,而是介于这两者之间的性质的循环。我们将设法找出一切或大多数的循环的特征,并集中研究这些特征。那些仅仅属于一个循环或少数循环的特征,我们不准备详细讨论。从这一点来说,我们的目的,和经济理论家的目的相似,但和处理个别循环的经济史学家、商业新闻记者、商情预测者的目的是不相同的。但我们用以调查什么是典型特征、什么是例外情况的方法,将和统计学家和历史学家大胆提出一般法则的方法相似。集中注意典型的东西,自然要考虑到所研讨的现象是怎样围绕它们的中心趋向而分布的。这样表示出来的典型东西,有时可能和经济理论家叫做商业循环的“正常”特征相等,但这种可能性并不很大。

我们所使用的参考资料,就是商业循环概念所由来的三种资料:商业年鉴、统计资料、各家学说。这是任何研究者可以利用的客观的正式资料。此外,像其他研究经济活动的人一样,我也将利用自己积累的经验和观察。它们是一般因素和个人因素的综合,而个人因素又是在很大程度上决定于机会和个人观感的。

在方法上，必须使用能够把不同材料结合起来的方法。我们必须准备考虑具体的事件，像历史学家所处理的一样，但我们必须仿效统计学家的做法，把这些事件分组排列出来。我们必须仿效经济理论家的做法，按照我们所掌握的关于经济动态的知识来解释它们。同样，我们必须准备应用统计学家的数学技巧；但我们必须依靠有理性的假设，用历史记载、补充统计上的观察。此外，我们虽然有时同理论家一起分析假定的情况，但有可能也会把这些案例排列出来，利用历史和统计资料来检验这些臆想的结论。当然，如果认为大量使用实际材料就可以减少细心推论的工作，这种想法也是不对的。在企图对商业循环做明晰的说明时，我们首先必须依靠理论，但理论必须和观察有联系并且和观察没有出入。至于观察，在范围上应该尽可能涉及历史的广大范围，在正确程度上应该尽可能达到最正确的统计所具有的正确程度，在精细程度上应该尽个人能力达到最高的精细程度。

按照本卷所提出的商业循环概念，第二卷所讨论的重点，应该放在“商业循环的过程”上，而不应该放在“商业循环的原因”上。我们要想了解的，是许多有相互关系的过程的循环变动的综合。所以我们工作的第二步就是研究这些过程相互的作用以及这些过程作为整体的作用。已经采取这个步骤以后，我们就要做这两项工作：研讨所谓商业循环原因这一问题本身所指的究竟是什么以及怎样答复这个问题。

只要因果关系这一名词可以适用，我们就可以毫不犹豫地论述我们所研讨的过程中各个因素的因果关系。人们使用种种不同的词语来表达他们对于经济关系的看法。有人可以这样说:在某些状态下,如果订货增加,价格便跟着升高;也可以说:如果订货增加,就会使销售人提高价格;也可以说:如果订货增加,价格有上涨的趋势;也可以说:如果订货增加,势必引起价格的上涨;也可以说:订货增加是价格上涨的原因。各种说法,都含有一些和其他说法不同的意义——我们在从事解释工作时,很少停下工作来思考这些含义。在上述一系列说法中,我们能够充分加以检验的,只有下面这一平淡的陈述:一件事情后面往往跟着发生另一件事情。当然,这得严格遵照前人对过去事件的屡试不爽的论断。但是,在寻找反复发生的事件来做检验时,在考虑将来可能有的发展时,如果不使用因果关系来考虑问题,那就太傻了。正像许多激发人的顿悟是从类比中得来一样,对新真理的许多最精明的推断是从因果关系考虑中想出的。尽管我们都知道类比不是绝对靠得住的,但在进行调查研究时,在说明调查研究结果时,我们还在利用类比这个方法。虽然我们承认不可能在先行事物与结果事物中建立必然的联系,所以我们用因果的言辞思考和写作。

不管我们以哪一种因果关系解决我们的商业循环说明,这个说明仍然是对于相互关联过程的分析性说明。因果关系必然是非常复杂的。一个原先作为后果的现象,可能不久又变为另一个现象的原因。因为我们所探讨的是连续的过程,所以我们必须首先把它看作原因或后果,以后又把它看作后果或原因。甚至这种说法也是过于简单的说法。实际上,一种形势中的每一个因素,总是每时每刻既受到别的因素的影响又对别的因素起作用。它不仅先为原因后为结果,而且既是原因又是结果。不但如此,我们不应该单单注意因果的链条。各个经济过程之间的相互关系是那样的重要，我们绝不可置之不问。我们所讨论的每一个结果，差不多都是由许多原因共同产生的结果，而且又是产生许多结果的各个原因中的一个。由于这种复杂情况，应用若干复杂变量之间的关系的观念来处理我们的问题，将比应用因果的观念来处理我们的问题更为适当。

第二章对我们的困难曾经做了说明，并且指出了解决困难的方法。第一章提出了许多我们必须研究的过程，为避免这些过程所引起的困惑，我们曾考虑如何有系统地观察它们的相互关系。我们提出的计划：把各个因素和企业的现在利润及预期利润联系起来。利润是利用许多正、负项目以算术方法计算出的净余结果。虽然我们常常使用因果关系来解释损益表中某些科目的变动，我们从不使用因果的字眼来分析损益表。因此，我们在第二卷中应用本卷第二章所说的计划时，我们将集中注意许多有相互关系的变量的变动，至于因果关系分析方法，我们只偶然加以使用。

讨论商业循环过程的最好体制，就是按照它的各个阶段——繁荣、衰退、不景气、复兴。我们所搜集的商业年鉴和学说，容易适合这个计划，因为年鉴指明活动倾向的变化；而多数现代学说则以繁荣阶段中的事件说明危机，以不景气阶段中的事件说明复兴。可是，统计时间数列乃是连续的数列。在首先以繁荣，然后以衰退，再次以不景气、复兴等阶段分别作为独立单位来讨论时，我们怎样把连续的统计时间数列分成若干部分来讨论呢？

国家经济研究局所搜集的统计，大都是美国、英国、法国、德国的统计——这些国家都是包括在商业年鉴内的国家。索普博士曾给每一个国家编制一表。这些表不但把各个循环的时期划分明白,并且把每一个循环各个阶段的时期划分明白。照现状,或者当我们开始详细论述,而做了有益的修正时,我们将以索普博士所划定的时期为基础,划分每一时间数列所包括的时期,先分为个别循环,次分为繁荣、衰退、不景气、复兴等阶段。换句话说,在分析某一国家的时间数列时,我们根据从这国家的商业年鉴得来的标准模式进行分析,而不根据从研究各数列得来的各种模式进行分析,我们预料大多数数列的循环和循环阶段将和它们所属国家的标准模式相符,但必定也有在时间方面和标准模式距离很大的数列——我们以后要明显地指出这些数列,从这些数列我们得到很多有趣的材料。

我们所研究的循环,是由一个最低点计算到另一个最低点。这种循环的形态是:商业首先呈现上升,其次呈现停顿,最后趋于下降。其实,我们也可以从一个最高点算到另一个最高点来计算循环期间,把循环看作是商业先呈下降以后呈现上升。我们之所以采用前一个计划,主要是因为它使我们可以把较多的晚近循环包括在研究的范围内。

当我们在这个基础上把数列分成不同循环后,我们就可以计划确定各个循环的中数,把这个中数作为基数,即 100,把各循环每月或每季的原始数字化成这个基数的相对数。按照这种方法,各数列就可以互相比较,而我们就可以有以数字表示的可供各种用途的结果。然后我们画四张图来说明各数列的各个循环,一张图表示各个循环在繁荣阶段的相对变动,一张图表示各个循环在衰退阶段的相对变动,一张图表示各个循环在不景气阶段的相对变动,一张图表示各个循环在复兴阶段的相对变动。这些图的两端都有些重叠。例如,表示复兴的图,一端包括前一个不景气阶段的后期,一端包括后一个繁荣阶段的初期。

使用对数纵尺度这样画成的图,可以多方结合使用。我们可以把一个国家的一定数列在一定循环阶段的各期变动状况加以比较,并且把上述阶段中的变动和相反阶段的变动进行互相比较。通过这些图,我们可以比较不同国家的同种数列在同一商业循环同一阶段中的变动状况。我们可以比较同一国家的不同数列在同一循环同一阶段中的变动状况,等等。

通过把各数列在各个循环中的中数作为计算相对数的基数,我们消除了大部分的长期趋向。此外,使用这种方法,只需对所使用的资料进行最小限度的"调节"。但是,这种方法虽然很简单,但也可以把它弄得精细。在必要时,可以使用一个标准方法求出各数列的季节变动,并消除这种变动。或者在把一数列分成各循环时,先把它化为和它的长期趋向的以百分率表示的离差。此外,可把围绕在一个数列中一定循环的中数而波动的变动百分数化为其标准差的倍数。的确,我们几乎可以利用我们自己或其他研究者所发现的任何有用的技术方法。

这种方法的一个特殊优点,在于它能够帮助我们处理分析时间数列时碰到的最不容易处理的问题,即把不规则变动和循环变动隔开的问题。要想通过这个方法把一个数列中的循环变动和不规则变动隔开,这还是办不到的。可是,当我们集合起表示若干国家若干循环繁荣阶段中一定变量的图时,我们应该能够很有把握地看出哪些变动是这个变量所特有的变动,哪些变动是这个变量的例外变动。有的时候，我们还可进一步，把那些和一般变动的离差跟我们从非统计材料看到的干扰因素联系起来。

当然，在使用统计时，我们的基本问题是找出不同经济过程所特有的循环变动之间存在什么关系。正像第三章所指出的那样，可能的关系有很多种。我们惯于提出以下问题：一个变量影响到另一个变量的，是它的总大小度，是它的变动方向的改变，是它在两个日期之间变动的大小，还是它的变动百分率呢？现在我们开始提出以下问题：我们所应该调查的，是一个时期内的累积变动，还是一个变量超过标准范围的程度，抑或是一个变量和其他变量的比例？上述只是统计学家在不久的将来可能考虑的几个可能性。不但如此，第一变量影响到第二变量的，可能是总数量的改变，可能是变动方向的改变，可能是变动量的改变，可能是升降百分率的改变，也可能是许许多多其他可能发生的状况。此外，第一个变量可能对第二个变量起一种作用，而对第三个、第四个变量各起另一种作用。因此，同理，一个变量从两个或更多别的过程所受到的影响，可能是各不相同的。这些问题已经够复杂了，但我们还需要调查研究以下各点：调查一个影响发生效力的快慢；调查这个影响在一定时间中散布的状况；调查这个影响在循环的各个阶段中是固定的还是不固定的；调查这个影响是否在每一个阶段中都发生变化。这就使我们的问题变得更加复杂了。

还有许多有关商业循环的重要问题，不能在上述范围内加以讨论。因此，我们除分析繁荣、衰退、不景气、复兴各时期中发生的事件外，还须做些补充讨论。在这些讨论中，我们将根据长期的实际情况检验某些假设。我们将对商业年鉴做更广泛的研究，我们将把统计数列作为整体来研究。这些问题要等到我们比现在更详细地研究商业循环各个阶段以后才会更明显地呈现出来。

在我们这个时代，任何研究者都不敢希望把上述建议各点所指的范围包括在他们的研究范围内。寻找能够最好说明各经济过程相互关系的方法，这是越来越多的、越来越熟练的研究者要花费很长时间来做的工作——但是，还没有人能推测要花费多么长的时间。但是，继承我们的工作的人的成就能达到什么程度，取决于我们已经做到什么阶段、把问题的什么阶段留给他们。我们的任务是尽量利用现有的工具——经济理论所提供的见识，现有统计和历史资料，以及各方面的意见。

附　录

研究商业循环的著作，在很多方面进步得非常迅速，以至于一本书还在印刷中就已经有些过时了。若干著作，我未能及时看到，以致没有在本书适当地方予以提及；为了部分地补救这种遗漏，我在各附录中把它们介绍给读者。可以想象得到，在本书出版前，我还会想对这附录再做些补充。本书没有提到的著作，不全是近来的著作。也许最严重的遗漏，乃是我应该早就知道，但至今还疏忽的东西。

凡斯坦曾发表过一篇论文，叫做《收成、气象循环与经济循环和经济预测问题》，1920 年在莫斯科出版。在这篇论文中，凡斯坦评述以气象说明商业循环的若干新著作，其中有登载于 1916 年各期《科学杂志》的恩斯德隆所写的几篇论文。我本来不知道有这些论文，从凡斯坦论文的法文提要及库兹纳兹博士对该论文所补充的注释，我才对这些论文有了认识。我认为这些论文是很有价值的，人们还未给这些论文应有的注意，我们应该更重视它们。恩斯德隆对许多时间数列，反复地加以修匀并加以区分。这些数列大多数都追溯到 1830 年。从分析的结果中，他发现了若干批发物价循环、收成循环、生产循环、气温循环、太阳黑点循环。这些循环的期间，自八年到九年不等。这些循环发生于不同时候。在太阳黑点循环与气温循环之间，恩斯德隆计算得－0.94这一相关系数。恩斯德隆认为经济循环的落后是由气温循环造成的。恩斯德隆还认为，经济循环与气温循环是相当有规则地相继出现，可以根据它来观察太阳，从而预测经济循环。

桑巴特教授新出版了一本书叫做《近代资本主义》(1927年在慕尼黑和莱比锡出版)。在该书“大资本主义时代的经济生活”一章中，他重新阐明了他的商业循环学说，指出了他所强调的过程(有机货物的生产与无机货物的生产的不同情况)和其他过程的关系。

该书第25章还对商业循环与经济组织形式的历史关系做了说明。我在讨论这个问题时，本来应该引证该书第2卷(第3版，1919年在慕尼黑和莱比锡刊行)第16、第17两章，但我没有这样做。在这两章里，桑巴特教授向我们指出了16世纪、17世纪、18世纪的经济大变动与19世纪、20世纪的商业循环的区别。

我在第一章所说快要出版的庇古教授的《工业变动》，已经在伦敦出版了。我刚刚得到这本书，匆促浏览了一遍。我觉得这书内容丰富，的确不负我们对它的期望。

1927年5月的《经济学季刊》登有霍特里先生一篇论文，叫做“商业循环的货币学说及其统计检验”。这篇论文扼要地说明了著者对本问题的见解，同时评述了庇古的“心理学说”。据霍特里的观点，那些与货币学说相抗衡的学说中，唯一值得考虑的乃是庇古的心理学说。

法兰克福大学教授施密特先生最近写了一篇论文，叫做“工业循环——由于计算的错误”(《企业经济杂志》特刊，1927年柏林、维也纳版)。他提出了一个很有趣的理论。这个理论可以说是“利润学说”的变体。

施密特教授主要的论点是,记账制度技术上的缺点,使人们对经常利润发生错觉。当物价上涨时,由于没有考虑到因补充原料、日常供应品和企业逐日消耗的其他物品而不断增加的单位成本,因此把利润估得过高。尽管由于物价的上涨,要使用更大部分的营业收入来补充必需的经营上用的供应品,但仍然把总卖价和总买价的差额当做利润看待。相反,在物价下跌时,由于没有考虑补充物料现在不要支付像从前那么高的单位成本,因此利润被估得过低,或者说,夸大了损失。这种对于利润的错觉,在前一场合下,就会导致过多的借款、过分的乐观、过多地扩充工业设备;在后一场合下,却导致恰恰相反的结果。

松屋泷泽博士所著《货币经济的侵入及其对日本社会组织和政治组织的影响》,已经由哥伦比亚大学出版。

可以把本书第二章所引的关于美国国民储蓄的估计,即国民储蓄平均每年约等于国民收入的 7%,和博利教授及斯特普爵士所估计的英国国民储蓄数字比较一下。按照他们的估计,“英国全部储蓄与全部社会收入的比例 1911 年为 16%,1924 年为 12%或 13%。如果是在失业现象消灭而贸易又繁盛的一年,那么战前的比例并不难重新达到”。见波里和斯坦普爵士的《国民收入》,1927 年牛津版,第 57 页。

宾夕法尼亚大学查尔斯·沃德韦耳博士研究了次级趋向问题的结果,不久将以“关于主要循环经济资料的调查”这个标题在费城刊印出来。他所使用的方法和康德拉蒂厄夫与库兹纳兹等所使用的方法有所不同。从美国资料里，他计算得若干平均长约 15 年的“主要循环”。这些资料全部是按季资料，或由 1866 年起到现在，或由比较晚一些的时间开始到现在。他还从英国、德国数列的案例计算出若干“主要循环”，但这些循环的时间没有上述那么长。

我曾经在本书第一章里说过：“直到现在，还没有人想出满意的方法来直接计量循环性变动……”但由于马丁·布龙包博士的论文，这句话是否真实，成为疑问。布龙包博士的论文，叫做“决定经济资料循环变动的直接方法”，1926 年在宾夕法尼亚大学和纽约出版。

布龙包博士说：“我们的方法是从两个主要运算得出循环差的相对数，第一个运算，把资料的各个项目用前一年同季的同一项目来除，第二个运算校正剩余趋向。第一个步骤消除季节变动，把资料化成相对数的形式；由于指数是连续的，因此正常的增加也被消除了。第二个步骤消除剩余趋向小的成分，这个成分代表一年中的增加……

“在最后结果里，我们没有计量循环，而只计量循环差……我们证明了，由循环差绘成的曲线是波浪形曲线，这个波浪形曲线的周期变动和相对循环曲线的周期变动相符。我们还证明了，循环差曲线的幅度表示变动的速率，而相对循环曲线的幅度表示这个变动的大小。”（第 71，72 页）。

布龙包博士承认，要检验他的方法是否正确，最后要依赖商业情况来做试金石。按照他的意见，他的方法应用于各案例时，都能够满意地解决问题。（第 73 页）。

弗勒克斯先生最近在《皇家统计协会杂志》（第 90 卷，第 2 部分，第 225—271 页）发表了一篇论文，这篇论文很有价值，叫做“工业生产活动指数”。

斯奈德先生最近把他以前所写的讨论商业循环的论文，（本书第二、第三两章曾大量引用这些著作），另加若干篇新的重要著作，集成一卷出版，书名为《商业循环与商业度量——计量经济学研究》，1927 年在纽约出版。

在“作为循环过程根源的各种偶然原因的联合作用”这篇论文中（《商业情况问题》，第三卷，第一部分，俄文本，内附英文提要，莫斯科循环研究所 1927 年出版），斯鲁茨基提出两个论点：“（1）循环过程可能是由若干没有联系的偶然原因的联合作用所引起的；（2）这些偶然的波动可能有些规则性，它们在不同程度上很像那些有绝对周期性的变动。”第一论点和我从循环期间分配情况演绎出来的推论有关系。一个非常有趣的分析证明了这个论点。这个分析是使用抽签方法从很多数列中抽出一个数列加以分析。但是，斯鲁茨基先生认为，我不应该以各个循环期间的长短不一“为理由，否定商业循环有规则的周期性……因为对于由有规则的正弦曲线构成的很多曲线来说，也可以得到同样的结果”。

按照索普博士的 1926 年年鉴初稿（载 1927 年 6 月 20 日《美国国家经济研究局新闻公报》），去年法国、意大利、阿根廷都有商业衰退的现象。这些报道使商业循环期间的观察，除第四章所分析的那几种观察外，又增添了三种新的观察。这三个结束不久的循环都持续了六年左右。

译名对照表

三　画

凡勃伦　Veblen

凡斯坦　Vainstein

山福　Sanford

四　画

瓦拉斯，累昂　Walras，Léon

瓦格曼　Wagemann

巴克尔，亨利　Buckle，Henry T.

巴贝治，查尔斯　Babbage，Charles

比格拉姆　Bilgram

内马兹　Neymarch

尤尔　Yule

尤格拉尔，克莱门特　Juglar，Clement

丹尼孙，亨利　Dennison，Henry

戈耳顿，法兰西斯　Galton，Francis

戈斯　Gauss

韦登菲尔　Wiedenfeld

韦德，约翰　Wade，John

丰克　Funk

五　画

皮尔逊，卡尔　Pearson，Karl

卡尔斯坦，卡尔　Karsten，Karl

卡钦斯　Catchings

卡塞尔　Cassel

弗兰克，劳伦斯　Frank，Lawrence K.

弗里基，埃德温　Frickey，Edwin

弗里埃，约瑟夫　Fourier，Joseph

弗利特伍德　Fleetwood

弗林，哈罗德　Flinn，Harold M.

弗勒克斯　Flux

布龙包，马丁　Brumbaugh，Martin A.

布拉德斯特里特　Bradstreet

布洛克　Bullock

布莱德雷，哈里埃特　Bradley，Harriett

布鲁斯特，戴维　Brewster，David

汉森　Hansen

汉德勒　Handler

兰顿，威廉　Langton, William

六　画

米尔斯　Mills

米勒，哈里　Miller, Harry E.

西耳伯林，诺曼　Silberling, Norman J.

西斯蒙第　Sismondi

安吉尔　Angell

安特　Arndt

安德鲁　Andrew

艾希利　Ashley

艾登，弗雷德里克　Eden, Frederick M.

亚当斯，阿瑟　Adams, Arthur B.

吉耳伯特　Gilbert

伊格纳蒂厄夫　Ignatieff

多伦　Doren

托马斯，道乐赛　Thomas, Dorothy S.

七　画

阿夫达利安　Aftalion

阿克斯，爱默生　Axe, Emerson W.

阿特曼，查尔斯　Artman, Charles

芒巴特　Mombert

庇古　Pigou

贝列特　Bellet

贝弗里季，威廉　Beveridge, William H.

贝恩斯，阿特尔斯坦　Baines, Atbelstane

贝勒比　Bellerby

伯吉斯　Burgess

伯格曼，尤金　Bergman, Eugen von

克拉克，海德　Clark, Hyde

克拉克，约翰　Clark, John M.

克莱门茨　Clements

克腊姆　Crum

吕维，阿道夫　Löwe, Adoff

里泽　Rietz

麦卡洛克　McCulloch

麦克拉肯　McCracken

辛麦尔，乔治　Simmel, Georg

辛科维奇　Simkhovitch

坎南　Cannan

沃尔夫　Wolff

沃尔曼，里奥　Wolman, Leo

沃克，艾马萨　Walker, Amasa

沃金，霍耳布鲁克　Working, Holbrook

沃格尔，伊曼纽尔　Vogel, Emanuel H.

沃颇耳　Walpole

沃德韦耳，查尔斯　Wardwell, Charles A. R.

八　画

法兰德斯　Flanders

波利　Pohle

九　画

十　画

埃季沃思　Edgeworth
埃伦贝格，理查　Ehrenberg，Richard
海克　Hayek
格得伦　Gelderen
格雷森斯　Gressens

十 一 画

曼　Mann
基尔克，海泽尔　Kyrk，Hazel
基尼　Gini
基钦，约瑟夫　Kitchin，Joseph
勒卡，威廉　Röpke，Wilhelm
勒克西斯，威廉　Lexis，Wilhelm
勒斯居尔，约翰　Lescure，Jean
勒维　Levy
梅里安　Merriam
康芒斯　Commons
康德拉蒂厄夫　Kondratieff
雪弗莱　Schäffle
累斯科希尔　Lescohier
莫根斯泰恩，奥斯卡　Morgenstern，Oskar
爱德华，亚巴　Edward，Abba M.
盖，爱德温　Gay，Edwin F.

十 二 画

费尔德，詹姆斯　Field，James A.
费耳德曼　Feldman
费希尔，欧文　Fisher，Irving
斯奈德　Snyder
斯彼得荷夫　Spiethoff
斯坦普，约西亚　Stamp，Josiah
斯塔肯，鲁道夫　Stucken，Rudolf
斯鲁茨基　Slutsky
斯诺　Snow
泊松　Poisson
普累费尔，威廉　Playfair，William
普赖斯，理查德　Price，Richard
普雷斯科特，雷蒙德　Prescott，Raymond B.
斐特　Fetter
莱特纳，奥托　Lightner，Otto
莱德勒　Lederer
揆得勒，阿道夫　Quetelet，Adolphe
舒克堡-伊夫林　Schuckburg-Evelyn
博利　Bowley
焦泽　Zeuch
黑耳　Hale
黑克斯特，莫里斯·贝克　Hexter，Maurice Beck
黑斯廷斯　Hastings
琼斯，爱德华　Jones，Edward D.

十 三 画

塞卑尔，阿道夫　Soetbeer，Adolf

十 四 画

十 五 画

十 六 画

十 八 画

图书在版编目(CIP)数据

商业循环问题及其调整/(美)韦斯利·C. 米契尔著;陈福生,陈振骅译.—北京:商务印书馆,2017
(汉译世界学术名著丛书:120年纪念版:珍藏本)
ISBN 978-7-100-14117-8

Ⅰ.①商… Ⅱ.①韦… ②陈… ③陈… Ⅲ.①制度学派—研究 Ⅳ.①F091.349

中国版本图书馆CIP数据核字(2017)第138745号

汉译世界学术名著丛书
(120年纪念版·珍藏本)
商业循环问题及其调整
〔美〕韦斯利·C. 米契尔 著
陈福生 陈振骅 译

商 务 印 书 馆 出 版
(北京王府井大街36号 邮政编码100710)
商 务 印 书 馆 发 行
南京爱德印刷有限公司印刷
ISBN 978-7-100-14117-8

2017年12月第1版 开本 710×1000 1/16
2017年12月第1次印刷 印张 38¼
定价:190.00元